Wassilis Kassis

Wie kommt die Gewalt in die Jungen?

Haupt

Wassilis Kassis

Wie kommt die Gewalt in die Jungen?

Soziale und personale Faktoren der Gewaltentwicklung bei männlichen Jugendlichen im Schulkontext

Haupt Verlag
Bern · Stuttgart · Wien

Wassilis Kassis, geboren 1960, PD Dr. phil., Erziehungswissenschaftler. Studierte Pädagogik und Sozialpsychologie an der Universität Zürich. 1995 Promotion Pädagogik in Zürich. 1997–2002 wissenschaftlicher Mitarbeiter und seit 2002 Privatdozent für Pädagogik an der Universität Basel.
Fachgebiete: Gewaltsozialisation Jugendlicher, Wechselwirkungen Elternhaus und Schule, Lesesozialisation, empirische Forschungsmethoden.

Publiziert mit Unterstützung des Schweizerischen Nationalfonds zur Förderung der wissenschaftlichen Forschung (Schwerpunktprogramm Zukunft Schweiz).

Bibliografische Information der *Deutschen Bibliothek*

Die Deutsche Bibliothek verzeichnet diese Publikation in der Deutschen Nationalbibliografie; detaillierte bibliografische Angaben sind im Internet über http://dnb.ddb.de abrufbar.

ISBN 3-258-06626-4

Umschlaggestaltung: Pool Design Zürich, www.pooldesign.ch
Umschlagfoto: Regina Hügli, Basel
Printed in Switzerland

www.haupt.ch

Im Andenken an meine Mutter Koula Kassi *(22.05.1926–02.11.1990),*
die ihren Lebensentwurf der Menschlichkeit, der Gewaltlosigkeit
und der Lebensfreude weder durch den Zweiten Weltkrieg
noch durch den folgenden Bürgerkrieg und die sich wechselnden
Diktaturen im Griechenland des 20. Jahrhunderts aufgab.

Inhaltsverzeichnis

Zur Einführung 13

Zu den vier integrierten Debatten der Erziehungswissenschaft ... 18

Gewalt in der Schule ... 18

Familiäre Sozialisation und ihre Auswirkungen auf die Qualität der Schulerfahrungen der Jugendlichen ... 19

Schule und Persönlichkeitsentwicklung ... 20

Geschlechterrollenstereotype ... 21

Männliche Jugendliche im Fokus ... 23

Die Datenerhebungs- und die Datenanalysestrategie ... 24

1 Jugendgewalt als Desintegrationserscheinung und die Sicht der Etablierten 27

Jugend und Gewalt ... 27

Zunahme der Jugendgewalt? ... 32

Wie werden Menschen zu Gewalttätern? Oder, wie brüchig ist die Grenze zwischen gewaltfreien und gewalttätigen Männern? ... 36

Schulische und familiäre Desintegration ... 40

Der Blick auf die gewalttätigen männlichen Jugendlichen als der Blick von den Etablierten auf die Aussenseiter ... 44

2 Zum Gewaltbegriff und zur Konsistenz gewalttätigen Verhaltens männlicher Jugendlicher 53

Zum Gewaltbegriff ... 54

Über die Beziehung von Emotion und Gewalt ... 63

Entwicklung aggressiven Verhaltens ... 71

Stabilität und Konsistenz gewalttätigen Verhaltens ... 75

3 Das Bezugssystem Familie 79

Familie als Unterstützungsnetzwerk von Heranwachsenden ... 79

Erziehungsverhalten und Persönlichkeitsentwicklung von männlichen Jugendlichen ... 86

Gewalttätiges Verhalten männlicher Jugendlicher und familiärer Erziehungsstil ... 91

Das theoretische Konstrukt Erziehungsstil ... 91

Elterlicher Erziehungsstil zwischen Disziplin, Inkonsistenz und Unterstützung ... 94

Erziehungsstil als Konstrukt im Erziehungsalltag ... 101

Die mediierende Wirkung der informellen sozialen Kontrolle auf die Gewaltentwicklung männlicher Jugendlicher ... 104

Exkurs – Erziehungsstil, Selbstkontrolle und soziale Ordnung bei Jugendlichen ... 108

Schlussfolgerungen für die empirische Überprüfung der Erfahrungen männlicher Jugendlicher im familiären Kontext ... 113

4 Männliche Jugendliche und die Schule als Erfahrungsraum für Gewalt 115

Erfahrungen mit MitschülerInnen ... 117

Erfahrungen im Elternhaus und die Beziehung zu den MitschülerInnen ... 120

Die Ablehnung durch MitschülerInnen als Risikofaktor der Persönlichkeitsentwicklung im Jugendalter ... 122

Erfahrungen mit Lehrpersonen ... 131

Schlussfolgerungen für die empirische Überprüfung der Wirkungen aus dem Bereich Schule und Persönlichkeitsentwicklung ... 137

5 Geschlechterrollenstereotype 141

Gewalterfahrungen und hegemoniale Männlichkeit ... 141

Weibliches Aggressionsverhalten ... 145

Männliche Sozialisation als fragliche individuelle und soziale Leistung ... 147

Biologische Wurzeln der Aggression? ... 153

Jungensozialisation und latente Gewaltbereitschaft ... 158

Schlussfolgerungen für die empirische Überprüfung der Wirkungen von Geschlechterrollenstereotypen ... 164

6 Zu den eingesetzten Analysemethoden 167

Datenerhebungs- und Datenanalyseschema ... 170

Zum empirisch-quantitativen Vorgehen ... 171

Der eingesetzte Fragebogen als psychodiagnostisches Verfahren ... 172

Methodenkritische Analyse der eingesetzten empirischen Verfahren ... 173

Zur Stichprobe der quantitativen Erhebung ... 177

Reihenfolge des Einsatzes der Diskriminanz- und Clusteranalyse als taxonomische Verfahren ... 179

Zur Funktion der linearen Strukturgleichungsmodelle ... 181

Darstellung des Strukturgleichungsmodells ... 184

Zum empirisch-qualitativen Vorgehen ... 185

EDV-unterstützte qualitative Datenanalyse ... 187

7 Das Persönlichkeitsprofil männlicher Täter physischer Gewalt 189

Die Auswahl von Prädiktoren über Diskriminanzanalyse zu den Tätern physischer Gewalt in der Schule ... 189

Ergebnisse der Clusteranalyse und der daran angeschlossenen Varianzanalysen zu den Tätern physischer Gewalt ... 192

Zusammenfassung der Ergebnisse aus der Clusteranalyse zu den Tätern psychischer Gewalt ... 201

8 Das Persönlichkeitsprofil männlicher Opfer physischer Gewalt 207

Die konkrete Auswahl von Prädiktoren über Diskriminanzanalyse zu den Opfern physischer Gewalt in der Schule ... 208

Ergebnisse der Clusteranalyse und der daran angeschlossenen Varianzanalysen zu den Opfern physischer Gewalt ... 208

Zusammenfassung der Ergebnisse aus der Clusteranalyse zu den Opfern psychischer Gewalt ... 212

9 Das theoretisch formulierte Strukturgleichungsmodell ,Täter physischer Gewalt' 215

Die Ergebnisse zum Strukturgleichungsmodell ,Täter physischer Gewalt' ... 217

10 Das theoretisch formulierte Strukturgleichungsmodell ,Opfer physischer Gewalt' 231

Die Ergebnisse zum Strukturgleichungsmodell ,Opfer physischer Gewalt' ... 233

11 Ein Abschluss 245

Mädchen- oder Jungengewalt? Die Frage nach der geschlechtshomogenen Stichprobe ... 248

Inner- und ausserschulische Faktoren zur Entwicklung von Gewalt in der Schule ... 250

Ergebnisse und Methodik ... 254

Abbau von Risikofaktoren ... 260

Die Schule und ihr Umfeld im Fokus ... 265

Anhang A: Liste zu allen eingesetzten Täter-/Opfer-Indikatoren 269

Anhang B: Persönlichkeitsstruktur Täter-Schüler, über 32 Indikatoren.
Varianzanalyse: statistische Kennwerte 279

Anhang C: Persönlichkeitsstruktur Opfer-Schüler, über 32 Indikatoren.
Varianzanalyse: statistische Kennwerte 281

Anhang D: Täter-Jungen, Kennwerte Strukturgleichungsmodell 283

Anhang E: Opfer-Jungen, Kennwerte Strukturgleichungsmodell 287

Literaturverzeichnis 291

Zur Einführung

Die Hülle, die den menschlichen Körper und die Psyche umgibt, ist eine dünne. Dünn muss sie sein, um neue Erfahrungen zuzulassen und alte auszusondern. Dünn muss sie auch sein, damit wir ‚feinfühlig' gegenüber uns selbst und der uns umgebenden Welt reagieren können. Dieser sich nie gleiche Mensch, der nicht festgelegt ist und nur eine sehr dünne Hülle benötigt, ist zugleich höchst verletzlich und antastbar, weil er aufgerufen ist, sich im Entgrenzen und Begrenzen mit anderen zu verorten (vgl. Bokelmann 2000, S. 660). Die daraus resultierende Verletzlichkeit des Menschen ist sowohl eine enorme Chance als auch ein abgrundtiefes Hindernis für seine Persönlichkeitsentwicklung. Im Rahmen dieser Arbeit möchten wir nach den Bedingungen für körperliche und psychische Verletzungen fragen, die mit physischen Gewalterfahrungen in der Schule im Zusammenhang stehen.

Von dieser Verletzlichkeit und den möglicherweise entstehenden Wunden handelt diese Studie, aber auch von den Möglichkeiten, diese Verletzungen zu reduzieren. Dabei können und wollen wir die potenzielle Verletzlichkeit des Menschen nicht verändern, wir möchten sie aber in Bezug auf das Thema ‚Gewalt in der Schule' thematisieren. Wir möchten die Verletzlichkeit thematisieren, die Verletzungen analysieren und von diesen ausgehend fragen, was es brauchen würde, um „zuzulassen, dass sich Bedürftigkeit und Angewiesenheit des Menschen zeigen können und seinen Mut zu stützen, die konkrete Existenz auch tatsächlich zu leben" (vgl. Elias 1987, S. 258). Dieser Anspruch bestärkt, so Elias, die Arbeit der ‚Menschenwissenschaftler'. Diesen Anspruch möchten auch wir aufnehmen und danach auch unsere Analysen richten.

Nichts ist plausibler als die Vorurteile in vielen Köpfen, wenn es darum geht, Gewalt in der Schule zu erklären. Und nichts tönt in vielen Ohren und Herzen verlockender und kaum etwas rutscht den meisten Erziehungsverantwortlichen leichter über die Lippen als der Appell an die männlichen Jugendlichen, sich zu bemühen und nicht gewalttätig zu sein, sondern sich so grundanständig und friedfertig wie wir Erwachsenen zu gebärden. Hierbei wird, wie der Kriminologe Steinert zu Recht konstatiert, vergessen, dass die am meisten verbreitete Gruppe von gewalttätigen männlichen Jugendlichen Soldaten sind, die auf Anstiftung von älteren Männern massenhaft fremde Menschen für einen ‚edlen Zweck' umbringen, foltern, vergewaltigen und berauben (vgl. Steinert 1995b, S. 184). Die Kriege, die Täter und ihre Opfer aus den Teilrepubliken Ex-Jugoslawiens, Afghanistan oder aus Irak sind hierzu weitere, nahe Beispiele. Wir halten somit die private Jungen-Gewalt für alarmierend, nicht aber die staatlich autorisierte. Der Frage, warum dem so ist, soll in dieser Arbeit ebenfalls nachgegangen werden.

Die uns leitenden zentralen Fragestellungen lauten: *Welche Voraussetzungen müssen gegeben sein, damit männliche Jugendliche zu Opfern oder Tätern physischer Gewalt in der Schule werden? Welche inneren (self-as an agent) oder äusseren Prozesse (in Familie, Schule, mit Gleichaltrigen) sind hierzu notwendig?* Unser Anliegen ist es dabei, die Gewalt im Schulkontext zu entmystifizieren. Gewalt ist demnach weder etwas, was wir naturwüchsig aushalten müssen, noch die Verkörperung des absolut Bösen in einzelnen Jugendlichen. Die Hintergründe zu den systematischen Gewalterfahrungen von Schülern, als Opfer oder als Täter, lassen die Umstände erkennen, unter denen die Bedingungen des Aufwachsens für Jugendliche kollabieren. Gewalttätige Jungen ernst zu nehmen und sie wie auch ihre Umwelt in die Pflicht zu nehmen bedeutet demnach, die personalen und sozialen Bewältigungsmuster männlicher Schüler verstehen zu wollen. Dieses Verstehen werden wir sowohl über einen theoretischen als auch über einen empirischen Weg angehen. Hierbei haben wir vor, diese beiden ‚Wege' zusammenlaufen zu laufen.

Unser Fokus auf die physische Gewalt in der Schule, die von männlichen Jugendlichen ausgeht oder von männlichen Jugendlichen erlitten wird, darf nicht darüber hinwegtäuschen, dass sich die Erwachsenen seit vielen Jahren, gar Jahrtausenden, über das scheinbar problematische Verhalten der Jugendlichen aufregen. Lamnek bezeichnet dies als „a never ending story" und verweist auf eine Aussage von Sokrates. Sie lautet:

> *„Die Jugend liebt heutzutage den Luxus. Sie hat schlechte Manieren, verachtet die Autorität, hat keinen Respekt vor den älteren Leuten und schwatzt, wo sie arbeiten sollte. Die jungen Leute stehen nicht mehr auf, wenn ältere das Zimmer betreten. Sie widersprechen ihren Eltern, schwadronieren in der Ge-*

sellschaft, verschlingen bei Tisch die Süssspeisen, legen die Beine übereinander und tyrannisieren ihre Lehrer."

(Nach Sokrates, 470–399 v.Chr., zitiert in Lamnek 1995, S. 11)

Im Rahmen der sehr starken gesellschaftlichen Sensibilisierung für den Gewaltdiskurs kommen auch die persönlichen Beziehungen der Individuen zum Ausdruck, die, so Willems (vgl. 1993, S. 89), vermutlich auf eine gesteigerte Individualisierung der Lebensführung zurückzuführen sind, das heisst, dass wir im Rahmen moderner Gesellschaften den individuellen Wunsch formulieren dürfen, nicht Gewalt erleiden zu müssen. Dieser Wunsch mag als solcher im Rahmen einer Formulierung als banal erscheinen, ist aber, wenn wir die Menschheitsgeschichte differenziert betrachten, ein Produkt des ausgehenden 20. Jahrhunderts und somit noch relativ jung und hat sich bei noch nicht in allen Lebensfeldern durchgesetzt (siehe hierzu die Gewalt in der Familie).

Die öffentliche Verurteilung der Jugendgewalt in der Schule macht aus der Normverletzung einen Skandal und weist eine starke Analogie zu ihrem rechtlichen Pendant, dem Richterspruch auf. Die öffentlich Verurteilten, so Hügli (vgl. 1993, S. 154), können durch das Urteil zu Ausgestossenen und Aussenseitern werden. Diese Minderung der Achtung durch die Öffentlichkeit bewirkt, dass die Geächteten ihre Selbstachtung verlieren, weil im Grunde genommen nicht mehr ihre Handlung, sondern sie selbst als Person ausgestossen werden und der Wertschätzung der für sie relevanten Anderen nicht mehr würdig scheinen. „Die Reaktion auf einen solchen Achtungsverlust ist Scham: das Gefühl, so erbärmlich zu sein, wie der andere uns sieht" (vgl. Hügli 1993, S. 158). Die Schwächung der Selbstachtung bewirkt ihrerseits, dass eine äusserst wichtige Ressource der Selbstkontrolle abhanden kommt und dadurch auch ein Teufelskreis disruptiven Verhaltens angeheizt wird. Wer als Person wenig zählt, weil er ein Ausgestossener ist, hat wenig zu verlieren und sieht auch nicht zwingend einen Grund, sich zu verändern. Bevor wir somit Beteiligte zu Schuldigen machen, wollen wir zu ergründen versuchen, wie das Phänomen zu beschreiben ist und wie es untersucht werden kann. Denn wie Millier et al. (vgl. 2000, S. 94) es treffend beschrieben haben, scheint es leider weit attraktiver zu sein, auf schwierige Schüler mit öffentlicher Rhetorik und Polemik als mit erziehungswissenschaftlicher Forschung und Psychologie zu reagieren. Wir pflichten Findeisens und Kerstens (vgl. 1999, S. 27) Beurteilung des Umgangs der Schulen mit Gewalt bei, wenn sie die Innovationsprojekte hierzu als ein Konglomerat von oft gut gemeinten und meistens schlecht durchdachten Erklärungen für die Jungengewalt in der Schule titulieren.

Gewalttäter sind keine besonderen Menschen, sie sind so durchschnittlich, dass sie, wie es Sofsky sogar für die SS-Wächter der Konzentrationslager postulierte, anstandslos von der Gesellschaft aufgenommen werden könnten, ohne sonderlich aufzufallen (vgl. Sofsky 1999, S. 316). Trotz der Bestialität der Täter waren in den Konzentrationslagern die Mörder aus Leidenschaft in der Minderzahl, dies bezeugen auch ehemalige Lagerinsassen (vgl. Sofsky 1999, S. 256).

Wer somit Gewalttäter primär als Monster darstellt, errichtet eine Wahrnehmungssperre. Denn, was als unbegreifbar, monströs und damit der menschlichen ‚Natur' fremd erscheint, muss auch nicht in allen seinen Einzelheiten erfasst und verändert werden. Wir folgen Sofsky (vgl. 1999, S. 18), wenn er behauptet, dass die Taten monströs sein können, die Täter es dagegen meistens nicht sind. Ihre Handlungsmuster sind im Prinzip verstehbar, da ihr Handeln ein soziales Handeln ist und dieses wiederum dem rationalen Verständnis zugänglich ist, wenngleich wir auch als WissenschaftlerInnen beim Lesen der Berichte über konkrete Taten manchmal körperliche und psychische Schmerzen erleiden. Goffman (1988) sprach in diesem Zusammenhang vom Aufbau von Stigmen, weil das Individuum in unerwünschter Weise anders ist, als wir dies antizipierten.

> *„Von der Definition her glauben wir natürlich, dass eine Person mit einem Stigma nicht ganz menschlich ist. Unter dieser Voraussetzung üben wir eine Vielzahl von Diskriminationen aus, durch die wir ihre Lebenschancen wirksam, wenn auch oft gedankenlos, reduzieren. Wir konstruieren eine Stigma-Theorie, eine Ideologie, die ihre Inferiorität erklären und die Gefährdung durch den Stigmatisierten nachweisen soll."*
>
> *(Goffman 1988, S. 13/14)*

Über Gewalt kann eine Nichtübereinstimmung zwischen individuellen Handlungsmustern und Anforderungen einer sozialen Situation gelöst werden. Gewalttaten fussen somit nicht primär auf einer individuellen Krankheit, sondern auf einer gesellschaftlichen und individuellen Struktur der Begegnung mit dem

Anderen. Gewalt in der Schule ist demnach nicht, wie es Heitmeyer et al. formulierten (vgl. 1995, S. 145), einzig als Ausdruck von Interaktionsprozessen zu verstehen, die sich in gesellschaftlichen Strukturen abspielen. Gewalt in der Schule, so unser Einwand, entsteht aus dem *Zusammenlaufen von gesellschaftlichen Strukturen und Eigenschaften von konkreten Personen.*

Die Schule ist ihrerseits über die Expansion in die Lebenszeit der Jugendlichen zu einem äusserst zentralen Lebens- und damit Erfahrungsort geworden, dies auch ohne die bewusste Steuerung durch die Erwachsenen. Dabei darf nicht vergessen werden, dass die Schule kein homogener, sondern ein äusserst differenzierter ‚Sinn-Raum' für die Jugendlichen ist (vgl. Helsper 2000, S. 663). Die je nach ausserschulischen Vorerfahrungen und individuellen Bewältigungsmustern zu verarbeitende Quantität und Qualität der Schulerfahrungen und deren Ergebnisse gilt es deswegen herauszuschälen. Sie sind nicht quasi durch den Schulbesuch allein als gegeben zu betrachten. Die Erfassung und Analyse dieser sozialen Erfahrungen der Jugendlichen geschieht traditionell über standardisierte Datenerhebungsverfahren. Qualitative Studien zu den sozialen Erfahrungen von SchülerInnen sind auch im Jahr 2000 äusserst selten (vgl. hierzu den komprimierten Überblick in Zinnecker 2000). Die Kombination von qualitativen und quantitativen Verfahren ist gar nur marginal vorhanden. Auch hier setzt die vorliegende Studie an und versucht über Methoden-Triangulation die Lücke in der erziehungswissenschaftlichen Forschung mindestens teilweise zu schliessen.

Zum verwendeten Gewaltbegriff selber haben wir im Rahmen dieser Arbeit systematisch die Literatur durchforstet und haben auch diese Durchforstung als einen eigenen Teil unserer Arbeit definiert. Dies ermöglichte eine differenzierte Reflexion des zentralen Gewaltkonzeptes, das diese Arbeit leitet.

Im Rahmen des geplanten Projekts gehen wir davon aus, dass gewalttätiges Verhalten von Schülerinnen und Schülern in Interaktion steht mit verschiedenen Aspekten der sozialen Situation, in der diese sich befinden. Diese Situationen möchten wir abzubilden versuchen, um so einen mehrschichtigen Zugang zur Realität der Jugendlichen zu erhalten. Hierbei liegt, wie die bereits vorliegenden Forschungsarbeiten zum Thema Schulqualität deutlich aufzeigt, die Vermutung auf der Hand, dass es unsinnig wäre, die unterschiedlichen Faktoren gegeneinander auszuspielen (vgl. Fend 1996, S. 93). Wir verfolgen vielmehr die Frage, wie die unterschiedlichen Faktoren zusammenspielen, und verstehen dadurch die Wirkungen des Schullebens und des ihn umgebenden sozialen Kontextes als, wie es Fend (vgl. 1996, S. 93) nannte, ‚konfiguratives Zusammenspiel von Gestaltungsfaktoren auf verschiedenen Ebenen'.

Relevante Bereiche dieser sozialen Situation sind die individuelle Persönlichkeit der SchülerInnen, der konkrete Unterricht, die Beziehung zwischen Lehrpersonen und SchülerInnen, das Klassenklima und das Elternhaus. Diese Bereiche werden je nach sozialer Situation individuell unterschiedlich bewältigt. Die Erfahrungen mit Personen und Situationen prägen also die Bewältigungsstrategien der SchülerInnen und gehören damit zu den Bedingungen, die gewalttätiges Verhalten beeinflussen können. Aus diesem Grund werden wir in der vorliegenden Untersuchung vier Debatten der Erziehungswissenschaft zusammenfassen, nämlich:

A) Gewalt in der Schule (Inner- und ausserschulische Gewaltphänomene und ihre Entwicklungsdynamik).

B) Schule und Elternhaus (Familiäre Sozialisation und ihre Auswirkungen auf die Qualität der Schulerfahrungen der Jugendlichen).

C) Schule und Persönlichkeitsentwicklung (Schule als Erziehungs- und Sozialisationsraum).

D) Geschlechterrollenstereotype (Die Wirkung von Geschlechterrollenstereotypen auf die soziale und personale Entwicklung der Jugendlichen in der Schule).

Zu den vier integrierten Debatten der Erziehungswissenschaft

Gewalt in der Schule

In Schubarths Sekundäranalyse von 80 empirischen Studien zum Thema ‚Jugend und Gewalt' zeigt sich, dass deutlich zwischen Schulstudien und damit Untersuchungen zu Gewalt an Schulen und allgemeinen Jugendstudien, d.h. primär ausserschulischer Gewalt unterschieden werden kann (vgl. Schubarth 2000, S. 66ff.). Etwa die Hälfte aller einbezogenen Studien seien Schulstudien, so Schubarth. Die Schule spielt im Konzert der wichtigen protektiven Faktoren gegen die Gewaltentwicklung nur ein Instrument (vgl. Fend 2000, S. 455). Ob sie ihr Instrument gut spielt, muss die jeweilige Schule noch unter Beweis stellen.

Im Rahmen unserer Studie werden wir eine Analyse zum Thema personale und soziale Determinanten physischer Gewalterfahrungen in der Schule, unter Einbezug eines multikausalen Modells vorlegen. Um das Gewaltproblem zu verstehen, müssen wir uns, und von dieser Überzeugung ausgehend zeichnen wir unser theoretisches Modell, auf die Alltags- und Lebenswelt der männlichen Jugendlichen einlassen, in diese eintauchen, um von dort aus die Frage auszuleuchten, wie die Jugendlichen mit und ohne Gewalt leben (vgl. Schmälzle 1993, S. 209). Zugleich möchten wir nach den Ressourcen fragen, die Jugendliche in der Schule benötigen, um Gewalt nicht als Bewältigungsmuster, sondern höchstens als vereinzelten und damit ‚episodenhaften' Umgang mit Problemen einzusetzen (vgl. Kühnel 1995. S. 126).

Familiäre Sozialisation und ihre Auswirkungen auf die Qualität der Schulerfahrungen der Jugendlichen

Das Erziehungsrecht der Eltern wird durch die Tätigkeit des Staats klar eingeschränkt. So verbringen Heranwachsende einen grossen Teil ihrer Lebenszeit in der Schule und darüber hinaus tragen sie noch Hausaufgaben mit nach Hause. Andererseits ist der Handlungsspielraum der Schule sehr weit gefasst, und oft fehlt eine eindeutige gesetzliche Grenzziehung. Dies scheint insofern sinnvoll, als damit eine Anpassung an spezielle Situationen und veränderte Verhältnisse möglich wird, birgt aber die Gefahr, dass Eltern in ihrem Erziehungsrecht eingeschränkt werden.

Infolge des vorherrschenden Wertepluralismus hat sich das Problem dieser Grenzziehung noch verschärft. So legt die gesellschaftliche Normativität nicht mehr fest, was ein so genannt wohlerzogenes Kind ist. Und über Erziehungsziele, geschweige denn Erziehungsstile besteht keine grundsätzliche Einigkeit, ja man könnte sogar behaupten, dass die Differenz die einzige sichere Determinante ist. Angesichts der Wertevielfalt und der Tatsache, dass sowohl die Schule als auch die Familie erziehen muss, ist es für beide Institutionen immer schwieriger, ihren Erziehungsauftrag abzugrenzen und abzustimmen. So besteht seitens der Schule die Gefahr, dass sie in zunehmendem Mass den Eltern einen Teil ihrer Aufgaben abzunehmen versucht. Damit überfordert sich die Schule nicht selten. Zugleich unterläuft sie dadurch oft die elterliche Verantwortung, was auch eine Gleichgültigkeit der Eltern gegenüber der schulischen Erziehung provozieren kann. Oder aber sie beschränkt das Wirken der Eltern in einer unnötigen Art und Weise. Wir können also festhalten: Die erzieherischen Wirkungen der beiden Institutionen Eltern und Schule hängen in hohem Mass von deren Zusammenspiel ab. Konflikte ergeben sich da, wo das Zusammenwirken nicht gelingt.

Schule und Persönlichkeitsentwicklung

Die Schule setzt die inhaltlichen und sozialen Rahmenbedingungen für die SchülerInnen und kann damit in mehr oder weniger ausgeprägtem Ausmass Chancen zur gelungenen Persönlichkeitsentwicklung eröffnen oder auch verschliessen (Kassis 1995b). Nach Biedermann und Plaum (vgl. 1999, S. 59) besuchten in Deutschland Ende der 90er-Jahre ca. 10 Millionen Heranwachsende die Schule und dies in mehr als 40'000 Bildungsinstitutionen. Die zu untersuchenden Rahmenbedingungen haben somit eine sehr breite soziale Relevanz.

Viele empirische Studien untermauern die Hypothese, dass die Lehrpersonen und die Qualität der Interaktionen zu den MitschülerInnen eine wichtige Rolle in der Prävention und im Angehen bereits bestehender Gewaltprobleme im Schulkontext spielen (vgl. Thommen 1985; Dusolt 1993; Trachtenberg und Viken 1994; Olweus 1996; Boulton 1997; Krumm, Lamberger-Baumann und Haider 1997c; Berg, Imhof, Kollera, Schmidt und Ulber 1998). Diese These wird besonders durch die Tatsache gestützt, dass Lehrpersonen quasi als ‚Vollstrecker' schulstruktureller Massnahmen eine Schlüsselrolle einnehmen. Die in Lehrplänen bzw. Schulleitbildern formulierten Lernziele, aber auch die angestrebten Ziele in Bezug auf die soziale und personale Entwicklung der SchülerInnen im Schulkontext, konkretisieren sich zu einem wesentlichen Teil auf der Ebene des Lehrpersonenhandelns im konkreten Unterricht.

Auf der anderen Seite gilt es zu beachten, wie gut die Jugendlichen in die Gleichaltrigen-Gruppen eingebettet sind und inwiefern die Gleichaltrigen eine relevante Ressource sind, um anstehende Entwicklungsaufgaben des Jugendalters anzugehen. Eine dieser wichtigen Entwicklungsaufgaben im Bereich der sozialen Entwicklung heisst ‚mit Konflikten umgehen lernen'. Hierbei stellt sich für uns die Frage, wie stark und über welche sozialen Prozesse das Klassenklima, welches über die Beziehungen zu den Lehrpersonen und den Peers operationalisiert wird, die Gewalterfahrungen der Jugendlichen als Opfer oder als Täter beeinflusst.

Geschlechterrollenstereotype

ExponentInnen der reflexiven Koedukation fordern die bewusste Reflexion der sozialen Kategorie ‚Geschlecht' auf allen Ebenen des schulischen Geschehens, von den Unterrichtsfächern über die Lerninhalte, die Interaktionen bis hin zu organisatorischen Strukturen (vgl. Willis und Kenway 1986; Tzankoff 1995; Kaiser 1997; Violi 1997; Keller 1998; Ziegler, Broome und Heller 1998). Dieser Ansatz kann nicht mehr von einzelnen engagierten Lehrkräften umgesetzt werden, wie dies bis anhin für Gleichstellungspostulate üblich war. Er kann nur im Rahmen der gesamten Organisation ‚Schule' in kooperativer Zusammenarbeit etabliert und konkretisiert werden. Zugleich muss dieser Ansatz von den Bildungsbehörden aktiv gefördert und mitgetragen werden, wenn er eine breite Wirksamkeit entfalten soll. Die Ergebnisse der Schulwirkungs- und Schulentwicklungsforschung zeigen hier viel versprechende Perspektiven, die es jedoch gezielt weiterzuentwickeln gilt. Denn bis heute wurde bei diesen Forschungsarbeiten und Reformansätzen weitgehend ‚vergessen', die Kategorie ‚Geschlecht' systematisch mitzureflektieren und die schulischen Veränderungen auch unter dem Aspekt der gleichen Bildungschancen für beide Geschlechter zu prüfen (vgl. Kassis 2003).

Das Geschlecht der SchülerInnen wird sowohl als ein biologischer wie auch sozialer Sachverhalt, Gender, thematisiert. Wir folgen nicht der, unserer Meinung nach, zu stark behavioristisch angelegten These, wonach geschlechtsspezifische Unterschiede einzig über Sozialisationseffekte zu Stande kommen. Hierbei folgen wir Maccoby (vgl. 1998 S. 9) und sehen Frauen und Männer nicht primär als Chamäleons, wenn es darum geht, die Geschlechtsspezifik von Verhaltensweisen zu deuten. Sozialisationstheorie in der von uns kritisierten Art ist nicht falsch, sondern greift zu kurz, weil sie unsere biologische und historisch spezifische Grundlage schlichtweg negiert. ‚Geschlecht' soll deswegen, so Maihofer, auch nicht auf eine ideologische Bewusstseinsform reduziert werden (vgl. 1995, S. 67).

> *„Insoweit stellt diese Auffassung von ‚Geschlecht' eine begriffliche Balance zwischen Natur und Kultur, Körper und Geist, Materie und Bewusstsein her. ‚Geschlecht' ist nun eine komplexe Verbindung verschiedener historisch entstandener Denk- und Gefühlsweisen, Körperpraxen und –formen sowie gesellschaftlicher Verhältnisse und Institutionen, eben eine historisch bestimmte Art und Weise zu existieren."*
>
> *(Maihofer 1995, S. 84/85)*

Dass die Ergebnisse der Gewaltforschung nicht geschlechterblind sind, erscheint uns mittlerweile als selbstverständlich. Trotzdem darf nicht vergessen werden, dass noch in den achtziger Jahren, so Kersten und Steinert (1997), die meisten regierungsrätlich eingesetzten Forschungskommissionen zum Thema ‚Gewalt in der Schule' routinemässig geschlechterblind gewesen sind (vgl. ebenda, S. 7). Dass dem nicht mehr so ist, darf selbstverständlich als Vorteil gewertet werden. Trotzdem liegt mittlerweile eine eher krude Form der Beziehung zwischen dem Terminus ‚Gewalt' und ‚Männlichkeit' vor, und zwar des öfteren in der synonymen Verwendung der Begriffe ‚Gewalt' und ‚Männlichkeit'.

Wir gehen von einem vorstrukturierenden Effekt der Schule als Organisation zum Thema Geschlechtergleichstellung aus (vgl. Marsh 1989; Marsh 1989; LePore und Warren 1997). Demnach ist es unverzichtbar, dass die Schule als Organisation des Lernens lernt, mit dem Thema Koedukation bewusst und produktiv umzugehen. Eine koeduziert geführte Schule verbessern heisst, sie bei etwas zu unterstützen und zu befähigen, was sie ihrer Bestimmung nach leisten müsste, nämlich die effektorientierte Wahrnehmung ihrer Aufgabe als pädagogische Institution. Demzufolge hat die Schule den Auftrag, Jugendlichen beiderlei Geschlechts bei der Entfaltung ihrer Anlagen und bei der Findung und Festigung ihrer Lebensziele zu helfen und sie in die gemeinsame Kultur einzuführen (Martin und Littler 1990). Wir werden zeigen, dass die Analyse der geschlechtsspezifischen Seite der Gewalt eindeutig keine aufgesetzte Attitüde ist, um auf einer, wie auch immer gearteten, Modewelle der soften Männlichkeit zu surfen. Sie ist, so unsere Erfahrung aus den Daten und der Theorie, eine äusserst erklärungsstarke Alternative, die eine hohe Chance von sowohl sinnvoller Prävention, als auch effektiver Sanktion von männlichen Gewalttätern in der Schule verspricht (vgl. Kassis 2003).

Männliche Jugendliche im Fokus

Auch Schubarth (vgl. 2000, S. 88) hält in seiner Sekundäranalyse fest, dass die Altersstufe der 12- bis 15-jährigen sich deutlich als Gewaltspitze darstellt (vgl. hierzu auch die Aussagen von Tillmann 1999, S. 16). Dadurch erkennen wir aber auch, dass die Lebensphase Pubertät und damit auch das frühe Jugendalter einer besonderen Gewaltbelastung unterliegen, die mit der Selbstwerdung und den Entwicklungsaufgaben des Jugendalters in einem komplexen Wirkungszusammenhang stehen. 12- bis 15-jährige Jungen sind die gewaltauffälligste Teilgruppe in der Schule (vgl. Biedermann et al. 1999, S. 95).

Das Gewalthandeln im schulischen Kontext von Mädchen und Jungen unterscheidet sich sowohl im Ausmass als auch in Bezug auf die Erscheinungsformen. Maccoby (1986; 1998) hält zudem fest, dass männliche und weibliche Jugendliche zu einem beträchtlichen Teil in einem unterschiedlichen sozialen Umfeld, in Beziehung zu separaten Kulturen aufwachsen. Auch Loeber/Stouthamer-Loeber postulieren, dass es notwendig ist, in Gewaltanalysen zwischen den Geschlechtern zu trennen, weil nicht nur das Ausmass sondern auch die Ursachen und der Entwicklungsverlauf differieren (vgl. Loeber und Stouthamer-Loeber 1998a, S. 253f.). Aus diesem Grund sollten die Gewaltentwicklung und die Gewaltphänomene nicht nur geschlechtsspezifisch ausgewertet, sondern auch differenziert nach Geschlecht bewertet werden. Zugleich konnten auch andere Studien (Cairns und Cairns 1994; Besag 1995; Olweus 1996) belegen, dass Jungen zwar auch Mädchen in der Schule schlagen, das Gewaltphänomen aber, als Einsatz physischer Gewalt verstanden, primär eine Interaktion zwischen Jungen ist. 7% der Jungen, so die Ergebnisse aus unserer Studie, schlagen Mädchen, und 24% schlagen Jungen. Die Jungen, die Mädchen schlagen, haben sich hierbei nicht etwa auf Mädchen ‚spezialisiert', sondern 10 von insgesamt 15 schlagen sowohl Mädchen als auch Jungen.

Auch Schubarth (vgl. 2000, S. 55) hält dies im Rahmen seiner Sekundäranalyse fest. Physische Gewalt in der Schule ist in erster Linie ein Jungenphänomen (vgl. Biedermann et al. 1999, S. 96). Deshalb, weil aus der männlichen Geschlechterrolle heraus die physische Gewalt quasi als gelebte Männlichkeit gilt. Physische Gewalt in der Schule ist deswegen in erster Linie ein Phänomen, das mit der Jungensozialisation zusammenhängt. Böhnisch und Winter (1993) führten aus, dass die von Jungen gezeigten Gewaltformen mit Abwertung in Beziehung zu setzen sind, da patriarchale Machtstrukturen sich primär über Abwertung und Missachtung der anderen Jungen und Mädchen bzw. Frauen und Männer aufbauen. Unsicherheit, Hilflosigkeit und Schwäche bei anderen gelten in diesem Zusammenhang als Gefährdungen der hegemonialen Männlichkeit und dürfen deswegen mit Gewalt ‚an ihren Ort gestellt werden'. Bei sich selber dagegen müssen die Jungen ebenfalls mit Gewalt, diesmal aber mit psychischer, Unsicherheit und Hilflosigkeit bekämpfen, indem sie diese verdrängen.

Hegemoniale Männlichkeit zeichnet sich primär über das Erzeugen, Beschützen und Bewältigen aus. Wer dafür als Junge zu schwach ist, riskiert das Hineinrutschen in die Opferrolle, weil seine Schwächung eine Gefährdung für die so genannte Rollenstärke der anderen Jungen darstellt. Die patriarchale Dimension der Jugendgewalt hängt somit mit vielen Faktoren der (männlichen) Sozialisation zusammen, so Böhnisch: „Dabei ist Gewalt nicht ‚einfach da', entsteht Männergewalt nicht aus dem Nichts. Vielmehr hat jede Gewalt prozesshafte Züge. Gewalthandeln ist das Ergebnis von sozialen Entwicklungsprozessen" (Böhnisch et al. 1993, S. 197).

Weil viele Jungen oft nicht über angemessene soziale und personale Ressourcen verfügen, um Konflikte oder Unsicherheiten anzugehen, lernen sie, das zu verachten, was aus ihrem Selbst kommt und sie hilflos macht (vgl. Gruen 1987; Gruen 1998). Auch gewalttätiges Verhalten kann demnach als eine Form der Realitätsverarbeitung betrachtet werden, allerdings als eine mit einer deutlich suboptimalen Auflösung. Im formulierten Strukturgleichungsmodell haben wir Gewalterfahrungen auch als ein Ergebnis der dynamischen Beziehungen zwischen subjektiver Verarbeitung – dem Selbstkonzept – , ausser- und innerschulischen Bedingungen erkannt (vgl. Holtappels und Meier 1997; Holtappels 1999; Tillmann, Holler-Nowitzki, Holtappels, Meier und Popp 2000).

Die Datenerhebungs- und die Datenanalysestrategie

Wenn ein empirisch ausgerichteter Forscher im 21. Jahrhundert seine Fragestellung sowohl empirisch-methodisch wie auch theoretisch auf einen Forscher des 18. Jahrhunderts stützt, der selber im heutigen Sinne nicht empirisch gearbeitet hat, mag dies in einem ersten Moment eigenartig erscheinen. Trotzdem sei erwähnt, dass J. H. Pestalozzi (1746-1827) für die Entwicklung und die Interpretation der Grundfrage dieser Arbeit äusserst zentral ist. Die Aneignung der Welt durch die Menschen in einer wechselseitigen Verschränkung und Beschränkung wird bei Pestalozzi in einer auch für die modernere Sozialisationstheorie (Hurrelmann 1998) geradezu elementaren Weise vorgeführt. Bezug nehmen wir auf das anthropologische Werk Pestalozzis und den darin untersuchten Beziehungen zwischen Individuum, Natur und Gesellschaft. In seinem 1797 verfassten Werk ‚Meine Nachforschungen über den Gang der Natur in der Entwicklung des Menschengeschlechts' steht die für diese Arbeit zentrale empirische Grundfrage, nämlich: „Wie kommt der Mensch dahin, dass er wirklich ist, was er ist?" (Pestalozzi 1977 (1797), S. 171).

Pestalozzi stellt somit die Frage nach den Umständen, die die Menschenbildung beeinflussen. Die Frage Pestalozzis ist dabei sowohl eine empirische (Probefragen hierzu: Welche Umstände wirken? In welchen Zusammenhängen wirken sie und in welchen nicht?) wie auch eine theoretische (Probefragen hierzu: Welche relevanten Umstände gibt es überhaupt? Wie sollte der Mensch werden?). Dies wird insbesondere im folgenden Zitat deutlich:

> *„Soviel sah ich bald: Die Umstände machen den Menschen. Aber ich sah ebenso bald: Der Mensch macht die Umstände; er hat eine Kraft in sich selbst, selbige vielfältig nach seinem Willen zu lenken. Sowie er dies tut, nimmt er selbst Anteil an der Bildung seiner selbst und an dem Einfluss der Umstände, die auf ihn wirken. Ich suchte jetzt dieses Gemisch von Zufall und Freiheit, welches das Geschick meines Daseins auf Erden zu sein scheint ..."*
>
> *(Pestalozzi 1977 (1797), S. 171)*

Der von Pestalozzi als ‚Gemisch von Zufall und Freiheit' angesprochene Prozess entspricht der in der moderneren Sozialisationstheorie aufgestellten These des aktiven und realitätsverarbeitenden Individuums, welches seine Erfahrungen interpretativ integriert.

Die wechselseitige Beeinflussung zwischen der sozialen Umgebung und den Jugendlichen wird deswegen als ein komplexer Prozess beschrieben. Deaux (1998, S. 20) beschrieb diese Annahme folgendermassen. „Maybe this is all more complicated than we thought". Martin (1998, S. 46) erhöhte die postulierte Komplexität, indem sie den in Mode gekommenen Terminus ‚multifaktoriell' kritisch hinterfragte und die Gefahr erkannte, ihn zu einer Floskel verkommen zu lassen. Nicht also die inflationäre Verwendung von Begriffen, sondern deren konkrete Umsetzung ist ausschlaggebend. In unserer Arbeit werden wir den Begriff multifaktoriell dahingehend einsetzen, als er für ein komplexes, mehrfaktorielles und dynamisches Wirkungsgefüge zwischen den verschiedenen Indikatoren der Lebenswelt der männlichen Jugendlichen in der Schule stehen wird.

Wenn demnach jugendliches Gewalthandeln im Schulkontext erklärt werden soll, dann, so unsere leitende Vorstellung, genügt es nicht, alleine ein interaktionistisches Paradigma zu vertreten. Es braucht darüber hinaus eine Datenanalyse-Strategie, die das theoretische Konstrukt des interaktionistischen Paradigmas, wir nannten es das multifaktorielle Design, auch unterstützt, damit eine so strukturierte Datenanalyse die dahinterliegende Theorie verwerfen oder unterstützen kann. Wenn also, wie sehr häufig im Rahmen so gearteter Untersuchungen, zuerst eine sehr breite, systemisch orientierte Theorie aufgestellt wird, die danach aber nur sequenziell abgearbeitet wird und über Einzelergebnisse gestützt ist, haben wir im engeren Sinne keine empirische Überprüfung der anfangs formulierten Hypothesen leisten können. Das Datenanalyse-Design muss somit mindestens so interaktionistisch sein wie die vorangehende Theorie. Wer beim Erklärungsversuch von Gewalt als soziale Konstruktion der Monokausalität entgehen möchte, und es gibt auch aus soziologischer Sicht gute Gründe dies zu tun (Vuille und Gros 1999, S. 179f.), braucht mehr als nur den Wunsch oder die dazu gehörenden Empfehlungen, es braucht auch die konkrete Methodik, um dieses Ziel auch wirklich erreichen zu können. Die Entwicklung einer so gearteten Datenerhebungs- und Datenanalysestrategie, haben wir aus diesem Grunde als einen wichtigen Bestandteil dieser Forschungsarbeit definiert.

1 Jugendgewalt als Desintegrationserscheinung und die Sicht der Etablierten

Jugend und Gewalt

Die Berichterstattung zum Thema ‚Jugend und Gewalt' ist äusserst verzerrt. Und dies nicht nur, weil primär von Gewalt-Phänomenen gesprochen wird, aber nur sehr selten von friedfertigeren Jugendlichen, gute Nachrichten haben bekanntlich keinen Nachrichtenwert, sondern auch deshalb, weil die Gewaltphänomene aus dem Kontext herausgerissen und in einer pauschalisierenden Art und Weise dargestellt werden. Zugleich wird jeweils – und dies betrifft nicht einzig Presseerzeugnisse, sondern auch wissenschaftliche Publikationen – aus der Sicht der Etablierten über scheinbare Aussenseiter geschrieben. Wenn man sich die Berichterstattung anhört beziehungsweise liest, so könnte man den Eindruck gewinnen, dass die Jugendlichen, insbesondere die Jungen, in toto oder zumindest zum grössten Teil gewalttätig sind. Wir möchten dieser Darstellungsweise entgegenhalten, dass der überwiegende Teil der Jugendlichen in Europa in einer wohl noch nie da gewesenen Weise friedfertig gesonnen ist. Noch nie hat es so wenig Gewalt im Alltag gegeben, die von Jugendlichen ausging. Zugleich gilt es mit Leggewie (vgl. Leggewie 1993, S. 120) festzuhalten, dass Kinder und Jugendliche noch immer weit mehr eher Opfer politisch-sozialer, familialer und institutioneller Gewalt sind als Täter. Unter den Jugendlichen gibt es jedoch eine Gruppe, die eine latente oder akute Gewaltbereitschaft an den Tag legt und deshalb nicht marginalisiert werden darf.

Elliott, Hamburg und Williams fassen in ihrem Reader ‚Violence in American Schools' (1998) die aktuellsten Ergebnisse zur Situation der Gewalt in den Schulen der USA zusammen. Auf diese Studie möchten wir eingehen, um Ähnlichkeiten und Unterschiede zwischen der Situation in Mitteleuropa und den USA festzustellen. Die drei HerausgeberInnen beginnen ihren einführenden Artikel mit der Bemerkung: „The violence on the streets and in some of our homes has spilt over into the schools" (1998b, S. 3). Sie sprechen eine sehr deutliche Sprache, indem sie zeigen, wie die allgemeinen sozialen Bedingungen im Umfeld von Familie und

Schule zuerst auf den Familienalltag, in der Folge aber auch immer stärker auf das Schulgeschehen einwirken. Sie sehen somit die Schule als eine Variable, die, bezogen auf das Thema Gewalt, sehr stark von den gesellschaftlichen Veränderungen beeinflusst wird. So sprechen Elliott, Hamburg und Williams die Tatsache an, dass im Bundesstaat Texas zwischen 1974 und 1987 das Tragen von Schusswaffen in der Schule um 138% angestiegen ist. Ähnliche Ergebnisse liegen nach ihren Angaben auch zum Bundesstaat Kalifornien vor (vgl. Elliott, Hamburg und Williams 1998, S. 6). Während 1982 in den USA nur 3% aller Erwachsenen die Gewalt und die Kriminalität als ein wichtiges nationales Problem erkannt hatten, wird 1990 von den Befragten die Gewalt und die Kriminalität als das schwierigste und das massgebliche Problem erwähnt. Das Problem der Gewalttätigkeit und Kriminalität wurde sogar als schwer wiegender gewichtet als das Problem der Lebenskosten, der Arbeitslosigkeit, der Armut oder der Gesundheitsversorgung, wobei hervorzuheben ist, dass in diesem Punkt zwischen den Schulleiterinnen und Schulleitern und den allgemeinen Bevölkerungsstichproben Übereinstimmung herrschte.

Die individualisierte Friedfertigkeit im Rahmen des Zivilisationsprozesses, wie sie Norbert Elias (1997b) beschreibt, scheint mindestens für bestimmte Gruppen in Auflösung begriffen zu sein. Es gibt somit Anzeichen, dass die Selbstdisziplinierung, die durch den Zivilisationsprozess den Fremdzwang ersetzt hat, für bestimmte Bevölkerungsteile in einem labilen Gleichgewicht steht. So legte Bieri (1998) eine Analyse der Homizid-Raten der Frauen und Männer von 1877 bis 1995 in der Schweiz vor. Dabei stellte er fest, dass die Homizid-Rate der Männer von 1877 bis Mitte der sechziger Jahre absinkt, um bis Mitte der neunziger Jahre deutlich anzusteigen. Bei den erwachsenen Männern der Altersgruppe von 20 bis 59 Jahren steigt die Tötungsrate nach 1960 deutlich an (vgl. Bieri 1998, S. 62). Ob dieser Trend in den nächsten zehn, fünfzehn Jahren unterbrochen wird oder ob es eine zunehmende gesellschaftliche Desintegration geben wird, kann auf Grund der vorliegenden Daten nicht beantwortet werden (so Bieri 1998, S. 64).

Analog der Wiederaufforstung von Wäldern nach einer Umweltkatastrophe gilt es, einerseits die Re-Zivilisation im Sinn von Resozialisierung von Institutionen wie Schule und Familie zu fördern, andererseits die Resozialisierung individueller Handlungs- und Denkmuster voranzutreiben. Die zivilisatorischen Standards des Respekts der Distanz und der Menschenwürde, so Leggewie (1993, S.

123), müssten wieder vermehrt beachtet werden. Dieses Argument, von einem Akademiker vorgetragen, darf nicht so ausgelegt werden, dass in den Schichten, in denen man vorwiegend von Bildung oder von Ausbildung lebt, also in der kopfarbeitenden Mittelschicht, man generell auf besonders vernünftige Bereinigungen der Probleme aus wäre und deswegen Gewalt besonders verabscheuen würde. Diese kopfarbeitende Mittelschicht, so das problematische Argument, versuche dasjenige Instrumentarium besonders zu forcieren, das sie am besten beherrscht, nämlich das Miteinander-Reden, beziehungsweise Kompromisse -Finden und das Sich-Regelungen-Ausdenken, damit bei Schwierigkeiten besonders besonnen reagiert werden kann (so Steinert und Karazman-Morawetz 1993, S. 149). Gemäss diesem Argument formuliert die Mittelschicht eine Art Saure-Trauben-Theorie bezüglich der physischen Gewalt. Deswegen soll die Mittelschicht daran erinnert werden, so der zweite Teil des Arguments, dass Unternehmer und Manager durchaus einen Durchsetzungswillen in geschäftlichen Belangen zeigen können, dessen Hartnäckigkeit als soziale Gewalt im Dienst des Aktienkurses bewertet werden kann.

Obwohl das zweite Glied des Argumentes bezüglich ‚Gewalteinsatz' von Unternehmern und Managern durchaus zutrifft, wird mit dessen erstem Teil sozusagen das Kind mit dem Bade ausgeschüttet; die Zustände vor der Delegation des Gewaltmonopols werden dabei ausgeklammert (vgl. Elias 1997b, S. 320ff.). Es wird nicht erwähnt, dass dadurch sehr viele gesellschaftliche Felder entstanden sind, die von Gewalt regelrecht frei sind und dass eine relative Gewaltfreiheit des Alltags in einer Art und Weise entstehen konnte, wie sie in der Menschheitsgeschichte noch nie da gewesen ist. Auch hierzu muss man jedoch anfügen, dass Zivilisation im Sinne Elias' konkret auch heisst: Verlagerung der Affektkontrolle von aussen nach innen, und damit, dass diese Verlagerung auf Grund gesellschaftlichen Druckes zustandegekommen ist und nicht als Folge einer freien Wahl von Individuen.

Deswegen erstaunt es, mindestens aus erziehungswissenschaftlicher Sicht, auch nicht, wenn in Momenten, in denen die gesellschaftlichen Bindemittel eine besondere Schwächung zeigen, dieses gesellschaftliche Über-Ich den Affekten der Individuen nicht mehr standhalten kann. Daraus entsteht ein Prozess, den wir in der Erziehungswissenschaft aus dem Bereich der autoritären Erziehung bestens kennen: Das Kind verhält sich so lange ‚anständig', weil angepasst, wie Kontrolle und Erziehungsdruck mächtig sind. Sobald aber dieser Druck wegfällt, zeigt es das alte, aus der Sicht des Erziehers negative Verhaltensmuster, weil es diese Erziehungsvorstellungen keineswegs hat in sein Selbstbild integrieren können und sie nur auf Grund des externen Druckes erlitten hatte. Die Missachtung eines besonders typischen Merkmals moderner Gesellschaften, wonach die private Gewalt zu Gunsten ihrer Monopolisierung durch den Staat aufgegeben wird, so Merten (1993, S. 162), stellt ein gewichtiges zivilisatorisches Defizit der gewalttätigen männlichen Jugendlichen dar. Es fragt sich somit: Wie sind diejenigen sozialen Gruppen gekennzeichnet, die dieses charakteristische Merkmal moderner und sozusagen zivilisierter Gesellschaften verletzen?

Als ErziehungswissenschaftlerInnnen könnten wir uns der Beantwortung dieser Frage entziehen, indem wir formulieren würden: ‚Dies sind primär soziale Probleme, die doch primär von Seiten der Soziologie oder der Politikwissenschaft anzugehen sind'. Diese Meinung vertreten wir nicht. Wir denken, dass es doch entschiedenes pädagogisches Handeln zum Thema ‚Gewalt unter männlichen Jugendlichen' braucht, und dies im Bewusstsein, dass die Erziehungswissenschaft die damit zusammenhängenden anstehenden Probleme keineswegs alleine wird bewältigen können, aber sie sich noch weniger ihrem Beitrag zur Lösung oder Milderung verweigern kann.

Wäre Gewalt im Schulkontext wie ein Grippevirus ansteckend, müssten wir uns als ErziehungswissenschaftlerInnen kaum Sorgen machen, denn die Pharma-Industrie hätte schon längstens erfolgreich dagegen interveniert (und dabei noch grosse Gewinne erwirtschaftet). Gewalt im Schulkontext ist aber sowohl im Rahmen von sozialen Systemen, so der Schule und dem Elternhaus, hausgemacht, indem sie einerseits aktiv oder passiv gefördert und andererseits auch von den daran beteiligten SchülerInnen individuell verantwortet wird. Darin liegt insbesondere die erziehungswissenschaftliche Crux des ‚Gewaltvirus' im Schulkontext. So wird beispielsweise allzu schnell die These formuliert, dass die Frustration, die über den Zukunftspessimismus oder die individualistische Gesellschaft entwickelt wird, fast automatisch zu Gewalttätigkeit führt. Träfe dies aber zu, wären nicht die Männer gewalttätig, sondern die Frauen und vor allem die Migrantinnen, so auch Rommelsacher (1993, S. 201) und nicht primär die männlichen Jugendlichen.

Wir möchten uns Margalits (1999) These anschliessen, nach der eine anständige Gesellschaft, so die Terminologie Margalits, gewährleisten muss, dass zentrale Sozialisationsinstanzen, wie sie in unserem Fall die Schule und die Familie darstellen, die Heranwachsenden nicht demütigen, beziehungsweise die Jugendlichen nicht dazu animiert werden, einander gegenseitig zu demütigen. Nach Margalit ist eine der wichtigsten moralischen Pflichten einer nicht demütigenden Gesellschaft die Vermeidung psychischer und physischer Grausamkeit.

Eine nicht demütigende Gesellschaft, so Margalit (1999, S. 108), ist eine Gesellschaft, die vermeidet, dass Jugendliche in der Schule (aber nicht nur dort) durch physisch schmerzhafte Akte und durch symbolische Handlungen verletzt werden. Die Demütigung ist nach Margalit die Ausdehnung der physischen Grausamkeit auf den psychischen Bereich. Weil der Mensch in einer symbolischen Welt lebt, kann er nebst dem physischen Schmerz und auf Grund seiner Symbol bildenden Kraft auch Seelenqual empfinden. Demütigung, so Margalit (1999, S. 111), hinterlässt Wunden, die oft viel langsamer heilen als körperliche Wunden.

Das besonders Schwerwiegende beim Erleiden von Demütigung in der Schule ist die intentionale Freiheitsbegrenzung und der Verlust der Kontrollfähigkeit der Jugendlichen. Übertriebene Kontrollfähigkeit über sich selbst und über andere Jugendliche aus der Sicht der Täter, um suboptimale Sozialisationserfahrungen in der Schule und in der Familie grösstenteils auch unbewusst auszugleichen und Kontrollverlust aus der Sicht der Opfer akzentuieren die beiden Blickwinkel. Demütigende Gesten, zeigen dem Opfer-Jugendlichen immer wieder, dass er sein Leben, sein Schicksal nicht mehr selber in der Hand hat, sondern dass er vielmehr von der Gunst seiner Peiniger abhängt. Die Demütigung der Jugendlichen ist auf die Selbstachtung fokussiert, also auf den Sachverhalt, den wir aus sozialwissenschaftlicher Sicht als Selbstakzeptierung bezeichnen, und damit auf die inneren Werte einer Person (vgl. Margalit 1999, S. 148).

Dass aber nicht die Jugendlichen im Allgemeinen, sondern primär die Jungen sich in den Rollen des Täters und/oder des Opfers wieder finden, könnte auch ein Hinweis darauf sein, dass im Konstrukt von Männlichkeit, welches im Patriarchat die Fortpflanzung, das Beschützen und das Versorgen als die drei wichtigsten Kategorien des männlichen Daseins darstellt, in einer starken Affinität zum abweichenden Verhalten steht (so auch Kersten 1993). So kann der Erzeuger zum Vergewaltiger werden, der Beschützer zum Krieger und der Versorger zum Jäger. Im Anschluss an Mertons Arbeiten zur Sozialstruktur und Anomie (1995) stellen wir uns die Frage, wie diejenigen männlichen Jugendlichen bezüglich ihrer Persönlichkeit und ihres sozialen Umfelds zu charakterisieren sind, die konflikthafte und damit widersprüchliche oder anomische Strukturen physischer Gewalt in der Schule einsetzen.

Zunahme der Jugendgewalt?

Ob und warum von Jugendlichen ausgehende Gewalt oder Gewalt unter Jugendlichen zugenommen hat, ist empirisch gesehen nur schlecht eruierbar. Die beschränkten Möglichkeiten, das Ausmass der Gewaltzunahme während der letzten Jahre intersubjektiv zu erkennen, lassen nur unsichere Schlüsse zu. Statistiken zeigen zwar deutlich, dass Gewaltverbrechen und insbesondere die Jugendkriminalität seit Beginn der achtziger Jahre zugenommen haben, doch muss man sich fragen, ob diese Statistiken tatsächlich ein realistisches Bild wiedergeben.

Unter anderem betont Smith (1999), dass Statistiken sehr stark durch die Kriterien, nach denen sie erstellt werden, beeinflusst werden. Dabei spielt eine besondere Rolle, wie die jeweiligen Kategorien von Verbrechen definiert werden, wobei – und dies ist interessant für die Möglichkeit, eine Gewaltzunahme oder eine Gewaltabnahme festzustellen – sich solche Definitionen im Laufe der Zeit verändert haben. Die Bereitschaft sowohl von Opfern als auch von Beobachtern, Gewaltverbrechen überhaupt zu melden, wie auch jene der Polizei, Verbrechen formell zu protokollieren, sind über die Zeit hinweg veränderliche Einflussgrössen, was sich selbstverständlich in den Statistiken niederschlägt.

Aber nicht nur die Statistiken können ein verzerrtes Bild geben. Verschiedenen Autoren zufolge, so Oswald (1999a), wird nicht nur in den Statistiken sondern auch von den Medien ein verzerrtes Bild vermittelt. Oswald weist darauf hin, dass die Zunahme von Jugendgewalt und von Jugendkriminalität willkommene Schlagzeilen bringt, während – und dies ist aus pädagogischer Sicht sehr interessant festzuhalten – sinkende Gewalt und Kriminalität für viele Medien eher uninteressant und entsprechend unbeachtet bleiben. So hat Oswald feststellen können, dass in Jahren, in denen die polizeiliche Kriminalstatistik sinkende Zahlen vermeldete, was zum Beispiel in Berlin 1993 der Fall war, eine Debatte ausgeblieben ist, während bei erneutem Anstieg der Zahlen eine aufgeregte Diskussion entsteht, auch wenn die Zahlen lediglich wieder die vorherige Marke erreicht haben. Über die Jahre hinweg entsteht so der Eindruck eines kontinuierlichen Anstiegs von Gewalt, was jedoch keineswegs der Realität entsprechen muss. Es gibt aber Hinweise dafür – wir betonen, dass es sich hier lediglich um Hinweise handelt –, dass Gewalt an Schulen, wenn nicht quantitativ, so doch zumindest qualitativ in ihrer Stärke beziehungsweise Brutalität zugenommen hat (Niebel, Hanewinkel und Ferstl 1993).

Schubarth hält fest, dass die Gewalt im schulischen Umfeld leicht zugenommen habe (vgl. Schubarth 2000, S. 77), wobei die verschiedenen Schultypen unterschiedlich stark davon betroffen sind. Als ein besonderer Schwerpunkt von Gewaltentwicklung habe sich, so Schubarth, die Hauptschule herausgestellt. Hierbei geht Schubarth leider nicht darauf ein, warum dies so ist. Er vernachlässigt zu erwähnen, dass die Schülerinnen- und Schülerstichprobe der Hauptschule sich gänzlich geändert hat, da die Hauptschule von der so genannten Volksschule, die von rund 50 bis 60% eines Altersjahrgangs besucht worden ist, zur Residualschule geworden ist für Jugendliche mit grösseren sozialen und fachlichen Schwierigkeiten (siehe hierzu die Angaben zur Entwicklung der Hauptschule in Diederich und Tenorth 1997, S. 207).

Diese Debatte wird auch oft von der Nebenfrage begleitet, ob die postulierte Zunahme der Jugendgewalt ein Artefakt oder ein Fakt ist. Ein Artefakt wäre diese Zunahme, wenn die qualitativ höher stehende statistische Erfassung, deren Intensivierung und zugleich die gesellschaftliche Sensibilität gegenüber Jugendgewalt so stark zugenommen hätten, dass der von vielen Seiten postulierte Anstieg der Jugendgewalt eher eine soziale Konstruktion wäre (vgl. hierzu Sack 1999). Dass diesbezüglich die Datenlage auch in der Schweiz alles andere als einfach ist, hat Eisner (1998) gezeigt: die Revisionen des Strafgesetzbuches, die Frage der gesonderten Statistik der Jugendstrafurteile, die je nach Kanton verschiedene Organisation der Jugendgerichtsbarkeit und die damit zusammenhängende Unterschiedlichkeit der jeweiligen Zählungsmethoden der Delikte, aber auch der polizeilich registrierten Jugendgewalt führen zu einer äusserst uneinheitlichen Datenlage. Eisner verweist (1998) darauf, dass die Delikte der polizeilichen Kriminalstatistik des Kantons Zürich zwischen 1991 und 1997 einen beträchtlichen Anstieg auswiesen. Dabei fiel insbesondere auf, dass der stärkste prozentuale Anstieg bei den unter 18-jährigen Jugendlichen zu verzeichnen war; insbesondere wiesen die 15- bis 17-Jährigen weit höhere Tatverdächtigen-Raten auf als die 18- bis 19-Jährigen.

Über die Analyse verschiedener schweizerischer Daten und Daten aus weiteren europäischen Ländern kommt Eisner zum Schluss, dass Minderjährige in den letzten 10-15 Jahren tatsächlich häufiger Delikte gegen Leib und Leben begangen haben. Zugleich verweist Eisner aber auch darauf, dass Antragsdelikte weit stärker zugenommen haben als Offizialdelikte. Dieser zweite Befund stützt seine These, (1998, S. 30), dass vor allem eine gestiegene Anzeigewahrscheinlichkeit im Bagatellbereich zur Zunahme der polizeilich registrierten Jugendgewalt beigetragen habe. Der Anstieg der Jugendgewalt mag auch deswegen sehr medienwirksam sein, weil es eine Verlagerung der Altersstruktur zu immer jüngeren Tätern gegeben hat. Zugleich scheint die Gewaltdelinquenz bei Jugendlichen weit stärker zugenommen zu haben als bei den jungen Erwachsenen. Der Anteil der jüngeren Täter, das heisst der Täter unter 18 Jahren, ist somit, so Eisner, seit Beginn der neunziger Jahre deutlich gestiegen.

Andererseits gibt es zur Zunahme der Jugendgewalt ein soziologisches bzw. ein wahrnehmungspsychologisches Problem. Danach hängt Gewaltwahrnehmung in erster Linie von den individuellen Deutungsphänomenen ab und ist somit vom öffentlichen Diskurs beeinflusst (vgl. Schubarth 2000, S. 77). Es geht um die so genannten Reaktivitätseffekte: Wir können beobachten, dass die Gesellschaft in letzter Zeit eindeutig sensibler geworden ist hinsichtlich der Gewaltbereitschaft und der ausgeübten Gewalt von jungen Menschen. Zugleich wurde der ohnehin schon sehr heterogene Gewaltbegriff in einem starken Ausmass ausgeweitet. Dadurch gerieten eher spielerische Formen der Auseinandersetzung unter Jugendlichen in eine dramatischere und damit der erzieherischen Obhut zugehörige Kategorie. Auch wurden spektakuläre und einer Horrorvision ähnelnde Einzelfälle zu oft verallgemeinernd der Entwicklung der männlichen Jugendlichen in der Moderne zugeschrieben. So konnten z.B. Greszik und Euler (1995) zeigen, dass jüngere Lehrpersonen häufiger eine Gewaltzunahme konstatieren als ältere. Hierbei gehen Greszik und Euler davon aus, dass jüngere Lehrpersonen eindeutig empfindlicher sind gegenüber Disziplinschwierigkeiten und diese auch anders bewerten als ältere Lehrpersonen. Auch haben Schäfer (1997) und Smith (Smith und Sharp 1994; Smith und Levan 1995) feststellen können, dass Lehrpersonen Raufereien zwischen Schülern als weit ernsthafter einschätzen, als dies die Schüler selbst tun. Die jeweilige Datenquelle ergibt somit unterschiedliche Daten.

Zum Reaktivitätseffekt sind auch die Studien von Dann (1999) und Fuchs (1999) zu nennen. In beiden wurde sichtbar, dass in den neunziger Jahren mehr Gewaltprobleme von Lehrpersonen referiert wurden als dies früher der Fall war. Dieses Ergebnis konnte aber vom Bundesverband der Unfallsversicherungsträger der öffentlichen Hand in Deutschland 1995 nicht bestätigt werden (vgl. Lösel, Bliesener und Averbeck 1999). Wenn nämlich die gemeldeten Rauf-Unfälle, die in Schulen vorkommen, in eine längerfristige Statistik einbezogen werden, können wir erkennen, dass (im langfristigen Trend) sehr wohl ein leichter Anstieg vorliegt. Diese Statistiken könnten auch durch teilweise reaktive Daten zustande kommen und damit auch stark durch eine Veränderung der Meldegewohnheiten, so z.B. der Änderung versicherungsrechtlicher Anweisungen und einer höheren Sensibilisierung der Beteiligten. Zugleich ist der feststellbare Anstieg insbesondere in der Hauptschule und der Sonderschule zu erkennen. Diese zwei Schultypen haben in den letzten 15 Jahren massive Veränderungen in der SchülerInnen-Stichprobe erfahren, und zwar dahingehend, dass weit mehr SchülerInnen mit grösseren sozialen und schulischen Problemen heute die Hauptschule besuchen als früher. Der Anteil der SchülerInnen der Hauptschule in Deutschland am Altersjahrgang schrumpfte von 1960 bis 1994 von 70% auf 31%. Parallel dazu stiegt im gleichen Zeitraum der Anteil der Sekundarschule von 11% auf 23% und des Gymnasiums von 15% auf 31% (vgl. Diederich und Tenorth 1997). Dieser Sachverhalt kann interpretiert werden als ein Abwandern der sozial besser integrierten, bildungsnäheren Schichten aus der Hauptschule in die Sekundarschule und das Gymnasium.

Eine weitere Schwierigkeit der Objektivität der Statistiken rührt daher, dass die zunehmend höheren Ansprüche von gelungener Interaktion unter den Jugendlichen die Angaben zur erlebten Gewalt hochschnellen lassen (vgl. Mansel 1995, S. 103). Auch hier ein Reaktivitätseffekt, der methodisch nicht zu kontrollieren ist und der es uns verunmöglicht, aktuelle mit früheren Daten zu vergleichen (Mansel und Hurrelmann 1993; Mansel und Hurrelmann 1998).

Das Gleiche liesse sich auch sagen, wenn wir die Frage beantworten wollen, ob und in welchem Umfang es tatsächlich in den letzten 10 oder 15 Jahren eine Zunahme von Gewalt an Schulen gegeben hat. Zwar hat es in dieser Zeit hierzu sehr wohl empirische Studien gegeben, so von Lösel (1997; 1999), Hanewinkel und Knaack (Hanewinkel und Knaack 1997), Holtappels (1997), Hurrelmann

(1994) und Mansel (1993; 1998). Aber auch hier können wir festhalten, dass qualifizierte Längsschnittstudien fehlen, die eine Zu- oder Abnahme des Phänomens Gewalt in der Schule konstatieren können. Das Problem liegt aber nicht nur im Fehlen von Längsschnittuntersuchungen, denn Studien, die vor 10 oder 15 Jahren durchgeführt worden sind, sind nicht ohne weiteres mit aktuelleren Studien zu vergleichen. Was Olweus hierzu sehr deutlich hervorhebt, wird von anderen Wissenschaftlerinnen und Wissenschaftlern kaum problematisiert. Er hält fest, dass sich Datensätze aus dem Jahr 1978 nicht ohne weiteres mit den erhobenen Daten aus den achtziger und neunziger Jahren vergleichen lassen:

> *„Es ist jedoch zu beachten, dass viele dieser früheren Studien in ihrer Art sehr vorläufig sind; es gab nur kleine Stichproben und keine klare Definition dessen, was mit Gewaltanwendung gemeint ist (und mit nicht-spezifischen Antwortmöglichkeiten). Ausserdem wurden die Erhebungen häufig von Studenten und Studentinnen mit wenig Aufsicht durch erfahrene Wissenschaftler und Wissenschaftlerinnen durchgeführt. Vor diesem Hintergrund ist es schwer festzustellen, ob die ermittelte Abweichung tatsächlich einer erhöhten Häufigkeit des Gewalttäter-Gewaltopfer-Problems in den vergangenen Jahren zuzuschreiben ist, oder ob sie lediglich methodische Unterschiede widerspiegelt. Es sind schlechthin keine verlässlichen Daten verfügbar, um sicher abzuschätzen, ob die Gewalttäter-Gewaltopfer-Probleme in den achtziger Jahren und frühen neunziger Jahren zu- oder abgenommen haben.“*
>
> *(Olweus 1996, S. 28)*

Wie werden Menschen zu Gewalttätern? Oder wie brüchig ist die Grenze zwischen gewaltfreien und gewalttätigen Männern?

Vor dem Hintergrund des Themas Gewalt ist Zivilisation ein sehr dünner und äusserst zerbrechlicher Firnis (vgl. Sofsky 1999, S. 315). Sich auf Zivilisationslorbeeren wie moralische Entwicklung oder Vertrauen auf Vernunft und Demokratie auszuruhen und deswegen Gewaltexzesse für unmöglich zu halten, mündet fast zwangsläufig in eine Enttäuschung. Es muss dennoch nicht im Hobbesschen Sinne das wilde Tier Mensch gezähmt, sondern das komplexe und kaum zu sichernde

Gebilde der menschlichen Gesellschaft immer wieder nach der Möglichkeit für Zivilisation ausgelotet werden. Im Rahmen dieses Kapitels möchten wir auf den schmalen Grat zwischen gewaltfreien und gewalttätigen Männern in Kriegszeiten zu sprechen kommen. Die noch vorzustellenden Geschehnisse sind leider alles andere als einzigartig (unsere Erinnerung sollte den Jugoslawien-Konflikt hoffentlich nicht ad acta gelegt haben). Beschwichtigend liesse sich sagen, dass solche Exzesse nur zu Kriegszeiten möglich sind und dass unser Alltag eigentlich ein ganz anderer sei. Diejenigen, die so argumentieren, möchten wir an die fast monatlich sich ereignenden Schulmassaker in den USA erinnern. Zugleich werden wir im nächsten Kapitel auf den Zusammenhang zwischen schulischer und familiärer Desintegration eingehen und über diejenigen sozialen Prozesse sprechen, welche die Ähnlichkeit der Gewaltdynamik in Kriegs- und Friedenszeiten belegen. Die Fragen, die sich uns im Rahmen des vorliegenden Kapitels stellen, sind: Was können wir aus den im Krieg durchgeführten Gewaltexzessen durch Männer für die Entwicklung von physischer Gewalt in der Schule durch Jungen lernen? Welche sozialen und personalen Faktoren haben solche Exzesse gefördert?

Christopher Browning hat in seinem Buch ‚Ganz normale Männer‘ (1993) belegen können, dass die gesellschaftliche Dynamik auch so genannte Durchschnittsbürger zu Menschen mutieren lassen kann, die fähig sind, andere Menschen zu Abertausenden umzubringen, so die Lehre aus dem Holocaust. Browning zeigt auf, dass unter der Zwangsherrschaft der Nazis, und von der verbrecherischen Politik des NS-Regimes unterstützt, das Alltagsleben der damaligen Zeit dazu führte, dass aus der heutigen Sicht Unmenschliches als etwas Normales gelebt werden konnte. Dabei ist wichtig zu erwähnen, dass man, unter den Extremsituationen, wie sie das NS-Regime darstellte, entweder als Mörder oder dann als Befehlsverweigerer dastehen konnte, wobei die Befehlsverweigerer die Verweigerung meistens mit ihrem Leben bezahlen mussten.

Aus sozialwissenschaftlicher Sicht wollen wir versuchen, uns in beide Verhaltensweisen, also sowohl des Täters, des Mörders, wie auch des Befehlsverweigerers, einzufühlen. Dies soll nicht bedeuten, dass das Erklären der jeweiligen Taten mit dem Entschuldigen und das Verstehen mit dem Vergeben gleichzusetzen sei. Auch im Rahmen unserer Arbeit, in der es primär um Gewalterfahrungen männlicher Jugendlicher geht, heisst Unrecht erklären noch lange nicht, es zu entschuldigen. Aber ohne den ernsthaften Versuch, Gewalttäter in menschlicher Hinsicht zu verstehen, so auch Browning (1993, S. 17), ist es unmöglich, ihren Verhaltenshintergrund und die gesellschaftlichen und individuellen Ursachen ihres Verhaltens zu ergründen. Exemplarisch für die vielen Geschichten der am Holocaust beteiligten Männer auf der Täterseite untersucht Browning die Geschichte des Reservepolizeibataillons 101 in den Kriegsjahren 1942 und 1943. Dabei zeigt er, dass so genannt ganz normale Männer, nämlich Familienväter vornehmlich mittleren Alters, die aus proletarischen oder kleinbürgerlichen Verhältnissen kamen, zu Monstern geworden sind, die mit der Aufgabe betraut wurden, Juden bei den Eisenbahnwaggons zusammenzutreiben, um sie in die Vernichtungslager zu schicken oder auf der Stelle zu erschiessen.

Ohne auf die Einzelheiten dieser äusserst grausigen Taten einzugehen, die aber leider nicht als Einzelbeispiele gelten dürfen, sei erwähnt, dass zwischen Juli 1942 und November 1943 vom Reservebataillon 101 38‘000 Juden erschossen wurden. Parallel dazu wurden vom Reservebataillon 101 45‘200 Juden nach Treblinka deportiert. Das Schicksal von über 80‘000 Juden wurde vom Reservebataillon 101 besiegelt. Browning schafft es in einer bildlichen und zugleich abgrundschwarzen Beschreibung dieser Geschehnisse zu zeigen, wie so genannt ‚ganz normale‘ Männer während fünfzehn, sechzehn Monaten in Polen von Auftrag zu Auftrag immer kaltblütiger wurden. Browning führt auch aus, dass diese Männer teilweise die Wahl hatten, wer von ihnen wirklich den Erschiessungskommandos zugeteilt werden sollte. Das heisst: Einzelne Male hatten sie die Möglichkeit anzumelden, dass sie der Aufgabe, also dem Erschiessen von Kindern, Frauen und Männern, nicht gewachsen waren und deswegen beiseite stehen wollten. Hier sei erwähnt, dass die Soldaten – und es waren absolute Ausnahmen –, die sich von den Erschiessungskommandos dispensieren liessen, zu über 99% für die Abtransportierung der Juden nach Treblinka eingesetzt wurden, also eine Aufgabe übernahmen, die zwar sich in dem konkreten Moment als etwas weniger ‚blutig‘ gestaltete, sich aber, wenn man sich der Gräueltaten in Treblinka bewusst wird, auch nicht als eine aus Humanitätsgründen gewählte darstellen lässt, insbesondere wenn einem klar wird, dass Kleinkinder, ältere Personen oder dann Gebrechliche gar nicht erst aus ihren Häusern zu den Eisenbahnwagons hinausgetrieben wurden, sondern an Ort und Stelle erschossen wurden, also noch in ihren Häusern unter anderem auch von den Soldaten, die sich von den Erschiessungskommandos freigemeldet hatten, weil sie wegen ihrer Gebrechlichkeit oder ihrem schlechten Zustand das ganze ‚Zeitbudget' des Reservebataillons ‚durcheinander gebracht' hätten. Die grausige Beschreibung eines fünfunddreissigjährigen Metallarbeiters aus Bremerhaven:

> *„Ich habe mich, und das war mir möglich, bemüht, nur Kinder zu erschiessen. Es ging so vor sich, dass die Mütter die Kinder bei sich an der Hand führten. Mein Nachbar erschoss dann die Mutter, und ich das dazugehörende Kind, weil ich mir aus bestimmten Gründen sagte, dass das Kind ohne seine Mutter doch nicht leben konnte. Es sollte gewissermassen eine Gewissensberuhigung für mich selbst sein, die nicht ohne ihre Mutter mehr lebensfähigen Kinder zu erlösen."*
>
> *(Browning 1993, S. 107)*

Die Juden standen somit für die deutschen Soldaten ausserhalb des Kreises der Menschen, und damit empfanden sie auch nicht die Verantwortung und die Verpflichtung, ihnen gegenüber Mitgefühl zu empfinden. Es entstand eine deutliche Polarisierung in ‚wir' und ‚die'. Im Begriff des ‚wir' war die Sorge um das eigene Ansehen bei den Kameraden und die Sorge um die eigene psychische Befindlichkeit, die teilweise mit Alkohol stabilisiert wurde, und im ‚die' war die gänzlich fehlende menschliche Verbundenheit mit den jüdischen Opfern. Browning hält fest: „Wie viele andere Dinge war auch das Morden etwas, an das man sich gewöhnen konnte" (Browning 1993, S. 123).

Dabei betont Browning, dass das von den deutschen Soldaten gezeigte Verhalten auch bei US-amerikanischen Soldaten (und ganz bestimmt nicht nur bei ihnen) im Vietnamkrieg beobachtet werden konnte (1993, S. 218). Browning schliesst sein Buch mit folgendem Satz:

> *„In praktisch jedem sozialen Kollektiv übt die Gruppe, der eine Person angehört, gewaltigen Druck auf deren Verhalten aus und legt moralische Wertmassstäbe fest. Wenn die Männer des Reservepolizeibataillons 101 unter solchen Umständen zu Mördern werden konnten, für welche Gruppe von Menschen liesse sich dann noch Ähnliches ausschliessen?"*
>
> *(Browning 1993, S. 247)*

Dieser Satz als Schlussfolgerung ist die besonders beunruhigende Implikation von Brownings Buch. Zugleich darf nicht vergessen werden, und hierbei sprechen wir wieder mit Browning, dass die Verantwortung für das eigene Tun letztlich bei jedem Einzelnen liegt, auch wenn das kollektive Verhalten einer jeden Gruppe und ihr Menschen verachtendes Grundmuster nur noch physische Gewalttätigkeit und Mord nahe legen. Nach Browning können demnach Menschen andere Menschen als Nichtmenschen betrachten, und in diesem Aspekt unterscheidet er sich von Margalit (1999, S. 126f.). Der Standpunkt Brownings wird auch von Mario Erdheim (1997) gestützt. Über die klassischen Konditionierungsprozesse, oder über die gesellschaftliche Produktion von Unbewusstheit, wie sie Erdheim in seinem gleichnamigen Buch 1997 anspricht, ist es also möglich, andere Menschen als Nichtmenschen zu betrachten und sie dementsprechend zu behandeln. Beide Prozesse, bezogen auf das Thema Gewalteinsatz im Alltag, sind, dies werden wir im Rahmen eines weiteren Kapitels illustrieren, integrale Merkmale, ja stützende Pfeiler der heute noch vorherrschenden Männlichkeitsvorstellung.

Schulische und familiäre Desintegration

Unter dem Titel ‚Das Ende der zivilisierten Stadt?‘ untersucht Eisner (1997) die Zunahme städtischer Gewalt als Ausdruck negativer Folgewirkungen von Individualisierung, ökonomischem Strukturwandel und veränderten Stadt-Umland-Beziehungen. Er versucht, die situativen Bedingungen delinquenter Akte zu interpretieren und dadurch nicht primär auf die Person des Täters einzugehen. Im Rahmen unserer Arbeit versuchen wir, sowohl Persönlichkeitsvariablen im engeren Sinn wie auch Bedingungen der Lebenssituation der Täter und der Opfer zu erfassen. Unseren Ansatz betrachten wir deswegen nicht als einen täterzentriert-ätiologischen, sondern als einen Ansatz, der die Lebenswelt der Täter und der Opfer analysiert. Diese Lebenswelt besteht sowohl aus den konkreten Handlungen wie auch der Persönlichkeit der männlichen Jugendlichen, aber ebenfalls – und dies ist uns sehr wichtig – aus den sie umgebenden sozialen Bindungen in Schule und Familie.

Wir fragen uns, welche individuellen und sozialen Strukturen die betreffenden Handlungen begünstigen oder verhindern können. Die von uns untersuchten integrativen sozialen Netzwerke auf familiärer wie auch auf schulischer Ebene stellen die Berücksichtigung der sozialen Perspektiven sicher. Soziale Organisation wird als ein Merkmal von Individuen aufgefasst, da sie einen aktiven Beitrag hierzu leisten, aber auch als eine Eigenschaft sozialer Strukturen, wichtige gemeinsame Werte zu verfolgen und ein angemessenes Mass an Kontrolle über das eigene Leben auszuüben. Wenn diese Form von Organisation im Rahmen der familiären Struktur sich als Problem erweist, dann sprechen wir von familärer Desorganisation, wenn dagegen in der Schule die entsprechenden Defizite vorliegen, so sprechen wir von schulischer Desorganisation. Wenn, so Heitmeyer (Heitmeyer und Sander 1990; Heitmeyer 1992; Heitmeyer et al. 1995; Heitmeyer, Conrads, Kraul, Möller und Ulbrich-Herrmann 1995), die Verlässlichkeit sozialer Bindungen abnimmt, ist mit steigender Gewaltdelinquenz zu rechnen. Als Übersetzung der Heitmeyerschen These auf unsere Thematik postulieren wir, dass infolge der Schwächung der familiären und schulischen Bindemittel Desintegrations- und Auflösungsprozesse der Lebenswelt männlicher Jugendlicher bewirkt werden.

Eisner kommt nach einer eingehenden Analyse ebenfalls zum Schluss, dass polizeilich identifizierte Gewalttäter überdurchschnittlich häufig 18- bis 40-jährige Männer sind mit eher tiefem sozioökonomischen Status, die in marginalen sozialen Lagen leben (vgl. Eisner 1997, S. 189). Die Konzentration von Randgruppen wird, wie es auch Schneider-Sliwa (1994) festhielt, als eine wichtige Ursache steigender Gewalt in den Städten betrachtet. Allerdings gilt es zu erwähnen, dass der Wohnort der Täter nicht zwingend auch mit dem Tatort gleichzusetzen ist. Im Rahmen der erwähnten Studie von Eisner wird festgehalten, dass viele Täter ihren Wohnsitz im Agglomerationsgürtel der Städte haben (in den Suburbs, nach Schneider-Sliwa), aber im situativen Milieu der Kernstädte aufeinander treffen, einem Milieu, welches unter Auflösung integrativer Strukturen, dem Abbau informeller sozialer Kontrolle und der Abkoppelung vom kulturellen Basiskonsens der Zivilgesellschaft, so die Zivilisierung nach Elias, gekennzeichnet sind.

Die sozialen Ränder der modernen Gesellschaft, so Eisner (1997, S. 276), treffen sich im geografischen Zentrum, nämlich in der Kernstadt. In solchen Kontexten und unter solchen Umständen erleidet das von Elias beschriebene Menschenbild des Ideals von instrumenteller, normativer und emotionaler Selbststeuerung Schiffbruch, weil die sozialintegrativen Strukturen und die gesellschaftlichen Kontrollinstanzen, die dieses Menschenbild abstützen, nicht, sehr schwach oder nicht zuverlässig vorhanden sind (vgl. Eisner 1997, S. 271). Dies wird auch darin erkannt, dass die am schlechtesten integrierten und als Individualisierungsverlierer geltenden Ausländer in der Schweiz aus Ex-Jugoslawien und der Türkei die höchste Gewaltquote aufweisen, während Angehörige anderer Nationalitäten, so Italiener, Spanier, Portugiesen u.a. eine unterdurchschnittliche Täterrate zeigen (vgl. Eisner 1997, S. 221). Die Schichtungs- und die Integrationsdimension in der Gesellschaft erhält dadurch eine weit grössere Bedeutung als der ethnische Faktor.

Bei den Daten Eisners ist die Relativierung der kriminologischen Forschung zu berücksichtigen, wonach es nur eine sehr selektive Beziehung zwischen den begangenen Gewalthandlungen und den verurteilten Personen gibt, weil verschiedene Faktoren am Prozess von den begangenen Handlungen zu den Straftaten, die der Polizei angezeigt werden, zu den polizeilich identifizierten Tatverdächtigen, zur Anklageerhebung gegen die Tatverdächtigen, bis zur Verurteilung der jeweiligen Person beeinflussen können. Wenn aber, wie in der Studie Eisners, dem Effekt der Stadtteilqualität und der Segregationsdynamik zwischen den einzelnen Stadtquartieren eine wichtige Bedeutung beigemessen wird, müssten – und dies identifiziert auch Eisner – zu den Sozialisationsbedingungen der Erwachsenen auch die Sozialisationsbedingungen der Jugendlichen in unterschiedlichen sozialen Kontexten untersucht werden.

Im Rahmen unserer Studie haben wir deshalb versucht, nicht die räumlichen Kontexte (Zuteilung zu einzelnen Stadtvierteln), sondern die Sozialisationsbedingungen von Jugendlichen in Abhängigkeit von sozialen und persönlichen Kontexten zu analysieren. Die mangelnde Integration in die sozialen Strukturen der Familie oder der Schule, aber auch die mangelnde Integration der komplexen Selbstwahrnehmungen, kann, so unsere These, zu erhöhter Gewaltbereitschaft bei männlichen Jugendlichen führen. Konkret bedeutet dies, dass die männlichen Jugendlichen gegenüber den Anforderungen der Schule und der Familie fremd werden. Gleichzeitig kann es aber auch passieren, dass die Umstände in der Schule aber auch in der Familie zu einer Entfremdung von der eigenen Person und zur sozialen Desintegration führen. Die Fremdheit gegenüber sich selbst, die eher geringe soziale Integration und die geringen sozialen Ressourcen wie auch die tiefen Positionen im wirtschaftlichen System fördern Gewaltbereitschaft.

Bereits 1895 konnte im Kanton Zürich in der Schweiz, eine deutlich erhöhte Kriminalität der Fremden durch den Zürcher Juristen Albert Meyer festgestellt werden. Bezogen auf die heutige politische Diskussion zum Thema ‚Ausländerkriminalität' ist es wichtig zu wissen, dass Meyer (1895) unter den Fremden nicht einzig Türken, Jugoslawen oder Italiener und Portugiesen verstand, sondern auch Schweizer Bürger, die nicht Zürcher Kantonsbürger waren (Meyer 1895, S. 62f.). Die Schweizer Bürger, die keine Zürcher Kantonsbürger waren, hatten aber die gleichen sozialen Merkmale wie die Türken und die Jugoslawen, Portugiesen und Italiener heute in der Schweiz. Sie waren beruflich schlechter qualifiziert als die Zürcher Kantonsbürger und zugleich in der damaligen Stadt Zürich schlechter integriert. Die jungen Männer aus der Nord–, der Inner- und der Ostschweiz hatten nach Albert Meyer auch – und dies ist ein interessanter Begriff – eine geringere „moralische Einbindung" (S. 81) in die Gepflogenheiten des Kantons Zürich. Der Mangel an moralischer Kontrolle durch soziale Netzwerke ist eine weitere Variable, die den Anstieg an Kriminalität unterstützt (vgl. Meyer 1895, S. 65). Und schon damals galt wie auch heute, dass schlecht integrierte männliche Personen (vgl. Meyer 1895, S. 72ff.) mit tiefen Positionen im wirtschaftlichen System sowohl häufiger zu Tätern wurden wie auch ein weit höheres Homizid-Risiko aufwiesen als Personen, die gut integriert waren.

So gilt bezogen auf die Homizid-Daten von 1993, so Eisner (1997, S. 210), dass in der Schweiz lebende Personen mit türkischer oder ex-jugoslawischer Nationalität ein fünfmal höheres Homizid-Risiko aufweisen als Personen schweizerischer Nationalität, und zugleich – und dies ist relevant bezogen auf das Thema ‚soziale Integration und wirtschaftliche Position im System' – weisen die Homizid-Raten für Angehörige süd- und mitteleuropäischer Staaten kaum einen Unterschied zu den Homizid-Raten der schweizerischen Bevölkerung auf.

Im Rahmen unserer Studie können wir bereits zum jetzigen Stand als vorläufiges und noch zu stützendes Ergebnis festhalten, dass gewalttätige Jugendliche vorwiegend männliche Jugendliche sind, die im personalen, sozialen wie auch emotionalen Sinne eine problematische Entwicklung durchlaufen haben. Zugleich ist es ein grober oder gar fahrlässiger Fehler, die gewalttätigen männlichen Jugendlichen aus den Reihen der so genannten integrierten, nicht-gewalttätigen Jungen auszuschliessen, sie zu stigmatisieren und sie generell als Jugendliche von geringerem Wert zu bezeichnen. Trotzdem wird dieser Versuchung nur allzu schnell nachgegeben. Diese Stigmatisierung geht oft von den Etablierten aus, den Parvenus also, die auf die Parias hinunterblicken. Diese sowohl aus moralischen wie auch aus pädagogischen Gesichtspunkten grundsätzlich falsche Tendenz wird oft damit begründet, dass den gewalttätigen männlichen Jugendlichen bestimmte auszeichnende Jugendlichen-Tugenden fehlen. Auf der anderen Seite wird den nicht-gewalttätigen Jungen eine Art kollektives Charisma zugeschrieben, ein Charisma, das die Erwachsenen, hier mit Vorteil die im Status höher stehenden Erwachsenen, für sich in Anspruch nehmen. Letztlich liegt dieser Stigmatisierung die Vorstellung einer Naturwüchsigkeit der sozialen Entwicklung zu Grunde, die zu einem wichtigen Teil auch dafür zuständig ist, dass in vielen Köpfen Gewalttäter als Monster und Abartige figurieren. Im nächsten Kapitel möchten wir sowohl die Stigmatisierung der Jungengewalt problematisieren, als auch die Alltäglichkeit der dazugehörenden Prozesse erläutern.

Der Blick auf die gewalttätigen männlichen Jugendlichen als der Blick von den Etablierten auf die Aussenseiter

Es ist auffällig, dass gewisse Bevölkerungsgruppen besonders eng mit dem Thema ‚Gewalt' oder ‚Kriminalität' in Verbindung stehen. So zeigen Loeber und Stouthamer-Loeber (vgl. 1998b, S. 96) auf, dass 26% aller jugendlichen Mädchen afroamerikanischer Herkunft im Schulkontext gekämpft und 16% aller Mädchen aus dieser Gruppe im Schulumfeld auch eine Waffe getragen haben. Bei den männlichen Jugendlichen afroamerikanischer Herkunft sind 47% im Schulumfeld gewalttätig geworden, und 22% haben eine Waffe getragen. Diese sehr hohen Prozentsätze sollten nicht über die Tatsache hinwegtäuschen, dass die in den letzten Jahren publik gewordenen Massaker an Schulen in den USA vornehmlich von weissen männlichen Jugendlichen der unteren Mittelschicht begangen worden sind und nicht von den am höchsten belasteten Jugendlichen afroamerikanischer Herkunft. Wenn wir nicht von einem ‚genetischen' Fehler ausgehen, der in diesen sozialen Gruppen vorliegt, so müssen wir mit Mollenhauer (1979) darauf bedacht sein, nicht den ‚Aporien bürgerlicher Pädagogik' zu folgen. Nach dieser These wird eine Naturwüchsigkeit der Beziehung zwischen sozialen Problemen und sozialer Lage postuliert, und es wird angenommen, dass Jungen von schlecht integrierten Familien fast zwangsläufig gewalttätig seien, sie würden es nicht wegen ihrer sozialen Lage! Dabei massen sich die Etablierten an, die anderen zu beurteilen, weil sie selbst, ebenfalls zwangsläufig, auf der ‚richtigen' Seite sind.

Dieser besondere Blick der Etablierten auf die jugendlichen Aussenseiter ist auch das Thema einer äusserst interessanten Studie von Norbert Elias und John Lee Scotson aus dem Jahr 1965 (Elias und Scotson 1993). Die theoretische und empirische Verkürzung der Gegenüberstellung von Etablierten und Aussenseitern, aber auch ihre sozialpolitischen Auswirkungen werden in dieser Studie sehr deutlich herausgearbeitet. Hierzu haben die zwei Forscher in einer kleinen Gemeinde in England, der sie das Pseudonym Winston-Parva gaben, en miniature ein universalmenschliches Thema, nämlich die Beziehungen zwischen Etablierten und Aussenseitern untersucht. Diese Studie zeigt starke Parallelen zwischen der allgemeinen und damit populärwissenschaftlichen Perspektive und dem wissenschaftlichen Blick auf die gewalttätigen männlichen Jugendlichen. Gemeinsam ist beiden Zugängen, dass die mächtigere Gruppe, die Gruppe, die sich als sozial integrierte bezeichnen liesse, sich selbst als die besseren Menschen ansieht. Und zugleich – und dies scheint uns ganz besonders relevant – können die Machtstärkeren die Machtschwächeren immer wieder zur Überzeugung bringen, dass sie, auch ganz objektiv gesehen, minderwertige Menschen seien (vgl. Elias et al. 1993, S. 8). Die Aussenseiter, in unserem Fall die gewalttätigen männlichen Jugendlichen, reagieren nach einer Weile dieser negativen Zuschreibung mit einer Art verwirrter Resignation und nehmen hin, dass sie zu einer minderwertigen und damit weniger respektablen Gruppe zählen. Sie akzeptieren dadurch, dass die andere Gruppe und die Erwachsenen um sie herum nicht nur mächtiger, sondern auch in menschlicher Hinsicht qualitativ besser ist.

Im Rahmen unserer Studie wäre dieser Selbstzuschreibungseffekt über die Variablen ‚Selbstakzeptierung', ‚Depressionsneigung' und ‚Zukunftsorientierung' zu beobachten. Sollten also gewalttätige Jungen eine niedrigere Selbstakzeptierung haben wie auch zukunftspessimistischer und zugleich weit depressiver veranlagt sein, so ist das ein wichtiges Indiz dafür, dass sie diese äusserst missliche Rolle mindestens teilweise ‚akzeptiert' haben. Die Dynamik dieser Zuschreibung, die von den Etablierten zu den Aussenseitern vorgenommen wird, funktioniert so, dass die Etabliertengruppe die so genannt schlechten Eigenschaften der schlechtesten ihrer Teilgruppen der Aussenseitergruppe als Ganzes zuschreiben und auf der anderen Seite das Selbstbild der Etabliertengruppe eher durch die Minorität ihrer

Besten geprägt ist. Es liegt somit eine Pars-pro-Toto-Verzerrung in zwei Richtungen vor, die es den Etablierten erlaubt zu belegen, dass die eigene Gruppe gut ist und die andere schlecht (vgl. Elias et al. 1993, S. 13). Dies bedeutet also, dass ein Mitglied der so genannten Aussenseitergruppe nicht wegen primär individueller Eigenschaften oder Mängel als schlecht betrachtet wird, sondern weil es einer anderen Gruppe angehört, die en bloc als fremd und minderwertig angesehen wird. Die Mitglieder der Etabliertengruppe müssen sich den gruppenspezifischen Normen unterwerfen. Um an der Überlegenheit ihrer Gruppe teilzuhaben, müssen sie den Preis der Befolgung von gruppenspezifischen Normen bezahlen. Man unterwirft somit sein Verhalten bestimmten Mustern der Affektkontrolle, der Handlungskontrolle wie auch der Wahrnehmung der sozialen Ordnung. Dies ist, so Elias, die ‚Prämie' für die Lust an der Teilhabe am höher gestellten Gruppencharisma.

Dieser Prozess der Selbstaufgabe ist der als klassisch geltende Prozess, der einen Paria zum Parvenu macht. Hannah Arendt hat dies beispielhaft an der Lebensgeschichte der deutschen Jüdin Rahel Levin, verheiratete Varnhagen, aufzeigen können (1997). Zwecks bürgerlicher Verbesserung versucht Rahel Varnhagen sich so weit zu assimilieren, dass sie dabei untergeht.

> *„Wer den entschlossenen Willen hat, in die Höhe zu kommen, zu arrivieren, muss sich frühzeitig gewöhnen, die zu erreichende Stufe im Schwindel der freiwilligen Anerkennung vorwegzunehmen; muss sich frühzeitig hüten, sich mit blindem Gehorsam, der allein gefordert ist, zu begnügen; muss immer so tun, als leiste er freiwillig und als Herr all das, was von Knechten und Untergebenen ohnehin erwartet wird."*
>
> *(Arendt 1997, S. 209)*

Um zum Parvenu, zum Emporkömmling und damit zum Etablierten zu werden, muss man also mit der Wahrheit und Erinnerung bzw. Bewertung seiner Vergangenheit bezahlen. Nur um den Preis der Selbstverleugnung und insbesondere um den Preis des verlorenen Rechts eigene Wünsche zu haben und einzulösen, kann der Etablierte ein Teil der etablierten Gemeinde werden und bleiben. Dadurch ist er, ob Paria oder Parvenu, dem gleichen unnachgiebigen Sozialisationsgesetz unterworfen, er muss sich mit allem bescheiden (vgl. Arendt 1997, S. 219). Immer wieder wird die Problematik der unerfüllten Wünsche in ihm aufbrechen; wie er dies bewältigen bzw. verdrängen oder substituieren kann, bleibt offen. Diese Ausbrüche sind bei Parvenus typischerweise unvorhersehbar. Weil sich der Parvenu den Vergangenheitsboden regelrecht entzieht, hat er aber auch die Schwierigkeit sich im geforderten Masse zu assimilieren. Er kann die ihm gestellte Aufgabe der Selbstaufgabe und das Hineinwachsen in andere Verhältnisse gar nicht vollziehen, weil ihm der Untergrund fehlt, vom dem aus er dies hätte vollziehen können. Dies ist, so unsere These, die Paradoxie und gleichzeitig auch die Tragödie des Parvenu. Er kann also nicht eintauchen, weil er keinen Boden unter den Füssen hat. Er wird sich somit nie optimal an das Neue assimilieren können, weil er sich das Profil entzogen hat.

Der moderne Parvenu ist aber nicht zwingend der randständige Mensch, der ins Zentrum rücken möchte, sondern er findet sich primär in der breiten Mittelschicht der Bevölkerung, die sich dauernd verändern muss, um im Arbeitsmarkt zu bestehen. Flexibilität und Anpassungsfähigkeit heissen hier die Schlagwörter, die uns nur allzu bekannt erscheinen. Die Parvenu-Thematik wird dadurch eine Thematik der Etablierten, die dauernd darum ringen müssen, etabliert zu bleiben, denn der Rand der Gesellschaft kommt über gesellschaftliche Veränderungen schnell und überraschend auf sie zu. Etabliertsein hat somit einen Preis, der immer aufs Neue eingefordert wird.

Die Gewalttätigkeit, die aber von Menschen aus der Gruppe der Randständigen, der Parias, an den Tag gelegt werden kann, resultiert aus dem Bewusstsein, dass der Aussenseitergruppe Dinge vorgeworfen werden, die ihnen nicht eigen sind, dass es aber auf jeden Fall einen Versuch Wert ist, sich an der Etabliertengruppe zu rächen, indem die Parias über destruktives Verhalten der Etabliertengruppe etwas heimzuzahlen versuchen. Die Etabliertengruppen entwikkeln eine dreifache Ausgrenzung gegenüber der Aussenseitergruppe:

1. über die Monopolisierung der Machtquellen, der Definition von sozialen Problemen und damit der Zuschreibung von bestimmten Stigmen;

2. über das ihrer Gruppe besonders dienliche Gruppencharisma;

3. über ihre Gruppennormen, die sie als die so genannt normalen, selbstverständlichen und als die erstrebenswerten betiteln.

Dadurch entsteht nicht nur eine Ausgrenzung, sondern auch eine Demütigung der gewalttätigen männlichen Jugendlichen, die sich in einer unglücklichen und zugleich erniedrigenden Position vorfinden, und dies im Rahmen einer Situation, die gefangen ist im Netz dieser drei Ausgrenzungspunkte. Sie werden in den abwertenden Stereotypen der Etabliertengruppe als Individuen alle zusammengeworfen in eine aus ihrer Sicht äusserst heterogene, aber aus der Aussensicht äusserst homogene Aussenseitergruppe. Der so genannte Schmähklatsch über ein potenzielles Mitglied der Aussenseitergruppe der gewalttätigen Jugendlichen bewirkt mit der Zeit sowohl eine problematische Fremddefinition wie auch eine äusserst belastende Selbstsicht des Jugendlichen. Lobklatsch dagegen erfahren solche Jugendliche kaum, und sie erkennen, dass sie zu diesem erst dann kämen, wenn sie der anderen Gruppe, der so genannten Etabliertengruppe, zugehören würden.

Eng geknüpfte soziale Bande in Etabliertengruppen ermöglichen eine stetige Aussenkontrolle von Kindern durch Erwachsene und gewährleisten dadurch die Voraussetzungen für den Aufbau einer stabilen Selbstkontrolle, eine Selbstkontrolle, die einer sehr starken Verpflichtung nahe kommt, das von der sozialen Umwelt erwartete Verhalten zu zeigen. Die Standards der Gemeinde bieten in diesem Sinne wenig Schlupflöcher. Die gewalttätigen Jugendlichen scheinen im Rahmen solcher Beziehungsstrukturen gegen die Mauer eines unsichtbaren Gefängnisses anzurennen, in dem sie leben, weil ihnen sowohl die Gelegenheiten als auch die Fähigkeiten fehlen, ihre eigenen Bedürfnisse zu befriedigen, ohne zugleich von ihrer Umwelt mit Ärger oder gar Abscheu behandelt zu werden. Mit den Worten von Elias: „… sie schienen ihre Energien damit zu verbrauchen, dass sie alle, die sie vage als ihre Gefängniswärter empfanden, ärgerten und provozierten, in dem Bestreben, auszubrechen oder sich selbst zu beweisen, dass die Unterdrückung real war“ (Elias et al. 1993, S. 197).

Den Aussenseiterjugendlichen fehlen, und auf dieses Ergebnis werden wir auch im empirischen Teil unserer Arbeit zu sprechen kommen, feste kommunale Kontrollen, die sie absolvieren und die ihnen zugleich helfen könnten, sozial verpönte Impulse zu zügeln, aber auch sozial gebilligte Verhaltensmodelle für den Aufbau ihres Selbstbildes und ihres Selbstwertempfindens zu nutzen. So perpetuieren sich die Bedingungen, die zur Ablehnung von bestimmten Jugendlichen durch Etabliertengruppen geführt haben, und verstärken das problematische Verhalten der Heranwachsenden. Solche Jugendliche werden von den Etablierten abgelehnt, weil sie sich so ‚schlecht' benehmen, und zugleich benehmen sie sich ‚schlecht', weil sie sowohl von ihren Lehrpersonen, als auch von ihren Eltern abgelehnt werden. Sowohl Etablierte wie auch Aussenseiter bewirken damit – und dies scheint uns der zentrale Punkt dieser Auseinandersetzung zu sein – gemeinsam diesen Teufelskreis der Gewaltbereitschaft von Jugendlichen.

Elias und Scotson machten zugleich auch darauf aufmerksam, dass die Fertigkeiten, die ein so genannt geordnetes Familienleben verlangt, alles andere als eine Mitgift der Natur sei (vgl. 1993, S. 229). Diese Fertigkeiten werden besonders brüchig unter Bedingungen, unter denen eine konzise soziale Tradition nicht mehr vorliegt und damit die Übertragung von Regeln und Fertigkeiten von den Eltern zu den Kindern nicht mehr gewährleistet ist. Die Fertigkeiten des Familienmanagements, wie es Elias bezeichnet (s. hierzu Seite 230), scheinen in modernen Gesellschaften eine immer stärkere Rolle zu spielen. Die unmittelbaren Gründe für die Zuschreibung als Aussenseiter mögen sehr wohl konkrete Persönlichkeitsmerkmale von Heranwachsenden sein, aber oft liess sich auch im Rahmen unserer Studie eruieren, dass psychologische und soziale Vererbung, über den Erziehungsstil der Eltern formuliert, zur Entstehung dieser Merkmale stark beigetragen hat. Die Interdependenz zwischen Eltern und Kindern wie auch die Interdependenz zwischen der Prägung der Etablierten und der Aussenseiter haben die Tendenz, sich selbst und einander immer wieder von neuem zu reproduzieren.

Bei Gewaltuntersuchungen wie der unseren stösst man des öfteren auf vielfältige und komplexe Probleme. Die Frage, die wir zu beantworten trachten, ist einerseits, ob sie alle gleichermassen zentral sind für das Verständnis der Gewaltentstehung und Gewaltentwicklung, und andererseits, welches die Eigenart der zu fokussierenden Gruppierung von Heranwachsenden ist. Die Erkenntnis, dass die Verflechtungen und Interdependenzen von psychischen Funktionen und sozialen Strukturen von kardinaler Bedeutung sind, leiten unsere Analysen. Dabei lassen wir uns gerne von Elias' Erkenntnis leiten, dass so genannt zivilisierte Gesellschaften in ihrem Kanon punktuell oder durchweg ein straff reguliertes Verhalten vorschreiben. Diese Straffung des Verhaltens ist verknüpft mit einem weit grösseren Selbstzwang für die Individuen und damit auch einer Verfeinerung der Manieren und einer Fülle ausgearbeiteter Tabus (vgl. Elias et al. 1993, S. 242). Diese Tabus können ihrerseits in Extremsituationen dazu führen, dass gerade die Tugenden, die von ihnen gefördert werden, das brutalste Verhalten auch erst möglich machen.

Browning (1993) hat in der oben erwähnten Studie zur Täterproblematik im Nationalsozialismus neun Faktoren festgehalten, die zu dieser ‚Normalität des Mordens' führten.

Vier dieser Faktoren sind, darauf möchten wir besonders hinweisen, hervorragende Kennzeichen des sozialen Handelns etablierter Gruppen, nämlich das arbeitsteilige Vorgehen, verbunden mit wachsender Routine, der Karrierismus, der blinde Gehorsam und die Autoritätsgläubigkeit sowie die Anpassung. Der höhere Grad an Selbstzwang der Etablierten, der insbesondere auch mit diesen vier beschriebenen Kennzeichen zusammenhängt, bewirkt, dass sie durch Tabu brechende Gemeindemitglieder emotional tief verletzt werden, und zwar sowohl bezüglich Geschmack wie auch Moral. Eine strengere Moral ist damit auch ein Beispiel sozial induzierter Selbstzwänge.

Hurrelmann folgend (1998) müssten wir, bezogen auf das Thema ‚Gewalt in der Schule', den Zusammenhang zwischen Sozialstruktur und Persönlichkeit und dem beobachtbaren Verhalten empirisch eruieren können. Die akute Unlösbarkeit der Gewaltbereitschaft von Heranwachsenden zeigt uns, dass die Ungenauigkeit der Problemstellung und der Ursachenerkennung ein starkes Hindernis sind bei der Lösung der anstehenden Fragen. Eine empirische Forschung, die dieses Desiderat angehen möchte, sollte die Persönlichkeit als ein organisiertes Gefüge von Eigenschaften wie auch von Handlungskompetenzen erkennen, welche die biologische Ausstattung, die psychologische Bewältigung des Individuums und die es umgebende Sozialstruktur in Verbindung bringt. Die Sozialisation erfolgt demnach im Rahmen einer produktiven Verarbeitung der inneren und äusseren Realität durch das Individuum. Es sind wechselseitige Beziehungen zwischen dem Subjekt und der gesellschaftlich vermittelten Realität zu untersuchen. In diesem Sinne wirkt der soziale Kontext nie kausal auf das Individuum ein, sondern wird immer durch das Individuum (mit-)beeinflusst und gestaltet (vgl. Hurrelmann 1998, S. 64).

Im Rahmen dieser Arbeit werden soziologische, pädagogische und psychologische Theorien sinnvoll ergänzt und in Verbindung zueinander gebracht. Sozialisation bedeutet demnach „...der Prozess der Entstehung und Entwicklung der Persönlichkeit in wechselseitiger Abhängigkeit von der gesellschaftlich vermittelten sozialen und dinglich-materiellen Umwelt" (Hurrelmann 1998, S. 65). Nach diesem Modell hat das Individuum in allen Abschnitten seines Lebens, je nach sozialem Kontext (z.B. Schulkontext, familiäre Beziehungen) und Entwicklungsphase aber unterschiedlich stark, Einfluss auf seine Persönlichkeitsbildung und Entwicklung.

2 Zum Gewaltbegriff und zur Konsistenz gewalttätigen Verhaltens männlicher Jugendlicher

Wer sich auf den langen Weg macht, das Phänomen Gewalt in der Schule und dessen Deutung zu verstehen, darzustellen und zu analysieren, ist mit einer Vielschichtigkeit konfrontiert, die ihresgleichen sucht. Wir stellen hierbei nicht alleine die Divergenz zwischen der subjektiven Wahrnehmung von Gewalt und der objektiven Empirie fest, sondern wir möchten auch auf die Differenz innerhalb der subjektiven Empirien und der objektiven Empirien hinweisen. Man kann davon ausgehen, dass die Erfahrungen mit Gewalt in der Schule auf subjektiver aber auch auf intersubjektiver Ebene vielfältig sind.

Insofern lohnt es sich, am Anfang über ein definitorisches Problem zu reden, über das Problem, worüber wir denn eigentlich reden, wenn über das Thema ‚Gewalt in der Schule' gesprochen wird: Geht es um offene Aggression gegen Personen und Sachen und steht somit die Täterperspektive im Mittelpunkt? Oder stehen die Viktimisierung, d.h. das Erleiden von Gewalt, oder die Verletzung der sozialen Regeln im Mittelpunkt? Dies sind Forschungszugänge, die sehr oft eingeschlagen worden sind. Wege, die übrigens mehr als plausibel sind, weil sie auf der Annahme fussen, dass die Schulklasse bzw. das Schulhaus das Zentrum der Beobachtung sind und es im Rahmen dieses sozialen Systems gewisse Regeln gibt. Dadurch wird das Thema ‚Gewalt' auch zu einem Interpretationsproblem und zu einem Interaktionsproblem zwischen Opfern und Tätern im Schulkontext. Aber auch durch diese Eingrenzung wird das Problem nur marginal gelöst, denn wir müssten uns weiter auch fragen, ob es sich hier um körperliche oder um verbale Angriffe handelt, und weiter, ob es auch um die indirekten Strategien geht, die so genannten ‚weiblichen' Gewaltstrategien wie die soziale Manipulation und die massive Störung sozialer Beziehungen über Beziehungsaggression.

Zum Gewaltbegriff

Der Begriff ‚Aggression' wird bekanntlich vom lateinischen Wort ‚aggredi' abgeleitet, was so viel wie ‚herangehen, sich bemächtigen' heisst. Der Bereich des Herangehens hat primär eine positive Bedeutung und schliesst auch das Thema Selbstverteidigung ein. Es stellt ein konstitutives und zugleich konstruktives Element menschlichen Verhaltens dar. In der Aggressionsforschung wird aber von Aggression erst dann gesprochen, wenn dieses so genannte ‚herangehende Verhalten' absichtlich schädigenden Charakter besitzt, und zwar in Bereich des Vollzugs, der Phantasie, der Planung oder der Androhung.

In der wissenschaftlichen Tradition, die hier in Frage gestellt wird, ist der Aggressionsbegriff der übergeordnete. Unter Gewalt wird in dieser Tradition die körperliche und auf Verletzung des Anderen ausgerichtete Aggression verstanden (vgl. Hurrelmann 1995, S. 98). Im Rahmen unserer Arbeit werden wir die Begriffe ‚Gewalt' und ‚Aggression' gleichbedeutend verwenden. Hierbei folgen wir Bründel und Hurrelmann (1994). Gewalt wird im Rahmen unserer Studie nicht als eine Dimension von Aggression verstanden, nicht also als die so genannte Spitze des Eisbergs, die auffallend in unseren Blick gerät. Zugleich ist in den letzten Jahren in der deutschsprachigen wissenschaftlichen Diskussion der Begriff Gewalt immer stärker als Oberbegriff gewählt worden und nicht mehr der Begriff Aggression.

Weder das Machtgefälle noch die Intention und schon gar nicht die konkrete Beobachtungseinheit lassen, so unsere Feststellung, eine eindeutige Trennungslinie zwischen Aggression und Gewalt zu. Da kein objektiver Massstab für eine empirisch unterstützte Trennung zwischen den Begriffen ‚Gewalt' und ‚Aggression' im Deutschen vorliegt (auf deren Verwendung im angelsächsischen Raum werden wir später noch zu sprechen kommen), behandeln wir diese zwei Begriffe als Synonyme. In Anlehnung an Godenzi (1996, S. 29) bezeichnen wir menschliches Verhalten als Aggression und Gewalt, wenn es mit der Absicht ausgeführt wird, jemandem zu schaden. Dieser Schaden ist durch den Aspekt der ‚violentia', der Gewalttätigkeit, gekennzeichnet. ‚Potestas' als legitime Machtausübung ist kein Merkmal von Gewalt und Aggression im untersuchten Sinn. Trotzdem muss bedacht werden, dass mit ‚potestas' die Normdurchsetzung der Mehrheit und damit auch eine legalisierte oder legitimierte Ausgrenzung vertreten werden kann (vgl. Wölfl 2001, S. 30). Aus diesem Grund ist es wichtig, insbesondere den Op-

fern (aber auch den Tätern) das Recht einzuräumen, zu bestimmen, was sie als Verletzung ihrer Integrität erleben. „Die Grenzsetzung zwischen Gewalt und Nicht-Gewalt ist nur vom Subjekt aus und im Kontext von dessen Handlungsmöglichkeiten bestimmbar“ (Wölfl 2001, S. 36/37).
Für unsere Belange werden wir den Terminus Gewalt verwenden, da er eindeutig auf das zu untersuchende Phänomen der physischen Gewalterfahrungen in der Schule verweist. Im angelsächsischen Raum hat sich der Vorschlag von Loeber/Stouthamer-Loeber (1998a, S. 242) als Norm durchgesetzt. Danach wird der Terminus ‚aggression‘ für die physische und psychische Verletzung anderer Menschen verwendet und der Terminus ‚violence‘ nur für besonders verletzende Sachverhalte wie Vergewaltigung, Raub, Mord und schwere Körperverletzung eingesetzt.

Ein Beispiel dafür, wie schwierig eine mögliche Trennung dieser zwei Begriffe ist, stellt die Studie von Tomke Bönisch (1997) vor. Sie untersucht sadomasochistische Sexualpraktiken, die im Kontext der Prostitution ausgeübt werden. Die beobachteten Akteure sind die masochistisch veranlagten Freier und die Prostituierten, die als so genannte ‚Dominas‘ auftreten. Diese Beziehung, die in die körperliche Peinigung des Auftraggebers mündet, fusst auf einem Vertrag zwischen Freier und Prostituierten. Die ausgehandelten Praktiken haben den Status von verbindlichen Spielregeln. Dies ist im Rahmen dieser Art von Vertragsbeziehungen besonders wichtig, weil häufig eine massiv körperlich peinigende ‚Behandlung‘ stattfindet. Die körperlichen und psychischen Verletzungen dürfen ein ganz bestimmtes Mass, das es im Voraus auszuhandeln gilt, nicht überschreiten.

Besonders pikant – bezogen auf unser Thema ‚Gewalt in der Schule‘ – ist, dass eines der typischen, wenn nicht das typischste Rollenset, welches im Rahmen dieser sadomasochistischen Praktiken eingenommen wird, die soziale Rolle der Lehrerin Seiten der Domina und die Rolle des Schülers Seiten des Freiers sind. Wenn die Freier danach gefragt werden, warum sie insbesondere diese sozialen Rollen wählen, so geben sie kund, dass darin die Rollen der Herrin und des Sklaven am deutlichsten zum Vorschein kommen. Diese Rollen sind, so die Freier, fast vollständig dadurch definiert, dass die eine Person, die ‚Lehrerin‘, die Macht hat und der ‚Schüler‘, der Freier in unserem Fall, gänzlich unterlegen ist (Bönisch 1997, S. 42). Deswegen ist auch ein gängiger Ablauf derjenige, dass ein Schüler von seiner Lehrerin abgefragt wird und dass die von der ‚Lehrerin‘ gestellten

‚Wissensfragen' vom ‚Schüler' nur mühselig oder gar nicht beantwortet werden. Dies wird als Anlass genommen, den ‚Schüler' zu peinigen.

Es ist wichtig festzuhalten, dass für einen Masochisten, wie für andere Menschen auch, Schmerzen per se nicht erregend sind. Auf der Strasse von jemandem zusammengeschlagen zu werden ist auch für einen Masochisten keineswegs eine lustvolle Erfahrung. Die erlittene Pein wird erst dann zur Lusterfahrung, wenn ein Vertragsverhältnis zwischen Freier und Prostituierten besteht und deswegen der Schmerz nicht unbewusst, sondern gänzlich bewusst und freiwillig erfahren wird. Aus psychopathologischer Sicht stellt sich aber die Frage, ob Menschen, die in bestimmten Kontexten ‚süchtig' nach Gewalt sind, ihren freien Willen wirklich zum Zuge kommen lassen können, um das Ausmass der Gewalt zu regulieren. Wie die Psychopathologie diese Frage auch immer beantworten mag, fest steht, dass die Begriffe Aggression und Gewalt ineinander übergehen können und es mindestens aus empirischer Sicht kein reliables Kriterium gibt, sie zu unterscheiden.

Aus diesem Grund pflichten wir Funk (1995, S. 121) bei, dass die Gewaltdefinitionen in der Literatur unüberschaubar sind, und folgen Hurrelmann, der zum Thema Gewalt formuliert:

> *„Gewalt in der Schule umfasst das gesamte Spektrum von Tätigkeiten und Handlungen, die physische und psychische Schmerzen oder Verletzungen bei den im Bereich der Schule handelnden Personen zur Folge haben oder die auf die Beschädigung von Gegenständen im schulischen Raum gerichtet sind."*
>
> *(Hurrelmann 1990, S. 365)*

Gewalt wird als ein Verhalten beschrieben, durch welches eine Person intendiert, jemanden anderen bzw. sich selber zu schädigen oder Gegenstände zu zerstören. Obwohl demnach Gewalt sowohl physische als auch psychische Formen annehmen kann, wird im Rahmen der vorliegenden Arbeit primär die physische Gewalt in den Mittelpunkt der Aufmerksamkeit gestellt, weil diese Gewaltform, so die Annahme, einer ganz besonderen Dynamik entspringt und zugleich das Klassen- und Entwicklungsklima in Schulen am stärksten zu beeinträchtigen vermag. Dabei stützen wir uns auch auf Canettis Gewaltbegriff, der sich spezifisch auf die physische Fremdeinwirkung bezieht:

> *„Die Promptheit der Entschuldigung, die man für eine unbeabsichtigte Berührung hat, die Spannung, in der sie erwartet wird, die heftige und manchmal tätliche Reaktion, wenn sie nicht erfolgt, der Widerwille und Hass, den man für den ‚Übeltäter' empfindet, auch wenn man gar nicht sicher sein kann, dass er es ist – dieser ganze Knoten seelischer Reaktionen um die Berührung durch Fremdes, in ihrer extremen Labilität und Reizbarkeit, beweist, dass es hier um etwas sehr Tiefes, immer Waches und immer Verfängliches geht, etwas, das den Menschen nie mehr verlässt, sobald er die Grenzen seiner Person einmal festgestellt hat."*
>
> *(Canetti 1999, S. 13/14)*

Nicht zuletzt legt ein Fragebogen, der, wie in unserem Fall, von Jugendlichen in 45 Minuten ausgefüllt werden kann, die Fokussierung auf einzelne Gewaltformen nahe. Damit wird aber keineswegs behauptet, dass die physische Gewalt, die ja vornehmlich Jungen-Gewalt ist, die ‚wahre' sei (vgl. Björkqvist und Niemelä 1992a, S. 9). Wir bringen in unser Erklärungsmodell durchaus auch Varianten psychischer Gewalt ein, um physische Gewalt zu erklären. Nach dem von Björkqvist vorgeschlagenen Modell (vgl. Björkqvist, Oesterman und Kaukiainen 1992b, S. 55) thematisieren wir nebst der physischen Gewalt auch direkte verbale und soziale Gewalt. Die physische Gewalt grenzen wir aber deutlich vom ‚rauen Spiel' ab (vgl. De Pietro 1981; Goldstein 1992; Boulton 1993; Pellegrini 1993; Arsenio und Lover 1997; Boulton 1997; Oswald 1997; Boulton 1999; Oswald 1999b).

Auch Berkowitz (1993) postuliert, dass Gewalt (Berkowitz verwendet hier, der angelsächsischen Terminologie folgend, den Begriff Aggression) als eine Form von menschlichem Verhalten gewertet werden muss, welche eine andere Person entweder physisch oder psychisch verletzt (1993, S. 3). Er erweitert diese Definition um den Aspekt, dass das Opfer motiviert sein muss, das erlittene Verhalten nicht zu erleiden. In einer sado-masochistischen Beziehung würde somit der Masochist das Verhalten seines sadistischen Partners nicht als Gewalt erleben. Aber auch dagegen müsste, so unsere Kritik, eingewendet werden, dass es eine Grenze der motivational geduldeten körperlichen und psychischen Einflussnahme auf andere Menschen geben muss, wo physische oder psychische Funktionen so stark unter einem solchen Verhalten leiden müssten, dass die beteiligten Menschen entweder einen zeitlich befristeten oder einen chronischen psychischen oder physischen Schaden erleiden müssten.

Wir stützen die These von Felson und Tedeschi (Felson und Tedeschi 1993, S. 2), dass ein sozialinteraktionistischer Ansatz sowohl situative wie auch personelle und interpersonelle Faktoren kritisch in die jeweilige Untersuchung von Gewalt in der Schule einzubeziehen hat. Ein Schlüsselprädiktor für Gewalteinsatz ist die Wahrnehmung der Jugendlichen, dass sie in einer psychischen, sozialen oder physischen Art attackiert worden sind. Studien, so Felson (1984), zeigen, dass der physischen Gewalt sehr oft eine Regelverletzung vorausgegangen ist. Dies darf nicht als Entschuldigung dafür genommen werden, dass danach ein gewalttätiges Handeln einsetzt, hier pflichten wir Tedeschi und Nessler (1998) bei. Demnach können im Rahmen einer solchen Situation weder soziale noch individuelle Regeln über die Tatsache hinwegtäuschen, dass die sozialen Grenzen einer Person in einer relevanten Form überschritten worden sind.

Im Schulbereich ist häufig der Bullying-Begriff von Olweus demjenigen der Gewalt vorgezogen worden. Im Rahmen dieses Konzepts werden nur diejenigen Handlungen als Gewalt bezeichnet, die systematisch gegen physisch oder psychisch Schwächere eingesetzt werden. Auch dieses stark verbreitete Konzept, so unsere Kritik, hat seine theoretischen und damit auch empirischen Probleme, insbesondere in einem Kernpunkt, der besagt, dass Gewalt gegen physisch oder psychisch Schwächere eingesetzt werden muss, damit ein Verhalten als problematisch gilt. Leider wurde diese Prämisse, oft unkritisiert, in vielen Studien übernommen (vgl. Pepler, Craig, Ziegler und Charach 1994; Smith et al. 1994; Pepler, Craig und Connolly 1997; Pepler, Craig und Connolly 1997; Mooij 1999; Mooij 1999; Smith 1999; Stevens, De Bourdeaudhuij und Van Oost 2000), die nach dem Konzept von Olweus erarbeitet worden sind. Aus empirischer Sicht ist hierbei eingewendet worden, dass es kaum eruierbar ist, wer physisch oder psychisch schwächer ist. Im Rahmen einer Konfrontation zwischen zwei Personen ist es mindestens aus empirischer und damit aus intersubjektiver Sicht kaum feststellbar, welche dieser Personen physisch oder gar sowohl psychisch als auch physisch überlegen ist.

Es mutet auch eigenartig an, wenn empirisch tätige WissenschaftlerInnen, die normalerweise die Genauigkeit ihrer Ergebnisse auch mit der zweiten Kommastelle nach der Null untermauern, meinen, dies rein phänomenologisch erkennen zu können. Interessanterweise geht diese Differenzierung auch nicht aus den eingesetzten Fragebogen hervor. Wer z.B. das Erhebungsinventar von Olweus kennt, wird wissen, dass diese Frage empirisch auch von Olweus kaum gestellt und bei weitem nicht valide und schon gar nicht reliabel beantwortet werden kann. Auch wenn es möglich wäre, die Kriterien für physische Stärke intersubjektiv auszuarbeiten, diejenigen für psychische Stärke blieben weitgehend der subjektiven Beurteilung überlassen.

Am stärksten stören wir uns an der dahinterliegenden Vorstellung, dass es nicht als Gewalt gilt, wenn sich zwei ‚gleich starke' Jungen boxen. Wir erlauben uns zu fragen, ob denn Gewalt als ein Verhalten, das jemandem Schaden zufügt, nicht immer Gewalt bleibe. Diese ‚Ritterlichkeitsvorstellung', wie wir sie nennen, erinnert uns sehr stark an Männlichkeitsvorstellungen, von denen wir gehofft hatten, sie seien überholt. Nach diesen Regeln haben sich z.B. auch schiesswütige Cowboy-Helden wie John Wayne, oder spiesswütige Darsteller in den Mantel-und-Degen-Filmen Hollywoods legal duelliert. Wer ein richtiger Mann war, stellte sich dem Gegner (eine klassischere Form dieser Interpretation von Männlichkeit ist auch die Verabschiedung Hektors durch seine Frau Andromache, kurz bevor ihn Achill vor den Toren Trojas tötete). Wie gut hätte es aber, so unser Einwand, unserer Welt getan, wenn wir weniger dieser ‚richtigen' Männer gehabt hätten. Warum es erstrebenswert erscheinen mag, auch im 21. Jahrhundert ‚richtige' Männer nach dieser Vorstellung auch in der Schule zu sozialisieren, bleibt uns verschlossen.

Angesichts der grossen Probleme der definitorischen und damit auch der empirischen Erfassung von Gewalt mutet die oft gestellte Frage nach dem Zuwachs jugendlicher Gewalt im Schulkontext eigenartig an. Dies keineswegs, weil die Frage als solche seltsam wäre; der Grund liegt vielmehr in der Schwierigkeit, den Zuwachs an einem Phänomen zu messen, das als solches alles andere als valide und reliabel gemessen werden kann.

In diesem Zusammenhang sei noch kurz daran erinnert, dass die Erfassung und die Definition der Gewalt in der Schule auch mit dem sozialen Wandel zusammenhängt. Skandinavien gilt wohl zu Recht als Geburtsraum dieser Forschungsrichtung. 1973 rief Olweus nach Publikationen von Heinemann ein ganzes

Forschungsprogramm zum Thema ‚Gewalt in der Schule' ins Leben. In Norwegen gab es in der Folge eine nationale Kampagne gegen das Bullying, wie es schon damals genannt wurde. Das Forschungsprogramm von Olweus wurde ab 1982 auch vom norwegischen Kultusministerium gefördert. Es sei daran erinnert, dass dieses Forschungsprogramm nicht einzig Evaluationsstudien beinhaltete, sondern auch Interventionsprogramme.

Das wohl bekannteste Beispiel hierfür sind die Studien aus Bergen in den Jahren 1982 bis 1984. Das dort durchgeführte Interventionsprogramm erbrachte, so die nachfolgende Evaluationsstudie, eine Reduktion des Schul-Bullyings um rund 50% (Olweus 1993). Dies ist ein sehr ermutigender Befund, der aber Anlass zur Frage nach der Reliabilität gibt, genauer gefragt: wie stabil ist dieser Befund und inwiefern können die Ergebnisse aus Bergen auch auf andere Studien, die nach dem gleichen Ansatz durchgeführt worden sind, übertragen werden? Roland publizierte (1993) die Ergebnisse zu einem ähnlich gelagerten Interventionsprogramm und einer Evaluationsstudie aus den Jahren 1982 bis 1985, die in den Schulen Stavangers stattfand. Interessanterweise fand Roland heraus, dass das gleiche Interventionsprogramm, das in Bergen zu einer Reduktion von 50% des Schul-Bullyings geführt hatte, in Stavanger nur ganz bescheidene Auswirkungen zeitigte. Weder Ross (1996) noch Roland (1993) konnten eine plausible Erklärung für die erstaunlichen Unterschiede in der Wirkung des besagten Interventionsprogramms finden. Möglicherweise, so die Annahme von Ross, fielen die Ergebnisse für Bergen deswegen besser aus, weil es dort im Rahmen des Interventionsprogramms eine kontinuierlichere Unterstützung durch die Forschungsteams gegeben hate. Mooij (1999; 1999) hat diese These untersucht und konnte sie verwerfen. Eine weitere, differenziertere Erklärung zu diesen doch frappanten Unterschieden liegt momentan noch nicht vor.

Mit ähnlichen Ergebnissen warten auch Smith (Smith 1999) und Hanewinkel/Eichler (1999a) auf. Smith bringt die Ergebnisse eines Anti-Bullying-Projekts im englischen Sheffield ein, an dem 23 Schulen teilgenommen haben. Nach Hanewinkel/Eichlers Untersuchung (ca. 10'000 SchülerInnen), die ebenfalls nach der Konzeption von Olweus angelegt war, ist das Erreichte als eher dürftig zu beurteilen:

„Die Effekte der Intervention auf die Häufigkeit indirekten und direkten Mobbings sind im Mittel gering und unsystematisch. So finden sich nach der Intervention sowohl Verringerungen bis zu ca. 8 Prozentpunkten als auch ein Ansteigen bis zu ca. 9 Prozentpunkten."

(Hanewinkel und Eichler 1999b, S. 260)

Ob die referierten Schwierigkeiten mit dem konkreten Interventionsprojekt nach Olweus und damit mit den Massnahmen zusammenhängen oder ob auch die Definition und die subjektiven wie auch die objektiven Empirien in diese Ergebnisse hineinspielen, ist zum jetzigen Zeitpunkt noch nicht zu beantworten. Es fehlen qualifizierte Längsschnittuntersuchungen, die es erlauben würden, fundierte Aussagen über die Qualität von Interventionsstudien vorzunehmen. Fest steht aber, dass die Ergebnisse Olweus aus Bergen noch in keiner Studie auch nur ansatzweise haben repliziert werden können.

Wir möchten jetzt wieder auf den Gewaltbegriff zurückkommen und das Begriffspaar Gewalt und Macht thematisieren. Popitz (1992) folgend, möchten auch wir den Begriff Gewalt vom Begriff Macht unterscheiden. Dies ist auch deswegen besonders angezeigt, weil Machteinsatz im Rahmen moderner Gesellschaften auch in Form von mehr oder weniger diskursiv eingeführter Interessenvertretung überall unterstellt werden kann, beziehungsweise, dass Machtdefizite des Öfteren als problematische gesellschaftliche Strukturen erkannt werden, die Gewalt erzeugen oder erzeugen könnten. So hat Galtung (1982) mit dem Terminus ‚strukturelle Gewalt' einerseits die Sinne für strukturelle Ungerechtigkeiten geschärft – und dies ist sehr positiv zu werten, aber andererseits es sträflich unterlassen, ihn auch über sozialwissenschaftliche Kriterien zugänglich zu machen. Es gibt, so die Kritik am Begriff ‚strukturelle Gewalt', kaum eine subjektiv missliebige Funktion einer Organisation oder eines Gemeinwesens, die aus einem spezifischen Blickwinkel heraus nicht ohne weiteres als ‚strukturelle Gewalt' bezeichnet werden könnte.

Tedeschi und Quigley (1998) gehen davon aus, dass das primäre Ziel einer Gewalthandlung nicht die physische oder psychische Verletzung des Opfers ist, sondern der Zuwachs an Macht über das Verhalten des Opfers. Patterson (Patterson, DeBaryshe und Ramsey 1989; Patterson, Reid und Dishion 1992), auch ein Verfechter des ‚Machtansatzes', entwickelte das Coercion-Modell, nachdem er eingehende Studien zum Thema ‚Interaktion im Familienkontext' (vgl. Patterson und Stouthamer-Loeber 1984; Patterson, Kupersmidt und Griesler 1990) vorgenommen hatte. Die Kontrolle des Verhaltens der anderen Familienmitglieder ist, so Patterson, einer der Hauptgründe, warum insbesondere im Familienkontext Gewalt eingesetzt wird. Berkowitz (1993, S. 21ff.) entgegnet der These von Tedeschi und Quigley (1998) und Patterson (Patterson 1975; Patterson et al. 1989; Patterson et al. 1992), dass hinter einer jeden Gewalthandlung nicht primär der Versuch nach zusätzlicher Macht gesehen werden darf, denn ansonsten gebe es die grosse Gefahr – und hier stimmen wir ihm zu, dass fast ein jedes menschliches Verhalten unter den Begriff ‚Gewalt' fallen könnte. Dies erscheint weder theoretisch noch empirisch sinnvoll.

Eine derart unbestimmte Verwendung des Begriffs Gewalt wäre dabei nicht primär etwas, das wir als zu marginalisierenden Fehler oder Unklarheit in der Literatur erkennen könnten, sondern es ist eines der auffälligsten Merkmale der Literatur und hierbei folgen wir Luhmann (1986, S. 8), der festhielt, dass er den Eindruck habe, als ob die Sorge um die Gewalt die Sorglosigkeit der Rede darüber rechtfertigen könnte.

Erläuterndes zur Differenz zwischen Macht und Gewalt bringt auch Elias Canetti in seinem 1960 geschriebenen Buch ‚Masse und Macht' ein. Die Gewalt wird hierbei als eines von insgesamt sechs Elementen der Macht vorgestellt: „Mit Gewalt verbindet man die Vorstellung von etwas, dass nah und gegenwärtig ist. Sie ist zwingender und unmittelbarer als die Macht. Man spricht, verstärkend, von physischer Macht. Macht auf tieferen und mehr animalischen Stufen ist besser als Gewalt zu bezeichnen" (Canetti 1999, S. 333). Den sicherlich feinen Unterschied zwischen Gewalt und Macht stellt Canetti auf Grund des Verhältnisses zwischen Katze und Maus dar. Wenn die Katze, so Canetti, die Maus fängt und sie frisst, so wird Gewalt sichtbar. Sobald sie aber mit ihr zu spielen beginnt, noch bevor sie sie gefressen hat, kommt etwas Neues dazu, nämlich die Macht der Katze, sich die Maus immer wieder zurück zu holen. Diese Unterscheidungen sind notwendig, damit wir nicht, wie Krumm (1993, S. 161) es zu Recht beklagt, jedes Verhalten, das in der Schule stört, als einen potenziellen Kandidaten für Gewalt behandeln.

Über die Beziehung von Emotion und Gewalt

Physische Gewalt ist häufig beim Täter, aber sicherlich immer beim Opfer mit starken Emotionen verbunden. Deshalb, weil die Schmerzen, die zugefügt werden, immer mehr sind als ausschliesslich körperliche Beeinträchtigungen. Sie beeinträchtigen unsere Person als Ganzes. Zugleich gilt es zu beachten, dass nicht ausschliesslich Täter und Opfer vom Gewaltgeschehen emotional betroffen sind. Aus schultheoretischer Sicht ist zu erwähnen, dass sich an den Schulen, in denen Jugendliche relativ ungehindert Gewalt ausüben dürfen und in ihrem Fahrwasser auch andere Jugendliche mitziehen, uns bezüglich des Schul- und Klassenklimas ein Bild der ‚verbrannten Erde' bietet. Darin liegt auch die erschreckende Ähnlichkeit mit den spezifischen Erfahrungen von Rechtsradikalismusexperten (vgl. Merten und Otto 1993). Aus diesem Grund ist es wichtig, dass wir Kinder und Jugendliche in der Schule (aber nicht nur dort) besonders vor einem solchen Verhalten beschützt werden, weil davon ausgegangen werden kann, dass ihre körperliche wie auch psychische Struktur besonders verletzbar ist.

Jeder Befehl und jede Gewalttätigkeit besteht aus einem Antrieb und aus einem Stachel, so Canetti (1999, S. 360ff.). Der Antrieb zwingt das Opfer zeitlich begrenzt zu einem spezifischen Verhalten; der Stachel dagegen bleibt in ihm zurück. Dieser Stachel bohrt sich in das Gewaltopfer ein und bleibt dort im ‚psychischen' Fleisch des Opfers stecken: „Die Befehlsempfänger, denen am gründlichsten mitgespielt wird, sind Kinder. Dass sie [im Verlauf der familiären Sozialisation, W.K.] unter der Last von Befehlen nicht zusammenbrechen, dass sie das Treiben ihrer Erzieher überleben, erscheint wie ein Wunder" (Canetti 1999, S. 360). Dieser Stachel ist nach Canetti eine noch sehr späte Erinnerung an die spezifische Machteinwirkung, in unserem Fall wird sie in Bezug auf Gewalt besprochen.

Wer also Gewalt erleidet, speichert diese Opfererfahrung in seinem Inneren ab. Wer dieser Gewalt dagegen ausweicht, der muss sie auch nicht speichern. Frei nach Canetti könnte somit gesagt werden, dass derjenige Mensch frei von Gewalterfahrungen als Opfer ist, der es verstanden hat, der Gewalt auszuweichen und – und dies ist wichtig für Canetti – nicht jener, der sich erst nachträglich von diesen Erfahrungen, Erinnerungen und damit psychischen Wunden befreit hat (vgl. hierzu Canetti 1999, S. 361). Dies ist der Fall, weil alle diese Gewaltstacheln im

‚psychischen' Körper des Opfers Narben hinterlassen. Jede dieser Narben – und davon haben Menschen viele – hat eine Geschichte und stellt somit die Schleifspur einer Gewalterfahrung dar.

Einen weiteren Zugang, der veranschaulicht, wie aggressives Verhalten eng mit dem ‚Kern' unserer Emotionen, dem Gesundheitszustand unseres Herzens, verbunden ist, stellt die Studie von Friedman und Rosenman (1974) dar. Friedman und Rosenman haben die Typ A-Persönlichkeitsstruktur als diejenige herausgestellt, die am ehesten aggressive Einstellungen fördert. Der Typ A ist durch ein wettbewerbsorientiertes Leistungsstreben, das Gefühl von Zeitdruck und Ungeduld sowie durch eine latente Aggressivität in interpersonellen Situationen gekennzeichnet. Provokationen oder Beleidigungen werden im Rahmen eines solchen Persönlichkeitsprofils zu Anknüpfungspunkten für gewalttätiges Verhalten. Friedman und Rosenman haben in ihrem Buch ‚Der A-Typ und der B-Typ' gewichtige Merkmale aggressiver Personen festgehalten und zugleich belegt, dass dieses Persönlichkeitsmuster stark selbstschädigend ist und sehr oft zum Herzanfall führt. Bei einem rein verhaltenstherapeutisch orientierten Zugang dagegen kommt man zum Schluss, dass beim gewalttätigen Kind oder Jugendlichen im Regelfall kein aktuell sichtbarer Leidensdruck vorliegt (vgl. Petermann und Petermann 1997). Zu dieser Diagnose kommt man, dies sei als Kritik erwähnt, nur, wenn man das Problem der Gewalt verhaltenstheoretisch angeht und damit die psychische Dynamik und den inneren Leidensdruck des betroffenen Heranwachsenden ausser Acht lässt.

Diese Persönlichkeitsmerkmale, so Friedman und Rosenman (1974), die es noch zu erläutern gilt, die inneren Einstellungen und der Lebensstil können eine gefährliche Mischung eingehen, die im Lauf der Jahre die Gesundheit des Herz-Kreislauf-Systems ruiniert. Die beiden Autoren beschreiben den A-Typ folgendermassen:

> *„Es handelt sich dabei um einen bestimmten Komplex von Persönlichkeitsmerkmalen, zu denen ein anormaler Leistungstrieb, Rivalitätsdenken, Aggressivität, Ungeduld und das quälende Gefühl ständigen Zeitdrucks gehören. Menschen, die diese Verhaltensstruktur aufweisen, sind offenbar in einen chronischen, unaufhörlichen und oft ergebnislosen Kampf verwickelt – gegen sich selbst, gegen andere, gegen die Verhältnisse, gegen die Zeit, manchmal*

gegen das Leben selbst. Oft haben sie eine latent feindselige Grundhaltung, die sie allerdings mit Scheinargumenten rechtfertigen, und sie leiden fast immer an einer tiefwurzelnden inneren Unsicherheit."

(Friedman et al. 1974, S.12).

Der emotionale Stress, der sich insbesondere auch durch eine offene oder latente Aggressivität und durch eine emotionale Verunsicherung ausdrückt, werden als Hauptursache koronarer Arterienleiden und Herzkrankheiten gesehen. Interessanterweise sind dies auch zwei Charakteristiken der noch nachzuzeichnenden Persönlichkeitstypen sowohl von gewalttätigen Jungen als auch von männlichen Opfer-Jungen.

Aus psychologischer Sicht erwähnt Bierhoff (1998) in Übereinstimmung mit Berkowitz und Heimer (1989) die einhellige Meinung der Aggressionsforscher, dass Ärger und Wut die emotionalen Erfahrungen sind, die am ehesten als Determinanten und als Effekte aus den missliebigen Erfahrungen mit aggressivem Verhalten im Zusammenhang stehen. Wenn z.B. Verletzungen von Fairness-Regeln vorliegen, können Jugendliche auf drei Arten reagieren: einerseits mit Ärger, andererseits mit Selbstabwertung und drittens mit Leistungsbereitschaft zur Wiederherstellung der Fairness-Regeln. Insbesondere der Ärger konnte, so Bierhoff (1998), in engstem Zusammenhang mit aggressivem Verhalten, also der Täterseite, gestellt werden. Die Selbstabwertung dagegen kann, so auch unsere Untersuchungen, am ehesten mit dem Verhalten von Opferjugendlichen in Verbindung gebracht werden.

Mehrfach angesprochen wurde bis anhin, dass eine Situation von den beteiligten Personen interpretiert werden muss. Aggressives Verhalten unterliegt deswegen einem Rekonstruktionsprozess. Daher bleibt auch immer ein Interpretationsspielraum, und damit steht eine Aushandlung im Raum, die sich damit beschäftigt, ob es sich beim wahrgenommenen Verhalten um einen Gewaltakt oder um eine andere Form der Interaktion handelt. Rekonstruktionsprozesse haben die zentrale Funktion, bestimmten Abläufen im Alltag des Menschen interpretativ eine kohärente Struktur zu geben, die den eigenen Erfahrungen nicht widersprechen. Zugleich gilt es zu bedenken, dass die gleichen Abläufe und auch deren normative Angemessenheit von Tätern und Opfern nicht gleich beurteilt werden. Damit wird auch klar, dass es weitgehend eine Frage der Konvention ist (vgl. Bornewasser

1998, S. 56), welche physischen, psychischen oder sozialen Beeinträchtigungen als Gewalt gelten. Bornewasser legte dar, dass diejenigen Schülerinnen und Schüler, die stets gewalttätige Verhaltensweisen erwarten, diese auch eher wahrnehmen und sich entsprechend misstrauisch und abwehrend verhalten.

Die Erwartung, Gewalt zu erleben, verzerrt also teilweise die Wahrnehmung. So konnte Gerbner (1986) beweisen, dass fünfzehnjährige männliche Jugendliche mit intensiver Video- und Fernsehnutzung bereits über 13'000 Morde gesehen haben. Solche Jugendliche überschätzen das Ausmass von Gewalt im Alltag und fühlen sich auch stärker von Gewalttätern bedroht als andere Jugendliche. Diese Aussage darf keineswegs dahingehend verstanden werden, dass das Thema ‚Aggression im Alltag' bagatellisiert werden dürfte. Aggression ist nach Petermann (Petermann 1998, S. 234) im Kindes- und Jugendalter der häufigste Grund, psychotherapeutische Hilfe in Anspruch zu nehmen. Dabei muss, so Petermann, die Interventionsplanung bei gewalttätigen Kindern und Jugendlichen besonders differenziert erfolgen, da die Therapieverweigerungs- und Therapieabbruchquoten extrem hoch ausfallen.

Auch Underwood et al. (Underwood, Hurley, Johanson und Mosley 1999) verweisen auf die Erkenntnis, dass Jugendliche mit 10 bis 12 Jahren lernen, ihre Emotionen stärker zu kontrollieren und deswegen nicht mehr so häufig bei Provokationen mit Wutausbrüchen und Gewalt reagieren. Ein suboptimaler Lernprozess ist deswegen mitverantwortlich, wenn bestimmte männliche Jugendliche mit 13, 14 oder 15 Jahren ihre Emotionen schlechter als ihre Gleichaltrigen kontrollieren und bei Ärger nicht moderater reagieren können (vgl. Gottman und Mettetal 1986; Gottman und Mettetal 1986). Hierbei ist darauf zu achten, dass die Färbung von Emotionen stark mit gesellschaftlichen Normen verbunden ist:

> *„... the most significant cultural meanings and practices that distinguish cultural contexts are ideas about what to feel and how to feel with respect to certain events. What feels good is not just an individual reaction; it reflects the incorporation of a complex of culturally specific ideas and values about what is good."*
>
> *(Kim und Markus 1999, S. 797)*

Kim und Markus (1999) haben dies am Beispiel der Beziehung zwischen Emotionen und Verhaltensweisen illustrieren können. In ihren sozialpsychologischen Experimenten haben US-AmerikanerInnen dann mit Unwohlsein reagiert, wenn ihnen die Wahlmöglichkeit von individuellen Entscheidungen genommen worden ist, dies im Gegenteil zu den KoreanerInnen, deren Unwohlsein mit Erfahrungen zusammenzubringen war, die ihnen die Gruppenkonformität erschwerten. Auf unsere Thematik gemünzt heisst dies, dass Wut in unserem gesellschaftlichen Kontext auch aus der Erfahrung entsteht, die individuellen Verhaltens-Präferenzen nicht ausleben zu können. Disruptives Verhalten im Schulkontext ist demnach auch ein Ausdruck von mangelnden Möglichkeiten seinen (Schul-)Alltag individuell zu meistern. In der Literatur wird diese Position, unter soziologischer Perspektive, als die Lage der Individualisierungs-Verlierer bezeichnet (vgl. Beck und Beck-Gernsheim 1994). Demnach folgt allzu oft gewalttätiges Verhalten dem weitgehenden Verlust der individuellen Steuerungsmöglichkeiten des eigenen Lebens und der darauf folgenden emotionalen Aufladung. Dies, weil die Norm des ‚jeder ist seines Glückes Schmid' (*Just Do it* ist die hierfür verwendete Losung der Werbeindustrie), die den männlichen Jugendlichen über die Geschlechtersozialisation vermittelt worden ist, als unerreichbar erscheint.

Wenn das störende Verhalten ausserhalb der eigenen Person verortet wird, reagieren Individuen meistens mit dem Gefühl des Ärgers. Die Beherrschung dieses Ärgers wird im Rahmen der Psychologie der Aggression als Emotionskontrolle thematisiert, beziehungsweise als das Erleben und Ausleben von Wut. Deswegen muss man, um Gewalt überhaupt zu verstehen, seinen Blick zunächst auf die erlebte Wut konzentrieren. Obwohl Wut und damit auch die Emotionskontrolle gewichtige Prädiktoren für nachfolgende physische wie auch psychische Gewalt sind, so auch unsere Studie, führt Wut unter normalen Bedingungen selten direkt zu Gewalt oder mindestens äusserst selten zu physischer Gewalt, so Averill (1993, S. 172). Zugleich wurde auch ein Mythos um die Emotion Wut herum entwickelt, der dahingehend wirkt, dass er eine jede nachfolgende Handlung mindestens legitimiert, wenn nicht legalisiert. Wir versuchten diese These zu überprüfen und stellten in unserem Fragebogen auch zwei Fragen nach der Verantwortlichkeit der Opfer für ihre Leiderfahrungen, aus der Sicht der Täter (z.B. ‚Wer ein Opfer von Gewalt wird, ist meist selbst daran schuld').

Das durchaus sinnvolle Konstrukt der Emotionskontrolle und der erlebten Wut läuft deswegen Gefahr in zweifacher Art und Weise Gewaltakte zu legitimieren:

a. Über die Konstruktion, dass die Wut als eine Emotion gesehen wird, der die Menschen hilflos ausgesetzt sind, weil sie sie nicht kontrollieren können.

b. Über die Schlussfolgerung, dass die Täter, einmal emotional aufgeladen, nicht voll verantwortlich sind für die Konsequenzen ihrer Handlungen.

Gewalt ist, nach Popitz, eine Aktion, die zur absichtlichen körperlichen Verletzung anderer führt (vgl. Popitz 1992, S. 48). Dabei darf, so Popitz, keineswegs von der verkürzten Annahme ausgegangen werden, dass die Aggression als das emotionale Motiv oder der Impuls zur Gewalt der eigentlichen Gewalthandlung vorausgeht. Gewalt kann Aggressionen voraussetzen. Aggressionen sind jedoch nicht zwingend Voraussetzung für Gewalt: „Gewaltakte können nüchtern und illusionslos vollzogen werden, etwa als routinemässige Befolgung von Befehlen. Gewalt geschieht spielerisch-neugierig, gedankenlos-gelangweilt, beflissen-verbohrt" (Popitz 1992, S. 48/49). Gewalt ist nach Popitz ein ‚Teil der grossen weltgeschichtlichen Ökonomie' (1992, S. 57). Sie ist, und auf diese Feststellung Popitz' möchten wir besonders verweisen, eine alltägliche Option menschlichen Handelns, die einerseits ständig präsent ist und andererseits bei der Präferenz der Auswahl weit vorne steht. Wir schliessen daraus, dass Gewalteinsatz nicht ein blosser Betriebsunfall sozialer Beziehungen ist und somit auch keine Randerscheinung von sozial auffälligen Personen, sondern eine oft gewählte, wenn auch Täter wie Opfer schädigende Machtkategorie.

Zugleich verringert gewalttätiges Handeln, so die Forschungslage, die Wahrscheinlichkeit der Ausführung einer späteren Gewalttätigkeit über die emotionale Entladung und damit dem Ausleben der Wut nicht, wie es Dollard 1939 (1971) noch angenommen hatte. Der kathartische Effekt, den ausgeführte Gewalt haben sollte, konnte durch spätere experimentelle Untersuchungen nicht gestützt werden. Eine zusammenfassende Darstellung der Diskussion zur Katharsis-Hypothese findet sich in Geen (1977; 1990). In diesen Arbeiten konnte gezeigt werden, dass Personen, die immer wieder Gelegenheit zu Gewalt erhalten, das Ausmass ihres Gewalthandelns kontinuierlich steigern. Dies weist darauf hin, dass die Ausführung von Gewalt gelernt werden kann, indem die interpersonalen Bewertungsstandards für eigenes Verhalten dahingehend kontinuierlich verändert werden, dass immer mehr aggressive Verhaltensweisen als normal angesehen werden. Zugleich konnte Geen darlegen, dass durch eine vorherige Gewalthandlung die physiologische Erregung für den Moment gesenkt, die nachfolgende Aggression dagegen gesteigert wird. Für die Gewaltreduktion dürfte demnach nicht allein das Erregungsniveau im Mittelpunkt stehen, sondern dessen Koppelung mit der Einbettung der männlichen Jugendlichen in ihr soziales Umfeld und die damit zusammenhängenden ‚Freiräume' für Gewalt.

Aus diesen Gründen ist es besonders wichtig, sein Augenmerk auf die Situationen bzw. auf diejenigen sozialen Konstruktionen zu fokussieren, welche die Verantwortlichkeit der Täter für die Gewaltakte zu mindern trachten. Die Gewalt als eine spezifische Form sozialer Interaktion, so Mummendey und Otten (1993), beinhaltet sowohl die individuelle wie auch die interpersonelle Interpretation der jeweiligen Situation. Dabei darf nicht vergessen werden, so Mummendey und Otten, dass Aggression in Gruppen meistens irrationaler, impulsiver und auch mit weniger moralischen Hemmungen ausgeführt wird als im Fall des einzelnen Täters (vgl. Browning 1993). Dies hängt mit der Anonymität und der De-Individuation und mit der Diffusion der Verantwortlichkeit für die verübte beziehungsweise zu verübende Tat zusammen. Trotz dieser gewichtigen Einschränkungen existiert oft die Vorstellung von einer so genannt guten Aggression, wobei das ‚gut' instrumentell gesehen wird, d.h. zur Erreichung einer so genannten ‚guten Sache'. In diesem Zusammenhang sei, so Toch (1993, S. 200), der Archetypus des Drachentöters zu erwähnen. Eine solche so genannt gute Aggression enthält drei Elemente: Erstens, sie bekämpft schlechte Aggression. Zweitens, es sind so genannt ‚böse' Aggressoren, die es zu bekämpfen gilt und drittens hat sie zur Aufgabe, Opfer zu unterstützen. Wir bezeichnen diese Denkweise als Archetypus, weil sie weit verbreitet ist und in den allermeisten Fällen unbewusst und kritiklos das Verhalten steuert, und verwenden den Begriff also nicht mit all seinen Implikationen im Sinn C. G. Jungs. Relevante Fragen der Verantwortlichkeit für den Einsatz von Gewalt werden in der archetypischen Sichtweise ausgeblendet: Welche Kennzeichen hat ein Drache, und wie sieht der dazugehörende Labelling-Prozess aus? Welche Konsequenzen muss jemand erfahren, wenn er ein Drache geworden ist, und wer hat das Recht diese zu bestimmen?

Es herrscht, so unsere Kritik, vorschnell Konsens darüber, dass Gewalt unter den besagten Bedingungen als tragbar gilt, weil die zu erreichenden Ziele als erstrebenswert bewertet werden. Dabei wird vergessen, dass die grössten Verbrechen der Menschheit im Rahmen der Verbesserung des einzelnen Menschen oder der Gesellschaft begangen worden sind (siehe hierzu u.a. die Verbrechen im Stalinismus). In solchen Prozessen wähnen sich interessanterweise die so genannten Kämpfer, seien dies Soldaten oder Einzelkämpfer, immer auf der richtigen Seite, und dies quasi als Gladiatoren des Guten, die sich – im Vertrauen auf den Automatismus, dass sie das Gute vertreten – in jeden brutalen Kampf stürzen.

Wir dürfen uns demnach weder auf das Urteil der so genannt guten noch auf jenes der so genannt schlechten Täter stützen, sondern müssen uns über den Sinn der jeweiligen Taten Informationen verschaffen und zwar sowohl über den persönlichen Sinn, den das Individuum konstruiert, wie auch über den sozialen Sinn, also inwiefern aus der jeweiligen sozialen Lage heraus ein Sinn erkennbar wird. Erst dann erreichen wir Verstehen (das noch lange kein Verständnis ist), welches uns den Zugang zur wissenschaftlichen Analyse des Phänomens überhaupt ermöglicht. Empirische Sozialforschung wird deswegen in unserer Arbeit als Korrektiv zur Empörung oder zur Befürwortung von Gewalt eingesetzt.

Dass eine weitere grundlegende Emotion, die Angst, mit Gewalterfahrungen in Zusammenhang steht, hat Canetti in seinem Werk ‚Masse und Macht' (1999) herausgestrichen. Nach Canetti bekommt von der Gewalterfahrungen nicht nur das Opfer, sondern auch der Täter Narben. Er bekommt sie zwar nicht von einem Gewaltstachel, wie das Opfer, sondern es ist der so genannte ‚Rückstoss' (vgl. Canetti 1999, S. 363ff.): Mit jeder Gewalttat spürt der Täter einen seelischen Rückstoss. Jedes Mal also, wenn er wahrnimmt, dass er jemanden getroffen hat, kommt eine Rückstoss-Narbe dazu. Viele dieser Rückstösse sammeln sich an zu einer Angst, einer ganz besonderen Art von Angst, die sich aus der Wiederholung von ausgeübter Gewalt ergibt. Canetti spricht in diesem Zusammenhang von Befehlsangst. Diese hängt damit zusammen, dass sich beim Täter ein tief begründetes Gefühl der Unsicherheit entwickelt, ein Gefühl, das aber sehr unbestimmt bleibt, weil er nie weiss, wann und wie die Personen, die Gewalt erlitten haben, zur Aktion übergehen werden und sich rächen könnten. Der Täter muss latent mit einer Bedrohung durch die Opfer beziehungsweise durch das Opferumfeld leben. Viele Gewalttätige versuchen mit dieser Angst umzugehen, indem sie immer gewalttätiger gegen ihr Umfeld vorgehen, damit die Bedrohten immer verängstigter werden und sich nicht an ihnen rächen können. Es entsteht ein so genannter Gewalt-Teufelskreis, der seine eigentliche Wurzel verloren hat und jetzt primär daraus besteht, dass der Täter seine Gewalt-Angst zu verbergen sucht.

Die latente Rache der Opfer und ihres Umfelds lässt im Täter eine immer stärkere Gewaltneigung aufkommen. Je mächtiger deswegen ein Täter wird, desto flüchtiger, so Canetti, wird auch seine Macht, denn desto stärker wird auch seine Angst, diese Gewalt seinerseits in Form von Racheakten zu erleiden. Diese Gewalt-Angst kann auch Ausmasse annehmen, die zu einer Katastrophe, so beispielsweise den uns bekannten ‚Schulmassakern' führen: „Der Tod als Drohung ist die Münze der Macht. Es ist leicht, hier Münze auf Münze zu legen und enorme Kapitalien anzusammeln. Wer der Macht beikommen will, der muss den Befehl ohne Scheu ins Auge fassen und die Mittel finden, ihn seines Stachels zu berauben" (Canetti 1999, S. 552). Auf unsere Thematik übertragen, vermuten wir aus sozialwissenschaftlicher Perspektive, dass wir in Gewalttätern eine erhöhte Angstneigung beziehungsweise Depressionsneigung feststellen müssten. Das wäre für uns ein wichtiges Indiz für die Richtigkeit der Rückstoss-These Canettis.

Entwicklung aggressiven Verhaltens

Damit es zu Gewalttaten kommt, müssen nicht nur äussere Kontrollen des individuellen und des Gruppenverhaltens wegfallen, es sind auch individuelle Standards der betroffenen Personen daran beteiligt. Zur Klassifikation der äusseren Kontrolle und der individuellen Standards von Gewalterfahrungen im Schulkontext werden wir das System von Doise (1986) anwenden. Es wurde zur Erklärung des allgemeinen menschlichen Verhaltens eingeführt, kann aber sehr wohl auch für die Analyse gewalttätigen Verhaltens eingesetzt werden. Dieses System enthält vier Erklärungsebenen, intraindividuelle Erklärungen, interpersonale Erklärungen, intergruppale Erklärungen und die ideologische Ebene.

Die intraindividuellen Erklärungen beziehen sich auf Theorien, die insbesondere intrapsychische Ursachen für das spezifische Verhalten heranziehen. Die Persönlichkeitsmerkmale von männlichen Täter- und Opfer-Jugendlichen sind demnach ein relevanter Faktor bei der Erklärung von Gewalterfahrungen. Bei den interpersonalen Erklärungen stehen dagegen die Interaktionen zwischen den Individuen im Vordergrund. Darum gilt es im Schulkontext sowohl die Familie wie auch die Gleichaltrigen und die Lehrpersonen einzubeziehen. Die intergruppale Ebene, eine Ebene, auf die wir im Rahmen unserer Studie nicht weiter eingehen werden, spricht Haltungen an, die im Zusammenhang mit der Begegnung von verschiedenen Gruppen zu beobachten sind. Bei der ideologischen Ebene schliesslich sprechen wir das menschliche Verhalten als ein Verhalten an, das in einem gesellschaftlichen Handlungs- und Verständnisrahmen eingebettet ist. Auf dieser Ebene sind beispielsweise die Geschlechterrollenstereotype von männlichen Heranwachsenden anzusiedeln. Es gilt diesbezüglich zu untersuchen, welche Rolle sie im Wirkungsgefüge der Gewalterfahrungen einnehmen.

Wir gehen im Rahmen unserer Studie davon aus, dass die drei untersuchten Ebenen in einem komplexen Beziehungsgeflecht stehen. Die Analyse der Struktur und der Wirkungsweise dieses Geflechts in Bezug auf die in der Schule feststellbare physische Gewalt unter männlichen Jugendlichen ist das Ziel der vorliegenden Arbeit.

Wie aber entwickelt sich gewalttätiges Verhalten? Zahlreiche mehr oder weniger wissenschaftlich fundierte Theorien versuchen die Entwicklung aggressiven Verhaltens zu begründen. Wie neuere Forschungsergebnisse zeigen, ist Aggression mehr als nur ein angeborener Trieb. Genetische Faktoren sind jedoch nicht auszuschliessen; so konnte Rushton in einer Studie über Zwillinge belegen, dass Aggressionswerte von eineiigen Zwillingen hoch miteinander korrelieren, nämlich $r = 0.40$, während dies bei zweieiigen Zwillingen nicht der Fall war: $r = 0.04$. Dies spricht dafür, dass die genetische Komponente bei der Entwicklung von Aggression tatsächlich eine gewisse, vielleicht sogar wichtige Rolle spielt.

Möchte man nun – für pädagogische Belange eine zentrale theoretische Auslegung der Entstehung von Gewalt – die möglichen Entwicklungsverläufe aggressiven Verhaltens Heranwachsender untersuchen, stellt sich die Frage nach dem ersten Auftreten aggressiver Handlungen, dem so genannten ‚onset'. Wie Loeber und Stouthamer-Loeber (1998b) ausführten, sind Daten zum onset ziemlich rar. So wird in Studien zur Erfassung von aggressiven Handlungen in Schulen (auch in unseren Studien) zumeist nicht registriert, ob es sich dabei um erstmalige oder wiederholte Episoden handelt. Erkenntnisse über den onset aggressiven Verhaltens sind deshalb bedeutsam, weil sie die Auswahl von Zielgruppen für Interventionen erleichtern und zugleich den optimalen Zeitpunkt für den Einsatz solcher Interventionen bestimmen helfen.

In einer kanadischen Längsschnittstudie (vgl. Nagin und Tremblay 1999) wurde eine Stichprobe von Jungen während vier verschiedenen Zeitpunkten auf aggressives Verhalten hin untersucht: das erste Mal im Kindergarten im Alter von sechs Jahren, dann im Alter von zehn, elf und zwölf Jahren. Fasst man all diejenigen Jungen zusammen, die in der Altersspanne von sechs bis zwölf Jahren durch aggressives Verhalten auffällig wurden, so zeigt sich, dass es bei einem Teil der Jungen bereits im Kindergarten beobachtet wurde und sich während den folgenden Jahren fortsetzte. Bei einer zweiten Gruppe der aggressiven Jungen setzte das aggressive Verhalten aber erst während der Primarschulzeit, ein und entwickelte sich ebenfalls zu einem stabilen Verhaltensmuster. Da im Rahmen dieser Studie primär das Auftreten des aggressiven Verhaltens untersucht wurde, und zwar im Schulkontext, wissen wir nicht, wie sich das Verhalten dieser beiden Gruppen im Familienkontext zeigte. Auch ist zu erwähnen, dass sich diese Studie ausschliesslich mit männlichen Kindern und Jugendlichen befasste.

Im Gegensatz zu diesen täterfokussierten Studien stellte Olweus (1991) im Rahmen einer Studie mit dem Titel ‚Zum Thema onset und Prävalenz in norwegischen Schulen' die Opferrolle in den Mittelpunkt. Es zeigte sich, dass die Prävalenzrate von Jungen, die Opfer von Bullying wurden, während der Grundschule konstant höher war als jene der Mädchen, und dass die Prävalenzrate bei beiden Geschlechtergruppen im Lauf der Primarschuljahre und in den nachfolgenden Schulstufen kontinuierlich abnahm. Wie ist diese Entwicklung zu erklären? Olweus weist darauf hin, dass die Häufigkeit von Bullying und insbesondere von Opfererfahrungen mit dem quantitativen Verhältnis zwischen jüngeren und älteren Schülerinnen und Schülern zusammenhängt, da Bullying meistens von älteren Schülern ausgeführt wird. Je jünger die Schüler sind, desto grösser ist die Gruppe älterer Schüler, denen sie gegenüberstehen und die als potenzielle Täter in Frage kommen. Dies bedeutet, dass der Anteil älterer Schüler an der Gesamtheit der Mitschüler abnimmt. Dies könnte eine plausible Erklärung sein für die oben erwähnte Abnahme von Opfererfahrungen mit zunehmendem Alter.

Wenn es also eine frühe Karriere gibt, sowohl bezogen auf die Opfer als auch auf die Täter, würde es sich lohnen, die Identifikation von Gewalt im Schulkontext zu einem frühen Zeitpunkt vorzunehmen. Die Daten aus verschiedenen Studien weisen nämlich darauf hin, dass bei frühem Auftreten von gewalttätigem Verhalten die Wahrscheinlichkeit einer kontinuierlichen aggressiven Karriere sehr hoch ist, so Loeber (Loeber und Dishion 1983) und Caspi et al. (Caspi, Henry, McGee, Moffitt und Silva 1995). Die frühe Identifikation von antisozialem Verhalten ist deshalb so wichtig, weil ein frühes Auftreten von antisozialen und delinquenten Verhaltensmustern tatsächlich eines der wichtigsten Signale für eine spätere Karriere chronischer Delinquenz zu sein scheint. Auch Waters et al. (Waters, Hay und Richters 1985) haben dazu ein Modell aufgestellt und die verschiedenen Karriereverläufe antisozialen Verhaltens verdeutlicht. Im Rahmen einer Review kommen Loeber und Stouthamer-Loeber (1998a) zu demselben Schluss: weniger ernsthafte Formen von Aggression und Delinquenz gehen dem Auftreten schwer wiegender Formen voraus.

Zusammenfassend können wir also sagen, dass nur wenige Heranwachsende von Anfang an mit schwer wiegenden gewalttätigen beziehungsweise delinquenten Handlungen in eine antisoziale Karriere einsteigen. Stattdessen verfolgen die meisten einen Weg von ‚harmloseren' aggressiven Handlungen zu schwer wiegenderen gewalttätigen Vergehen. Je früher der Eintritt in eine solche antisoziale Entwicklung stattfindet, desto höher ist, so das übereinstimmende Ergebnis der herangezogenen Studien, die Wahrscheinlichkeit, dass das betreffende Individuum in der Zukunft zu schwer wiegenden Formen antisozialen Verhaltens greifen wird. Wenn wir diese Ergebnisse den Studien gegenüberstellen, die festhalten, dass gewalttätiges Verhalten im Schulkontext primär dadurch gekennzeichnet ist, dass den Opfern Leid zugefügt wird, die Täter dagegen unbeschadet davonkommen, muss man erkennen, dass damit die vergangene und zukünftige Laufbahn von Tätern ausser Acht gelassen wird. So weisen Kinder, die früh sozial auffällig werden, in der Regel auch Schulprobleme auf und sind in der zukünftigen beruflichen Laufbahn gefährdet (vgl. Farrington 1991). Steinberg et al. (1994) betonen, dass Gewalt befürwortende Einstellungen mit einem breiten Spektrum von problematischen Verhaltensweisen wie Delinquenz, Alkohol- und Rauschmittelkonsum einhergehen. Auch der Längsschnittstudie von Caspi aus dem Jahr 1987 lässt sich entnehmen, dass gewalttätige und antisoziale Verhaltensweisen häufig Ursprung einer negativen Entwicklung im Jugendalter sind. Diese negative Entwicklung beginnt, wie bereits angesprochen, im Sinn einer Abwärtsspirale häufig mit Schulversagen sowie diversen emotionalen und sozialen Schwierigkeiten, gefolgt von oft unsicheren Arbeitsverhältnissen, Schwierigkeiten in der Partnerschaft oder im Umgang mit den eigenen Kindern, so Czerwenka (1993) oder Newcomb (1996).

Stabilität und Konsistenz gewalttätigen Verhaltens

Vor dem Hintergrund einer interaktionellen Sichtweise der Gewaltentstehung und Gewaltentwicklung erscheint die Tatsache, dass aggressives Verhalten als ein stabiles Verhalten beschrieben wird, auch als eine wichtige Aussage über die Stabilität der (problematischen) Interaktionskontexte des Individuums.

Zugleich gilt es zu beachten, dass je früher die Kinder verhaltensauffällig werden, desto grösser die Gefahr ist, dass sie sich in eine delinquente Karriere verstricken. Siehe hierzu auch die Diskussion des so genannten ‚late starter-Modells', das Jugendliche, die erst ab dem vierzehnten oder fünfzehnten Lebensjahr verhaltensauffällig werden, unterscheidet von den ‚early startern', das sind Kinder, die schon ab dem 7/8-Lebensjahr aggressive Verhaltensweisen offenbaren (vgl. Dishion, Patterson, Stoolmiller und Skinner 1991; Dishion, Andrews und Crosby 1995). Im Rahmen dieser Diskussion wird unter anderem dargelegt, dass für die ‚late starter' die Wahrscheinlichkeit viel grösser ist, wieder aus ihrer antisozialen Entwicklung herauszufinden, da sie in ihrer Kindheit schon bestimmte schulische und soziale Fertigkeiten erworben hatten. Das heisst, sie kennen – neben dem gerade gelebten – noch ein weiteres Verhaltensrepertoire. Dies bedeutet, gesamthaft gesehen, dass eine frühe entwicklungsorientierte Verhaltensförderung das Kind vor einer Verhaltensverfestigung bewahren könnte. Je früher somit ein Kind einer solchen Förderung zugeführt werden kann, desto grösser ist auch die Chance, dass sich nicht sekundäre Problembereiche herausgebildet haben, etwa die erwähnten schlechten Schulleistungen und problematische Kontakte zu delinquenten Gleichaltrigen.

Wenn einer der wichtigsten Gründe für das Ansteigen der Gewalt in den Schulen die mangelnde soziale Kontrolle und die mangelnde Disziplin in der Familie ist, gekoppelt mit problematischen Familienstrukturen, so müssten wir bei den betroffenen männlichen Jugendlichen ein Ansteigen der Gewalttätigkeit sowohl ausserhalb der Schule als auch in der Schule feststellen.

Der verbreiteten Meinung, dass eine unzureichende familiäre Sozialisation der wichtigste Grund für das Ansteigen der Gewalt in den Schulen sei, halten Elliott, Hamburg und Williams (1998) die These entgegen, dass die Beweisführung für die besondere Last, welche die Familienstruktur und Familienprozesse treffen sollte, noch nicht vorliege. Sie weisen im Gegenteil darauf hin, dass gewalttätiges Verhalten von Jugendlichen meistens in einen Cluster von problematischen Verhaltensweisen zu setzen sei. Für uns bedeutet dies, dass nur mit einer multifaktoriellen Erklärungsweise der Lebenswelt der männlichen Jugendlichen, Gewalterfahrungen stimmig vorhergesagt werden könnten. Dabei verhält es sich nach unserer noch zu überprüfenden Annahme durchaus nicht so, dass die in der Freizeit, in der Familie oder in der Schule gezeigte Gewalt parallel einher gehen müssen. Wir gehen davon aus, dass dies nur auf eine kleine, besonders belastete Untergruppe der gewalttätigen männlichen Jugendlichen zutreffen wird.

In diesem Zusammenhang wird oft auf die Untersuchungen von Loeber und Dishion (1984) Bezug genommen, bei denen es darum ging festzustellen, inwiefern neun- bis sechzehnjährige Jungen in der Schule und in der Familie ähnlich häufig aggressiv waren. Die statistisch signifikanten Ergebnisse verweisen darauf, dass Jungen, die in der Familie durch aggressives Verhalten auffallen, auch eher dazu neigen, in der Schule aggressives Verhalten zu zeigen.

In seiner Sekundäranalyse hält Schubarth (Schubarth 2000) fest, dass schulische Gewalt und ausserschulische Delinquenz eng zusammenhängen. Er unterstellt, dass es sich hierbei zum grössten Teil um die gleichen Schülerinnen und Schüler handle, die sowohl innerhalb als auch ausserhalb von Schulen Gewalthandlungen ausüben (vgl. Schubarth 2000, S. 94). Diese Konsistenz des gewalttätigen Verhaltens haben wir auch mit unseren Daten überprüft, und wir können festhalten, dass die Konsistenz in dem hohen Mass, wie sie vornehmlich in der theoretisch ausgerichteten Literatur, aber auch im Rahmen der Sekundäranalyse von Schubarth postuliert wird, von uns nicht hat gestützt werden können. Im Rahmen unserer Studien haben wir den Indikator ‚Delinquenzneigung ausserhalb der Schule‘ mit dem Item ‚Schlagen und Boxen von Jungen in der Schule‘ in Beziehung gesetzt. Über einen Mittelwertstest können wir feststellen, dass statistisch ein hoch signifikanter Zusammenhang vorliegt ($p<.001$). Je höher also die Ausprägung der ersten Variablen, desto höher auch der Wert der zweiten. Was hierbei aber oft nicht bedacht wird: Es besteht zwar sehr wohl ein statistisch gesicherter signifikanter Effekt, die Stärke dieses Effekts ist jedoch mittel (die aufgeklärte Varianz beträgt 14.2%!). Das bedeutet, dass die Variable Delinquenzneigung ausserhalb der Schule den physischen Gewalteinsatz in der Schule keineswegs in hinreichendem Ausmass vorherzusagen vermag. Zusätzlich haben wir eine bivariate Korrelation (eine Pearson-Korrelation) gerechnet. Wir erkennen, dass der Korrelationswert, wenngleich signifikant, doch eher schwach ist, nämlich 0.321.

Unsere Ergebnisse können wir mit den Analysen von Loeber/Stouthamer-Loeber (1998a), Scerbo und Kilko (1995) und Fagan und Wilkinson (1998) abstützen. Loeber und Stouthamer-Loeber (1998a) verweisen zusätzlich auf eine Meta-Analyse, in der eine nur sehr schwache Korrelation von 0.32 zwischen problematischem Verhalten von Kindern im Schulumfeld und im familiären Umfeld (vgl. hierzu auch die Studie von Achenbach, Verhulst, Baron und Althaus 1987). Zum gleichen Ergebnis kam eine ähnlich gelagerte Studie aus dem Jahr 1995 von Scerbo und Kilko (1995). Sie zeigten ebenfalls, dass viele der Jugendlichen, ausschliesslich im Schulumfeld oder im familiären Umfeld gewalttätig werden.

Auch aus empirischer Sicht lässt sich deswegen die Annahme, dass aggressive Jungen sich in mehreren sozialen Kontexten gleich verhalten, nur teilweise stützen. So hat Campbell (1994) im Rahmen einer Studie mit Vorschulkindern und später dann mit den gleichen Kindern im Schulalter illustrieren können, dass die Kinder ausschliesslich im Vorschulalter sowohl in der Spielgruppe als auch zu Hause über ihr aggressives Verhalten aufgefallen sind. Im Schulalter dagegen waren die Kinder nicht mehr in der Schule, sondern einzig in der Familie gewalttätig. Hierzu sei gesagt, dass diese Kinder, die primär in der Familie über ihr gewalttätiges Verhalten auffielen, in der Schule durch mangelnde Konzentration und Unstetigkeit in ihrer schulischen Leistung stark aufgefallen sind. Auch konnte beobachtet werden, dass diese Kinder in der Interaktion mit Gleichaltrigen irritierbarer und impulsiver waren. Es scheint demnach so zu sein, will man den empirischen Ergebnissen glauben, und dies scheint angezeigt, dass die Gewaltvorkommnisse insbesondere im Familienkontext persistenter sind als im Schulkontext. Es gibt also nur eine schwache statistische Validierung für die Korrelation zwischen antisozialem Verhalten in familiären Umfeld, in der Freizeit oder in der Schule. Jungen, die in allen drei Lebensfeldern gewalttätig werden, bilden eine besonders belastete, auch über polizeiliche Akten erfasste Gruppe (vgl. Loeber et al. 1998b).

3 Das Bezugssystem Familie

Familie als Unterstützungsnetzwerk von Heranwachsenden

Die Untersuchung der familialen Komponente der heranwachsenden SchülerInnen erfolgt im Rahmen dieser Studie aus der Erkenntnis heraus, dass die Familie als ein zentraler Ort der Identitätsbildung betrachtet werden muss und sich darin sowohl sozialisatorisch relevante Interaktionen als auch milieutypische Selbstverständlichkeiten zeigen (vgl. Hildenbrand 1999, S. 12). Erkenntnisse über Formen des privaten Zusammenlebens werden im Rahmen dieser Arbeit wegen ihres enormen Potenzials für die Beschreibung und Analyse des familiären Umfelds der Schülerinnen und Schüler eingebracht. Sie werden in unserer Arbeit nicht als kursorisches Illustrationsmaterial verwendet, sondern als substanzieller Teil der Analyse.

Soziologisch betrachtet steht auch die Familie im Sog des gesellschaftlichen Differenzierungsprozesses. Differenzierung bedeutet im Rahmen dieser Vorstellungen jedoch nicht nur Trennung von ursprünglich zusammengehörigen Einzelelementen, sondern auch das Verbinden der ‚alten' Elemente zu einem sinnhaften Neuen. Wir folgen damit Lange (1994, S. 36), der festhält, „dass erst durch Ausgrenzen und Zusammenfügen von spezifischen sozialen Beziehungen wieder neue Leistungen sichtbar werden, die nun einen anderen Charakter haben". In diesem Sinne ist die Individualisierung, die auch das familiäre Umfeld erfasst, sowohl ein Prozess der Freisetzung aus traditionellen Werten und Normen wie auch die strukturelle Einbindung in eine Vielfalt potenzieller Erweiterungen von Handlungsspielräumen und Handlungsorganisationen. Dadurch wird auch deutlich, dass nicht von einer Beliebigkeit in der Struktur der Familie ausgegangen werden kann, sondern vielmehr die Auswahlmöglichkeit auch die Pflicht zur Auswahl mit sich bringt. Für die Kinder und Jugendlichen bedeutet dies, dass ihr Heranwachsen in dieser Gesellschaft mit Stressfaktoren wie vermehrten Entscheidungsansprüchen verbunden ist.

Diese vermehrten Entscheidungsansprüche kommen aus mehreren Lebensbereichen. Hier kann einzig ein multivariates Analysemodell Faktoren identifizieren, die Gewalthandeln von Kindern und Jugendlichen erklären (vgl. dazu Shavit und Ruttner 1993). Dies konnte insbesondere in den USA im Rahmen von Untersuchungen zu Gewalthandlungen mehrfach aufgezeigt werden (vgl. Land, McCall und Cohen 1990; Massey und Eggers 1990; Massey, Gross und Eggers 1991). So konnte Massey aufzeigen, dass weisse Familien von der wirtschaftlichen Krise der siebziger Jahre weit weniger belastet wurden, weil sie einerseits in einem besser funktionierenden sozialen Umfeld als Familien afroamerikanischer Herkunft gelebt haben und andererseits mehr Ressourcen hatten, um die Krise auszugleichen. Die soziale Segregation afroamerikanischer Familien wirkte dahingehend belastend, dass sie keine neuen unterstützenden Strukturen aufbauen konnten. Freundschaften, soziale Netzwerke wie auch die Betreuung der eigenen Kinder haben bei afroamerikanischen Familien ungleich stärker unter der ökonomischen Krise gelitten (vgl. Sampson und Laub 1994). Dies hat aber auch damit zu tun, so Sampson, dass Kinder aus afroamerikanischen Familien oft nicht in einem Zwei-Eltern-Haushalt leben und demzufolge mit einer geringeren sozialen Kontrolle rechnen können. Dies wiederum wirkt sich dahingehend aus, dass Jugendliche afroamerikanischer Herkunft häufiger kriminell auffällig werden. Geschieht also die Entwicklung der Jugendlichen innerhalb von sozialen Kontexten, müssen die theoretischen wie auch empirischen Modelle von der Annahme ausgehen, dass Individuen nicht allein auf Grund ihrer individuellen Situation beschrieben werden können, sondern multiple ökologische Systeme in die Analyse einbezogen werden müssen.

Wir fassen die Familie der heranwachsenden Kinder und Jugendlichen als ein zentrales Bezugssystem für deren soziale Entwicklung, im Rahmen der vorliegenden Arbeit, ihrer Aggressionsentwicklung, auf. Diese Annahme stützt sich sowohl auf theoretische wie auch auf empirische Erkenntnisse. Wir versuchen hierbei, die familiären Prozesse weder ideologisch zu überhöhen noch normative Erwartungen an Familiensysteme zu stellen, Erwartungen, die diese Systeme grösstenteils nicht werden erfüllen können. Schneewind folgend (1999, S. 23), gehen wir davon aus, dass die gegenwärtige Kernfamilie folgende Hauptfunktionen für die Entwicklung von Heranwachsenden hat:

1. Die Reproduktionsfunktion und damit die Zeugung von Nachkommen;
2. Die Befriedigung individueller psychischer und physischer Grundbedürfnisse;
3. Die Regenerationsfunktion zur Kräfteerneuerung;
4. Die Sozialisations- und Erziehungsfunktion;
5. Die Platzierungsfunktion zur Verwirklichung von Bildungs- und Berufsinteressen der Individuen.

Insbesondere mit der Sozialisations- und Erziehungsfunktionen werden wir uns weiter zentral auseinander setzen. Wir stellen hierbei fest, dass die Sozialisations- und Erziehungsfunktionen der Familie auch unter der hohen Scheidungsquote leiden, eine Quote, die darauf hinweist, dass die Familien hohen Belastungen ausgesetzt sind. So betrug die durchschnittliche Scheidungsquote in Deutschland 1996 35,3% (Schneewind 1999, S.64). In den grossen deutschen Städten lag die Scheidungsquote zu dem Zeitpunkt noch viel höher, nämlich um die 50%. Das heisst, bezüglich der Scheidungsquote gibt es erhebliche Unterschiede zwischen städtischen und ländlichen Regionen. Die Scheidungsquote führt auch dazu, dass ungefähr ein Fünftel aller Kinder mit einem Elternteil aufwachsen, und wenn die Beziehung zwischen Alleinerziehender und Sozialhilfe hergestellt wird, so wird deutlich, dass die Zahl der in Armut lebenden Alleinerziehender in den letzten 15 bis 20 Jahren drastisch zugenommen hat. 20% der Einelternfamilien mit einem Kind, 34% der Einelternfamilien mit zwei Kindern und 61,4% der Einelternfamilien mit mehr als zwei Kindern sind in Deutschland fürsorgeabhängig (vgl. Schneewind 1999, S. 67). Im Hinblick auf die vielseits erforschten und damit bestbekannten Effekte der ökonomischen Deprivation und ihre Auswirkung auf die Erziehung und Sozialisation von Kindern weisen diese sehr hohen Quoten auf eine besondere und damit auch steigende Bedürftigkeit von Familien hin.

Wir gehen von folgenden theoretischen Annahmen aus: 1. Heranwachsende entwickeln sich in Interaktionen mit ihrer familiären Umwelt. 2. Heranwachsende sind lernfähige und auf Lernen regelrecht angewiesene Wesen. 3. Heranwachsende sind auf soziale Bindungen und soziale Beziehungen angewiesene Wesen. 4. Heranwachsende sind erfahrungsbildende Wesen. 5. – und auch sehr wichtig auch für unsere Implikationen – gilt, dass Heranwachsende zur internen Erfahrungsrepräsentation und Erfahrungsgewichtung fähig sind, dies auch unter der Annahme, dass gewisse Erfahrungen bewusst oder unbewusst vorliegen können. 6. Heranwachsende sind handlungsfähige Wesen. Diese sechs wichtigen Bezüge des integrativen Modells des Person-Umwelt-Bezugs von Heranwachsenden nach Schneewind (1999, S. 83ff.) leiten aus sozialisationstheoretischer Sicht unsere Erklärungen zu den Prozessen im familiären System.

Wenn im Rahmen unserer Arbeit von Bewältigung der familiären Sozialisationsbedingungen für Heranwachsende gesprochen wird, so soll auch der Terminus Bewältigungsressourcen erwähnt werden. Bewältigungsressourcen können in individuelle, in familiäre wie aber auch in soziale Ressourcen gegliedert werden. Die individuellen Ressourcen sind die Ressourcen der einzelnen Mitglieder, die familiären Ressourcen jene, die die Familie als System hat, und die sozialen Ressourcen betreffen die sozialen Systeme ausserhalb der Familie, die die familiären Prozesse mehr oder minder angemessen unterstützen können. Die internen Ressourcen des Familiensystems, d.h. die individuellen und familiären Ressourcen, legen vor allem die Art und Weise fest, wie eine Familie ihr Zusammenleben organisiert und sich mit ihrer Aussenwelt auch in Beziehung setzt (so Loeber et al. 1984; Schneewind 1999). Diese Ressourcen werden wir in unserer Studie aufnehmen.

Im Rahmen unserer Ausführungen und der Behandlung des sozialen Systems ‚Familie' für die Entwicklung von Aggression bei Heranwachsenden werden wir uns auf das aus der Kommunikationstheorie entwickelte ABCX-Modell von Hill (1996) stützen. A bedeutet das Stressor-Ereignis, das in Interaktion steht mit B, den Krisenbewältigungsressourcen der Familie. Diese Ressourcen stehen in Interaktion mit C, der Definition einer Familie von diesem Ereignis, und das Zusammengehen von A, B und C erzeugt dann X, nämlich die Krise. Wir werden hierbei insbesondere mit dem ABCX-Modell arbeiten, das von McCubbin und Petterson (1983) weiterentwickelt worden ist. Dieses doppelte ABCX-Modell diente einer Vielzahl empirischer Untersuchungen als forschungsleitendes Rahmenkonzept. Das doppelte ABCX-Modell geht von der Tatsache aus, dass es durch die verschiedenen Krisen im Lebenslauf einer Familie zu einer Anhäufung von Stressoren kommen kann. Diese Stressoren wirken ihrerseits als ein verändertes Erfahrungsmodell, quasi als Erfahrungshintergrund, für die jeweilige Familie, so dass der neu dazukommende Stressor X_{n+1} auf mehr oder minder gelungene frühere

Auseinandersetzungen der Familie mit den vorangehenden Stressoren trifft. Demnach ist die jeweilige Bewältigung der neu hinzukommenden Stressoren von der Kumulation der vorangehenden Stressoren und ihrer optimalen Bewältigung geprägt.

Es gilt sehr deutlich zwischen kritischen Familienereignissen (z.B. der Tod eines Elternteils) und chronischem Familienstress zu unterscheiden. Letzterer ist ein Stress, der durch das Andauern der Stressoren über einen längeren Zeitraum gekennzeichnet ist (so zum Beispiel eine länger andauernde Arbeitslosigkeit der Mutter oder des Vaters). Einen dritten Belastungstyp gilt es noch zu unterscheiden: er thematisiert die kleinen Alltagswidrigkeiten, die so genannten ‚daily hassles'. Das Belastungserleben und auch die Belastungsverarbeitung innerhalb der Familie, so Perez (1998), unterscheidet sich stark je nach Stressortyp, der auf die Familie einwirkt. Hierbei sei noch zu erwähnen, dass die drei unterschiedlichen Stressorentypen auch parallel vorliegen können. In besonders belasteten Familien ist diese Situation der Alltagsfall.

Die Risiko-Indikatoren aus dem einen Bereich, so etwa dem individuellen, können demnach gut in den anderen z.B. den familiären hineinspielen. So konnte gezeigt werden, dass die Kinder erst dann Stressoren für eine Ehe werden, wenn die Paarbeziehung aus der Sicht beider Partner als eher ungünstig eingeschätzt wird (so Schneewind 1999, S. 138). Zugleich zeigt sich, dass Unstimmigkeiten auf der Elternebene nachweislich mit einer geringeren Selbstkontrolle und Belastbarkeit wie auch mit einer Verhaltensauffälligkeit, so etwa dem aggressiven Verhalten von Seiten der Kinder, gekoppelt ist. Die belastete Paarbeziehung geht somit mit einer reduzierten elterlichen Kooperation einher und diese wiederum mit einer erhöhten Verhaltensauffälligkeit der Heranwachsenden. Wer also die Verhaltensauffälligkeiten von Jugendlichen im Auge hat, muss mehr als nur die Jugendlichen selbst im Blickfeld haben. Sekundäre Prävention im Sinn der Therapeutisierung hochauffälliger Familien geht einher mit einer Entwicklungsoptimierung, die der primären Prävention dient, und zwar mit dem Ziel der Vermittlung von Bewältigungsstrategien.

Familien stehen demnach in ihrem Bestreben, die Kinder mehr oder weniger bewusst zu erziehen und zu sozialisieren, nicht in einem sozialen Vakuum. Familiäre Erziehung ist durch zahlreiche sozialstrukturelle und sozialnormative Randbedingungen gekennzeichnet. Diese Randbedingungen greifen oft bis in die interne Gestaltung der Beziehungsstruktur der Familie hinein (vgl. Huinink 1995, S. 130). Die Optionen auf eine individuelle Lösung von Vereinbarkeitsproblemen wie beispielsweise Elternschaft, Berufstätigkeit und Partnerschaft sind im Rahmen zentraleuropäischer Gesellschaften erheblich eingeschränkt. So muss beispielsweise eine Familie für den Fall einer egalitären Organisation von Eltern und Berufsarbeit erhebliche materielle und immaterielle Ressourcen aufwenden. Die Folgekosten hierfür sind äusserst hoch, und von der Familienpolitik werden diese Kosten kaum aufgenommen. Man muss sich somit eine egalitäre Organisation der Familie zuerst leisten können, um sie überhaupt umsetzen zu können (vgl. Huinink 1995, S. 356). Die Attraktivität egalitärer Familienmodelle wird demzufolge so lange nicht ansteigen, wie die daraus entstehenden Stressoren weder individuell noch familiär noch sozial angemessen bewältigbar erscheinen und auch abgefedert werden können. Zur Attraktivität von Partnerschaft und Elternschaft, insbesondere in der sehr schwierigen Situation von vorhandenen Verhaltensauffälligkeiten der Kinder, braucht es Ressourcen auf allen drei Ebenen (individuell, familiär und sozial).

Psychologische Hilfen für Eltern und Kinder hat auf der individuellen und familiären Ebene die soziale Lerntheorie geliefert, einer ihrer prominenten Vertreter ist Gerald Patterson. Demzufolge sind erwünschte Verhaltensänderungen zum Thema ‚aggressive Heranwachsende' ein sehr häufig anzutreffendes Anwendungsfeld der sozialen Lerntheorie. In der sozialen Lerntheorie, insbesondere auch in ihrer kognitiven Ausformung nach Bandura zum Thema Aggression (1979), ist das Verhalten des Menschen weitgehend durch seine Vergangenheit wie auch durch seine unmittelbaren Erfahrungen bestimmt. Hierbei geht es darum, theoretische wie auch praktische Anwendungen der Gesetze des sozialen Lernens bei aggressiven Heranwachsenden zu ergründen. Wichtig ist, dass die Eltern als Verantwortliche für das Verhalten der Kinder gehalten werden. Es sind somit in erster Linie die Eltern, die für die Erstentscheidung verantwortlich sind, in welche Richtung das Verhalten der Kinder gehen soll. Sie sind es somit, die den Plan erstellen müssen, nach dem eine Änderung sich zu richten hat (vgl. Patterson 1975, S. 10). Die Eltern ändern demnach das Verhalten ihrer Kinder, wobei darauf geachtet werden soll, dass Kinder ebenfalls das Verhalten ihrer Eltern, wenn nicht immer planmässig, so doch implizit beeinflussen und ändern können. Über eine Reihe von Interaktionen zwischen Eltern und Kindern ändern sich demnach Kinder und

Eltern. Nach der sozialen Lerntheorie ist beides, also sowohl das sozial erwünschte wie auch das problematische Verhalten, erlerntes Verhalten. Diesem Axiom der sozialen Lerntheorie kann man auch dann zustimmen, wenn man den weiteren Gedanken der sozialen Lerntheorie nicht folgen möchte, Gedanken, die in vielerlei Hinsicht als simplifizierend bezeichnet werden können (vgl. die zusammenfassende Kritik zum Menschenbild der Verhaltenstheorie in Herzog 1991).

Insbesondere bei aggressiven Kindern ist es angezeigt, so die soziale Lerntheorie, das elterliche Verhalten differenziert zu analysieren. Denn die Verwendung strafender Reize durch die Eltern in der Absicht, das kindliche Verhalten zu kontrollieren, macht sich nicht bezahlt. Die Bestrafung sollte, wenn überhaupt, sehr sparsam verwendet werden (vgl. Patterson 1975, S. 27). Man erhält als Eltern das, was man gibt, so das Fazit der sozialen Lerntheorie. Schmerz und Strafe als Erziehungsstil werden zu einem unbeabsichtigten Training, das als Verstärkung für aggressives Verhalten von Heranwachsenden gilt. Mit einer solchen, von kontrollierendem und strafendem Verhalten geprägten Erziehungsstil zieht man, wie es Patterson (1975, S. 53) formulierte, mit einer grossen Wahrscheinlichkeit ein so genanntes ‚Ungeheuer' heran. Es ist aber äusserst schwierig, eine solche Person im Familienkontext oder in der Schulklasse gern zu haben. Aus guten Gründen fühlt sich aber auch ein solcher Jugendlicher zurückgestossen und nicht akzeptiert, und zwar in den zwei sehr wichtigen sozialen Lebensfeldern der Familie und der Schulklasse. Über sein Verhalten lehrt dieses Individuum die anderen, es nicht zu mögen, und lernt andererseits von den anderen, dass es nicht gemocht wird. Die Attacken eines solchen Heranwachsenden schaffen eine intensive und fast andauernd unangenehme Atmosphäre, wenn der Heranwachsende anwesend ist.

Ähnlich Sinne einer aufsteigenden Spirale werden negative Eigenschaften des Heranwachsenden verstärkt und positive, dort wo existent und wahrgenommen, nicht verstärkt. Auch lässt in solchen Beziehungsmustern die Konsequenz des erzieherischen Verhaltens von Eltern oder Lehrpersonen zu wünschen übrig, wenn sie einem solch unangenehmen Zeitgenossen gegenüber stehen, der ihre Geduld bis aufs Letzte fordert.

Aus der Sicht der sozialen Lerntheorie haben diese Kinder, nur scheinbar paradoxerweise, ihre Lektion richtig gelernt. Sie sind insofern erfolgreich aufgezogen worden, als sie gelernt haben, dass sie relevante Personen in ihrem Umfeld nicht mögen müssen und dass die relevanten Personen ihres Umfelds sie selber nicht mögen. Mit einem solchen Kind oder auch mit einem solchen Erwachsenen eine enge Beziehung herzustellen, ist schwer vorstellbar und wenn überhaupt, dann sicherlich mit starken Belastungen verbunden. Die daraus entstehende latente, kritische Situation bewirkt, dass bei jedem unangenehmen Reiz das Kind sich gezwungen fühlt, so zu handeln, wie es schon immer gehandelt hat, wodurch sich der Teufelskreis wieder schliesst.

Wir erkennen dadurch deutlich, dass das Behandeln aggressiver Verhaltensweisen von Heranwachsenden zuerst der Diagnose bedarf, anstatt, wie sehr oft, nur auf das Überstehen des nächsten Zwischenfalls gerichtet zu sein. Welche Diagnose als valide und auch als reliabel gesehen werden kann, ist eine sehr wichtige Frage. Cook und Goldstein haben (1993) über ein Strukturgleichungsmodell herauszufinden versucht, ob Familienmitglieder überhaupt reliable und valide Informationen über ihre Interaktionen geben können. Über den Einbezug von Fremdbeobachtungen der familären Interaktion konnten sie als Ergebnis festhalten, dass alle Familienmitglieder eine reliable Information zu ihren Interaktionen geben können, wenngleich die so genannten Messfehler hinsichtlich der verschiedenen Gruppen unterschiedlich gross waren und wenngleich diese Unterschiedlichkeit so gross war, dass man von einer Rangfolge der Reliabilität der Einschätzungen der einzelnen Familienmitglieder sprechen konnte, wobei die Aussagen der Jugendlichen zu den validesten gezählt werden können.

Erziehungsverhalten und Persönlichkeitsentwicklung von männlichen Jugendlichen

Nach Catron und Masters (1993) setzen 84% bis 97% aller Eltern physische Bestrafungen quasi als Erziehungsmassnahme ein. Der Hauptgrund für diese Form von Bestrafung ist die Kontrolle von unerwünschtem Verhalten der Kinder. So gehen die Eltern oft davon aus, dass Entwicklungsziele oder Standards der Selbstregulierung bei den Kindern und Jugendlichen noch schwach entwickelt sind und dass durch physische Bestrafung ein so genannter Entwicklungsschub einsetzen könnte. Dabei haben die Untersuchungen, u.a. von Catron und Masters, aufzeigen können, dass bereits Vorschulkinder sehr deutlich zwischen verschiedenen Ebenen des unerwünschten Verhaltens unterscheiden können. Sie haben feststellen können, dass die Kinder sehr wohl verschiedene Verhaltensregeln voneinander unterscheiden können, dass sie aber andererseits oft die von den Eltern eingeführten Sanktionen bei Regelmissachtung nicht den unterschiedlichen Typen von Verhaltensregeln zuordnen können. Dies bedeutet im Klartext, dass Kinder von den elterlichen Sanktionen kaum auf die Schwere der Verletzung der jeweiligen sozialen Regel zurückschliessen können.

McClosky (1995) zeigte zudem, dass in Familien, in denen häufig massive physische Gewalt als Erziehungsmethode zum Einsatz kommt, sehr oft auch häusliche Gewalt gegen die Mutter eingesetzt wird. Konkret bedeutet dies, dass die vom Ehemann beziehungsweise Partner eingesetzte Gewalt gegen seine Ehefrau beziehungsweise Partnerin sehr oft dann auch ein wichtiger Indikator ist für massive physische Gewalt gegen Kinder. Diese Form von Gewalt ist zudem auch ein starker Indikator für eine psychopathologische Entwicklung der Heranwachsenden. Das Familienklima in solchen Kontexten ist von einer deutlichen Gefühlskälte und zugleich von einem häufigen Vorkommen von gewalttätigem Verhalten der Eltern charakterisiert. Nach McClosky gibt es zwischen den verschiedenen Gewaltformen im Familienkontext eine starke Korrespondenz. Die Verbindung zwischen physischer und sexueller Gewalt liegt vornehmlich in jenen Familien vor, in denen zugleich auch Gewalt gegen die Mutter eingesetzt wird. Besonders in einem solchen Kontext also kommt es zu sexueller Gewalt gegen die Heranwachsenden. Diese Ergebnisse stellen somit die Gewalt gegen die Mutter als einen wichtigen Indikator für Inzest dar.

Ein weiteres empirisches Modell, das seine Qualität hauptsächlich in der theoretischen Erklärung hat, wurde von Brody (1996; 1998; 1999) vorgelegt. Die materiellen und sozialen Ressourcen der Familie wurden da als distale Variablen formuliert, welche indirekt über die so genannten proximalen Variablen (Erziehungsstil, Beziehungsqualität und das Interesse für den schulischen Erfolg der Kinder) auf die Persönlichkeitsentwicklung der Heranwachsenden führen würden. Die proximalen Variablen, so die Annahme, die sich auch bestätigt hat, hat eine direkte Beziehung zu den Indikatoren der Persönlichkeitsentwicklung der Heranwachsenden. Die Indikatoren, die beigezogen wurden, waren die Selbstregulierung im Sinn der Emotions- und Handlungskontrolle, der sozialen und der kognitiven Kompetenz wie auch der internalisierten Probleme wie beispielsweise

Depressionsneigung und Angst. Die proximalen Variablen würden gleichsam als Katalysatoren oder als Mediatoren im Modell wirken. Die Ergebnisse dieser äusserst interessanten Studie zeigten zudem, dass die Selbstregulation ihrerseits eine Schlüsselposition innehat, denn über diesen Indikator konnten die indirekten Wirkungen der proximalen Variablen zur kognitiven oder sozialen Kompetenz bzw. zu den internalisierten Problemen hergestellt werden. Die Schlüsselstellung der Handlungs- und Emotionskontrolle wird durch diese Studie bekräftigt. Das Design von Erziehungsstil- und Beziehungsqualitätsvariablen als proximale Faktoren auf die Persönlichkeitsentwicklung der männlichen Jugendlichen werden auch wir im empirischen Teil der vorliegenden Studie (siehe hierzu die berechneten Strukturgleichungsmodelle) anwenden.

Neben den Studien von Brody, welche die Qualität der familiären Ressourcen untersuchen, sei auch jene von Mize (1997) erwähnt. Die Autorin fragte sich, ob nicht nur der Erziehungsstil als solcher, sondern auch das so genannte Medium, der Interaktionsstil und die allgemeine Beziehung zwischen Eltern und Kindern wichtige Prädiktoren sein könnten: ‚Is the medium the message?' Diese Frage konnte teilweise positiv beantwortet werden. Die Ergebnisse zeigten, dass nicht nur die den Heranwachsenden vermittelten sozialen Normen und Kompetenzen für eine Minderung des Auftretens aggressiver Verhaltensweisen verantwortlich waren, sondern auch der Grad der elterlichen Beaufsichtigung und des Begleitens auch in Situationen, in denen es nicht direkt galt, diese explizit zu erziehen. Dies bedeutet, dass diejenigen Eltern am ehesten von einem Erziehungserfolg ausgehen konnten, die mit der Botschaft ‚Ich bin an deinem Leben interessiert, und ich nehme aktiv daran teil' eine Basis für die Interaktion mit ihren Kindern gelegt hatten, quasi ein Fundament, auf welchem sich die moralische Erziehung und Konfliktbewältigungsmechanismen erst optimal entwickeln können.

Dass die Entwicklung antisozialer Einstellungen multifaktoriell zu erklären ist, hat sich in der Forschung der neunziger Jahre durchgesetzt (vgl. Noack und Wild 1999, S. 110). Zum gleichen Ergebnis kommen auch Wild und Pikowsky (1996). So wird von Noack und Wild im besagten Artikel, wie auch von McCord (1986; 1990), festgehalten, dass die familiäre Sozialisation erst dann zu einer Belastung in der Entwicklung Heranwachsender werden könne, wenn ein autoritärer oder ein inkonsistenter Erziehungsstil vorherrsche. Dieses Ergebnis bedeutet, dass in Familien, in denen harte Strafen an der Tagesordnung sind und zugleich wenig Freiräume für Selbstständigkeit bestehen, die Jugendlichen gefährdet sind, gewalttätig zu werden. Interessanterweise ist aber gerade bei diesem Ergebnis zu vermerken, dass es nicht auf einer multifaktoriellen Analyse fusst, und zwar insofern, als es ausschliesslich den autoritären oder dann den inkonsistenten Erziehungsstil anspricht. Dabei wäre es sehr gut möglich und sinnvoll, diese beiden Faktoren zu erweitern und somit zu einem grösseren Ganzen, nämlich zum Konstrukt ‚Beziehungsqualität im familiären Kontext' zusammenzufassen. Diesen Weg werden wir über die Bildung latenter Variablen in den Strukturgleichungsmodellen einschlagen.

Noack und Wild konnten (Noack und Fingerle 1994; Noack et al. 1999; Wild und Noack 1999) belegen, dass die Konsequenzen konflikthafter Familienbeziehungen auf das Verhalten von männlichen Jugendlichen nicht in jedem Sozialisationsumfeld die gleichen sind. So hielten sie fest, dass bei westdeutschen Jugendlichen Auseinandersetzungen in der Familie mit einer grösseren Intoleranz der Eltern einhergehen, ein Ergebnis, das in den ostdeutschen Familien nicht in dieser Form zu beobachten war.

Mit diesem Ergebnis möchten wir die Aufmerksamkeit auf die Tatsache lenken, dass Familien nicht über einen Kamm zu scheren sind, da die Sozialisationskontexte sehr unterschiedlich sein können. Trotzdem können wir als allgemeines Ergebnis festhalten, dass restriktives elterliches Verhalten, etwa im Sinn Steinbergs (1994) die psychische wie auch die soziale Autonomie der Kinder einschränkt. Dieses hohe Ausmass an externer Verhaltenskontrolle geht mit einer höheren Gewaltbereitschaft einher. Andererseits wirken Erziehungspraktiken, die durch elterliches Engagement für die Heranwachsenden geprägt sind, der Neigung zu Gewalt entgegen. Hierzu kann man festhalten, dass autoritäre Erziehung einen weit stärkeren Effekt auf die Gewaltbereitschaft der Heranwachsenden hat als in umgekehrter Richtung das elterliche Engagement in der Erziehung. Mit anderen Worten: Autoritäre Erziehung wirkt weit stärker negativ als das Engagement in der Erziehung positiv wirkt (vgl. Rueter und Conger 1995; Noack et al. 1999).

Des Weiteren hat Rueter (1995) aufzeigen können, dass Familien mit einem primär unterstützenden Erziehungsstil ebenfalls davon ausgehen können, dass ihr Erziehungsstil sich dahingehend auswirkt, dass ihre Kinder in Problemlösungssituationen konfliktärmere Lösungen suchen und damit effektiv und relativ destruktionsfrei Interaktionsprobleme lösen. Der harsche und stark abweisende Interaktionsstil erklärte zwischen 13% bis 22% der Varianz des Problemlösungsverhaltens. Der unterstützende Erziehungsstil dagegen erklärte nie mehr als 9% dieser Varianz. Dies bedeutet, dass die Auswirkung des negativen Modells weit stärker ist, als diejenige des positiven. Dieses Ergebnis darf nicht als ein methodischer Artefakt bezeichnet werden, sondern hat seinen Ursprung im weit stärkeren Effekt des abweisenden Erziehungsstils (vgl. Rueter et al. 1995, S. 111).

Empirisch stellt sich zugleich auch die Frage, wie stabil die Einstellungen zur Gewalt sind: Aus der Studie von Wild und Noack aus dem Jahr 1999 mit dem Titel „Stabilität und Wandel in den Einstellungen von Jugendlichen und Eltern zur Gewalt" geht hervor, dass die individuelle Gewaltbereitschaft durchaus als ein dispositionelles Personenmerkmal gesehen werden kann. Konkret bedeutet dies, dass Personen sich anhand dieses Merkmals dauerhaft von anderen unterscheiden lassen. Es bestehen damit hohe Stabilitätskoeffizienten, und diese können sowohl bei Jugendlichen wie auch bei Eltern beobachtet werden.

Die Epidemiologie der Gewalt in der Bevölkerung und insbesondere bei den Heranwachsenden wurde im Rahmen der Ontario Child Health Study von Offord (1991) und seinem Forschungsteam untersucht. Die Prävalenz gewalttätigen Verhaltens musste hierbei nach verschiedenen Gruppen geordnet werden. So zeigten vier- bis elfjährige Jungen eine Prävalenz von 6.5% und vier- bis elfjährige Mädchen eine Prävalenz von 1.8%, zwölf- bis sechzehnjährige Jungen dagegen eine Prävalenz von 10.4% und die entsprechende Mädchengruppe 4.1%. Dabei ist hervorzuheben, dass es recht grosse Unterschiede nach Stadt und Land gegeben hat. Diese wurden mit zunehmendem Alter der Kinder geringer. Auch Offord und sein Forschungsteam konnten (1991) festhalten, dass das Familienleben die Entwicklung gewalttätigen Verhaltens von Heranwachsenden stark beeinflusst. Ein wichtiger Indikator ist der Faktor ‚Unterstützung im Familienkontext'. In der besagten Studie ging man von der Annahme aus, dass gewalttätiges Verhalten im Kindesalter sich dann auch stark in der Adoleszenz zeigen würde.

Diesem Thema haben sich Serbin und sein Forschungsteam (1991) im Rahmen des „Concordia longitudinal risk project", welches 1976 begann angenommen. Auch dieses Forschungsteam konnte verifizieren, dass gewalttätiges Verhalten im Kindesalter nicht nur stark verbunden ist mit späterem gewalttätigem Verhalten in der Adoleszenz, sondern auch mit einer grösseren Anzahl weiterer psychosozialer Probleme. So hielten sie fest, dass die aggressiven Kinder die meisten psychiatrischen wie auch nicht-psychiatrischen Probleme hatten. Dies bedeutet, dass ihre Gesundheit sowohl in einem engeren körperlich-medizinischen Sinne wie auch in einem erweiterten psychosozialen Sinne stark belastet war. Zugleich zeigte die Studie, dass die aggressiven Kinder und späteren Jugendlichen häufiger als die Vergleichsgruppe Eltern hatten, deren Ehe von grossen Schwierigkeiten geprägt war. Das heisst, dass emotionale Störungen im Eheleben der Eltern in einen starken Zusammenhang mit dem emotionalen Leben der Heranwachsenden gebracht werden konnten.

Gewalttätiges Verhalten männlicher Jugendlicher und familiärer Erziehungsstil

Das theoretische Konstrukt Erziehungsstil

Wenn wir von der Tatsache ausgehen, dass es signifikante Verbindungen zwischen den verschiedenen Lebensfeldern der Heranwachsenden gibt (vgl. Rudolph, Hammen und Burge 1995; Rudolph und Hammen 1999), so wird fast jede soziale Information, sei dies im Gleichaltrigenkontakt oder in der Schule, innerpsychisch mit den anfänglichen Erfahrungen aus dem Familienkontext in Beziehung gesetzt, was Wahrnehmen, Erleben und Verhalten massgeblich beeinflusst.

Wenn im Rahmen unserer Untersuchung mehrfach auf die Familie der Heranwachsenden Bezug genommen wird, so interessiert uns hierbei primär nicht die Familie im organisatorischen Sinn, sondern die im Rahmen der Familie erfolgten Interaktionen, die erziehungswirksam sind. Damit sprechen wir auch das Konstrukt ‚Erziehungsstil' an. Der Begriff des Erziehungsstils wurde insbesondere in den sechziger und siebziger Jahren intensiv erforscht und diskutiert (vgl. Baumrind und Black 1967; Tausch und Tausch 1977).

Im Rahmen unserer Untersuchung werden wir keine Review der Diskussion um den Erziehungsstil vornehmen (siehe hierzu Maccoby und Martin 1983), sondern möchten uns auf ein modernes und aktuelles Erziehungsstil-Messinstrument festlegen, auf dasjenige von Krohne und Pulsack aus dem Jahr 1996. Nach den beiden Autoren handelt es sich um einen aus Erziehungseinstellungen, Erziehungsverhalten und Erziehungspraxis zusammengesetzten Begriff. Unter Erziehungseinstellungen werden, in Anlehnung an Hermann (1987) diejenigen Grundsätze der Erziehung verstanden, denen der Erzieher zustimmt, beziehungsweise die er ablehnt, so zum Beispiel die Ablehnung körperlicher Bestrafung oder die Bejahung autoritärer Erziehung. Erziehungsverhalten dagegen bezieht sich auf beobachtbare, kindbezogene Reaktionen, so zum Beispiel auf das physische Bestrafen des Kindes. Erziehungspraxis wird definiert als die Tendenz der Erziehenden, in ähnlichen Situationen mit ähnlichen erzieherischen Massnahmen zu reagieren. Erziehungsstile sind theoretische Konstrukte, mit Hilfe derer interindividuell variable, aber intraindividuell vergleichsweise stabile Tendenzen von Eltern im Umgang mit Heranwachsenden ermittelt werden. Erziehungsstil bedeutet, dass Eltern in erziehungsthematischen Situationen mit spezifischen, kindbezogenen Verhaltensweisen reagieren, die hinsichtlich ihrer Wiederholungsmuster, ihrer Wiederholungsqualität wie auch der Häufigkeit ihres Einsatzes spezifiziert werden können.

Gerade das quantitative Moment des Erziehungsstils, die Häufigkeit, mit der ein bestimmtes elterliches Verhalten gezeigt wird, ist laut Krohne und Pulsack eine wichtig Eigenschaft von Erziehungsstilen. Weitere formale Variablen des Erziehungsstils sind die Intensität und die Konsistenz. Intensität bezieht sich hier auf die Stärke, mit welcher Erziehungsmassnahmen durchgeführt werden. Unter Konsistenz dagegen wird das Ausmass verstanden, in dem eine Erziehungsmassnahme aus der Kenntnis bestimmter situativer Umstände heraus vorausgesagt werden kann. Krohne und Pulsack betonen, und dies ist auch für uns wichtig, dass das Erziehungsgeschehen nicht rein formal analysiert werden darf, sondern auch inhaltliche Dimensionen angesprochen werden müssen. Das von Krohne und Pulsack entwickelte Erziehungsstil-Inventar (ESI), das wir in einer abgeänderten Form auch im Rahmen unserer Untersuchungen zum Einsatz gebracht haben, ermittelt den elterlichen Erziehungsstil. In der Originalversion wird die vom Kind oder von den Eltern wahrgenommene elterliche Erziehung zu den sechs Erziehungsstildimensionen Unterstützung, Einschränkung, Lob, Tadel, Strafintensität und Inkonsistenz erfasst.

In diesem Testverfahren geht es darum, das so genannte ‚Zwei-Prozess-Modell‘ elterlicher Erziehungswirkung zu überprüfen. Bei diesem ‚Zwei-Prozess-Modell‘, das eine Erziehungsstil-Theorie darstellt, wird versucht, die Entwicklung von bestimmten Persönlichkeitsmerkmalen des Kindes über spezifische Massnahmen elterlicher Erziehung zu erklären. Hierbei fokussiert das Modell insbesondere die Interaktionen, die das Kind im Rahmen von Erziehungserfahrungen mit seinen Eltern macht. Im Rahmen dieser Interaktionen entwickeln sich beim Kind bestimmte kognitive Strukturen als Konsequenz seiner sozialen Erfahrungen mit den Eltern. Zu den kognitiven Strukturen im Rahmen dieser Interaktionen gehört zum einen die Bewältigungskompetenz und zum anderen Konsequenzerwartungen, die durch die individuellen sozialen Erfahrungen beeinflusst werden. Das sind Erwartungen, welche die Heranwachsenden hinsichtlich der sehr wahrscheinlichen Folgen von Ereignissen haben. Schliesslich geht es auch um die Kompetenzerwartungen. Damit ist die Selbsteinschätzung der Heranwachsenden gemeint, in einer problematischen Situation ein bestimmtes Verhalten erfolgreich äussern zu können.

Persönlichkeitseigenschaften wie wir sie auch im Rahmen unserer Fragebogenuntersuchungen getestet haben (zum Beispiel Ängstlichkeit und damit zusammenhangend bestimmte Strategien der Angstbewältigung) werden diesem Modell zufolge als Kombination spezifischer Ausprägungen dieser drei Dispositionen definiert. Auch hier haben wir somit einen multifaktoriellen Effekt im Ansatz der Erklärung. So nehmen wir beispielsweise an, dass gewalttätige männliche Jugendliche mit höheren Prüfungsangstwerten durch die stark ausgeprägte Erwartung negativer Ereignis- und Verhaltenskonsequenzen auch bezüglich ihrer Zukunft pessimistischer als gewaltfreie Jungen gestimmt sind. Einher geht auch die negativ geprägte Kompetenzerwartung, nämlich die Selbsteinschätzung, dass sie ihre Emotionen kaum werden kontrollieren können. Drittens sollten, so unsere Erwartungen, die gewalttätigen Jungen ebenfalls durch ihre spezifische Bewältigungskompetenz charakterisiert werden können, die ein eher armes Verhaltensrepertoire zulässt, um in Konfliktsituationen ein optimales und damit auch prosozial wirkendes Verhalten zu zeigen. Wir gehen deswegen davon aus, dass männliche Jugendliche, die in ihrem Schulalltag in der Rolle als Täter oder als Opfer erkannt werden können, sich mit noch zu bestimmenden Kombinationen von Dispositionen ihres familiären Umfelds, z.B. strafend-inkonsistenter Erziehungsstil und niedrige familiäre Unterstützung, konfrontiert sehen. Die speziellen Ausprägungen von Konsequenz- wie auch Kompetenzerfahrungen bei den Heranwachsenden können, so unsere theoriegeleitete Annahme, aus bestimmten Mustern der Dimensionen elterlicher Erziehungsstile und zugleich auch der Wahrnehmung dieser elterlichen Erziehungsstile vorhergesagt werden.

Wie Parsons (1955) erwähnte, kann die Familie, etwas handwerklich formuliert, als ‚Werkstatt für Persönlichkeit' bezeichnet werden. In ihr werden nach Parsons wesentliche Grundlagen der Persönlichkeit gelegt, insbesondere wie Heranwachsende bestimmte Situationen einschätzen und auch in welchem Ausmass sie sich zu ihrer Bewältigung fähig fühlen und demnach wie sie diese Situationen auch bewältigen lernen. Kenntnisse über familiäre Interaktionen zum Erziehungsverhalten und deren mögliche Steuerung über pädagogisch-therapeutische Interventionsprogramme, beziehungsweise der Planung komplementärer Erziehungsmassnahmen in der Schule, erweisen sich darum als eine viel versprechende Strategie.

Elterlicher Erziehungsstil zwischen Disziplin, Inkonsistenz und Unterstützung

In der Literatur werden die Familie und die Schule als die beiden prägenden Sozialisationsinstanzen für die Entstehung wie auch für die Aufrechterhaltung aggressiven Verhaltens von Kindern beschrieben. Im Rahmen unserer Arbeit steht auch das Zusammenspiel dieser beiden Interaktionskontexte im Mittelpunkt der Aufmerksamkeit. Patterson (Patterson et al. 1989; Patterson et al. 1990; Patterson et al. 1992) wie auch Petermann und Petermann (1997) halten fest, dass eine frühe Entstehung aggressiven Verhaltens bei Heranwachsenden stark auch mit problematischen familiären Bedingungen zusammenhängt. Nach Ratzke und Cierpka (1999, S. 26) sind, neben der Paarbeziehung der Eltern, das elterliche Erziehungsverhalten und die Familienbeziehungen die beiden wesentlichen innerfamiliären Sozialisationsdeterminanten für die Entwicklung gewalttätigen Verhaltens bei männlichen Jugendlichen.

Beim elterlichen Erziehungsverhalten geht es insbesondere um die Aspekte der Disziplin, der Beaufsichtigung beziehungsweise der Alltagsbegleitung der Heranwachsenden, der familiären Problemlösungsstrategien, des elterlichen Interesses und der positiven Rückmeldungen. Unter den Aspekt Disziplin fallen Fragen nach der Eindeutigkeit von Regeln in der betreffenden Familie, nach der Transparenz dieser Regeln für die Familienmitglieder und nach den Konsequenzen bei

Regelübertretungen. Beim Indikator ‚kontrollierender Erziehungsstil' steht die Kontrolle des kindlichen Verhaltens durch die Eltern im Mittelpunkt (vgl. Fend und Prester 1986; Fend 1998). Er misst insbesondere autoritäre Umgangsformen und damit ein stark elternzentriertes Muster von Eltern-Kind-Beziehungen. Der elterliche Machtanspruch zeigt sich in diesem Indikator darin, dass Eltern wenig bis keinen Widerspruch dulden, dass sie vieles vorschreiben und damit den Verhaltensspielraum des Kindes stark einschränken. Der Indikator ‚kontrollierender Erziehungsstil' enthält sowohl psychologische wie auch verhaltensmässige Sanktionsformen.

Die Neigung zu aggressivem Verhalten bei Heranwachsenden scheint aber nicht einzig durch eine rigide Form der elterlichen Handhabung von Disziplin gefördert zu werden, sondern auch durch inkonsistentes Verhalten in Disziplinfragen. Mit anderen Worten: Sowohl inkonsistentes als auch rigides Regeln-Setzen kann die Entwicklung aggressiver Neigungen bei männlichen Jugendlichen fördern. Kinder von Eltern mit einem inkonsistenten Erziehungsstil erleben ihre Eltern als unberechenbar und fühlen sich in vielen familiären Interaktionssituationen ihren Eltern hilflos ausgesetzt, da sie auf Grund der Unvorhersehbarkeit der elterlichen Reaktionen eine nur sehr geringe Kontrolle über diese Situationen erfahren können (vgl. Krohne 1996). Damit entgeht den Kindern die Lernmöglichkeit, Grenzen zu akzeptieren und Konflikte austragen zu können. Mit dem inkonsistenten Erziehungsstil wird eine besondere Dimension, nämlich die Instabilität des elterlichen Erziehungsverhaltens, aufgenommen. Die von den Jugendlichen wahrgenommene Instabilität des elterlichen Erziehungsverhaltens führt zu einem Mangel an Systemtransparenz der Familie. Gemessen wird ein wahrgenommener Mangel an Vorhersagbarkeit des Elternverhaltens in verschiedenen Situationen. Dieser wahrgenommene Mangel kann dann bei den Jugendlichen zu Hilflosigkeit, Resignation wie auch Kontrollverlust in familiären Interaktionen führen.

Die Untersuchung von familiären Erziehungsstilen hat als primäres Ziel die Entwicklung von Prädiktoren, welche über die Interaktion der Familienmitglieder Indikatoren zur Verfügung stellt, die problematisches Verhalten von Heranwachsenden am besten vorhersagen. Damit geht die Vorstellung einher, dass in Familien von aggressiven Jugendlichen weniger problemfokussiert interagiert wird, weil ihre Interaktionskompetenzen sehr arm sind und damit nicht spezifisch auf die konkrete Problemsituation eingegangen werden kann. Es wird vielmehr mit pauschalen Mitteln, so zum Beispiel mit negativ gefärbten Äusserungen oder durch aggressives Verhalten versucht, schwierige Interaktionen zu steuern. Zugleich geht man auch davon aus, dass über dieses unzureichende Problemlösungsverhalten auch sehr schwach die Fähigkeit entwickelt wird, auf Argumente anderer Personen zu hören, um daraus auch andere Perspektiven einschätzen zu lernen und sich teilweise auch zu Eigen machen können. Zusammenfassend können wir die Annahme festhalten, dass die Kompetenz zur Lösung von Interaktionsproblemen von aggressiven Jugendlichen gering ist (Rueter 1995).

Rueter geht auch davon aus, dass der für eine Person charakteristische allgemeine Interaktionsstil indikativ ist für ihr Verhalten in Problemlösungssituationen (vgl. Rueter et al. 1995, S. 99). In einer Längsschnittuntersuchung – es handelt sich um eine Beobachtungsstudie – vermag sie stimmig zu zeigen, dass der problematische Interaktionsstil, der darüber operationalisiert wird, dass auf der emotionalen Ebene viele negative Rückmeldungen erfolgen oder dass ein primär harscher Umgangston vorherrscht, sich nach einem Jahr dahingehend auf das Verhalten der Jugendlichen ausgewirkt hat, dass sowohl Mädchen als auch Jungen aus der betreffenden Gruppe in Problemlösungssituationen weit häufiger als andere Heranwachsende destruktiv agieren. Je konflikthafter die Beziehungen zwischen Eltern und Kindern zum Zeitpunkt t1 sind, desto problematischer ist das Problemlösungsverhalten der Jugendlichen zum Zeitpunkt t2, so die These und die Ergebnisse Rueters.

Auch Salzingers Ergebnisse (1993) weisen in die gleiche Richtung. Kinder, die im Familienkontext häufig und teilweise massiv geschlagen werden, sind aggressiver und zugleich auch weniger kooperativ gegenüber ihren Lehrpersonen wie auch gegenüber Gleichaltrigen. Das Fehlen von Lernmöglichkeiten sozialer Reziprozität und damit auch von Empathie schlägt sich nach Salzinger sehr stark in einer negativ gefärbten Persönlichkeitsentwicklung nieder. Wenn die Kinder seit dem frühen Kindesalter häufig geschlagen werden, kann man, so Salzinger, von einer grösseren Gefährdung ausgehen. Dieser Zusammenhang wird genährt durch die Annahme, dass Entwicklung auch – aber nicht nur – hierarchisch strukturiert ist, dass also spätere Effekte der Persönlichkeit auf früheren Entwicklungen basieren. Mit anderen Worten: Je früher eine massive Störung eintrat, desto geringer sind im Jugendalter die personalen Möglichkeiten vorhanden, die überaus wichtigen anstehenden Entwicklungsaufgaben (vgl. Dreher und Dreher 1985) optimal zu lösen. Laut Salzinger (1993) ist der negative Effekt auf Kinder aus Familien, die ihre Kinder teilweise massiv aggressiv strafen, weit stärker und ausgeprägter als der entsprechende positive Effekt bei Kindern, deren Eltern einen unterstützenden Erziehungsstil pflegen. Interessant ist die Studie von Salzinger auch in methodischer Hinsicht: Es wurde der Versuch unternommen, verschiedene soziodemographische Effekte, sozioökonomische Unterschiede und die soziale Integration der Kinder in der jeweiligen Nachbarschaft auszugleichen. Salzinger konnte zudem auch zeigen, dass nicht nur Kinder Opfer von Familiengewalt sind. In Hausgemeinschaften, in denen Kinder stark körperlich bestraft werden, wird auch weit häufiger versucht, Partnerschaftsprobleme auf gewaltsame Art zu lösen, wobei es überwiegend die Väter waren, die physische Gewalt ausgeübt haben.

Der unterstützende Erziehungsstil und das familiäre Involvement dagegen fokussieren die positive Aufmerksamkeit der Eltern. Beim Indikator ‚familiäres Involvement', in Anlehnung an Heitmeyer (1995) entwickelt, wird das Interesse der Familienmitglieder für einander, eine besondere Qualität des familiären Interaktionsstils, ins Zentrum gestellt. Die Wahrnehmung der Sicherheit, dass die Familienmitglieder für einander da sind und dass eine tragfähige Beziehung zwischen den Eltern und den Jugendlichen aufgebaut werden kann, bildet den Kern des Indikators. Die Familie wird damit als wichtige soziale Ressource der Jugendlichen thematisiert. Diese Ressource konkretisiert sich einerseits im Interesse der einzelnen Familienmitglieder an einander und kommt andererseits als Beziehungsstruktur, auf die bei Vorliegen von Problemen zurückgegriffen werden kann, zum Tragen. Beim unterstützenden Erziehungsstil wird die positive Aufmerksamkeit der Eltern fokussiert (vgl. Krohne 1996). Mit Hilfe der unterstützenden Strategien der Eltern lernt das Kind, Probleme zu erkennen, und entwickelt zugleich eine grössere Bereitschaft, nach sozialverträglichen Lösungen zu suchen. Der unterstützende Erziehungsstil entwickelt sich aus der Erkenntnis, dass ein hoch wertschätzender und zugleich niedrig bis mittelstark lenkender Erziehungsstil einer positiven emotionalen Beziehung zwischen Eltern und Kindern förderlich ist. Hinzu kommt, dass Kinder, die in einem solchen Erziehungsklima aufwachsen, sich eher zu empathiefähigen, kooperativen wie auch selbstständigen Individuen entwickeln können als Kinder, die von ihren Eltern primär Ablehnung oder wenig Interesse erfahren. Die unterstützen Kinder können davon ausgehen, dass sie ernst genommen als kompetent erachtet werden, eine eigene Meinung zu vertreten, und sie fühlen sich so ernst genommen.

Auch in unserer Studie werden der unterstützende Erziehungsstil und die empathische Interaktion als zentrale Aspekte einer förderlichen Familienumwelt hervorgehoben. Mit Hilfe der unterstützenden Strategien der Eltern lernt das Kind, Probleme zu erkennen, und entwickelt zugleich eine grössere Bereitschaft, kommunikativ nach sozial verträglichen Lösungen zu suchen. Wenn aber im umgekehrten Fall auftretende Probleme nicht, beziehungsweise erst dann besprochen werden, wenn ein negativer Ausgang vorliegt und damit die negative Aufmerksamkeit wirksam wird, können Heranwachsende wichtige soziale Problemlösungskompetenzen weder lernen noch erproben, sondern greifen in schwierigen sozialen Situationen eher auf unterkomplexe, aggressive Verhaltensmuster zurück. Der unterstützende Erziehungsstil entwickelt sich aus der Erkenntnis, dass ein hoch wertschätzender und zugleich niedrig bis mittelstark lenkender Erziehungsstil einer positiven emotionalen Beziehung zwischen Eltern und Kindern sehr förderlich ist. Es konnte empirisch nachgewiesen werden, dass Kinder, die in einem solchen Erziehungsklima aufwachsen, sich zu empathiefähigen, kooperativen wie auch selbstständigen Individuen entwickeln. Kinder dagegen, die von ihren Eltern primär Ablehnung oder wenig Interesse beziehungsweise wenig Zuwendung bekommen, haben kaum die Möglichkeit zu erfahren, was es heisst, sich in andere Personen hineinzudenken und empathisch auf jemanden zuzugehen.

Des Weiteren hat Rueter (1995) nachweisen können, dass Kinder aus Familien mit einem primär unterstützenden Erziehungsstil in Problemlösungssituationen konfliktärmere Lösungen suchen und damit effizient und relativ destruktionsfrei Interaktionsprobleme lösen. Der harsche und stark abweisende Interaktionsstil erklärte zwischen 13% bis 22% der Varianz des Problemlösungsverhaltens. Der unterstützende Erziehungsstil dagegen erklärte nie mehr als 9% dieser Varianz. Dies bedeutet, analog den Ergebnissen Salzingers (1993), dass die Auswirkungen des negativen Modells weit stärker sind, als diejenigen des positiven – ein Effekt, der nicht primär als ein methodischer bezeichnet werden kann, sondern seinen Ursprung im abweisenden Erziehungsstil hat (vgl. Rueter et al. 1995, S. 111).

Diese Ergebnisse bedeuten jedoch keineswegs, dass Kinder ausschliesslich Opfer familiärer Gewalt sind. Kinder können Familieninteraktionen durchaus auch stark beeinflussen. So können so genannt schwierige Kinder, die unerfahrene beziehungsweise unsichere Eltern haben, dazu beitragen, dass jene Situationen sich häufen, in denen sich diese Eltern überfordert fühlen. Solche Eltern sind schneller irritiert, was möglicherweise eine gesteigerte Unruhe und eine Überaktivität des Kindes hervorrufen kann. Dies wiederum mag im Rahmen dieser Steigerungsspirale zu einer stärker ablehnenden Haltung der Eltern führen, die sich nun noch ohnmächtiger und hilfloser fühlen als früher. Solche Erfahrungen der Eltern stellen sicher eine besondere Belastung für die Beziehungsgestaltung zwischen Eltern und Kindern dar. Dass sich solche Situationen nicht nur in Eineltern-Familien zeigen, ist selbstverständlich. Die alltägliche Erziehungsverantwortung wird in der überwiegenden Mehrheit der Fälle von den Müttern übernommen. Das bedeutet also, dass, selbst wenn die Familien nach aussen hin vollständig sind, die Väter meist unerreichbar und – qualitativ gesehen – kaum ‚präsent' sind (vgl. Benard und Schlaffer 1991).

Eltern mit eher geringen Ressourcen ziehen sich deswegen nach einer längeren Frustrations- und Irritationszeit erschöpft aus Bereichen der Erziehungsverantwortung zurück. Solche Eltern reagieren zum Beispiel auf die erlebten Erziehungsstrapazen mit starken Abstossungstendenzen. Dies kann sich beispielsweise auch darin zeigen, dass sie ihre Kinder vernachlässigen beziehungsweise dass sie ihnen nicht die Aufmerksamkeit zukommen lassen, die sie benötigen würden. Daraus resultieren für das Kind Schwierigkeiten im sozialen Umgang, Schwierigkeiten mit Empathie, Schwierigkeiten mit der Impulskontrolle und im Umgang mit Ärger und Wut. Es handelt sich hier um Persönlichkeitsmerkmale, welche die Beziehungen der Heranwachsenden zu anderen Menschen stark beeinträchtigen können und zugleich die Handlungsspielräume in Interaktionen massiv reduzieren. Kindern, die solche problematischen Lernprozesse erlebt haben, fehlt die Möglichkeit, in schwierigen Situationen auf ein breites Verhaltensrepertoire zurückzugreifen. Sie tragen teilweise die innerfamiliären Schwierigkeiten in andere Bereiche hinein, indem sie bei der Lösung sozialer Konflikte mit aggressivem Verhalten antworten.

Die Aussage, dass die Schülerinnen und Schüler als Mitglieder der beiden sehr wichtigen Sozialisationssysteme ‚Familie' und ‚Schule' die Erfahrungen aus dem einen Bereich zwingend in den anderen hineintragen, muss sicherlich relativiert werden. Es ist einerseits sehr wohl möglich, dass Kinder die Spannung in einem der beiden Systeme besser bewältigen als im anderen, andererseits aber auch, dass sie in beiden Systemen eher deutlich negativ auffallen, so auch Sanders und Krannich (1999, S. 65). Beratung und Therapie von Familien zum Beispiel über ein Moderatorinnen- oder Moderatorentraining, über Elternseminare oder über die Therapie kann hierzu als erfolgreich bezeichnet werden (vgl. Krannich und Ratzke 1999; Krannich, Sanders und Vogelei 1999; Sanders et al. 1999; Sanders, Krannich und Ratzke 1999; Sanders und Ratzke 1999).

Im Rahmen des Forschungsparadigmas von Diana Baumrind (1967) haben auch Maccoby und Martin (1983) eine interessante Arbeit zur Auswirkung des Erziehungsverhaltens auf die Entwicklung von Heranwachsenden vorgelegt. Sie untersuchen den unterstützenden Erziehungsstil der Eltern als eine unabhängige Variable, die dann die abhängige Variable (die Persönlichkeitsentwicklung der Heranwachsenden) positiv beeinflusst. Auch Allen (1994) konnte nachweisen, dass Erziehungsziele, die Autonomie und eine hohe Unterstützung der Adoleszenten beinhalten, stark verbunden sind mit einer positiven Selbstwertentwicklung der Heranwachsenden. Herausfordernde und unterstützende Interaktionen zwischen Eltern und Adoleszenten waren ein starker Prädiktor für eine liberale und weltoffene moralische Entwicklung von Kindern. Die postulierte Selbstkontrolle, die über eine positive Beziehung zwischen Eltern und Kindern aufgebaut wird, wird auch von Feldmann (1994) stark gestützt. Demzufolge ist die Selbstkontrolle, sei dies auf Handlungsebene oder auf emotionaler Ebene, ein sehr starker Prädiktor für gewalttätiges Verhalten von männlichen Jugendlichen. Das Erziehungsverhalten der Eltern wirkt dabei nicht direkt auf das gewalttätige Verhalten von männlichen Jugendlichen, sondern indirekt über den Faktor Selbstkontrolle. Über die Kompetenz, die eigenen Emotionen, das Verhalten und die Einstellungen der anderen in eigene Gedankengänge einzubeziehen, wird eine hohe Akzeptanz von sozialen Werten erreicht, was dazu führt, dass nicht primär Gewalt zur Lösung sozialer Probleme eingesetzt wird. Deswegen ist es auch aus theoretischen Gründen relevant, diese mediierenden Prozesse der Emotionskontrolle und des Selbstkonzepts allgemein auf die Gewalterfahrungen auch in empirischen Studien zu überprüfen und nicht primär nach direkten Wirkungspfaden zwischen Erziehungsstil und Gewalterfahrungen Ausschau zu halten (vergleiche dazu die Ergebnisse aus den gerechneten Strukturgleichungsmodellen).

In diese Tradition stellten sich auch Steinberg und sein Team (1994). Sie haben im Rahmen einer Kurz-Längsschnittstudie – so genannt, weil der Zeitpunkt t1 vom Zeitpunkt t2 nur ein Jahr auseinander lag – versucht herauszufinden, wie sich Kinder aus unterstützenden, autoritären, Laissez-faire- oder ablehnenden Familienverhältnissen entwickeln. Sie haben sowohl festzustellen versucht, worin zum jeweiligen Zeitpunkt die Unterschiede zwischen den Kindern bestehen, aber auch wie sich diese Kinder von Zeitpunkt t1 zu Zeitpunkt t2 entwickelt haben. Die Ergebnisse zum Zeitpunkt t1 haben Steinberg et al. (1992) festgehalten. Sie betonen, dass die Kinder aus den Familien mit unterstützendem Erziehungsstil sich durch eine hohe Schulorientierung, eine niedrige Delinquenzrate und einen hohen Selbstwert positiv auszeichnen. Am anderen Ende des Kontinuums, und damit deutlich auf der negativen Entwicklungsseite, findet man diejenigen Kinder, die einen stark ablehnenden Erziehungsstil im Familienkontext erleben.

Wie haben sich nun diese Kinder, insbesondere die beiden Extremgruppen nach einem Jahr entwickelt? Die Kinder aus den unterstützenden Familien haben ihren Vorteil weit ausgebaut. Die Kinder aus den Familien mit dem ablehnenden Erziehungsstil sind weiter abgefallen. Dies lässt sich insbesondere in der stark ansteigenden Delinquenzrate der ‚abgelehnten' Kinder, den stark ansteigenden psychosomatischen Symptomen und der stark abfallenden Schulorientierung der gleichen Kinder ablesen. Die Kinder aus den unterstützenden Familien dagegen haben stark abfallende psychosomatische Belastungssymptome, weiterhin eine starke – die höchste – Schulorientierung und eine Delinquenzrate, die leicht abfallend ist und dies weiterhin auf dem niedrigsten Niveau von allen genannten Erziehungsstilen.

Erziehungsstil als Konstrukt im Erziehungsalltag

Nach der Studie von Steinberg (1994) haben Kinder aus Familien mit einem unterstützenden Erziehungsstil die niedrigste Delinquenzquote, gefolgt von den Kindern aus den Familien mit dem autoritären Erziehungsstil und dann an dritter Stelle die Kinder aus den Familien mit einem Laisser-faire-Erziehungsstil. Die höchste Delinquenzquote haben die ‚abgelehnten' Heranwachsenden. Steinberg und sein Forschungsteam halten dazu Folgendes fest: „ … parental authoritativeness – the combination of responsiveness and demandingness – carries many benefits and few disadvantages for adolescents from different walks of life" (S. 769). Die Ergebnisse dieser aufschlussreichen Studie des Teams von Steinberg werden einzig dadurch geschmälert, dass über die spezifische Kategorisierung der Erziehungsstile in die vier Richtungen nur rund ein Drittel aller teilnehmenden Eltern stimmig eingeteilt werden konnte. Von den rund 6900 teilnehmenden Eltern konnten nur deren 2353 in das Raster der vier Erziehungsstile eingeteilt werden. Die übrigen konnten nicht deutlich einer Kategorie zugewiesen werden und wurden demzufolge aus der Endstichprobe herausgenommen. Dies entspricht übrigens dem Vorgehen von Maccoby und Martin (1983). Dazu ist zu sagen, dass die AutorInnen sehr wohl versucht haben herauszufinden, ob die weit kleinere Untersuchungsstichprobe sich über soziodemographische Merkmale in relevanter Form unterscheide von der Gesamtstichprobe, was sie deutlich verneinen konnten. Trotzdem bleibt zu bedenken, dass rund zwei Drittel aller Erziehungsstile in den Familien so nicht stimmig kategorisiert werden konnten.

Die Schwierigkeit, einen grossen Teil der Eltern nicht einer Kategorie zuordnen zu können, mag auch dahingehend interpretiert werden, dass dies primär ein methodisches Problem darstellt, das es möglich effizient zu lösen gilt, indem man z.B. die Gesamtstichprobe nach dem Vorgehen von Steinberg (1994) reduziert, um klare Abgrenzungskriterien zwischen den einzelnen Erziehungsstilen zu erreichen. Wir können die Schwierigkeit aber auch als empirischen Ausgangspunkt für die theoretische Überlegung wählen, ob Erziehungspraktiken nicht doch aus komplexeren Mustern von Erziehungshandlungen der Eltern bestehen können, also aus Erziehungsstilen, die teilweise auch sich widersprechende Elemente enthalten. Demnach ist es angezeigt, so unsere Konklusion, nicht nur einzelne Erziehungsstilbereiche wie elterliche Unterstützung oder Beaufsichtigung zu erheben, sondern die Bereiche zu einem grösseren Ganzen, zu einem Konstrukt zusammenzufassen (vergleiche hierzu die in die Strukturgleichungsmodelle eingeführten latenten Variablen zur familiären Sozialisation).

Reuband diskutiert in einer empirischen Arbeit von 1997 solche ‚Konglomerate' von Erziehungspraktiken und zwar im Vergleich zwischen den alten und den neuen Bundesländern. Reuband (1997) geht zuerst von dem allgemein geteilten Vorurteil aus, dass Gehorsam und Unterordnung ein primäres und damit stark strukturierendes Prinzip der Erziehungsstile aus den neuen Bundesländern waren und immer noch sind, dass dagegen Selbstständigkeit und freier Wille eher den strukturierenden Prinzipien des Erziehungsstils der alten Bundesländer angehöre. Reuband unterscheidet drei Erziehungsstile: 1. Selbstständigkeit und freier Wille; 2. Ordnungsliebe und Fleiss; 3. Gehorsam und Unterordnung. Er konnte festhalten, dass es einen Unterschied zwischen den neuen und den alten Bundesländern einzig in Bezug auf die Nennung von Ordnungsliebe und Fleiss als zentralem Erziehungswert gab. In den neuen Bundesländern wird dieser Wert weit häufiger als erstrebenswertes Erziehungsziel genannt. Dies bedeutet aber auch, dass in Bezug auf Selbstständigkeit und freien Willen wie auch in Bezug auf Gehorsam und Unterordnung zwischen alten und neuen Bundesländern kein Unterschied existiert. Die Sozialisationspraktiken im Familienkontext in den alten unterschieden sich, so Reuband (Reuband 1997, S. 149), nicht nennenswert von jenen in den neuen Bundesländern, weder in der Häufigkeit des Vorkommens noch – und das ist bemerkenswert – in Bezug auf den Trend. Für alle Bundesländern konnte der gleiche festgestellt werden: Der Rückgang in dem Wert ‚Gehorsam und Unterordnung' verläuft eindeutig zu Gunsten des Wertes ‚Selbstständigkeit', dies kontinuierlich seit den späten sechziger Jahren. Auch konnte Reuband auf Grund von Sekundäranalysen nachweisen, dass das Erziehungsziel Selbstständigkeit und freier Wille keineswegs der Gegenpol von Ordnungsliebe und Fleiss ist. Inhaltlich gesehen bedeutet dies, dass Eltern sowohl Selbstständigkeit als auch Ordnungsliebe und Fleiss als nicht miteinander in Konflikt stehende erstrebenswerte Erziehungsziele nennen und sie deswegen parallel vertreten können. Wenn somit – wie häufig postuliert wird – die Erziehungsziele, und davon abgeleitet auch die Erziehungsstile, die Grundlage des individuellen Handelns in einer Gesellschaft darstellen und somit auch potenzielle Folgen auf der Mikro- wie auch auf der Makro-Ebene zeitigen – einschliesslich auf die politische Kultur –, dann müsste man auf Grund von Erziehungszielen auch auf den Wunsch der Gesellschaft schliessen, ihren Bürgerinnen und Bürgern Eigenständigkeit und Individualität zuzugestehen, die es erlauben, selbstständig mit neuen, ungewohnten Situationen umzugehen und damit eine hohe Bewältigungskompetenz zu entwickeln. Der Wert der Individualität wird demnach, nicht wie irrtümlich angenommen, losgekoppelt vom Wert der Ordnungsliebe und des Gehorsams vertreten. Der Gegenpol dazu wäre: Wo in der Erziehung primär Gehorsam und Unterordnung gefordert werden, wird primär eine Entwicklung der Heranwachsenden zu Unselbstständigkeit gefördert, welche deren Handlungsmöglichkeiten einschränkt und damit auch autoritäre Grunddispositionen schafft, die womöglich, so Reuband (1997, S. 129), gar eine Anfälligkeit für totalitäre Systeme begünstigen. Wenn man sich nun auf Grund dieser Gedanken die empirischen Ergebnisse vor Augen führt, so wird klar, dass die Erziehungsziele in den neuen Bundesländern, die noch aus der politischen Kultur der DDR stammen, den Erziehungsstilen der Familien aus der „liberalen" Bundesrepublik erstaunlich ähnlich sind. Daraus liesse sich wiederum folgern, dass die in der DDR oder in der Bundesrepublik damals herrschende politische Kultur gar nicht so verschieden waren, wie man auf Grund der Oberflächenstruktur hätte annehmen können, oder, dass die Familien sich von der politischen Kultur teilweise abgekoppelt haben und auf Grund von internationalen Modernisierungswellen bestimmte Erziehungsstile vorziehen, die von der nationalen politischen Kultur durchaus abweichen können.

Die mediierende Wirkung der informellen sozialen Kontrolle auf die Gewaltentwicklung männlicher Jugendlicher

Nach Sampson und Laub (1994) müsste für die valide Erklärung von Delinquenz nicht einzig auf den strukturellen Hintergrund der Familien, so zum Beispiel Armut, oder wie im Fall Reubands (1997) auf die ‚neuen' bzw. ‚alten' Bundesländer, zurückgegriffen werden, sondern es müssten auch die mediierenden familiären Prozesse, und hier insbesondere die informelle soziale Kontrolle der Familie wie auch der Nachbarschaft auf die männlichen Jugendlichen, einbezogen werden (1986; 1989; 1991). Das Modell von Patterson (1984; 1989), das unter sozialer Kontrolle primär die Disziplin und die Begleitung der Heranwachsenden thematisierte, wird von Sampson und Laub über Hirschis These (1969) erweitert, die auch den Beziehungsaspekt zwischen Eltern und Kindern thematisiert. Demnach werden drei Dimensionen des Erziehungsverhaltens nach Sampson und Laub zentral, nämlich Disziplin, Supervision und Beziehung. Sampson und Laub (1994) stützen die These, wonach die sozialen Strukturen wie etwa Armut, Zugehörigkeit zu einer Minderheit oder Grösse der Familie erst über die informelle soziale Kontrolle der Familienprozesse vermittelt auf die Persönlichkeitsentwicklung und das gewalttätige Verhalten der männlichen Heranwachsenden wirken. Sampson und Laub erweitern dabei den Terminus ‚informelle soziale Kontrolle', indem sie ihn in drei Teilbereiche aufteilen, nämlich die Beziehung zwischen Kindern und Eltern, die elterliche Supervision (Begleitung) der Kinder und den Erziehungsstil, der sich aus den Kategorien ‚Inkonsistenz' beziehungsweise ‚Disziplinierungsmassnahmen' aufbaut.

Der neu hinzukommende Indikator ‚elterliche Beaufsichtigung' (Supervision) thematisiert das Begleiten der Kinder durch die Eltern in den Bereichen Freizeit und Schule. Hierbei geht es darum festzustellen, wie stark die Eltern ein Interesse zeigen zu erfahren, was die Kinder in ihrer Freizeit tun und mit wem sie die Freizeit verbringen. Dadurch bringen sie zum Ausdruck, dass es ihnen wichtig ist, nicht primär in kontrollierender, sondern vorwiegend in begleitender Form den Freizeitbereich der Kinder teilweise mitzusteuern. Bezogen auf den zweiten Themenbereich dieses Indikators, nämlich den schulischen, geht es darum festzustellen, inwiefern die Eltern wissen, ob die Kinder respektive Jugendlichen in einzelnen Schulfächern Schwierigkeiten oder ob sie mit anderen Jugendlichen in der Schule Probleme haben. Hohe Werte dieses Indikators würden demnach auf eine Familiensituation hindeuten, in der die Eltern aktiv am Leben der Jugendlichen teilnehmen und über diese Aktivität sowohl deutliches Interesse am Leben der Jugendlichen bekunden wie auch dieses Interesse zur Geltung kommen lassen, indem sie bei Vorliegen von Schwierigkeiten frühzeitig eingreifen können.

Sampson und Laub kommen über das Zusammenziehen dieser drei Bereiche der informellen sozialen Kontrolle in der Familie zum Schluss, dass Armut die geforderte informelle soziale Kontrolle so weit behindert, dass unter den entstehenden Prozessen Heranwachsende häufiger delinquent werden. Dabei legen sie starken Wert darauf zu betonen, dass im Rahmen des überprüften analytischen Modells die Armut nicht direkt auf die Delinquenz als unabhängige Variable wirke, sondern dass sie erst über die Mediatorenvariablen der informellen sozialen Kontrolle ihre Wirkung entfalte. Insbesondere in amerikanischen Studien, so zum Beispiel in Patterson et al. (Patterson, Capaldi und Bank 1991), oder in der bereits diskutierten von Sampson und Laub (1994), aber auch in einer deutschen (vgl. Funk 1995; Funk und Passenberger 1999), konnte festgehalten werden, dass Kinder, die von ihren Eltern schwach beaufsichtigt und begleitet werden, in der Schule signifikant häufiger in Gewaltvorkommnisse verwickelt sind.

Die bereits mehrfach angesprochene Annahme eines Konnex' von Qualität der familialen Interaktionen und gewalttätigem Handeln der männlichen Heranwachsenden wurde in der Untersuchung von Thomas (1998) untersucht. Es ging um die Überprüfung der Theorie der informellen sozialen Kontrolle von Sampson und Laub (1994), wonach defizitäre familiäre Interaktionen die Wahrscheinlichkeit sozialer Auffälligkeiten von Heranwachsenden deutlich erhöhen. Die Studie von Thomas hatte zum Ziel, die Reichweite der Theorie Sampsons und Laubs zu überprüfen. Thomas ging u.a. der Frage nach, ob leichte oder einmalige Auffälligkeiten im Kindes- und Jugendalter mit dieser Theorie erklärt werden können, aber auch, inwiefern dies für schwere und leichte Jugenddelinquenz der Fall sei. Er zeigte auf Grund logistischer Regressionen auf, dass die meisten untersuchten Probanden, die nur leichte Auffälligkeiten bis zum achtzehnten Lebensjahr zeigten, weder signifikant häufiger familiale und schulische Probleme noch Verbindung zu delinquenten Gleichaltrigengruppen hatten. Diese so genannte leichte Jugenddelinquenz, und zu dieser gehört, so unsere Erfahrungen, ein grosser Teil der in der Schule manifestierten Gewalt, ist nach Thomas Kriminalität beziehungsweise gewalttätiges Handeln bei sonstiger sozialer Unauffälligkeit. Dieses nach Thomas so genannte ‚Doppelleben' wurde bei männlichen Jugendlichen festgestellt, die während des Schulunterrichts oder in der Berufslehre eher angepasst und motiviert waren, aber entweder auf dem Schulhof oder in ihrer Freizeit durch gewalttätiges Handeln auffielen. Oft wird ein solches deviantes Verhalten als Ausdruck der Jugendkultur oder eines jugendlichen Habitus gedeutet. Fälschlicherweise greift man auch auf die mehrfach widerlegte Vorstellung der ‚Sturm- und Drang-Periode' des Jugendalters (vgl. zur Kritik dieser Vorstellung Fend 1990; Fend 2000) zurück. Dabei wird allzu schnell ignoriert, dass dieses ‚Doppelleben' insbesondere männliche Jugendliche zeigen; eine Vorstellung, welche die Frage nahe legt, ob die Lerneffekte aus der männlichen Sozialisation nicht auch Inhalte wie Gewalt- und Machtausübung enthalten. Diese ‚Normalität der männlichen Sozialisation' mag sich in solchen Ergebnissen spiegeln.

Zur schweren Jugenddelinquenz dagegen können wir mit Thomas (1998) festhalten, dass eine schwache emotionale Bindung zu den Eltern und gewalttätiger Erziehungsstil wie auch eine mangelnde Beaufsichtigung die Wahrscheinlichkeit sozial abweichenden Verhaltens steigert. Strukturelle Faktoren wie die Familiengrösse beziehungsweise die Berufstätigkeit der Eltern oder ökonomische Faktoren wirken nur dann kriminalitätsfördernd, so Thomas, die Theorie Sampsons und Laubs stützend, wenn sie die Interaktionsprozesse negativ beeinflussen.

Stark verbreitete und länger anhaltende Armut, so Huston (1994), könnte bei mangelnder informeller sozialer Kontrolle im familiären Kontext eine gesellschaftliche Zeitbombe darstellen. So halten Huston et al. fest, dass im Jahr 1991 21.8% aller Kinder in den USA in Familien mit einem Einkommen unterhalb der Armutsgrenze lebten. Vergleichsweise hierzu sind die entsprechenden Raten in Kanada mit 9% und in Schweden mit 2% weitaus niedriger. Armut war andererseits nicht gleichmässig auf alle Kinder der USA verteilt. 45.9% aller afroamerikanischer Kinder und 4.5% aller spanischstämmigen Kinder lebten mit ihren Familien in Armut. Dodge et al. (1994) beschreiben dies als die sozioökonomische Deprivation und sprechen den Sachverhalt an, dass Kinder aus Unterschichtsfamilien mit häufig auftretenden finanziellen Sorgen in einem Umfeld leben, das von harscher Disziplin, Gewalttaten im familiären Umfeld, geringer mütterlicher Unterstützung und Mangel an Wärme seitens der Eltern geprägt ist. Die strukturellen wie auch die prozessualen familiären Stressoren der betreffenden Heranwachsenden bewirken, so Dodge (1994, S. 662), dass sie weit häufiger als andere Kinder Aggression als eine zulässige Bewältigungsstrategie betrachten, um soziale Probleme zu lösen. Dadurch wird auch deutlich hervorgehoben, dass dort, wo Kompetenzen, ja auch Ressourcen fehlen, um soziale Probleme produktiver anzugehen, gewalttätiges Handeln häufiger zum Zug kommt.

In die gleiche Richtung geht auch die Untersuchung von Conger et al. (1994), eine Längsschnittstudie über drei Jahre, bei der sowohl Eltern wie auch die adoleszenten Heranwachsenden mittels Interviews und Fragebogen zu ihrer Entwicklung und der familiären Interaktion befragt worden sind. Conger stellte fest, dass in Familien mit einem sehr knappen finanziellen Budget der emotionale Stress der Eltern, der aus dieser problematischen finanziellen Situation entsteht, sich negativ auf die Persönlichkeitsentwicklung der Heranwachsenden auswirkt. Bei dieser wie auch bei den vorangehenden Untersuchungen steht das Modell Pattersons (1984) zum Thema ‚Coercive Family Processes' im Mittelpunkt. Diese spezielle Anwendung des Modells fokussiert die Irritationen in der familiären Interaktion auf Grund der äusserst knapp bemessenen materiellen Ressourcen. Die daraus entstehenden Irritationen bewirken einerseits ein negativeres Selbstbild der Eltern. Sie rufen bei den Eltern andererseits aber auch emotionale Belastungsfaktoren hervor wie Depressivität oder erhöhte Ängstlichkeit verbunden mit dem Versuch, diese sehr missliche soziale Situation über verstärkte Kontrolle in der Interaktion mit ihren Kindern aufzufangen. Diese Kontrolle zeigt sich einerseits im Versuch, den Partner, aber auch die Kinder, stärker über kontrollierende Verhaltensweisen zu steuern. Im Bereich des Erziehungsstils zeigen sich diese Prozesse in einem weit strengeren Erziehungsverhalten wie auch häufigerem Einsatz von Strafen. Betrachtet man nun aber auch die Persönlichkeitsentwicklung dieser Heranwachsendengruppe, so zeigen sich die Irritationen in der familiären Interaktion als höhere Depressivität und Ängstlichkeit, gepaart mit niedrigerer Selbstakzeptierung und erhöhten Ausmass an dissozialem Verhalten.

In diesem Kapitel haben wir mehrfach darauf hingewiesen, dass Ordnung und Konsequenz, in der Form von konsequentem erzieherischem Verhalten, als positive Ressource des Aufwachsens zu werten sind. Ordnung und Konsequenz sind aber, so unser Einwand, keine sinnvollen pädagogischen Kategorien per se. Darauf verweisen auch die Studien Sofskys (1996) zum Thema gesellschaftliche Ordnung, eine Ordnung, die ja auch sehr stark, wie schon öfters angesprochen, im innerfamiliären Kontext gelebt wird. Über den folgenden Exkurs möchten wir auf den schmalen Grat zwischen autoritärem und autoritativem Erziehungsstil aufmerksam machen. Oft ist es, so unsere Erfahrung, nur noch eine Nuance, die diesen Unterschied im Konkreten, also in der Interaktion mit den Heranwachsenden ausmacht.

Exkurs – Erziehungsstil, Selbstkontrolle und soziale Ordnung bei Jugendlichen

In der pädagogisch-psychologischen Literatur zum Thema ‚Gewalt in der Schule' wird die Kontrolle und die ordnende Hand der Moral oder der Sozialisation über die eigenen Gefühle und Handlungen für wichtig gehalten. Oft wird übersehen, dass Ordnung im Rahmen einer Sozietät nicht nur ein positiver Aspekt ist, sondern durchaus auch negative Nachwirkungen nach sich ziehen kann. Der Soziologe Wolfgang Sofsky ist dieser Frage intensiv nachgegangen. Er hat insbesondere die Beziehung zwischen Ordnung und Gewalt herausgeschält:

> *„Als alle Menschen frei und gleich waren, war niemand vor dem anderen sicher. Das Leben war kurz, die Angst grenzenlos. Kein Gesetz bewahrte vor*

Übergriffen. Jeder misstraute jedem, und jeder musste sich vor dem anderen schützen. Denn noch der Schwächste war stark genug, den Stärksten zu verletzen, zu töten, durch eine Hinterlist oder eine Absprache mit einem Dritten. Nach langwierigen Beratungen unterzeichneten sie einen Vertrag, der allen vorschrieb, was sie zu tun und zu lassen hatten."

(Sofsky 1996, S. 7)

Dieser Zusammenschluss, so Sofsky, hat aber allein nicht gereicht. Deswegen entschlossen sich die Menschen zu einem weiteren folgenschweren Schritt: Sie legten alle Waffen nieder und übergaben sie einigen Wortführern, die sie aus ihrer Mitte gewählt hatten. Jene sollten somit im Namen aller Menschen für Sicherheit sorgen und, und dies ist besonders wichtig zu unserem Thema ‚Ordnung und Gewalt', gegen jene Personen aus der Runde vorgehen, die sich nicht einfügten. Die Erfahrung von Gewalt und der daraus resultierenden Angst hat die Menschen vereinigt. Die Gesellschaft ist somit nach Sofsky eine „Vorkehrung dcs gegenseitigen Schutzes" (Sofsky 1996, S. 10). Wenn also keine Konventionen das Handeln und die Gefühle der Menschen beschränken, sind Übergriffe, so die Erfahrung der Menschen, jederzeit möglich. Das grosse Problem dabei ist nicht, dass jedermann jederzeit Gewalt ausübt, sondern die Tatsache, dass es jederzeit möglich ist, dass irgendjemand Gewalt ausübt und dass hierzu ein äusserer oder aber ein innerer Anlass ausreicht. Die Unsicherheit, die Angst und die Gewalt waren die fördernden Mechanismen für den Wunsch nach Ordnung.

Die Ordnung bedingt aber ein soziales Handeln, welches erheblich einen emotionalen und körperlichen Aspekt innehat, es stört nämlich die Bewegungsfreiheit und, wie bereits erwähnt, die Gefühlsfreiheit der Menschen. Soziales Handeln regelt die Modalitäten der Interaktionen und setzt einen Rahmen, an den sich alle zu halten haben, wenn sie nicht die Sanktionen der Machtträger zu spüren bekommen wollen. Der Preis der Unversehrtheit des eigenen Körpers ist deswegen die Konformität des Geistes, der Emotionen und des Körpers.

Die Ordnung, und damit auch die Alltagsdisziplinierung, ist auf Konformität und im alltäglichen Handeln auf Homogenität aus. Dies da die Regeln und ihre Modalitäten einzuhalten sind und deren Einhaltung auch überprüft und notfalls erzwungen werden darf. Diese Homogenität betrifft aber keineswegs nur das Verhalten, sondern mittlerweile auch den Geist, die Emotionen und den Körper. In die gleiche Richtung gingen ja auch Foucaults Äusserungen im Rahmen seines Werks ‚Überwachen und Strafen. Die Geburt des Gefängnisses' (1977), worin er zeigen konnte, dass die Konformität, die in modernen Gesellschaften aufrecht erhalten wird, nicht über die Zähmung des Körpers erfolgt, sondern über die Zähmung der Seele. Sie beinhaltet das Lernen, welche Gefühle und, daraus resultierend, welche Handlungen in welchen Kontexten angebracht sind und welche nicht. Die Homogenität andererseits bewirkt, dass der Eine dasselbe wie der Andere denkt, sagt und auch entsprechend handelt. Wo Homogenität gefragt ist, entstehen selbstverständlich schnell die Unterscheidungen zwischen Integrierten und Desintegrierten:

> *„Zur Sicherung der Gleichförmigkeit reichen Überredung und Überwachung meist nicht aus. Um die Angst wach zu halten, ergreift die Ordnungsmacht direkte Massnahmen, manchmal nach dem Gesetz, manchmal aus freier Willkür. Sie verhängt Strafen: soziale, materielle und physische. Aussenseiter werden geächtet, eingesperrt oder verjagt. Seit jeher sind Einschluss und Ausschluss die Geisseln des Sozialen."*
>
> *(Sofsky 1996, S. 19)*

Die Utopie der Ordnung, so Sofsky (1996, S. 21), zielt auf die vollständige Eliminierung der Freiheit. Zu Ende gedacht wäre diese Utopie natürlich nicht nur der Tod des Menschen als einzelnes Individuum, sondern auch der Tod des Sozialen, da die Ordnung nach weiterer Ordnung ‚lechzt' und somit nach lückenlosem Wissen strebt, um diese herzustellen und nötigenfalls zu verteidigen. Die geforderte Konformität wird von den Hütern der Sicherheit, die gleichzeitig auch die Hüter der Gewalt sind, aufrecht erhalten. „Wer zähmt die Krieger, und wer überwacht die Wächter?" ist die daraus resultierende Folgefrage Sofskys (1996, S. 15). Die Kosten der Institutionalisierung der Wächter sind beträchtlich, weil auf dem Altar der Ordnung viele Freiheiten und im Übrigen auch zahllose Menschen geopfert werden: „Raubzüge, Kriege, Verfolgungen unter dem Banner gesellschaftlicher Einheit und Gleichheit, das ist der Preis für den inneren Waffenstillstand" (Sofsky 1996, S. 15). Jedes Vorkommnis, das diese Ordnung erschüttert, wird mit Gewalt gleichgesetzt und als solches bekämpft. Chaos und seine Gleichsetzung mit Gewalt werden als Feindbilder definiert.

Diese Gedanken zur Relativierung der Qualität der Ordnung und der Selbstkontrolle dürfen nicht darüber hinweg täuschen, dass Gewalt und Grausamkeit wie eine Sucht wirken. Sie benötigen immer stärkere Dosierungen und werden damit sowohl in ihrer Intensität wie auch in ihrer Häufigkeit stärker eingesetzt. Der erlittene Schmerz des Opfers wird nicht nur als eine negative Tatsache angesehen, sondern es wird, insbesondere im Rahmen religiöser Überlieferung, so zum Beispiel der christlichen, der Schmerz auch als Akt der Busse und damit auch als Strafe Gottes beziehungsweise als Quelle spiritueller Erweckung betrachtet (so Sofsky 1996, S. 68). Dabei muss bedacht werden, dass sehr wohl starke beispielsweise religiöse Gefühle eine Art Schutzschild, also eine affektive Anästhesie darstellen können, die im konkreten Moment der Gewalteinwirkung und damit auch der Verletzung aus der Sicht des Opfers den Schmerz und dessen Verarbeitung zeitweise blockieren können. Durchbricht aber nach einer bestimmten Zeit oder nach einer bestimmten Intensität der Schmerz dieses Schild, verändert sich schlagartig die Einstellung zum erfahrenen Leid. Der körperliche und psychische Schmerz, und dies ist eine ganz besondere Eigenschaft des Menschen, besetzt alle unsere Sinne und ‚überflutet' somit unsere gesamte Wahrnehmung. Das Opfer kann einerseits durch seinen Schmerz in seinem Handlungsspielraum eingeschränkt werden, und andererseits engt die Verzweiflung, dass man von niemand anderem Hilfe erwarten kann, ebenfalls die Hoffnung auf Besserung. Es entsteht deswegen ein Gefühl, ein so genanntes vorgesellschaftliches beziehungsweise präzivilisatorisches Gefühl der Angst vor der Freiheit des anderen, und damit der Willkür, vor einer potenziell jederzeit eintretenden Gewalt. Das soziale Umfeld, in dem man steht, verliert damit seinen Charakter und auch sein Schutzmoment. Die Selbstgewissheit (im Rahmen unserer Studie haben wir sie als Handlungskontrolle, als Zukunftsoptimismus und als Wahrscheinlichkeit, dass Lehrpersonen und MitschülerInnen bei Gewaltvorkommnissen schlichtend intervenieren würden, bezeichnet, aber auch als die Gewissheit, in einem sinnvollen sozialen Kontext in der Familie oder mit Gleichaltrigen zu stehen) wird deutlich untergraben. Die Conditio Humana (vgl. Sofsky 1996, S. 82) der Opfer wird arg verletzt.

Die so genannten Schrecken der Hölle beginnen für die Opfer von Gewalt oft lange vor dem Tod. Die Flucht ist dabei eine Möglichkeit, der Gewalt auszuweichen. Dennoch sollte hierbei bedacht werden, dass der Zusammenhalt mit den anderen Menschen durch die Flucht, sei es in eine körperliche oder eine psychische, stark gefährdet ist. Mit der Dauer dieser körperlichen oder psychischen Flucht schwindet die Hilfsbereitschaft des Umfelds, auf den Flüchtenden einzugehen, und zugleich entfernt sich der Flüchtende im physischen wie auch im emotionalen Sinne von seinem Umfeld.

Das Grundmuster der Verwehrung der Daueraggression im Rahmen der modernen Gesellschaft wird, so unsere Konklusion, nicht allein aus dem ‚Faden' der physischen Gewalt des Herrschers gewoben, sondern, wie auch Freud es formuliert hat (1997 (1930)), aus der Tyrannei des Gewissens beziehungsweise dem Über-Ich mitbedingt. Der Preis des sozialen Friedens wird deswegen auch mit der Münze der inneren Repression bezahlt (vgl. Sofsky 1996, S. 210). Was somit früher die einzelnen Landfürsten ihren Knechten über physische Gewalt angetan haben, tun sich heute die Menschen selber an, scheinbar freiwillig z.B. über eine hohe Emotionskontrolle.

Ein Überwiegen dieses negativen Moments des ordnenden Aspekts in der Erziehung und der Sozialisation haben wir im autoritären Erziehungsstil erkannt. Extrem autoritäres Erziehungsverhalten beinhaltet viele nicht verhandelbare Regeln und lässt damit dem Heranwachsenden wenig Freiraum für Mitspracherecht und kreative Lösungsmöglichkeiten. Bründel und Hurrelmann haben (1994) festgehalten, dass ein solch gearteter Erziehungsstil die Wahrscheinlichkeit erhöht, dass es beim Kind zu Wutausbrüchen kommt. Die Wutausbrüche der Kinder werden von den Eltern, im Sinne einer selbsterfüllenden Prophezeiung, als die Bestätigung der Notwendigkeit einer ‚starken und führenden Hand' gedeutet, wodurch der Teufelskreis des autoritären Erziehungsstils und damit auch seine Immunisierung gegen neue Interaktionsstrategien geschlossen wird.

Viele extrem autoritäre Eltern wenden zudem drastische Strafen an, die dem Kind körperliche Gewalt als legitimes Mittel zur Durchsetzung eigener Interessen und als Lösungsstrategie für Konflikte erscheinen lassen. Auch Noack und Wild (1999) kommen zu einem ähnlichen Schluss, was den Einfluss des elterlichen Erziehungsverhaltens auf die Entwicklung aggressiver Neigungen betrifft. Sie heben die Handhabung von Disziplin und das elterliche Engagement als bedeutsame Aspekte des Erziehungsstils hervor. Ihrer Untersuchung zufolge geht ein restriktives elterliches Verhalten (Einschränkung der psychischen Autonomie der Kinder sowie hohes Mass an Verhaltenskontrolle) mit einer ausgeprägten Gewaltbereitschaft bei den Heranwachsenden einher. Eine stark autoritäre Erziehung fördert deswegen bei den männlichen Jugendlichen gewaltbereite Haltungen und dies insbesondere dann, wenn sie mit einem Mangel an Wärme und Engagement einhergeht. Am ungünstigsten wirkt sich laut Noak und Wild (1999) ein stark autoritäres und ein emotional kühles Erziehungsverhalten aus, das im Übrigen noch sehr schwer vorhersehbar ist. Erziehung sollte deswegen nicht primär Grenzsetzung zu den Heranwachsenden sein, sondern insbesondere Begleitung im Sinn des Schaffens einer ‚einbindenden Kultur' (vgl. Kegan 1986, S. 165ff.), die sowohl das ‚Festhalten' wie auch das ‚Loslassen' im Sinne des autoritativen Erziehungsstils beherrscht.

Schlussfolgerungen für die empirische Überprüfung der Erfahrungen männlicher Jugendlicher im familiären Kontext

Krohne und Pulsack (1996) folgend, bringen wir zwei Erziehungsstil-Dimensionen ein. Im Rahmen unserer Untersuchungen werden wir die Erziehungsstil-Dimensionen ‚Unterstützung' und ‚Inkonsistenz' einsetzen. Die elterliche Unterstützung thematisiert die vom Kind erlebte Neigung der Eltern, ihm beim Aufbau von Problemlösungsstrategien zu helfen und ihm dabei materielle, motivationale wie auch emotionale Voraussetzungen für erfolgreiche und sozial konstruktive Bewältigung von Problemsituationen mitzugeben. Im Rahmen des Faktors Inkonsistenz wird die Erwartungssicherheit elterlicher Rückmeldungen thematisiert und damit die Erwartbarkeit der Qualität von Interaktionen im familiären Umfeld untersucht.

Aus Fend und Prester (1986) werden wir die Skala ‚kontrollierender Erziehungsstil' übernehmen. Bei der Skala ‚kontrollierender Erziehungsstil' steht die kindliche Verhaltenskontrolle durch die Eltern im Mittelpunkt. Diese Skala misst insbesondere autoritäre Umgangsformen und damit ein stark elternzentriertes Muster von Eltern-Kind-Beziehungen.

In Anlehnung an Heitmeyer (1995) werden wir den Indikator ‚familiäres Involvement' einbringen. Durch die Skala ‚familiäres Involvement' wird das Interesse der Familienmitglieder für einander ins Zentrum gestellt. Damit wird eine besondere Qualität des familiären Interaktionsstils untersucht, nämlich die Sicherheit der einzelnen Familienmitglieder, dass die anderen für sie da sind und dass eine tragfähige Beziehung zwischen den Eltern und den Jugendlichen aufgebaut werden kann.

Eine fünfte Skala zu den familiären Erfahrungen der männlichen Jugendlichen ist der in Anlehnung an Sampson und Laub (1994) entwickelte Indikator ‚elterliche Beaufsichtigung'. Hierbei wird das Begleiten der Heranwachsenden durch die Eltern in den Bereichen Freizeit und Schule thematisiert. Es geht darum festzustellen, wie stark die Eltern ein Interesse zeigen zu erfahren, was und mit wem die Kinder in ihrer Freizeit und in der Schule in Kontakt stehen und ob sie Schwierigkeiten in diesen beiden Lebensfeldern haben. Dadurch soll zum Ausdruck kommen, ob es den Eltern aus den Erfahrungen der Jungen heraus wichtig ist, nicht primär in kontrollierender, sondern in begleitender Form die Erfahrungen der Heranwachsenden mindestens teilweise mitzusteuern.

Unseren theoretischen Erörterungen folgend, werden wir nicht primär einzelne Dimensionen erzieherischen Handelns überprüfen, sondern diese Einzel-Indikatoren zu einem grösseren Ganzen, zu einem Konstrukt zusammenfassen. Loeber/ Stouthamer-Loeber (1998a, S. 250) folgend, werden wir zur Erklärung von Gewalt in der Schule nicht einzig möglichst reliabel und valide gewalttätiges Verhalten aus der Opfer- und Tätersicht einzufangen versuchen. Dies ist sicherlich eine notwendige, aber weitaus nicht hinreichende Bedingung, um Gewalterfahrungen zu verstehen. Es braucht, so auch Loeber/Stouthamer-Loeber (1998a) die Berücksichtigung von emotionalen, kognitiven und sozialen Faktoren der Täter- und Opfer-Jungen. Ohne dieses ‚Set', wie Loeber/Stouthamer-Loeber es formulierten, den Zusammenzug dieser verschiedenen Faktoren, wird Gewalt rein behavioristisch gedeutet. Deswegen werden wir die eingeführten familiären Bedingungen des Aufwachsens männlicher Jugendlicher mit deren Persönlichkeitsentwicklung, hier insbesondere mit Indikatoren aus den Bereichen Emotion (z.B. Depressionsneigung), Kognition (z.B. Selbstakzeptierung) und soziales Umfeld (z.B. Beziehungen zu den Gleichaltrigen) in Verbindung setzen, um Gewalterfahrungen nicht einzig über einen semiotischen Blick als Oberflächenphänomene zu erkennen, sondern sie aus dem Gesamtzusammenhang des Alltags der männlichen Jugendlichen als vernetzte Tiefen- und Oberflächenphänomene zu verstehen.

4 Männliche Jugendliche und die Schule als Erfahrungsraum für Gewalt

> *Frage Interviewerin: Was gefällt dir eher nicht an dieser Schule?*
>
> Antwort Täter-Junge: Wenn jemand schlägt, habe ich es nicht gern bei uns im Schulhaus. Es hat ein paar Sachen, die so passieren. Dann habe ich die Schule nicht gern. Eben, dass es noch immer extreme Schlägereien gibt. Sonst eigentlich nichts.

Indem die Schule eine Brückenfunktion zwischen der Familie und der Gesellschaft übernimmt, kann sie, so von Hentig (1996), die Entwicklung der Jugendlichen am optimalsten unterstützen. Die Jugendlichen müssten für diesen ‚Brückengang' ihre adoleszente Dynamik und ihr soziales Umfeld als Ressource zu Hilfe nehmen.

Die Struktur und die Dynamik der Persönlichkeit von Schülern als die intraindividuelle Variable wie auch ihr engeres soziales schulisches Umfeld im Sinn der interpersonellen Beziehungen zu den Gleichaltrigen und zu ihren Lehrpersonen sind, so Mooij (1998), bestimmende Variablen für die Charakterisierung von Täter- oder Opfer-Jungen. Diese Variablen der konkreten Interaktion von Jugendlichen mit ihrem unmittelbaren sozialen Umfeld seien weitaus bestimmender als Variablen auf übergeordneten Niveaus, so dem Klassenniveau oder dem Schulniveau. Uns auf diese zentrale Untersuchung Mooijs aus dem Jahr 1998 stützend, haben wir die personalen Variablen und das unmittelbare soziale schulische Umfeld der männlichen Jugendlichen als Analyseniveau im Bereich Schule und Persönlichkeitsentwicklung gewählt.

Beide Risiken, also das der belasteten Persönlichkeitsentwicklung sowie der belasteten sozialen Beziehungen zu MitschülerInnen und Lehrpersonen, addieren sich in ihren negativen Konsequenzen, so unsere Annahme, so dass multipel belastete jugendliche Schüler die grössten Entwicklungsbeeinträchtigungen zeigen. Internale und unmittelbare externale Faktoren sind besonders bedeutsam für die Entwicklung von belastenden Gewalterfahrungen im Schulkontext. Zu diesen unmittelbaren sozialen und damit externalen Risikofaktoren gehören, so die Studie von Laucht, Esser und Schmidt (2000), nebst den Beziehungen zu den Gleichaltrigen und zu ausserfamiliären relevanten Erwachsenen, wie den Lehrpersonen, selbstverständlich auch die familiären Lebensumstände der Heranwachsenden.

Barkholz und Homfeld (1994) haben im Rahmen einer breit angelegten Untersuchung unter anderem eine inhaltsanalytische Auswertung von 323 Aufsätzen von Schülerinnen und Schülern vorgenommen. Besonders interessant erscheint uns an diesen Untersuchungsergebnissen, die nicht primär das Thema Gewalt fokussierten, sondern das Thema ‚Gesunde Schule' und damit Gesundheitsförderung im schulischen Alltag, dass der Wunsch nach einer gewaltfreien Schule bei den befragten SchülerInnen zuoberst steht. Die Aufsätze wurden zum Thema ‚Wie ich mir eine Schule vorstelle, in der sich alle wohl fühlen können' geschrieben (vgl. Barkholz et al. 1994, S. 83). Nach den beiden Spitzenreiterwünschen, nämlich der Pausenhofgestaltung und dem Wunsch nach besseren, d.h. weniger strengen und persönlich nicht so unnahbaren Lehrpersonen, kam der Wunsch nach einer Schule, in der sich SchülerInnen nicht schlagen (vgl. Barkholz et al. 1994, S. 84). Fast 36% aller befragten SchülerInnen äusserten diesen Wunsch. Rund 15% der Befragten wünschen sich sogar Schutz vor der auftretenden körperlichen Gewalt. Diese Ergebnisse legen auch aus SchülerInnen-Sicht einen effizienteren und insbesondere effektiveren Umgang mit dem Thema ‚Gewalt im Schulumfeld' nahe. Sie zeigen zugleich, dass auch allgemeiner formulierte Schulentwicklungsthemen wie zum Beispiel die Gesundheitsförderung im schulischen Alltag stark mit dem Thema ‚Gewalt im Schulumfeld' in Verbindung stehen.

Erfahrungen mit MitschülerInnen

> *Frage Interviewerin: Was müssten deine Kollegen tun, dass es bei einem Streit eine Hilfe für dich wäre?*
>
> Antwort Täter-Junge: Sie nehmen mich weg (und beenden so den Streit, W.K.). Sie sagen „Lass den doch reden", „Lass den in Ruhe", „Das ist ja sowieso ein Arschloch, lass den doch" und so.

Nach den Studien von Dreher und Dreher (1985) ist der Aufbau eines Freundeskreises von Gleichaltrigen eine der zentralsten Entwicklungsaufgaben im Alter von 12 bis 16 Jahren. Kirchhöfer et al. (1989) berichteten, dass Jugendliche dieser Altersphase angeben, dass das Ausdiskutieren von Problemen, wie auch ihre personale Entwicklung in vielerlei Hinsicht in der Gruppe insgesamt stark gefördert wurde. Hurrelmann (1994, S. 70f.) hat festgehalten, Beziehungsprobleme zwischen den Jugendlichen würden eher mit Gleichaltrigen als mit den Eltern besprochen. Auf dem Hintergrund dieser Ergebnisse scheint eine hohe Identifikation mit den Gleichaltrigen im Jugendalter als eine äusserst günstige Konstellation für die Bewältigung von Entwicklungsaufgaben zu sein, so auch Busch (Busch 2000, S. 5). Man darf aber nicht vergessen, dass Jugendgruppen auch als Jugendcliquen betrachtet werden können und damit als Gruppen, die potenziell delinquentes Verhalten entwickeln können. Dieser Forschungsrichtung zufolge bauen aggressive Jugendliche Beziehungen zu Jugendlichen auf, die ihnen hinsichtlich der aggressiven Verhaltensweisen sehr ähnlich sind (vgl. Busch 2000, S. 6). Busch hat diesen Zusammenschluss in unterschiedlichen Gruppenkulturen untersucht und fand, dass die überwiegende Zahl der Cliquen eindeutig nicht zur Förderung oder Festigung aggressiven Verhaltens beitragen (2000, S. 27). Jungengruppen sind primär eine Ressource für die Bewältigung von Entwicklungsaufgaben und nur in Ausnahmefällen ein Hindernis für die Entwicklung der Jugendlichen. Nur in den Fällen, in denen sich die beteiligten Jugendlichen äusserst stark mit den Gleichaltrigen identifizieren, aber in geringem Masse mit ihren Eltern und anderen Erwachsenen positiv interagieren, entwickeln sich Cliquen zu einem besonderen entwicklungspsychologischen Problem.

Familienmitglieder bieten insgesamt, so Frey und Röthlisberger (1994, S. 262), die wichtigste Unterstützung in persönlichen Krisen, Gleichaltrige dagegen mehr im Alltag. Familie und Gleichaltrige sind demnach nicht konkurrenzierende, sondern sich ergänzende soziale Netzwerke. Funktionsbekannte (so die Bezeichnung Freys und Röthlisbergers für Bezugspersonen wie Lehrpersonen, PfarrerInnen, SozialarbeiterInnen) sind für die Jugendlichen von marginaler Bedeutung, auch dies ein interessantes Ergebnis, welches die Beziehung zwischen jugendlichen Schülern und ihren Lehrpersonen in ein funktionales Licht rückt. Die Interaktionen unter Jugendlichen bzw. zwischen Jugendlichen und ihren Eltern sind sowohl durch Ähnlichkeiten als auch durch grössere Differenzen charakterisiert. Im Unterschied zu den Gesprächen unter den Gleichaltrigen sind Eltern-Kind-Interaktionen durch stärkere Unilateralität gekennzeichnet und damit durch eine deutliche Hierarchie zwischen Eltern und Kindern. Hierbei wird angenommen, so Noak und Fingerle (1994, S. 333), dass Gleichaltrige bei Widersprüchen häufiger auf Aushandlung denn auf Durchsetzungsstrategien setzen. Die Annahme aber, dass männliche Jugendliche untereinander im Allgemeinen Auseinandersetzungen öfter durch Kompromisse lösen oder als ergebnislos aufgeben, darf nicht als absolut gültig betrachtet werden. Unsere Studie ist ja gerade der Frage gewidmet, unter welchen Bedingungen und mit welchen Auswirkungen jugendliche Schüler Konflikte gerade nicht über Kompromisse lösen, sondern über den Einsatz physischer Gewalt zu steuern versuchen.

Am schönen Beispiel des Murmelspiels beschrieb Piaget bereits 1932, wie Heranwachsende im Verlauf der ersten zwölf, dreizehn Lebensjahre ein immer ausgeklügelteres und differenzierteres Verständnis über die Anwendung von Regeln und ihre freie Vereinbarkeit gewinnen. Wichtig hierbei ist festzuhalten, dass der Motor dieses Prozesses nach Piaget (1986 (1932)) nicht einzig die genetische Entwicklung und damit die immer komplexer sich entwickelnde kognitive Verarbeitung von Seiten der Kinder ist, sondern auch die parallel dazu laufenden sozialen Interaktionen und damit ebenso die Aushandlungsprozesse mit Gleichaltrigen. Die zunehmende kognitive Dezentrierung der Heranwachsenden alleine würde demnach nicht ausreichen, um Spielregeln im eigentlichen Sinn zu verstehen und damit auch für eigene Handlungspläne nutzbar zu machen. Die Auseinandersetzungen mit Spielregeln beruhen im Rahmen der Freundschaften auf Gegenseitigkeit. Dies bedeutet, dass die Konfrontation mit den Gleichaltrigen die Heranwachsenden dazu anregt, Wertmassstäbe zu übernehmen, aber auch Wertmassstäbe zu entwickeln, die für alle Beteiligten in gleicher Weise gelten.

Entwicklungspsychologisch haben Gleichaltrigenbeziehungen insbesondere in der Adoleszenz die wichtige Funktion, die Heranwachsenden zu unterstützen, ein realistisches Selbstbild zu gewinnen, ein Selbstbild, dass weder von Selbstüberschätzung geprägt ist, noch von Selbstzweifeln. Heranwachsende müssen aber nicht nur ein angemessenes Selbstbild im Rahmen von Gleichaltrigenbeziehungen entwickeln, sondern auch die emotionale und die kognitive Perspektive der anderen Gruppenmitglieder zu übernehmen lernen. Der gegenseitige Austausch von Selbst- und Fremdbildern ist somit eine wichtige Aufgabe, die von Jugendlichen in der Gleichaltrigengruppe eingeübt werden muss. Wer diese Form von Reziprozität nicht einüben kann, gewinnt fast gezwungenermassen nur ein unbefriedigendes Verständnis von gegenseitiger emotionaler Nähe, von Unterstützung, von Offenheit und Vertrauen in Gleichaltrigenbeziehungen.

Nach Piaget stellen die Eltern mit ihrer Autorität keine idealen Lernobjekte für die Einübung von Regeln und die Einnahme der Position des Anderen dar. Die Kooperation unter Gleichaltrigen ist demnach, wie Hartrup (1996, S. 215) es treffend nannte, ein sozialer Imperativ. Heranwachsende verhalten sich kooperativ gegenüber ihren Gleichaltrigen, um Freundschaften zu gewinnen und um integriert zu bleiben. Befriedigende Gleichaltrigenbeziehungen sind deswegen sowohl mit der sozialen Norm der Integration als auch mit der Orientierung an Reziprozität gekoppelt.

Unter mangelnder Integration in die Gleichaltrigengruppe leiden das Einüben problemzentrierter Gespräche und gemeinsame Aktivitäten. Krappmann (1993) betont die Möglichkeiten, welche die Freundschaften bieten: „Sie stimulieren soziale und zugleich kognitive, affektive und moralische Prozesse, in denen dafür gesorgt ist, dass besonders viele Aspekte berücksichtigt werden müssen. Freundschaft übt auch einen Druck aus, sich diesen Problemen wirklich zu stellen … “ (S. 126). Wer sich diesen Aufgaben nicht stellt, weil er in der geforderten Qualität nicht in Gleichaltrigenbeziehungen eingebunden ist, kann die Entwicklungsaufgaben, die anstehen, nicht meistern und erlebt auch nicht den erwünschten und entwicklungspsychologisch sinnvollen Druck der Gruppe, sich mit Problemen der Interaktion in einer nichtkonfrontativen Art auseinander zu setzen. Die Lernfelder für soziale Entwicklung werden dadurch stark eingegrenzt.

Aus methodischer Sicht gilt es noch festzuhalten, dass die Angaben der Jugendlichen zu den Peer-Netzwerken objektiver als die entsprechenden Einschätzungen der Eltern sind (vgl. Zelkowitz 1989; Gödde, Walper und Engfer 1996; Neyer, Schäfer und Asendorpf 1998). Eltern neigen dazu, die Grösse der Netzwerke ihrer Kinder systematisch zu überschätzen. Bis zum Alter von neun Jahren sind valide Angaben von Kindern zu ihren Netzwerken durchwegs mit einer grösseren Verzerrung behaftet. Ab einem Alter von neun Jahren können wir aber, so die Studie von Gödde (1996), von einer reliablen und validen Datenquelle ausgehen, wenn wir die Jugendlichen selber zu ihren Peer-Netzwerken befragen.

Erfahrungen im Elternhaus und die Beziehung zu den MitschülerInnen

Nach von Salisch und Seiffge-Krenke (1996) liegen enge Beziehungen zwischen dem familiären System und den ausserfamilären Beziehungen der Jugendlichen in der Gleichaltrigengruppe vor. Diese Forschungsergebnisse zeigen deutlich, dass die Eltern zu einem hohen Masse die Qualität der Freundschaftsbeziehungen determinieren, indem die von den Heranwachsenden im familiären System erworbenen sozioemotionalen Fähigkeiten als Ressource in die Interaktion mit den Gleichaltrigen eingebracht werden können. Wer nicht bereits im familiären Umfeld gelernt hat, dass Beziehungen ein Gut sind, das gepflegt werden muss und Engagement erfordert, damit Reziprozität eingelöst werden kann, hat grosse Schwierigkeiten, in den Gleichaltrigenbeziehungen zu bestehen. Das Erziehungsverhalten der Eltern, so die Konklusion, vermittelt der Jugendlichengruppe in einem wichtigen Masse Akzeptanz. Diese Ergebnisse stützen auch die Untersuchungen von Patterson et al. (1990). Demnach haben schlecht integrierte männliche Jugendliche die geringste soziale Kompetenz. Die fehlenden Beziehungen zu Gleichaltrigen entstehen nach Patterson einerseits aus dem bereits beschriebenen Manko der familiären Beziehungen und zugleich erhalten die schlecht Integrierten kaum die Möglichkeit – ein Sachverhalt, der durchaus als Teufelskreis bezeichnet werden kann – dieses Manko über verstärkte Gleichaltrigen-Interaktionen aufzuheben. So konnte Hart (1990) nachweisen, dass Jungen aus Familien mit einem strafend-inkonsistenten Erziehungsstil schlechter in den Gleichaltrigengruppen integriert waren, aber – und dies gilt für uns als besonders relevant – in weit überdurchschnittlichem Mass erwarteten, dass auch unfreundliches Verhalten gegenüber ihren Gleichaltrigen von diesen akzeptiert würde. Sie waren also der Meinung, dass das Schlagen anderer Jugendlicher, das Wegnehmen von Gegenständen und andere stark antagonistische Verhaltensweisen keine negative Konsequenzen auf ihre Einbindung in die Gleichaltrigenbeziehungen zeitigen würden. Sie hatten, so Hart, eine stark reduzierte Wahrnehmung von Interaktionserwartungen im familiären Kontext aufgebaut: „If children develop expectations for the consequences of actions based on information acquired from parents in disciplinary situations, these tendencies may carry over to interactions with peers" (Hart et al. 1990, S. 128). Ob also erwartet wird, dass mehr antagonistische oder erziehungsorientierte Strategien zur Lösung von sozialen Problemen eingesetzt werden, hängt stark mit den Vorerfahrungen, den daraus erwachsenen Wahrnehmungsmustern und erwarteten Erfolgsaussichten von sozialen Interaktionen zusammen.

Die intra- und interpersonellen Probleme von männlichen Jugendlichen sind mitunter auch ein Effekt der familiären Sozialisation. Interessanterweise – und dies stützt unsere These, dass es absolut notwendig ist, Mädchen- und Jungendaten sowohl getrennt zu analysieren als auch getrennt zu deuten – wirken sich, so Finnegan, Hodges und Perry (1998), die Beziehungen zu den Eltern je nach Geschlecht des Kindes unterschiedlich aus. So wird der elterliche Erziehungsstil für Jungen erst dann zu einem Problem, wenn die Eltern überbehütend sind oder die Autonomie der Jungen allzu stark eingrenzen. Auch Olweus hat dies in der bereits mehrfach zitierten Studie von 1993 (Olweus 1993) in Schweden feststellen können. Im Unterschied hierzu gilt für Mädchen, dass nicht primär überprotektive Eltern ein Indikator für spätere Gewaltbereitschaft darstellen, sondern jene, welche die Mädchen abweisen und damit ihr Bedürfnis nach Nähe, Empathie und Kooperation nicht befriedigen.

Wer aber meint, über gelungene Interaktionen in der Peer-Gruppe die Defizite der familiären Sozialisation ausgleichen zu können, sieht sich getäuscht. Kühnel (1995, S. 126) konnte nachweisen, dass eine Verringerung der Gewaltphänomene sowohl in der Erwachsenen- als auch in der Gleichaltrigenwelt multiplexe Beziehungen benötigt. Erst die Vielfältigkeit dieser Beziehungen in beiden Lebensfeldern gewährleistet einen starken Ressourcenfundus mit Optionsmöglichkeiten, die in den unterschiedlichsten Situationen zum Tragen kommen können und dazu führen, dass männliche Jugendliche in geringerem Ausmass Gewalt als Bewältigungsmuster einsetzen. Die Wirkungszusammenhänge der Erfahrungen mit den

Gleichaltrigen und den Eltern schliessen sich somit nicht nur nicht aus, sondern sie ergänzen sich. Die wahrgenommene Qualität der Beziehungen zu den Gleichaltrigen wie auch zu den Eltern ist, so auch Kim et al. (1999), ein valider und wichtiger Indikator für die Gewaltentwicklung bei männlichen Jugendlichen.

Die Ablehnung durch MitschülerInnen als Risikofaktor der Persönlichkeitsentwicklung im Jugendalter

Gewalttätige Jungen suchen sich als Opfer ihrer Handlungen Jungen aus, die in Gleichaltrigenbeziehungen ebenfalls schlecht integriert sind, sich aber zugleich auch schlecht gegen Angriffe wehren können. Perry et al. (1990) heben insbesondere den Mangel an individuellen und sozialen Ressourcen von Opfern hervor. Er ermutigt die Täter, sie als mögliches Ziel ihrer Handlungen zu erkennen. Täter- und Opfer-Jungen stehen über die gemeinsame Erfahrung der mangelnden Integration in Beziehung zueinander. Diese Ergebnisse dürfen aber nicht dahingehend interpretiert werden, dass Opfer-Jungen selber Schuld sind an ihrer Viktimisierung.

Die Verantwortlichkeit für die Minderung der Viktimisierung liegt zentral bei den Tätern und bei den Erwachsenen, welche die männlichen Jugendlichen im betreffenden sozialen Umfeld, etwa in der Schule, begleiten. Den Ergebnissen von Perry et. al. (1990) zufolge stammen die Informationen, die von gewalttätigen Jungen verarbeitet werden, um ihre Opfer ins Visier zu nehmen, zur Hauptsache aus dem Bereich ‚soziale Integration potenzieller Opfer'. Die Opfer selber, so Bukowski (1990), machen ihrerseits die Erfahrung, dass sie besonders von Jungen geschlagen werden. Aus den individuellen Erfahrungen der Opfer und dem individuellen Verhalten der Täter entsteht ein Erwartungshorizont, der eine fixierte und schematisierte soziale Interaktion zwischen Opfern und Tätern unterstützt. Das Verhalten der Einzelpersonen, so Mummendey et al. (1984), wird zur Interaktion. Demnach sind die für die Gewaltphänomene relevanten Interaktionen der Opfer und der Täter und ihre entwicklungspsychologische Relevanz etwas anderes als die Summe der Einzelhandlungen und -forderungen.

Hodges und Perry haben (1996) in einem Review-Artikel festgehalten, dass viktimisierte Jugendliche, also Opfer-Jungen, in der Schule Schwierigkeiten verschiedenster Art haben. Sie hielten fest, dass im Vergleich zu den Jungen, die nicht Opfer physischer Gewalt in der Schule wurden, ihr Angst- und Depressionsniveau weit höher und deren Integration in die Gleichaltrigengruppe geringer ausfiel. Zugleich hatten Opfer-Jungen eine geringere Selbstakzeptierung und eine geringere Leistungsmoral. Männliche Jugendliche also, die chronisch als Opfer in der Schule zu erkennen sind, sind einer Risikopopulation bezüglich Persönlichkeitsentwicklung zuzurechnen. Zugleich ist noch anzufügen, dass die Viktimisierung über die Oberstufenschulzeit in hohen Masse stabil ist (vgl. Olweus, Block und Radke-Yarrow 1986), und dies wiederum bedeutet, dass bestimmte Jungen die gleiche, stark belastende Erfahrung über mehrere Jahre machen müssen. Finnegan, Hodges und Perry formulieren (1998) die These, das Fehlen qualitativ befriedigender Peer-Beziehungen und das Vorhandensein von wenigen verlässlichen Freunden seien zwei wichtige Indikatoren für Viktimisierung von Jungen in der Schule. Dies hat, so Hodges und Perry (1999), mit drei Sachverhalten zu tun:

- Aggressoren müssen kaum mit Konsequenzen seitens der Peer-Gruppe rechnen, wenn sie einen nicht-integrierten Jungen angreifen.
- Nicht-integrierte Jungen sind in den Pausen häufiger alleine als ihre Gleichaltrigen und können deswegen auch eher zum Ziel von Aggression werden.
- Jungen, die in der Schule seltener mit Gleichaltrigen zusammen sind, können auch nicht so stark von Ratschlägen oder Bewältigungsstrategien ihrer Gleichaltrigen im Umgang mit Konflikten und mit Viktimisierung profitieren.

Das höhere Angst- und Depressionsniveau wie auch die mangelnde Integration in die Gleichaltrigen-Netzwerke sind sowohl die Ursache wie auch der Effekt von Viktimisierung. Es existiert nämlich, so Hodges und Perry (1999), ein Teufelskreis von Ursachen und Konsequenzen der Viktimisierung: „In support of the hypothesis, the present results suggest that both individual-level personal variables and peer-relational interpersonal variables contribute to, as well as result from, victimization by peers“ (Hodges et al. 1999, S. 682). Internalisierte Probleme und interpersonelle Probleme bedingen sich gegenseitig und sind demnach besonders wichtige Indikatoren zur Identifikation von Opfer-Jungen. Diese Ergebnisse hat auch Olweus (1993) bestätigt. Er fand, dass Opfer-Jungen höhere Depressionswerte und eine niedrigere Selbstakzeptierung haben als ihre Mitschülerinnen und Mitschüler. Der Kreis der Verstärkung von internalisierten und interpersonellen Problemen ist auch ein Grund für die ausserordentlich hohe und zeitlich alarmierend stabile Charakterisierung der betroffenen Jungen als Opfer in der Schule.

Individuelle Risiken männlicher Jugendlicher, so Persönlichkeitsmerkmale wie Schüchternheit, eine geringe Emotionskontrolle oder eine geringe Selbstakzeptierung, interagieren oft mit sozialen Risiken, so dem Ausschluss aus der Gleichaltrigengruppe oder den Opfererfahrungen. Hodges et al. untersuchten 1997 die Frage, wie stark individuelle mit sozialen Risiken im Schulumfeld interagieren. Sie fanden, dass das soziale Risiko der belasteten Beziehungen zu den Gleichaltrigen die Auswirkungen von vorhandenen individuellen Risiken verstärkt und die betroffenen Jungen weitaus häufiger Gefahr laufen, Opfer physischer Gewalt in der Schule zu werden. Hodges et al. (Hodges, Malone und Perry 1997, S. 1037) hielten hierzu fest, dass insbesondere das Vorhandensein dieses sozialen Risikos dahingehend wirkt, dass eine Chronifizierung der Opfererfahrungen angenommen werden kann, weil Freundschaften in der Schule eine protektive Wirkung gegen Opfererfahrungen haben.

Den Titel eines Artikels von Hodges et al. aus dem Jahr 1999 könnte man hierzu als Programm nehmen. Er lautet „The Power of Friendship: Protection against an Escalating Circle of Peer-Victimization“ (Hodges, Boivin, Vitaro und Bukowski 1999). Betont wird die Schutzrolle der Freundschaften und zugleich festgehalten, dass individuelle Risiken von Persönlichkeitsfaktoren mit Viktimisierung und dem damit zusammenhängenden Ausschluss aus der Gleichaltrigengruppe stark ansteigen. Die allgemeine Schulangst, die Depressionsneigung und auch die Selbstakzeptierung, so Hodges et al. (1999), leiden unter der Viktimisierung und der mangelnden sozialen Integration. Hierbei konnte auch gezeigt werden, dass Freundschaftsbeziehungen nicht nur einen allgemeinen Schutzfaktor darstellen, im Sinn eines Walls gegenüber Tätern, sondern auch Kontexte für soziales Lernen sind sowie Informationsquelle für das Selbstkonzept und damit auch Ressourcen für den eigenen Selbstwert. Hodges et al. (1999) konnten stimmig zeigen, dass Jugendliche mit internalisierten Problemen, so einer höheren Depressionsneigung, einer geringerer Selbstakzeptierung und einer geringeren Selbstkontrolle, im Rahmen intensiver Freundschaftsbeziehungen diese sozialen Risiken auszugleichen vermögen. Eine Vergleichsgruppe dagegen, die diese intensiven Gleichaltrigenbeziehungen nicht hatte, war sowohl bezogen auf das höhere Ausmass an Opfererfahrungen wie auch bezogen auf das häufigere Hineinrutschen in die Täterrolle deutlich charakterisierbar (so Hodges et al. 1999, S. 99).

Dodge et al. (1990) verweisen darauf, dass schlecht integrierte Jugendliche nicht nur eine geringere emotionale Kontrolle aufweisen, sondern zugleich höhere Aggressionswerte zeigen. Diese mangelnde soziale Kompetenz führt ihrerseits verstärkend dazu, dass die Jugendlichen von ihren Gleichaltrigen abgewiesen werden.

Die Gefahren, die aus niedriger sozialer Kompetenz und darauf folgender defizitärer Integration in Gleichaltrigenbeziehungen entstehen, haben auch Kupersmidt und Coje (1990) nachgewiesen. Die Ergebnisse ihrer Längsschnittstudie über sieben Jahre belegen, dass die mangelnde Integration in Gleichaltrigenbeziehungen und aggressive Verhaltensweisen die zwei Hauptprädiktoren sind für späteres deviantes Verhalten der Heranwachsenden. Unter diesen zwei Faktoren war die Aggression der stärkere Vorhersagefaktor für Jugenddelinquenz.

Die Ablehnung durch Gleichaltrige im Jugendalter wird als ein besonders gewichtiger Risikofaktor für die soziale Entwicklung der Jugendlichen betrachtet, so auch Albrecht und Silbereisen (1993). Darüber, welche Faktoren für die Zunahme der Ablehnung bedeutsam sind und für welche Risikoentwicklungen die Zunahme dieser Ablehnung selber verantwortlich ist, ist sich die empirische Forschung nicht einig. So wurde in der besagten Studie Albrechts und Silbereisens festgestellt, dass eine geringe Selbstakzeptierung ein besonders wichtiger Risikofaktor für die Beziehung zu den Gleichaltrigen im Jugendalter sei. Die Abfolge lautet nach Albrecht und Silbereisen somit: geringe Selbstakzeptierung führt mit hoher bzw. höherer Wahrscheinlichkeit dazu, dass ein männlicher Jugendlicher von seiner Gleichaltrigengruppe nicht akzeptiert wird. Im Rahmen unserer Studien und angelehnt an Fend (1990) und Berndt (1996) haben wir die Hypothese in der umgekehrten Abfolge formuliert, dass nämlich eine hohe Integration in die Peer-Gruppe den Aufbau einer höheren Selbstakzeptierung unterstützt. Über Kausalmodelle, Strukturgleichungsmodelle, sollte es möglich sein, die Richtung der Beeinflussung zweifelsfrei festzustellen. Auch Newcomb und Bagwell (1996) nannten es eine Erfordernis der Zukunft, die Entwicklungsrelevanz von Freundschaftsbeziehungen über Kausalmodelle zu erforschen, damit sowohl die Beeinflussungsrichtung, wie auch die mit den Freundschaftsbeziehungen verbundenen Faktoren deutlicher als bisher herauskristallisiert werden können, um die Dynamik der Entwicklung von Gewalt zu erkennen.

Die Integration in die Gleichaltrigengruppe wäre nach unserer Konzeption eine wichtige Ressource für die Selbstakzeptierung. Demnach sind die sozialen Beziehungen wichtige Schutzfaktoren für den Aufbau eines unterstützenden Selbstkonzeptes der Jugendlichen. Eine hohe Ablehnung durch Gleichaltrige führt nach unseren Annahmen zu einer niedrigen Selbstakzeptierung und in der Folge zu erhöhten Depressionswerten, was wiederum die Wahrscheinlichkeit erhöht, dass die betreffenden männlichen Jugendlichen als Opfer oder als Täter physischer Gewalt in der Schule auftreten. Höhere Werte im Risikofaktor ‚Ablehnung durch Gleichaltrige' stellen demnach eine psychosoziale Belastung im Jugendalter dar, welche die Entwicklung und Aufrechterhaltung eines unterstützenden Selbstkonzeptes unterminiert. Zugleich wirkt die wahrgenommene soziale Unterstützung der Jungen durch MitschülerInnen in schwierigen und damit konfliktbeladenen Situationen, die mit der physischen Gewalt in Beziehung zu setzen sind, als bedeutsame Moderatorvariable mit Puffereffekt.

Die soziale Unterstützung der Schüler durch die Gleichaltrigen ist eine wichtige subjektive Ressource der Heranwachsenden, so auch Frey und Röthlisberger (1994). Sie verweisen darauf, dass soziale Unterstützung und die Häufigkeit der Inanspruchnahme je nach Netzwerkqualität unterschiedlich ausfällt. Die Wirkung der Faktoren um den Themenbereich ‚Integration unter Gleichaltrigen' weist, entgegen der Annahme, eine hohe Bereichsspezifizität auf. Auf unsere Studie gemünzt heisst dies, dass sie nicht in vielerlei Richtungen wirken, sondern ihren Haupteffekt auf das Selbstkonzept der Jugendlichen haben (siehe hierzu auch Neyer et al. 1998). Hierbei sei daran erinnert, dass die Bereichsspezifität von Erfahrungen unsere Studie auch dahingehend definiert, dass wir nicht jede Art von Gewalterfahrung aufnehmen, sondern die physischen Gewalterfahrungen der männlichen Jugendlichen in der Schule in den Mittelpunkt stellen. Kriminalistische Forschung oder Gewalt in der Familie werden in unserer Studie nicht berücksichtigt. So ist anzunehmen, dass der posttraumatische Stress von weiteren Gewalterfahrungen, die nicht im Schulkontext anzusiedeln sind, eine andere Dynamik in Zusammenhang mit den Gleichaltrigenbeziehungen aufweist, so auch Selner-O'Hagan et al. (1998). Die Stressresistenz und damit die Widerstandsfähigkeit gegenüber Belastungen in den schulrelevanten Erfahrungen männlicher Jugendlicher, so der Prüfungsangst und dem Begabungsselbstbild, kann durch eine hohe Integration in die Gleichaltrigengruppe verbessert werden.

Diese sozialen Ressourcen als Schutzfaktoren in der Schulumwelt der männlichen Jugendlichen wirkend, stehen einerseits in einer engen Beziehung zu den sozialen Ressourcen aus dem familiären Umfeld, andererseits aber auch in einem Wirkungsverhältnis zu den personalen Ressourcen des Selbstkonzepts, so Laucht, Esser und Schmid (1997, S. 262). Im Rahmen unserer empirischen Auswertungen werden wir, wie Rutter es (1990) formulierte, nicht primär das Ziel verfolgen, protektive Faktoren zu erkennen, sondern vielmehr protektive Prozesse in der Entwicklung Jugendlicher auf Risikopfaden zu extrahieren und die hierzu gehörenden Mechanismen zu entdecken.

Das Studium der Entwicklung im Jugendalter unter ökologischer Perspektive bedarf, so unsere eingeschlagene Analysestrategie, sowohl der Untersuchung der interpersonellen Probleme in der Abstimmung zu den Mitschülerinnen und Mitschülern und zum elterlichen Erziehungsstil wie auch der Innenschau zur Erkennung von intrapersonellen Problemen, so insbesondere der Depressionsneigung und der Selbstakzeptierung. Die Entwicklung eines angemessenen Selbstkonzeptes im Jugendalter ist, so auch Rennen-Allhoff (1995), von einer optimalen Einbindung in die Gleichaltrigengruppe in der Schule abhängig.

Opfererfahrungen Jugendlicher im Schulkontext wirken auch in anderen Lebensfeldern nach. Olweus (1993) fand, dass Jungen, die zwischen 13 und 16 Jahren in der Schule geschlagen worden sind, noch mit 23 Jahren auffallend scheu sind, weit stärker depressiv gestimmt sind und zugleich eine niedrigere Selbstakzeptierung haben als ihre Altersgenossen. Konfliktbeladene Beziehungen zu den Gleichaltrigen erhöhen erheblich die Wahrscheinlichkeit von Gewalthandlungen durch die beteiligten Jungen, so auch Loeber und Stouthamer-Loeber (1998b).

Persönlichkeitseigenschaften von Opfern und Tätern schulischer Gewalt haben nach Caroll et al. (1999) Ähnlichkeiten, die sich insbesondere über das Selbstkonzept der betroffenen Jungen ermitteln lassen. Im Rahmen der Studie Carolls konnte bei Jugendlichen der 5.–7. Klassenstufe festgestellt werden, dass die Zukunftsorientierung von Gewalt-Tätern und –Opfern sowohl diffuser als auch pessimistischer war. Die nach Nurmi (1987; 1989; 1991) bzgl. der Zukunftsvorstellungen sensible Altersphase von 11-15 kann demnach durch Gewalterfahrungen dahingehend massiv beeinflusst werden, dass Ziele zum Ausbildungsverlauf entweder kaum oder nur in einer äusserst unrealistischen Art gesetzt werden. Relevante Entwicklungsaufgaben des Jugendalters können dadurch nur unzureichend gelöst werden.

Aggressive männliche Jugendliche setzen zudem in Aushandlungsprozessen mit Gleichaltrigen in der Schule weniger effektive bzw. sozial verträgliche und mehr destruktive Kommunikationsstrategien ein als gewaltfreie Jugendliche (vgl. Austin und Joseph 1996, S. 454). Dieses Ergebnis wird auch durch die Studien von Dumas et al. (1993) und Rivers et al. (1994) gestützt. Infolge der Inbeziehungsetzung von Eisencks Persönlichkeitstest mit Items zu gewalttätigem Verhalten in der Schule haben Mynard und Joseph (1997, S. 53) dieses Ergebnis bestätigt und festgestellt, dass Täter- und Opfer-Jungen stärker als andere männliche Jugendliche durch neurotisches bzw. psychotisches Verhalten charakterisierbar sind. Opfer sind zudem introvertierter als alle anderen Jungengruppen. Boulton (1993, S. 234) hat die Gründe, derentwegen SchülerInnen körperliche Gewalt ausüben, sehr deutlich herausgearbeitet, und diese in der Aushandlung zwischen den Gleichaltrigen erkannt. Es sind dies, in der Reihenfolge ihrer Wichtigkeit: Das Necken, das Geschlagen-Werden aus keinem ersichtlichen Grund, Unstimmigkeiten in der Auslegung von Spielregeln und im Klären von Besitzverhältnissen zu einzelnen Gegenständen. Hier wird deutlich ersichtlich, dass das scheinbar harmlose Necken unter SchülerInnen der wichtigste Ausgangspunkt zu physischer Gewalt im der Schule ist.

Gottman und Mettetal wiesen (1986; 1986) nach, dass die Emotionskontrolle einen wichtigen Faktor für die Integration und die ablaufenden Aushandlungsprozesse in der Gleichaltrigengruppe darstellt. Diese Form der Selbstkontrolle ist eine Entwicklungsaufgabe, die einerseits in der mittleren Kindheit bereits angegangen werden muss, damit die männlichen Jugendlichen in der frühen Adoleszenz, also im Alter von zwölf Jahren, fähig sind, koordiniert mit Gleichaltrigen zu spielen und Frustrationen nicht über Gewalttätigkeit auszuleben. Negative Affekte dürfen nicht eskalieren, da sonst die Integration der Jugendlichen auf dem Spiel steht (vgl. Gottman et al. 1986, S. 200). Die unterstützende Wirkung von Freundschaften kommt deswegen erst dann zum Zug, wenn die männlichen Jugendlichen bereit sind, sich auf diese partnerschaftlichen Beziehungen und die Aushandlungen einzulassen, und damit für ihr Gegenüber nicht primär eine Belastung, sondern eine Bereicherung darstellen. Auch Ginsberg et al. (1986) hielten fest, dass insbesondere männliche Jugendliche, die über gewalttätiges Verhalten und über eine unstete Emotionalität schnell zu einem Belastungsfaktor für die Gleichaltrigen werden, also Gefahr laufen. aus der Gleichaltrigengruppe ausgeschlossen zu werden. Die ausgegliederten Jugendlichen selber haben dann in diesem Ausgliederungsmodus nicht die optimalen sozialen Kontexte, um zu lernen, wie mit Emotionen umzugehen ist. Deswegen ist auch anzunehmen, dass solche Jungen die hierzu notwendigen Lernprozesse entweder verspätet oder nur zu einem geringen Teil überhaupt durchlaufen können.

Zusammenfassend halten wir fest, dass belastete internale wie auch externale Faktoren erst im Zusammenspiel mit der Bewältigung spezifischer Entwicklungsaufgaben des Jugendalters eine Qualität erhalten, die zu einer gesamthaft erhöhten Belastung und damit zur Manifestation von Entwicklungsstörungen führt. Welche Risiken im Schnittfeld der internalen und der externalen Faktoren für eine besonders ungünstige Prognose verantwortlich sind, lässt sich nur dann ermessen, wenn eine Konfundierung der zu beurteilenden Risikofaktoren aufgehoben wird. Unser Untersuchungsplan sieht demnach die simultane Analyse von Entwicklungsprozessen personaler und psychosozialer Risiken vor und versucht darüber hinaus, das betrachten wir als eine besonders wichtige Ausrichtung unserer Untersuchung, die relative wie auch die spezifische prädiktive Bedeutung der jeweiligen Gruppe von Risikofaktoren zu bestimmen.

Erst die simultane Analyse dieser Faktoren wie auch die differenzielle Auswertung zur jeweiligen Gruppe erlaubt Aussagen darüber, welche Gruppe von Risikofaktoren in der spezifischen Stichprobe einflussreicher ist und welches die auftretenden spezifischen Risikofolgen sind. Wir gehen bei unserem Versuchsplan davon aus, dass das Konzept der Vulnerabilität eine zentrale Rolle einnimmt. Danach schlagen sich Belastungen nicht unmittelbar in Beeinträchtigungen nieder, wenn sie nicht traumatischer Natur sind, sondern in einer erhöhten Anfälligkeit der männlichen Heranwachsenden zur Ausbildung von Störungen bezüglich der Gewalterfahrungen. Die Risiko-Jungen lassen demnach in vielen relevanten Bereichen der internalen und externalen Faktoren ein deutliches Manko gegenüber der symptomfreien Gruppe aus der Stichprobe erkennen. So unterstützt ein harscher, inkonsistenter Erziehungsstil die Tendenz der männlichen Jugendlichen, sich vermehrt devianten Jugendgruppen anzuschliessen, und dies ist verbunden mit einer geringen elterlichen Beaufsichtigung, ein äusserst starker Prädiktor für ein höheres Ausmass von Delinquenz im Jugendalter (vgl. Kim et al. 1999). So machen Dishion et al. (1991) vor, wie es möglich ist, die Auswirkungen von familiären Einflussgrössen auf die Schule zu überprüfen, und verbinden den Erziehungsstil mit der Integration in die Gleichaltrigengruppe.

Je rigider, so ihre Ergebnisse, der Erziehungsstil der Eltern ist, desto eher entwickeln die männlichen Jugendlichen antisoziale Dispositionen, und je eher sie diese entwickeln, desto häufiger werden sie von ihren Gleichaltrigen abgelehnt, was wiederum zu einem Ansteigen der Wahrscheinlichkeit führt, dass die betroffenen männlichen Jugendlichen zurückgewiesen werden. Diese Jungengruppe kann deswegen die Entwicklungsaufgabe des Sich-Lösens von den Eltern nicht bewältigen, weil sie mit den Eltern gebrochen hat und wegen des Ausschlusses aus der Jugendlichengruppe keine befriedigenden Gleichaltrigenbeziehungen aufrecht erhält. Die beschriebene Dynamik führt dazu (vgl. Gottman et al. 1986), dass sie weder im familiären Umfeld noch mit Gleichaltrigen lernen, ihren Ärger und ihre Wut zu regulieren. Vielmehr setzen sie in den Situationen, in denen sie emotional überrascht, verletzt oder physisch geschlagen werden, Gewalt als Bewältigungsstrategie ein (vgl. Underwood et al. 1999). Sie lernen nicht, dass es auch für Jungen notwendig ist, ihren Ärger zu kontrollieren und zu kanalisieren. Das weitgehende Fehlen von Erfahrungen des Teilens von positiven wie auch negativen Schulerfahrungen mit anderen Jugendlichen führt dazu, dass prosoziale Dispositionen, hier insbesondere bezogen auf die anderen Gleichaltrigen in der Schule aber auch auf Lehrpersonen, sich kaum entwickeln können. Wer, so die Ergebnisse aus den Studien Eisenbergs (1995a; 1995b; 1996; 1999a; 1999b), den Anschluss an die Gleichaltrigen-Gruppe möchte, muss Freud und Leid des Schulalltags teilen und auch eine Ressource für die weiteren Mitglieder der Gruppe darstellen können. Jugendliche, die ihre Emotionen nicht kontrollieren können und die ein äusserst problematisches soziales Verhalten an den Tag legen, sind für ihre Peers eine Belastung und werden demnach von den MitschülerInnen auch eher ausgestossen.

Bei herangezogenen Studien stellte sich mindestens implizit die methodische Frage, ob Aggressoren ihr Verhalten nicht als einen Gewaltakt bezeichnen würden, obwohl ihn ihr Umfeld als solchen erkennt. Cairns und Cairns (1991) haben diese

These untersucht und konnten sie deutlich verwerfen. Cairns und Cairns strichen heraus, dass gewalttätige und gewaltfreie Jungen die gleichen Massstäbe haben, um ihre Taten intersubjektiv stimmig festzuhalten. Andererseits konnten sie zeigen, dass die Problematisierung dieses Verhaltens durch die Täter ein anderes ist. Sie beurteilen ihr gewalttätiges Verhalten weit milder als es ihr Umfeld tut und zeigen darin eine höhere Akzeptanz bezüglich gewalttätigem Verhalten.

Erfahrungen mit Lehrpersonen

Viele empirische Studien untermauern die Hypothese, dass Lehrpersonen eine wichtige Rolle in der Prävention und im Angehen bereits bestehender Gewaltprobleme im Schulkontext spielen (vgl. Thommen 1985; Borg und Falzon 1990; Borg und Falzon 1993; Siann, Callaghan, Lockhart und Rawson 1993). Schubarth hält in seiner Sekundäranalyse den grossen Einfluss von schulischen Bedingungen auf das Gewalthandeln von Jugendlichen fest. Insbesondere betont er das Lehrperson-SchülerIn-Verhältnis (vgl. Schubarth 2000, S. 98). Es wird insbesondere, so Fend (vgl. 1995; 2000, S. 330ff.), durch die aus der Schulklimaforschung eruierten Merkmale ‚fachliche Unterstützung durch die Lehrpersonen' und ‚Vertrauensverhältnis zwischen Lehrpersonen und SchülerInnen' charakterisiert. Der Indikator ‚fachliche Unterstützung durch die Lehrpersonen' drückt eine wichtige schulische Kontrollüberzeugung aus. Es sind die Erfahrungen, dass schulische Anstrengungen auch über die gebührende Unterstützung durch die Lehrpersonen ihren Niederschlag im Erfolg finden. Im Rahmen des zweiten Indikators ‚persönliche Beziehungen zu den Lehrpersonen' wird zentral das Vertrauensverhältnis und damit der Beziehungsaspekt der schulischen Sozialbeziehungen zwischen Lehrpersonen und SchülerInnen diskutiert.

Die These der Relevanz dieser Indikatoren wird auch durch die Tatsache gestützt, dass Lehrpersonen quasi als ‚Vollstrecker' schulstruktureller Massnahmen, eine Schlüsselrolle einnehmen. Die in Lehrplänen bzw. Schulleitbildern formulierten Lernziele und die angepeilten Ziele zur sozialen und personalen Entwicklung der SchülerInnen, konkretisieren sich zu einem wichtigen Teil auf der Ebene des Lehrpersonenhandelns im Unterricht.

In der Schule wird aber leider versucht, über die von Erdheim (1997) beschriebene schulische Initiation, die sich im Lehrpersonenhandeln während des Unterrichts konkretisiert, die adoleszente Dynamik aufzufangen und beim Übergang von der Kindheit ins Erwachsenenalter gesellschaftskonform zu lenken. In so genannt ‚kalten' Gesellschaften (vgl. Lévi-Strauss 1997) wird versucht, die notwendigerweise entstehende Dynamik der Adoleszenz laufend zu neutralisieren. In industriellen Gesellschaften dagegen, so genannt ‚heissen' Gesellschaften, wird teilweise versucht die Dynamik der Adoleszenz in einer für die Gesellschaft förderlichen Art und Weise aufzunehmen. Der Versuch der Jugendlichen, einerseits das Überlieferte in Zweifel zu ziehen bzw. neue Perspektiven für sich zu suchen, und andererseits, sich in der ganzen Suche nicht zu verlieren und zugleich die Kontinuität mit dem Bestehenden zu wahren, wird zu einer längeren Experimentierphase, zu einem Moratorium, wie es Erikson nannte (1989). Trotzdem werden auch in so genannt ‚heissen' Gesellschaften Konflikte mit den Adoleszenten zu vermeiden versucht, indem eine Fixierung auf Rollenidentifikationen vorgenommen wird, die bereits im Rahmen der primären Sozialisation, also im familiären Umfeld, aktuell waren. Um beispielsweise nicht isoliert zu sein, nicht Liebesverlust, Beschämung oder andere Strafen zu erleiden, unterscheiden viele Heranwachsende nicht nur in der Kindheit, sondern auch im Jugendalter in der Schule nicht deutlich zwischen den eigenen und den fremden Bedürfnissen (vgl. hierzu Parin 1977; Gruen 1987; Gruen 1998).

Die Adoleszenz und die Möglichkeiten zur so genannten zweiten Chance, also zur Chance, Fähigkeiten zu entwickeln, die den Heranwachsenden erlauben, als autonome Erwachsene an der Kultur teilzunehmen und dadurch diese Kultur sowohl zu bewahren als auch weiter zu entwickeln und zu verändern, wird dadurch neutralisiert. So wird beispielsweise in modernen Gesellschaften die Projektion der Familie auf die Schule praktiziert, das heisst, dass die Jugendlichen viele Erfahrungen, die sie in der Familie gemacht haben, in der Schule wiederholen müssen. Die zweite Chance der Adoleszenz kann in diesem Rahmen nicht genutzt werden. Guggenbühl (2001) thematisiert hierzu die mittlerweile als selbstverständlich hingenommene ‚Verschulung' der Schule. Aus dieser Verschulung heraus müssen sich die Jugendlichen fachliche, personale und soziale Ziele setzen noch bevor sie nach ihnen gesucht haben. Der Lehrplan und mit ihm die Lehrpersonen versuchen dadurch, die Entwicklung der Jugendlichen über eine stark strukturierende Pädagogik, als eine eigentliche Kontrollpädagogik (vgl. Hügli 1995) funktionierend, zu steuern. Das Ergebnis ist die auch von Erdheim (1997) problematisierte Unterdrückung der Dynamik der Adoleszenten.

Erdheim schlägt dagegen vor, dass die Schule ein so genanntes Übergangsobjekt in der Jugendphase sein sollte, welches zwischen Familie und Kultur vermitteln müsste und dadurch einerseits die Ängste der Jugendlichen vor der Trennung von der familiären Welt aufnimmt und über Bewältigungsprozesse die Jugendlichen in die Welt der Kultur einführt (Erdheim 1993). Dadurch würde die Schule vermeiden, dass sie sowohl die Schülerinnen und Schüler als auch die Lehrpersonen in eine Dauerregression versetzt, welche die frühkindlichen Konflikte reaktiviert, ohne sie zur aktiveren Bewältigungsphase der Jugend übergehen zu lassen.

Erdheim bezeichnet diese Form von Initiation, die gleichsam hinter dem Rükken sowohl der Adoleszenten wie auch der Erwachsenen verläuft, weil sie eben unbewusst bleibt – im Unterschied zur Bewusstheit der Initiation in so genannten ‚kalten' Kulturen, als eine unbewusst neutralisierte Adoleszenz (vgl. Erdheim 1997). Sowohl die Adoleszenten wie auch die Erwachsenen wissen nicht und wissen gleichzeitig doch, was ihnen widerfährt bzw. was sie tun. Auf der Ebene des Bewusstseins wird immer rational, in der Regel mit Hilfe von Sachzwängen, argumentiert:

> *„Der Jugendliche muss in die Schule und dort Prüfungen ablegen, in die Lehre, ins Militär, in den Turn- oder Gesangsverein etc., um das Wissen zu erwerben, das er für seine Arbeit und sein Leben braucht, um sein Land zu verteidigen, seinen Körper zu ertüchtigen etc. ... Zu den grausamen und irrationalen Riten der ‚Wilden' ergeben sich so keine Parallelen. Aber es lässt sich annehmen, dass, falls ‚kalte Gesellschaften' auch Ethnologen ausgebildet und diese uns, statt wir sie, untersucht hätten, sie auch die verschiedenen Verläufe der Adoleszenz mit dem Begriff der Initiation zu erfassen versucht hätten."*
>
> *(Erdheim 1997, S. 328).*

Diese Neutralisierung der eigenen Adoleszenz scheint bei den Einzelnen so schmerzhaft gewesen zu sein, dass die Erfahrung selber einmal Adolescenter gewesen zu sein, gewöhnlich bei den Erwachsenen von geringem bzw. gar keinem Nutzen ist, um die Adoleszenten von heute zu verstehen. Insbesondere die Schule stellt in so genannt ‚heissen' Gesellschaften die Institution dar, die diese versteckte Initiierung und damit die Neutralisierung der Adoleszenzdynamik übernommen hat. Die so genannten Sachzwänge der Schule stellen eine Initiation dar, die von Erdheims hypothetischen Ethnologen der ‚kalten' Kulturen sicherlich als solche wahrgenommen würden.

Die viel beschworene Persönlichkeitsentwicklung der Schülerinnen und Schüler als eine wichtige Aufgabe der Schule wird über ein Double-bind wahrgenommen, nämlich: Förderung der personalen Entwicklung und Ausschluss der affektiven Dimension über die neutralisierte Adoleszenz. Wenn nach Freud die Maxime einer gelungenen Adoleszenz die Aussage war ‚Wo Es war, soll Ich werden' erkennen wir, dass im Rahmen der über die Schule neutralisierten Adoleszenz das Ich schwach bleibt und das Es an Stärke gewinnt. Parallel dazu wird die Schaffung eines Über-Ichs, das mittels Schuldgefühlen Veränderungswünsche und Aggressionen nach innen wendet, gemeinsam mit der Unbewusstmachung die wichtigsten Strategien darstellen, um Aggressionen im Alltag zu verstecken. Das Regressionspotenzial aber wird enorm, und die Kultur schafft sich dadurch einen äusserst hohen Unsicherheitsfaktor. Die Verschiebung der Aggression ins Unbewusste oder dann ins Über-Ich ist ein Phänomen, das Elias versäumt hat zu untersuchen – er hat insbesondere versäumt zu belegen, welche Wirkungen diese Aggression über ihr so genanntes ‚Partisanendasein' zeitigt. Es findet darüber eine Verleugnung der schmerzenden Realität durch die Beherrschenden statt. Die Macht der Herrscher ist zwar sehr gross, weil manifester Widerstand nicht sinnvoll zu sein scheint und von den rational denkenden Individuen als Zurückfallen in ein Stadium der Vorzivilisation gesehen wird. Andererseits aber entsteht eine richtungslose Aggression, die sich der Realitätskontrolle und der Einsichtsfähigkeit entzieht und dadurch von den Herrschenden wieder schlechter kontrollierbar wird. Ihre Macht schwindet somit gleichermassen durch die jederzeit möglich erscheinende Regression wie sie wiederum ansteigt über den zusammengebrochenen Widerstand der Individuen, weil sie die Aggression entweder unbewusst gemacht oder in ihr Über-Ich eingebaut haben (vgl. hierzu Erdheim 1997, S. 435). Besonders stark von aussen kontrollierte männliche Jugendliche, so z.B. über einen strafend-inkonsistenten Erziehungsstil der Eltern, oder über eine Beziehung zu MitschülerInnen und Lehrpersonen, die primär durch Abgrenzung definiert wird, laufen besondere Gefahr, in der Schule gewalttätig zu werden. Im Unterricht und in der Interaktion mit den

Lehrpersonen zeigen sich Erfahrungen, die den Aufbau eines starken Über-Ichs und damit die von Erdheim problematisierte schulische Initiation begünstigen, darin, dass die Jugendlichen als Persönlichkeiten von den Lehrpersonen nicht akzeptiert werden und dass sie zugleich von ihnen verbal-aggressiv angegriffen werden. Auf Grund dieser Erfahrungen können insbesondere auch in anderen Bereichen belastete männliche Jugendliche weder ihre intraindividuelle psychische Dynamik noch ihre soziale Beziehung zu den Lehrpersonen als Ressourcen in den Schulalltag einbringen, um Aushandlungsprozesse mit MitschülerInnen konstruktiv zu lösen.

Der Machtmissbrauch durch Lehrpersonen und seine Auswirkungen auf das Klassenklima wurden erst in den letzten Jahren zu einem Thema in der Schulforschung (vgl. Krumm 1997b; Krumm et al. 1997c; Krumm 1997d). Unter Machtmissbrauch wird das Blamieren, Blossstellen oder Lächerlichmachen von SchülerInnen durch Lehrpersonen oder auch das Schlagen von SchülerInnen verstanden. Nach Schubarths Review (Schubarth 2000) geben rund ein Drittel aller Schülerinnen und Schüler an, im vergangenen Monat mehr als einmal durch Lehrpersonen gekränkt worden zu sein, und dies, indem sie blamiert, beschimpft oder beleidigt worden sind (vgl. Schubarth 2000, S. 84). Diese Angaben stimmen mit den Ergebnissen Krumms (Krumm 1997b; Krumm et al. 1997c) und unseren Analysen überein. In unserer Stichprobe berichteten 26.5% aller Jungen, dass sie von ihren Lehrpersonen mindestens 1–2 Mal im Monat beleidigt oder verspottet werden. Gar 33.5% der Jungen sagten aus, dass sie mindestens 1–2 Mal im Monat angeschrien oder beschimpft werden und 2.7% von ihnen berichteten davon, dass sie in der gleichen Zeitperiode von ihren Lehrpersonen geschlagen worden sind. Schubarth berichtet (vgl. Schubarth 2000, S. 84) von einer Untersuchung, die ergab, dass 9% aller SchülerInnen physische Übergriffe der Lehrpersonen erlebten.

Auch Trachtenberg et al. (1994) konnten nachweisen, dass aggressive Jungen häufig wahrnehmen, dass die Lehrpersonen ihnen gegenüber weit rigider sind und dies stark mit ihrem nicht-angepassten Verhalten zusammenhängt. Zugleich konnten Trachtenberg et al. auch feststellen, dass die gewaltfreien Jungen weit kompetenter mit aggressionsbeladenen Situationen umgehen konnten, und zwar so, dass sie auch weit häufiger schlichtende Massnahmen einsetzten oder dann der Situation auch weit häufiger auswichen, als es aggressive Jungen tun konnten. Dies wird von den Lehrpersonen mit einer positiven persönlichen Beziehung ‚belohnt'.

Popitz (1992) untersuchte diesen Prozess aus soziologischer Sicht und subsummierte ihn der instrumentellen Macht. Darunter fallen sowohl Drohungen als auch – und dies ist aus pädagogischer Perspektive interessant – Versprechungen. Die Drohungen steuern das menschliche Verhalten, weil sie Furcht erzeugen, Versprechungen dagegen, weil sie Hoffnung erzeugen. Beide Machtaspekte haben eine stark kontrollierende Zielrichtung, die eine Kategorie über die Furcht, die andere über die Abhängigkeit der Hoffnung. Auf unseren Fall übersetzt müsste dies heissen, dass gewalttätige männliche Jugendliche, die von Erziehungsmächtigeren, so von Eltern oder Lehrpersonen durch Drohungen oder Versprechen kontrolliert werden, eher den Eindruck haben müssten, ihr Leben nicht steuern zu können. Dies müsste sich in einem ‚Paria-Dasein' (Arendt 1997) und in den Symptomen einer niedrigeren Handlungskontrolle und eines gedämpften Zukunftsoptimismus der Jugendlichen zeigen. Zugleich müssten wir feststellen, dass durch die von Erdheim beschriebene emotionale Aufladung das ‚Partisanendasein' (Erdheim 1997) der eigenen Wünsche dazu führt, dass diese Jungengruppe eine geringere Emotionskontrolle und ein belasteteres Verhältnis zu Erwachsenen hat.

Zur Überwindung von gewalttätigem Verhalten im Schulkontext wird als Unterstützung der Lehrpersonen auch Schulsozialarbeit eingesetzt. Als Schulsozialarbeit bezeichnet man unterschiedliche Formen langfristiger, vereinbarter und damit kontinuierlicher Zusammenarbeit von Jugendhilfe und Schule. Insbesondere geht es um die Tätigkeit von Fachkräften der Jugendhilfe, beispielsweise SozialarbeiterInnen in der Schule, und um ihre Zusammenarbeit mit den jeweiligen Lehrpersonen. Ist Schulsozialarbeit noch in den achtziger Jahren primär als etwas Exotisches wahrgenommen worden, gilt sie mittlerweile als eine effektive und effiziente Form der Jugendhilfe im Schulkontext. Schulsozialarbeit wird in Verbindung zum Thema ‚Gewalt in der Schule' oft auch für die Elternarbeit eingesetzt, um die Kooperation zwischen Elternhaus und Schule zu optimieren (vgl. Drilling 2001). Man erhofft sich von der kommunikativen Kompetenz der SchulsozialarbeiterInnen, diese Interaktionsschwierigkeiten zu überwinden, damit die beiden Institutionen Familie und Schule miteinander ins Gespräch kommen. Dabei liegt auch das Problem vor, dass teilweise mehr Zeit für Elternarbeit eingefordert wird, um dem diagnostizierten erzieherischen Mangel der Familien abzuhelfen (Rademacker 1996, S. 223). Über Schulsozialarbeit versucht man somit, Elternarbeit neu zu formulieren. Der Einsatzbereich der Schulsozialarbeit zum Thema Gewalt besteht auch darin, dass über den Einbezug der Jugendhilfe in der Schule versucht wird, kompensierend die Mängel der so genannten modernen Familie auszugleichen, um Schulbetriebsstörungen zu minimieren. Es besteht deswegen die Tendenz, dass Legitimations- und Qualifikationsfunktionen der Schule auf die Jugendhilfe überwälzt werden und diese damit Gefahr läuft, von den gesellschaftlichen Funktionen der Schule vereinnahmt zu werden und damit auch bei der Neutralisierung von Adoleszenz eine aktive Rolle einzunehmen.

Schlussfolgerungen für die empirische Überprüfung der Wirkungen aus dem Bereich Schule und Persönlichkeitsentwicklung

Das Verständnis der entwicklungspsychologischen Bedeutung von Sozialbeziehungen unter den Jugendlichen in der Schule und zwischen den Jugendlichen und ihren Lehrpersonen ist eine wichtige Bedingung für die Erklärung der Gewaltbereitschaft männlicher Jugendlicher.

Die Grösse und die Qualität der Gleichaltrigen-Netzwerke in der Schule, so die Hypothese, beeinflussen signifikant die Gewaltbereitschaft männlicher Jugendlicher. Darum sei nochmals daran erinnert, dass unsere Stichprobe eine geschlechtshomogene ist, das heisst, es werden ausschliesslich männliche Jugendliche untersucht. Eine terra incognita ist die Thematik der Bedeutung der Peer-Netzwerke von männlichen Jugendlichen nicht. Trotzdem konnte beobachtet werden, dass meistens einfache Strukturmerkmale von Peer-Netzwerken, so die Grösse des Gesamtnetzwerks und die Häufigkeit von Kontakten mit Gleichaltrigen, analysiert worden sind. Aufschlussreicher dürfte es sein, so unsere Annahme in Anlehnung an Fend (1998), diese formalen Angaben zur Gruppe durch spezifische qualitative Charakteristika der Peer-Netzwerke zu erweitern, so zum Beispiel durch das Thema Beliebtheit, und damit auch den Status des jeweiligen Jugendlichen in die Analyse einzubeziehen. Zugleich dürfte es interessant sein, wie wohl sich die Jugendlichen in den von ihnen beschriebenen Gruppen fühlen. Dies hängt auch mit der Erkenntnis zusammen, dass die Jugendlichen sehr wohl in einer grösseren Gruppe stabil eingebettet sein mögen, die Qualität dieser Einbettung aber durchaus differieren kann. Insofern ist das Wohlbefinden der Jugendlichen in diesen Gruppen ein relevantes Qualitätsmerkmal dieser Einbindung. Zur Operationalisierung der für die Beziehungen zu den MitschülerInnen relevanten Fragen haben wir die Ergebnisse aus der Review-Studie von Hodges & Perry (1996) beigezogen. Danach werden wir zwei der drei wichtigsten Risiken für das Hineinrutschen in die Opferrolle berücksichtigen, nämlich die mangelnde soziale Integration in die Peer-Gruppe und die niedrige Beliebtheit. Den dritten Faktor, Freunde mit einem niedrigen Status, werden wir dagegen nicht einbeziehen, weil wir keine soziometrischen Untersuchungen durchführen konnten.

In Anschluss an Fend (1995; 2000) sollen zur Erklärung der Gewalterfahrungen der männlichen Jugendlichen Merkmale des Verhältnisses zwischen Lehrpersonen und Schülern berücksichtigt werden, die im Rahmen der Schulklimaforschung entwickelt worden sind. Es sind dies die fachliche Unterstützung durch die Lehrpersonen und das Vertrauensverhältnis zwischen Lehrpersonen und Schülern. Über diese beiden Indikatoren wird geprüft, inwiefern das Verhältnis zwischen Schülern und Lehrpersonen als soziale Ressource für die betreffenden Schüler gewertet werden kann.

Der erste Indikator, ‚fachliche Unterstützung durch die Lehrpersonen‘, drückt eine wichtige schulische Kontrollüberzeugung der Jugendlichen aus. Es sind die Erfahrungen, dass sich schulische Anstrengungen auch über die gebührende Unterstützung durch die Lehrpersonen im Erfolg niederschlagen. Dieser Aspekt drückt in einer gegebenenfalls negativen Ausprägung das Gefühl der Aussichtslosigkeit eigener Bemühungen hinsichtlich eines schulischen Erfolgs und das Gefühl mangelnder fachlicher Unterstützung durch die Lehrpersonen aus. Aus der Perspektive des einzelnen Schülers ergibt sich wiederum positiv akzentuiert die Sicherheit, unter keinen Umständen in den Augen der Lehrpersonen ein so genannt ‚hoffnungsloser‘ Fall werden zu können – wahrscheinlich eine wichtige Prämisse dafür, auch in Fragen der sozialen Entwicklung kein hoffnungsloser Aussenseiter zu werden. Im Rahmen des zweiten Indikators ‚persönliche Beziehungen zu den Lehrpersonen‘ wird das Vertrauensverhältnis und damit der Beziehungsaspekt der schulischen Sozialbeziehungen zwischen Lehrpersonen und SchülerInnen diskutiert. Im Mittelpunkt dieses Verhältnisses stehen sozial-erzieherische Ziele, nämlich das Akzeptieren der Persönlichkeit des Schülers, das Ernstnehmen seiner Individualität und die Bereitschaft der Lehrpersonen zu Hilfe und Support angesichts von Schwierigkeiten und Problemen des Jugendlichen.

Als dritten Indikator zur Beziehung zwischen Lehrpersonen und Jugendlichen werden wir die Erfahrungen der Schüler aufnehmen, dass auch Lehrpersonen über physische oder psychische Gewalt das Sozialklima in der Schule negativ beeinflussen können. Hierzu werden wir Aspekte von Lehrpersonenhandlungen wie Schlagen, Schreien oder Beleidigen einbeziehen.

In der Analyse, so unsere Erkenntnisse aus der theoretischen Annäherung, muss immer wieder gefragt werden, welche Familienbeziehungen die Interaktionen der Jugendlichen untereinander und zu den Lehrpersonen wie stark beeinflussen. Walper (1995) folgend, werden wir einerseits Einzelitems zu belastendem Erziehungsverhalten, wie dies der inkonsistente und der strafend-kontrollierende Erziehungsstil darstellt, zu einem Indikator zusammenfassen, andererseits werden wir Indikatoren aus dem Bereich ‚stützender und fördernder' Erziehungsstil, so die Unterstützung durch Eltern, das familiäre Involvement und die elterliche Beaufsichtigung, ebenfalls zusammenziehen.

Danach werden wir die Auswirkung dieser zwei zusammengesetzten ‚Familien-Indikatoren' auf die Beziehung unter den Jugendlichen sowie zwischen den Jugendlichen und den Lehrpersonen untersuchen. Bindungstheoretisch ausgelegt, heisst dies: Sicher gebundene männliche Jugendliche sind eher in der Lage, befriedigende Beziehungen zu anderen Gleichaltrigen in der Schule und zu den Lehrpersonen einzugehen. Unter dem Einfluss ihrer sozialen Erfahrungen in der Herkunftsfamilie, hier insbesondere in den Beziehungen zu den Eltern, entwickeln die männlichen Jugendlichen soziale Kompetenzen, die sie auch in der Schule in ihren Beziehungen zu den Gleichaltrigen und zu den Lehrpersonen einsetzen können.

5 Geschlechterrollenstereotype

Frage Interviewerin: Wenn du, wie im Märchen zwei-drei Wünsche frei hättest, was würdest du in der Schule tun wollen, was verändern zum Thema ‚Gewalt'?

Antwort Täter-Junge: Dass sich alle respektieren. Dass alle mehr Freiheit haben.

Nachfrage Interviewerin: Was heisst für dich mehr Freiheit?

Antwort Täter-Junge: Also Freiheit, … dass es auch keine Gewalt unter uns gibt …

Gewalterfahrungen und hegemoniale Männlichkeit

Eine anständige Gesellschaft (vgl. Margalit 1999) hat die Aufgabe, Demütigung nicht zuzulassen. Es ist eine Politik der Würde, wenn moderne Gesellschaften sich als Ziel setzen, zu verhindern, dass im Rahmen einer zentralen Organisation wie der Institution Schule die Demütigung von Heranwachsenden keine alltägliche Erfahrung wird. Hamburg (1998, S. 31) spricht in ihrem Artikel mit einem Titel, der Programm ist ‚Youth Violence is a Public Health Concern' den Standpunkt an, dass Jugend- und insbesondere Jungen-Gewalt eines der wichtigsten Probleme der USA im ausgehenden 20. Jahrhundert ist. Dies zeigt sich u.a. auch darin, dass rund 4,5% aller Schülerinnen und Schüler mindestens an einem Tag im vorhergehenden Monat nicht zur Schule gegangen sind, weil sie Angst vor Gewalt auf dem Schulweg oder auf dem Schulhof hatten. Dass diese Angst durchaus berechtigt ist, zeigt auch die Analyse Elliotts (1994). Er hält fest, dass in den USA jeden Tag Schülerinnen und Schüler ungefähr 270'000 Schusswaffen mit in die Schule nehmen. Dieses Ergebnis heben auch Mercy und Rosenberg (1998, S. 159) hervor.

Gesamthaft gesehen, bringen 8% aller Sekundarstufe-I-Schülerinnen und -Schüler an mindestens einem Tag pro Monat eine Schusswaffe in die Schule. Auf die gesamte Schulklasse gerechnet bedeutet es, dass rund zwei Kinder pro Schulklasse an mindestens einem Schultag pro Monat eine Schusswaffe mitnehmen. Kinder und die Jugendliche, die eine Schusswaffe mitnehmen, scheinen auch eher geneigt zu sein, sie nicht nur zur Schau zu stellen, sondern von ihr auch Gebrauch zu machen. Loeber und Stouthamer-Loeber (1998b, S. 94) halten fest, dass 33% aller männlichen Jugendlichen, die eine Waffe besitzen, auch eine Waffe gegen eine andere Person gerichtet haben und dass sie sie gebraucht haben.

Die im Rahmen unserer Arbeit kritisierte Natürlichkeit der männlichen Gewalttätigkeit stellt eine geeignete Projektionsfläche dar und zugleich einen äusserst bestätigenden Hintergrund für fest gefügte Lebensumstände im Rahmen des Erziehungsfelds Schule. Sollte es auch über empirische Untersuchungen möglich sein zu zeigen, dass gewalttätige männliche Jugendliche nicht die positive Variation darstellen, sondern das negative Ergebnis einer äussert problematischen und belastenden Erfahrungskette, würden wir diese besagte Projektionsfläche mindestens stark erschüttern. Auch bzw. insbesondere die Erziehungswissenschaft hätte im Rahmen eines nach Margalit (1999) gezeichneten Programms der Reduktion der Demütigung von Jugendlichen das Innerste der Täter und der Opfer physischer Gewalt in der Schule zu wahren, nämlich ihre Würde. Die überkommene Vorstellung von der Natürlichkeit der männlichen Aggression möchten wir deswegen thematisieren und den Täter- und Opfer-Jungen gleichzeitig ein Stück ihrer Würde zurückgeben, die sich nicht mehr auf Gewalt besinnen muss.

Beim Thema ‚männliche Geschlechtsidentität' ist es wichtig, zwischen ‚Geschlecht' und ‚Gender' zu unterscheiden, das heisst zwischen der biologischen und der sozialen Differenz des Geschlechts. Bereits mit dieser Unterscheidung wird artikuliert, dass männliche Geschlechtsidentität sowohl einen biologischen wie auch einen sozialen Ursprung hat. Dass die sozialen Beeinflussungsfaktoren nicht auf eine einzige Lebensphase festgelegt werden können, gilt als Produkt der Forschung des 20. Jahrhunderts zum Thema ‚männliche Identität'. Ein Beispiel hierfür sind u.a. auch psychoanalytisch orientierte Theorien, so die Aufsatzsammlung in Lerners und Friedmanns Publikation ‚Zur Psychoanalyse des Mannes' (1986).

Darin hält Tysen (Tysen 1986, S. 19) deutlich fest, dass aus psychoanalytischer Sicht die Wurzeln der Geschlechtsidentität in der frühen Kindheit konzentriert sind. Allerdings dürfen, so Tysen, die Beiträge der Latenzzeit und der Adoleszenz wie auch die Erfahrungen der Erwachsenen für die Entwicklung der gesamten Geschlechtsidentität nicht übersehen werden. Die Entwicklung der männlichen und der weiblichen Geschlechtsidentität ist zwar mit dem Ende der Adoleszenz weitgehend abgeschlossen, darüber hinaus muss aber erkannt werden, dass die Erfahrungen des Erwachsenenalters neue wichtige Impulse für eine Modifizierung geben können.

Andererseits lässt die überdeutliche Unterscheidung zwischen Mann und Frau als eine vermeintliche soziale Grenzziehung die Wichtigkeit des biologischen wie auch des sozialen Geschlechts im Rahmen unserer Gesellschaft sichtbar werden. Beim Lesen der verschiedenen Geschlechtsidentitätsmodelle gewinnt man zugleich oft den Eindruck, dass es den ForscherInnen nicht primär um die Identifizierung des beschriebenen Subjekts, des Mannes, geht, sondern dass vielmehr die Ausgliederung nicht gemeinter Personen, der Frauen, im Vordergrund steht. So treffen wir oft die Situation an, dass im Rahmen von Ausführungen zur männlichen Geschlechtsidentität nicht gesagt wird, was einen Mann kennzeichnet, sondern primär, was ihn von einer Frau unterscheidet. Wenn wir uns dagegen an Eriksons Publikationen und deren positive Sprache wie auch an deren Betonung der Einheit und Ganzheit von Identität erinnern (1989a), so scheint die von Defiziten nur so strotzende Beschreibung der männlichen Geschlechtsidentität in der aktuellen Diskussion ein anderes theoretisches Feld zu sein.

Defizitorientierte Theorien können so weit reichen, dass die genetisch bedingte Männlichkeit überbetont wird und damit auch die Produktion bedeutender Hormone wie zum Beispiel des Testosterons zu stark hervorgehoben wird. Auf Grund einer Kritik dieser Art, so zum Beispiel May (1986), wird die Verbindung zwischen Testosteron und bestimmten Formen der Aggressivität hergestellt und daraus die männliche Destruktivität abgeleitet. Die Aufgabe, die sich für eine so formulierte männliche Geschlechtsidentität stellt, ist die Kontrolle von männlichen destruktiven Bedürfnissen, so zum Beispiel von aggressiven Gefühlen oder von gewalttätigen sexuellen Wünschen (vgl. May 1986, S. 186). Auch die von Bob Connell (1995; 1995) vorgenommene Unterscheidung zwischen hegemonialer und untergeordneter Männlichkeit löst das dem Begriff ‚Geschlechtsidentität' immanente Problem nicht, insbesondere deshalb, weil auch im Ansatz von Connell die hegemoniale Männlichkeit als Prinzip materiell auf allen möglichen Ebenen existiert und diese als alles strukturierendes Element von Institutionen oder der Persönlichkeit der einzelnen Menschen formuliert ist. Unsere Kritik beinhaltet deswegen die These, dass das Konstrukt ‚Männlichkeit' oder ‚Weiblichkeit' nicht zwingend alle gesellschaftlichen, kulturellen oder individuellen Bereiche des Alltags durchdringen muss. Trotzdem ist Connell zugute zu halten, dass die insbesondere von ihm angesprochenen Strukturen der Arbeitsteilung oder der gesellschaftlichen und der privatisierten Macht in den gegengeschlechtlichen Beziehungen stark von der von ihm formulierten hegemonialen Männlichkeit gesteuert werden.

Die Diagnosen beziehungsweise die Rezepte, wie sie Armbruster (1995, S. 69) bezeichnet, variieren, doch stets, und dies ist eine Kritik, der wir uns anschliessen, wird die äusserst intensive Suche nach einem sexuierten Selbst empfohlen. Dagegen sollte aber auch festgehalten werden, dass diese Suche nach einer Geschlechtsidentität beziehungsweise nach einem sexuierten Selbst nicht nur die Dualität der Geschlechter reproduziert, sondern zwingend auch versuchen muss, die Differenz zwischen den Geschlechtern zu maximieren, um den Distinktionsgewinn zu erhöhen. Auch gilt es zu bedenken, dass die unbedachte Verwendung des Begriffs ‚Männlichkeit' im Singular eine Kohärenz suggeriert, die so nicht vorzufinden ist. Es lassen sich nämlich, wie Kersten (1993; 1995a; 1995b; 1997a; 1997b) dies am Kulturvergleich Japan-Australien exemplarisch zeigen konnte, auch unterschiedliche Wege der Legitimation und Fixierung der männlichen Sozialisation feststellen.

Die Folgen dieser Differenzen auf die jeweilige Qualität der Kriminalität, so der Untersuchungsgegenstand Kerstens, offenbart die Potenziale der Abweichung von einer globalen und damit kulturunabhängig fixierten hegemonialen ‚Männlichkeit'. Deshalb sind Bemühungen, geschlechtersensibilisierte Forschung zu betreiben oft auch mit der Nebenwirkung verbunden, dass sie nebst der Sensibilisierung für die Kategorie ‚Geschlecht' eine kategoriale Unterscheidung in die beiden Geschlechtergruppen intensiv (wieder-) beleben. Dies zeigt sich beispielsweise in der mittlerweile selbstverständlich vorgenommenen Unterscheidung zwischen ‚Geschlecht' und ‚Gender'. Regine Gildemeister und Angelika Wetterer haben (1992) diese Unterscheidung kritisiert, weil sie, und wir schliessen uns dieser Sicht an, nur eine Scheinlösung des Problems hervorbringt. Die Autorinnen betonen, dass die dadurch vorgenommene Parallelisierung von biologischem und sozialem Geschlecht in einem, wie sie es bezeichnen, ‚latenten Biologismus der Gesamtkonstruktion' endet (vgl. Gildemeister et al. 1992, S. 207).

Diese Kritik von Gildemeister und Wetterer wird zunehmend ernst genommen. Dies wurde u.a. auch in einer aktuellen Publikation (1995) mit dem Titel

‚Neue Horizonte? Sozialwissenschaftliche Forschung über Geschlechter und Geschlechterverhältnisse‘ von Armbruster, Müller und Stein-Hilbers erkannt. Die Herausgeberinnen und der Herausgeber legten bereits in der Einleitung zu ihrem Buch fest, dass sie in den Übersetzungen der englischen Beiträge die Unterscheidung zwischen ‚Sex‘ und ‚Gender‘ nicht übernommen haben (Armbruster, Müller und Stein-Hilbers 1995, S. 19). Stattdessen wurde der Begriff ‚Geschlecht‘ verwendet. Nur dort, wo die jeweiligen Autorinnen beziehungsweise Autoren eine explizite Referenz zu den Begriffen ‚Sex‘ oder ‚Gender‘ als biologischem oder sozialem Geschlecht machen, wurden diese Begriffe übernommen.

Weibliches Aggressionsverhalten

Dass es auch weibliches Aggressionsverhalten gibt, eine Tatsache, die wohl niemand leugnen würde, die aber in der Forschungslandschaft doch sehr stark im Hintergrund steht, wird z.B. in der Arbeit von Lutz (1999) aufgenommen. Auch in der finnischen Forschungsgruppe um Björkvist, Niemelä und Lagerspetz ist weibliches Aggressionsverhalten intensiv untersucht worden (vgl. Björkqvist und Niemelä 1992c). In der qualitativen Studie von Lutz wird weibliche Aggression primär als Mittel der Selbstinszenierung der Mädchen dargestellt (1999, S. 158). Werner diskutiert in ihrem Artikel ‚Aggressive Mädchen‘ (1999), dass wir aus der aktuellen Aggressionsforschung vergleichsweise wenig über aggressive wie auch über viktimisierte Mädchen erfahren. Dieser Beurteilung stimmt auch Crick (1995; 1996; 1998) zu. Werner (1999) zielt dabei auf die Analyse relationaler Aggression, eine Aggressionsform, die beispielsweise auch von Crick et al. (1996) erforscht worden ist. Demnach wird die relationale Aggression beziehungsweise die relationale Viktimisierung als ein Verhalten definiert, das den Beziehungen einer Person zu Gleichaltrigen oder den Gefühlen der sozialen Zugehörigkeit oder sozialen Akzeptanz Schaden antut.

Konkret betont das Konzept der so genannten ‚indirekten Aggression‘ die Abwesenheit einer physischen Konfrontation und stellt den Gebrauch der sozialen Beziehungen zur Schädigung anderer in den Vordergrund. Zugleich hat Viemerö (1992) zeigen können, dass auf Grund kultureller Veränderungen das Aggressionsverhalten finnischer Mädchen in den letzten zehn Jahren im Wandel begriffen ist. Es sei demnach nicht mehr ungewöhnlich, wenn Mädchen relativ offen so genannt männliches Aggressionsverhalten zeigen. Die jeweilige Gesellschaft und deren Umgang mit der Aggression bestimmt somit nicht ausschliesslich das männliche Aggressionsverhalten, sondern auch das weibliche. Viemerö geht davon aus, dass bereits in naher Zukunft in Gewaltstudien eine stärkere Angleichung auch der physischen Gewaltakte zwischen Jungen und Mädchen beobachtet werden wird, wenngleich die Jungen ihre ‚Vormachtsstellung', wohl kaum aufgeben werden (Viemerö 1992, S. 104).

Ein weiteres Indiz für zur Bestätigung der These Viemerös sind die Ergebnisse von Branger und Liechti (1998). Sie verweisen darauf, dass der Anstieg der Jugendgewalt eventuell, und nach ihrer Hypothesenprüfung sehr wahrscheinlich, auch mit einem veränderten Freizeitverhalten zusammenhängt. Sie zeigen, dass Jugendliche, die in ihrer Freizeit auf der Suche nach ‚Action' auffallen, häufiger mit Gewalt in Verbindung gebracht werden als andere. Diese Feststellung trifft auf weibliche und auf männliche Jugendliche im Alter von 15 bis 16 Jahren gleichermassen zu. Wenngleich der von Branger und Liechti gebildete Indikator ‚Sozialkontakte und Vergnügen', der inhaltlich den Bereich ‚actionorientierte Freizeitbewältigung' nachbildet, äusserst heterogen ist, vermögen die Autorinnen im Rahmen ihrer Analyse zu belegen, dass bestimmte Freizeitaktivitäten von Jugendlichen, unabhängig vom Geschlecht, weit stärker mit Gewaltdelinquenz in Verbindung gebracht werden können als andere.

Ähnlich argumentieren auch Cairns und Cairns (1994, S. 80), die festhalten, dass die Unterschiede in der Häufigkeit des Einsatzes von physischer Gewalttätigkeit durch Frauen und Männer sichtlich geringer geworden sind. Trotzdem gibt es weiterhin Versuche, Gewalt primär als Produktion von Männlichkeit und damit verbunden als Konstruktion von Geschlechterverhältnissen zu betrachten (vgl. Wölfl 2001, S. 30). Rutter et al. (1998) können dagegen auf Grund eines langfristigen, ca. 40-jährigen Trends zu den Verbrechen in England und Wales das sich deutlich angleichende Verhältnis zwischen den Verbrechensraten der zwei Geschlechter untermauern. So sei dieses Verhältnis von 11:1 im Jahre 1957 auf 4:1 im Jahre 1995 gesunken (vgl. Rutter et al. 1998, S. 74), wobei die Männer immer noch eine höhere Verbrechensquote haben. Diese Variation des Geschlechterverhältnisses aus den letzten 40 Jahren nimmt Rutter auch zum Anlass, die These der primär biologischen Erklärung der männlichen Gewalt zu einem beträchtlichen Teil als entkräftet zu beurteilen (vgl. Rutter et al. 1998, S. 276).

Männliche Sozialisation als fragliche individuelle und soziale Leistung

Zur Entlastung von Alltagssituationen werden männliche Gewalt-Täter häufig als ‚Gruselmonster', so Kersten und Steinert (1997, S. 8), dargestellt. Die ‚Normalität' der Lebensverhältnisse von Tätern wird dadurch verschleiert, und es wird suggeriert, dass es gespenstische Verhältnisse brauche, damit jemand zum Täter wird. Diese Verdrängung der Normalität von Bedingungen der Gewaltentstehung hat Godenzi am Beispiel der Gewalt im sozialen Nahraum stimmig veranschaulicht (vgl. 1996).

Wenn Kinder und Jugendliche im Schulumfeld – und nicht nur dort – physisch gewalttätig werden beziehungsweise physische Gewalt erleiden, so fällt auf, dass sowohl Opfer als auch Täter meistens männlichen Geschlechts sind. Im Rahmen dieses Kapitels möchten wir uns nun der Frage widmen, wie es dazu kommt, dass sowohl bei den Opfern wie auch bei den Tätern die männlichen Heranwachsenden so stark vertreten sind. Dabei gehen wir nicht von einer ‚biologischen Aggressionsuhr' im heranwachsenden Jungen aus. Diese Einschränkung bedeutet, dass wir nicht von einer Einheitlichkeit oder gar Normierung des Geschlechts ausgehen. Wir gehen, ganz im Gegenteil, von relevanten biologischen Unterschieden zwischen den Geschlechtern aus, die sich unter anderem in der anatomischen Struktur und in psychologischen Ablaufprozessen und deren historisch bedingten Deutung zeigen.

Trotzdem scheinen uns die vielen physischen Gewaltphänomene primär, aber nicht ausschliesslich, eine äusserst fragliche Sozialisationsleistung der Gesellschaft zu sein. Diese Sozialisationsleistung kommt einerseits über konkrete Lerneffekte des einzelnen Heranwachsenden zu Stande und andererseits über Rollenerwartungen des Umfelds der Heranwachsenden. Dass bei unserer wie in jeder Untersuchung zum Thema ‚physische Gewalt unter Heranwachsenden' signifikante Effekte – wir sind hier geneigt zu sagen – zu Lasten der männlichen Jugendlichen festzustellen sind und sich darin das Ergebnis widerspiegelt, dass männliche

Heranwachsende häufig in solche Gewaltakte involviert sind, darf keineswegs dahingehend missverstanden werden, dass alle männlichen Heranwachsenden tangiert sind. Wir werden zu einem späteren Zeitpunkt dieser theoretischen Auseinandersetzung mit dem Thema auf die wichtige Unterscheidung der besagten expliziten oder impliziten Auseinandersetzungen mit dem Thema ‚Gewalt in der männlichen Sozialisation' zurückkommen.

Unsere Ergebnisse, und übrigens nicht nur die unseren, zeigen deutlich, dass über 50% (der genaue Prozentsatz beträgt 53.9%) der männlichen Jugendlichen weder als Opfer noch als Täter mit dem Thema ‚Gewalt' in Verbindung zu bringen sind. Das heisst: Wer die verkürzte Formel vertritt ‚Mann = Gewaltopfer' beziehungsweise ‚Mann = Gewalttäter' kann keine valide und reliable Unterstützung von empirischen Untersuchungen erhalten. Die zentrale Position von Geschlechtsidentität in der Aggressionsforschung zeigt sich auch in den Vorurteilen, die sich, wenn man von diesem Konzept ausgeht, aufbauen. So werden objektiv gesehen vielerlei Formen der Abweichung und des sozial nicht tolerierten Verhaltens überproportional häufig bei 15- bis 25-jährigen, unverheirateten Angehörigen des männlichen Geschlechts beobachtet, die in Städten wohnen und hohe Mobilität aufweisen. Dieser Sachverhalt kann übrigens in vielen Kulturen, nicht nur in der westlichen, hoch technisierten Welt nachgewiesen werden (vgl. Kersten 1995, S. 103).

Dabei ist dem daraus entstehenden Vorurteil entgegenzustellen werden, dass die Mehrheit der Angehörigen des männlichen Geschlechts weder kriminell noch gewalttätig ist. Auch ist auf Grund kriminologischer Daten nachweisbar, und hier gibt es eine grosse Ähnlichkeit zu unserer Ergebnislage zum Thema ‚Gewalt im Schulkontext', dass die Masse der männlichen Jugendlichen und Heranwachsenden sich sowohl im ausserschulischen wie auch im schulischen Umfeld konform verhält, und auch empirisch gesehen nicht als johlende oder schlagende Jungenbande zu erkennen ist. Auch die Tatsache, dass es vor allem Jungen sind, die in Kindergärten, Schulen, Beratungsstellen oder psychiatrischen Einrichtungen den grössten Teil der Sorgenkinder darstellen, ist keineswegs ein hinreichender Grund, um, wie Kaulen (1999) festzustellen, dass die Mehrzahl der männlichen Heranwachsenden sozialpädagogischer oder psychiatrischer Unterstützung bedarf. Dass dies trotzdem viele Sozialwissenschaftlerinnen und Sozialwissenschaftler nicht daran hindert, jeden männlichen Heranwachsenden als einen potenziellen Schläger, oder als Opfer eines solchen Schlägers zu sehen, ist zwar eine Tatsache, hat aber mit der schulischen Wirklichkeit herzlich wenig zu tun, sondern entspringt vielmehr den moralischen und politischen Vorstellungen der Menschen, die diese erwiesenermassen falsche These vertreten. Mit Freud gesprochen: „Und doch ist man bei jedem solchen allgemeinen Urteil in Gefahr, an (sic!) die Buntheit der Menschenwelt und ihres seelischen Lebens zu vergessen" (Freud 1997 (1930), S. 31). Trotzdem darf nicht übersehen werden, dass die überwiegende Mehrheit der Opfer und der Täter männlichen Geschlechts ist. Dies bedeutet, dass wir uns auf unserer Suche weiterhin bemühen müssen, diejenigen Faktoren zu identifizieren, die männliche Heranwachsende dahingehend beeinflussen können, dass sie zu Tätern oder Opfern physischer Gewalt in der Schule werden.

Obwohl die Kategorie ‚Geschlecht' mindestens als empirische Kategorie in quantitativen und qualitativen Untersuchungen zum Thema ‚Gewalt' zwar im referierenden Sinn mit berücksichtigt und als eine Hauptvariable bei der Erklärung von Gewalt dargestellt wird, kann aus theoretischer und empirischer Sicht gezeigt werden, dass die Kategorie ‚Geschlecht' systematisch nicht mitreflektiert wird. Eine koedukativ geführte Schule bezüglich des Themas ‚Gewalt' verbessern heisst somit, sie zu unterstützen und zu befähigen, ihre Aufgabe als pädagogische Institution wahrzunehmen, damit die Kinder beiderlei Geschlechts ihre Interaktionen möglichst gewaltfrei halten können. Unsere empirischen Ergebnisse wie auch die uns vorliegenden theoretischen besagen, dass *die* männlichen Heranwachsenden und eine *allgemeine* Männlichkeit, die unabhängig wäre von örtlicher und zeitlicher Prägung, nicht existiert. Wer Männlichkeit als individuelles Phänomen auffasst, ignoriert, dass, je nach sozialer Position aber auch je nach Nähe zu Macht und je nach Zugang zu materiellen Ressourcen, differierende Männlichkeiten und selbstverständlich auch Weiblichkeiten existieren.

Connell bezeichnete die gesellschaftlich dominante Form von Männlichkeit, die sich insbesondere über die Abwertung sowohl von Frauen als auch von untergeordneten oder marginalisierten Männern entwickelt, als ‚hegemoniale Männlichkeit'. Sie muss nicht unbedingt das am häufigsten verbreitete Muster von Männlichkeit darstellen, sondern ist das *kulturell massgebende* Muster von Männlichkeit und definiert demnach, was in einer Gesellschaft im Allgemeinen unter ‚Männerrolle' verstanden wird (vgl. hierzu Connell 1995, S. 68).

Zentrale Aspekte der hegemonialen Männlichkeit sind einerseits die Fixierung des männlichen Geschlechts auf die Technik und damit auf die technische Machbarkeit, und andererseits, damit einhergehend, die Auffassung, dass Frauen, im Gegensatz zu den Männern, fürs Technische eher nicht begabt sind und deshalb im Rahmen unserer Gesellschaft eher für Soziales oder für Helfendes eingesetzt werden sollten. Dies betrifft die häufig formulierte ‚Halbierung des öffentlichen und privaten Lebens' und ist ein zentrales Prinzip der hegemonialen Männlichkeit (vgl. Beck und Beck-Gernsheim 1990). Über dieses Prinzip werden männliche Welten als öffentliche Welten geschaffen, so die technische oder handwerkliche Welt, und als Gegenpol dazu werden weibliche Welten definiert, als private Räume.

Wo weibliche Welten öffentlich sind, handelt es sich um ins Öffentliche transportierte Bereiche des Privaten, so z.B. bei sozialen oder helfenden Berufen. So ist die Beteiligung der Männer in der Haus- und Familienarbeit auch noch im ausgehenden 20. Jahrhundert ein Desiderat. Nach der Studie Bauers (2000) bleibt die Haus- und Familienarbeit von Männern in engen Grenzen. Lediglich in der Säuglingsphase steigt sie auf ca. 8-10 Wochenstunden an, um dann wieder unter die Schwelle von fünf Stunden zu sinken (vgl. Bauer 2000, S. 125). Ein weiteres äusserst zentrales Machtprinzip dieser Form von Männlichkeit liegt auch in den Freiräumen bei Interaktionen, die geschlechtsspezifisch zugeteilt werden. So wird in der Interaktion zwischen Männern und Frauen, den Männern auch im Bereich sozial unerwünschten Verhaltens ein Spielraum zugeteilt, der ihnen legitimerweise nicht zustünde. Es wird somit über die hegemoniale Männlichkeit ein neues Legitimitätsprinzip geschaffen, das dissoziales Verhalten, welches von Männern ausgeht, länger duldet und vor allem auch erheblich nachsichtig beurteilt.

Diese Prozesse der Ungleichstellung verstärken sich gegenseitig. Die daraus sich entwickelnden ‚zirkulären Interdependenzen' (vgl. Bauer 2000, S. 153) der Geschlechterrollenstereotype bewirken hierbei nicht nur eine ungleiche Stellung in der Erwerbs- und Familienarbeit, sondern bedeuten auch einen beträchtlichen volkswirtschaftlichen Schaden, der von Bauer (2000, S. 149) für die Schweiz auf über 3 Milliarden Franken pro Jahr geschätzt wird. Dieser Schaden entsteht insbesondere über die unwiederbringliche Verschlechterung der Chancen der Frauen auf dem Arbeitsmarkt wegen der weitestgehenden Übernahme der Familienarbeit und damit der Minderung ihres Humankapitals für die Volkswirtschaft. Egalitäre

Arbeitsteilung zwischen Frauen und Männern wäre deswegen auch ein rationales und höchst pragmatisches Argument. Warum ein so rationales Argument in einer stark monetär orientierten Gesellschaft noch sehr geringe Chancen hat, eingelöst zu werden, hängt mit der bereits beschriebenen hegemonialen Männlichkeit zusammen.

Damit hängt das Verstehen und Analysieren der Qualität und des Sinns von physischer Gewalt, die von männlichen Jugendlichen in der Schule ausgeht, wie es Findeisen und Kersten nannten (1999, S. 10), vom Sitz ihres Lebens ab und ist deswegen vom jeweiligen historisch-kulturellen Kontext von Männlichkeit stark abhängig. Eine Gesellschaft wie die unsere, die den statusbesetzten Gewinn und die Erniedrigung des Verlierer im Wirtschaftsleben und noch deutlicher in der Politik so breit vorlebt, braucht sich nicht zu wundern, wenn gewalttätig erzwungener Respekt als maskuline Bestätigungsstrategie in der Schule gewählt wird. Die Jungen können demnach einzig als relative Gewinner der Geschlechtersozialisation gewertet werden. Die erzwungene Übernahme der durch die hegemoniale Männlichkeit nahe gelegten männlichen Eigenschaften legen eher den Schluss nahe, Jungen nur als Nutzniesser und Profiteure aber keineswegs als absolute Gewinner zu werten. Zugleich gilt es zu beachten, dass auch die Koedukation eher Nachteile für Mädchen hat, als für Jungen Vorteile. Jungen verhalten sich, der These Holz-Ebelings folgend (2000, S. 105), im koedukativen Unterricht nicht primär dominant weil Mädchen anwesend sind, sondern vielmehr obwohl. Dies liege insbesondere daran, dass die Unterrichtsinhalte, die Lehrbücher und die Erwartungen der Lehrpersonen in koedukativ geführten Schulen sich nicht von denjenigen in seedukativ geführten Jungenschulen unterscheiden. Solange das Schulwesen, hier insbesondere die Sekundarstufe I, an die Vorerfahrungen und Interessen von Jungen anknüpft und die Kompatibilität mit der Jungenrolle akzentuiert, haben wir aus Jungensicht und damit aus der Sicht der kritischen männlichen Sozialisationsforschung (vgl. Böhnisch et al. 1993) nicht ein Koedukations- sondern ein allgemeines Schulproblem, welches geistige und soziale Rigidität auch über Geschlechterstereotype generiert und stützt und eine offenere Entwicklung von Jungen hemmt.

Ein anderes theoretisches Modell, das auch eine wichtige Forschungsrichtung darstellt, sind die Spiele jenseits der Grenze zur Gewalt, nämlich die Kampf- und Tobe-Spiele (‚rough and tumble play'), die im deutschsprachigen Raum insbesondere von Oswald (1997; 1999b), untersucht worden sind. Sie sind insbesondere darum von Interesse, weil sie an der Grenze zur Gewalt stattfinden und von den Erwachsenen häufig für Gewalt gehalten werden. Sie können Handlungen enthalten wie Schlagen, Boxen, Ringen, Stossen, Treten, Kämpfen, Verfolgen oder, was auch sehr wichtig ist, das Flüchten. Trotzdem, so Pellegrini (1993) und Boulton (1993), handelt es sich bei den ‚rauen Spielen' um ein Phänomen, das sich deutlich von gewalttätigem Verhalten unterscheiden lässt. Es wurde sogar, so De Pietro (1981), als pro-soziales Verhalten charakterisiert. Smith (1994; 1995) sprach davon, dass es eine klar positive sozialisatorische Funktion habe, indem es bei der Entwicklung sozialer Kompetenzen unterstützend wirke und überdies die Fähigkeit zur Perspektivenübernahme fördere (vgl. Boulton und Smith 1994). Maccoby (1998, S. 37) spricht hierzu auch die Tatsache an, dass raues Spiel im positivsten Sinne auch sehr lustvoll erlebt werden kann und seltener als angenommen als ein Übergang zu gewalttätigem Verhalten genutzt wird.

> *„Indeed, it is worth emphasizing how much fun boys have together. Several studies have documented that during their play boys show more positive affect, more high spirits, than girls do during their play."*
>
> *(Maccoby 1998, S. 37).*

Auch die Fähigkeit zum Dekodieren von Interaktionssituationen wird durch solche Spielsequenzen stark gestützt. Unter Dekodieren versteht wir, in Anlehnung an Goffman (1988), dass Situationen, aber auch Interaktionssequenzen unterschiedliche Bedeutung haben können und dass diese Differenzen von den Interaktionspartnern signalisiert und zugleich verstanden werden müssen, damit eine Interaktion gelingt.

Trotz dieser sichtlich wichtigen und die Entwicklung unterstützenden Funktion des rauen Spiels, wird die Frage ausgespart, warum an diesen Spielen grösstenteils die männlichen Heranwachsende beteiligt sind. Deswegen wird auch nicht angesprochen, warum es insbesondere für die männliche Sozialisation so wichtig sein sollte, ein Dekodieren dieser Form als Alltagserfahrung zu üben. Fagan und Wilkinson (1998, S. 55) zeigen auf, dass das von männlichen Jugendlichen in der Schule sehr oft gezeigte raue Spiel durchaus eine andere Qualität aufweist als physische Gewalteinwirkung. Raues Spiel determiniert nach Fagan und Wilkinson keineswegs gewalttätiges Handeln männlicher Jugendlicher. Was andererseits eingeübt wird in diesem rauen Spiel ist das Thema Dominanz und Hierarchie, ein Grundthema der männlichen Sozialisation, das später Eingang in problematisches und gewalttätiges Verhalten männlicher Jugendlicher findet.

Biologische Wurzeln der Aggression?

Die New-Yorker Akademie für Wissenschaften, die intensiv auch den Nutzen der Biologie für die Psychologie auslotet, beendet 1995 ihren Jahreskongress zum Thema Biologie und Aggression mit der Aussage Hartwigs (1996, S. 80), dass – wie auch immer die verschiedenen Hormone unsere Aggressionsbereitschaft beeinflussen – sie nie als Entschuldigung für Gewaltakte, weder im moralischen noch legalen Sinn, verwendet werden dürften. Ausgenommen von dieser Regel seien einzig psychotische Personen, oder Menschen, deren Wahrnehmung stark getrübt sei. Zugleich halten auch Simon et al. (1996, S. 14) fest, dass Hartwigs Hinweis keineswegs dafür verwendbar sei, die biologische Perspektive zur Erklärung der Aggression zu marginalisieren. Menschen sind nun einmal biologische Wesen, daran soll uns auch die Evolutionlehre erinnern. Dass z.B. Jungen in ihrem Spielverhalten häufiger gröbere physische Elemente einbauen, darf, so Maccoby (1998, S. 33ff.) nach einer eingehenden Sekundäranalyse, nicht einzig als ein Produkt der Sozialisation betrachtet, sondern muss auch als ein Produkt unserer biologischen Grundlage gesehen werden, die ihrerseits mit der Evolution gekoppelt ist. Wir brauchen keineswegs biologistisch zu argumentieren (vgl. Maccoby 1998, S. 118), so das Fazit, wenn wir die Biologie zur (Mit-)Erklärung von Geschlechterunterschieden einbringen. In Anlehnung an Maihofer (1995, S. 16) stellen wir uns die Frage, wie „…wir gegenwärtig als ‚Frauen' und ‚Männer' ‚existieren', ohne dabei in einen Biologismus oder Essentialismus zu verfallen oder Körperlichkeit und Geschlechtlichkeit konstruktivistisch aufzulösen?" Die Dimensionen des ‚Geschlechts' stellen demnach Konkretisierungen der historisch spezifischen gesellschaftlich-kulturellen Existenzweise dar (vgl. Maihofer 1995, S. 18).

Die Verneinung eines wichtigen, wenngleich nicht hinreichenden Erklärungsanteils der menschlichen Aggression über die Biologie, gilt es demnach als deutlichen wissenschaftlichen Fehler zu erkennen. Diesem Argument pflichtet auch

Eron (1992) bei und unterstreicht zugleich die kombinierte Wirkung von Geschlechterrollensozialisation und biologischer Prädisposition:

> *„Over and above any genetic, constitutional, or biological predisposition that may underlie the observed differences between males and females in aggressive behavior, there is something about the way we socialize boys and girls and the different expectations we have for males and females in our society that contributes in an important way to the differential incidence of antisocial aggression in these two groups of human beings."*
>
> *(Eron 1992, S. 96)*

Zugleich gilt es auch das faszinierende Ergebnis der Psychobiologen aufzunehmen, nach dem das Postulieren einer engen Beziehung zwischen Aggression und Hormonen nicht einmal bei Mäusen voraussetzungslos ist, denn bereits bei Mäusen interagiert der Hormonhaushalt mit den sozial bedingten Vorerfahrungen der jeweiligen Mäuse (vgl. Benton 1992, S. 45). Die Zwangsläufigkeit ihres Verhaltens, sowie deren Erklärungswert für menschliches Verhalten, wie noch bei Lorenz formuliert (1984 (1963), S. 187ff.), wird dadurch stark hinterfragt. Wenn demnach bei Mäusen Verhaltensunterschiede nicht alleine durch die Wirkung von Hormonen erklärt werden können, weil die ‚Maus-Individualgeschichte' und eine entsprechende Verarbeitung vorliegt, was muss dann wohl bei Menschen angenommen werden? Die Biologie allein macht somit die Männer nicht aggressiver als die Frauen. Die angenommene biologischen Prädispositionen des Mannes zur Gewalt, so Adams (1992, S. 18), ist ein politisch nützlicher Mythos, um das Gewaltmonopol der Männer zu sichern. Dieser Mythos wirkt demnach in Verbindung zur männlichen und weiblichen Sozialisation wie eine selbsterfüllende Prophezeiung bezogen auf Gewalterfahrungen im Alltag.

Auch die Untersuchungen von Olweus zur Wirkungsweise von Adrenalin sind hierzu eindeutig und gehen in die gleiche Richtung wie die Ergebnisse von Adams: „Finally, a general consequence of the model is that an individual's adrenaline level cannot generally be construed as an indicator of the emotional impact or stressfulness of the stimulus situation" (Olweus 1986, S. 67). Auch nach Olweus müssten demnach zur Erklärung von gewalttätigem Verhalten, Sozialisationserfahrungen der untersuchten Jungen einbezogen werden.

Bezogen auf den familiären Kontext hält wiederum Olweus (1980) im Rahmen eines pfadanalytisch untersuchten Modells fest: Ein primär kontrollierender und disziplinierender Erziehungsstil, verbunden mit einer schwachen emotionalen Bindung zwischen Mutter und heranwachsendem Jungen, hat auf dessen soziale Entwicklung eine stark negative Auswirkung, die sich dahingehend äussert, dass Jungen mit einem so gelagerten familiären Umfeld sehr häufig durch aggressives Verhalten auffallen. Missliches erzieherisches Verhalten der Mütter gegenüber den Jungen wirkt, so Olweus (1980), nicht deswegen besonders stark, weil die Gene der Jungen für negatives Erziehungsverhalten besonders sensibel wären, sondern wegen ihrer Geschlechterrolle. Auch der behavioristisch orientierte Aggressionsforscher Berkowitz hält hierzu fest, dass es nach einer intensiven Sichtung der Ergebnisse zum Thema ‚biologische Erklärungen für die Entwicklung von Aggression' keine stichhaltigen Argumente gibt, die eine biologische Determination männlicher Aggression zulassen würden. Mit den Worten von Berkowitz:

> *„It appears that the masculine and feminine central nervous systems are organized somewhat differently, in part because of the effects of sex hormones on the developing brain ... . However, even if the male hormones have a fairly direct effect on aggression, and even if they thus facilitate assaults, this doesn't mean that these hormones are the source of the mysterious ‚instinctive drive to aggression' ... "*
>
> *(Berkowitz 1993, S. 500)*

Barron und Richardson (1994, S. 241ff.) versuchen, die aktuelle psychobiologische Diskussion zur Frage aufzunehmen, ob die Tatsache, dass weit häufiger Männer als Frauen als Gewaltakteure auftreten, nicht doch mit biologischen Ursachen zusammenhänge. Es könnte, so ihre These, mit dem Evolutionsprozess zusammenhängen, der dahingehend gedeutet würde, dass nur die stärksten und auch aggressivsten männlichen Tiere, in unserem Fall die Männer, ihre Gene weitergeben konnten und die weiblichen Tiere sich von der Stärke dieser männlichen Tiere angezogen fühlen. Die Autoren beziehen sich dabei auf sozialpsychologische Untersuchungen (Studien, die wir im weiteren noch problematisieren werden), mittels derer belegt werden konnte, dass Frauen männliche Dominanz und damit auch aggressives Verhalten durchaus auch als attraktiv beurteilen. Die Aggressivität der

Männer und die von den Männern erlebte Verstärkung über angenommene Attraktivitätsteigerung beim anderen Geschlecht, könnte, so die Autoren, ein Hinweis auf dieses alte biologische Muster sein. Trotzdem kommen auch Barron und Richardson (S. 242) zum Ergebnis, dass die Biologie nicht Schicksal für männliche Aggressivität ist.

Das Männerbild, das solchen Untersuchungen, so unsere Kritik, zu Grunde liegt und das die Männer des ausgehenden 20. Jahrhunderts mit Rehböcken vergleicht, die untereinander in argem Streit liegen, wer von ihnen mit welchem Rudel von willenlosen Rehkühen sich wird paaren können, um seine Gene weiterzugeben, möchten wir als eine spezielle Form der Provokation deuten. Zugleich lässt sich auch fragen, welches Männer- beziehungsweise Frauenbild die im Rahmen der referierten sozialpsychologischen Untersuchungen befragten Frauen wohl haben, die aggressive Männer noch als sexuell attraktive Partner beurteilen mögen.

Ein weiteres Beispiel, das zur Erklärung der biologischen Wurzeln männlicher Gewaltbereitschaft immer wieder angeführt wird, ist das des männlichen Neandertalers, der auf der Jagd nach Mammuts eine erhebliche Aggressivität hat einsetzen müssen, um das Tier in Teamwork mit den weiteren männlichen Gruppenmitgliedern zu erlegen. Diese Aggression habe sich, so das Argument, gehalten und existiere in den männlichen Nachfahren der Neandertaler noch immer. Hingegen belegten amerikanische Ethnologinnen, dass die Jäger der Urzeit nicht zur Hauptsache Grosstiere gejagt, sondern Pilze, Pflanzen und Früchte gesammelt haben und dass sie, wenn sie auf der Jagd waren, weitgehend Kleintiere gefangen haben (vgl. Meier-Seethaler 1989, S. 114).

Hierbei wird von der erwiesenermassen falschen Annahme ausgegangen, dass die Neandertaler primär Fleischesser gewesen seien. Es konnte jedoch schon mehrfach festgehalten werden, dass unsere Vorfahren primär Vegetarier gewesen sind, da sie weder Tiere in grossen Mengen für den Fleischverzehr züchten noch wilde Tiere, so Mammuts, mit ihren primitiven Waffen erlegen konnten. Nach der hier formulierten Gegenthese hätten die männlichen Neandertaler höchstens erhöhte Aggressionswerte beim Pilzesammeln, beim Verzerren von Aas oder beim Ausgraben von Wurzeln entwickeln können. Das Jagderlebnis der Männer scheint sich somit, wenn sich dieses auf Tiere bezieht, in relativ engen Grenzen gehalten zu haben, in Grenzen, die es nicht erlauben würden, anzunehmen, dass die Evolution insbesondere hierfür einen Aggressionstrieb hätte vorsehen müssen.

Die Jagd als Ernährungsquelle ist deshalb eindeutig überschätzt worden. So haben die Waffen für die Grosswildjagd zu der besagten Zeit gefehlt, was die Erfolgsaussichten der damaligen Jäger, Grosswild zu fangen, drastisch reduzierte. Die Grosswildjagd wurde nur dann betrieben, wenn weder Pflanzen noch Kleintiere zu finden waren. Smolla (1983) betont, dass noch zur Zeit des späten Neandertalers, also vor etwa 50‘000 Jahren, der aufgenommenen pflanzlichen Nahrung mindestens der gleiche Anteil an Fleischnahrung aus erlegten Kleintieren entsprochen haben muss (vgl. Smolla 1983, S. 101).

Es wird in diesen Beispielen ersichtlich, dass solche Erklärungsmuster wohl primär zur Legitimierung gesellschaftlicher Herrschaftsverhältnisse wie der übermässigen männlichen Aggression dienen und nicht dem Erkenntnisfortschritt. Zugleich erscheinen uns viele dieser Beispiele als obsolete und in höchstem Masse willkürliche Vorstellungen, die dem Bild eines autonomen und auf Selbstbestimmung ausgerichteten Mannes gänzlich entgegenlaufen. Dass hierbei gerade von Männern basale Postulate der Aufklärung und der rationalen Vernunft leichtfertig und teilweise unbewusst aufgegeben werden, erscheint uns als weiteres bezeichnendes Detail zu den Geschlechterrollenstereotypen.

Bei diesen Erklärungsmustern zum Thema ‚männliche Aggression‘ liegt, so Schnack und Neutzling (1993), eine starke Verbindung zu den Mustern der angenommenen Dynamik männlicher Sexualität vor. Denn in beiden Fällen geht es um einen geheimen und weder empirisch noch theoretisch zu untermauernden ‚Schalter‘, der im einen Fall eine nicht kontrollierte männliche Aggression und im anderen einen nicht mehr kontrollierbaren männlichen Sexualtrieb auslöst. In beiden Fällen wird die menschliche Evolution zurückbuchstabiert, und der von den gleichen Leuten in anderen Zusammenhängen als höchst rational denkend eingeschätzte Mann erscheint als ein von Trieben gesteuertes und damit in diesen Bereichen von rationalen und der sozialen Vernunft verpflichteten Gedankengängen befreites Wesen, das teilweise für seine Taten nicht haftbar gemacht werden kann.

Wir schliessen uns deswegen Meier-Seethalers gut untermauerter These an, dass diese Form von Erklärungsmustern grosso modo eine Rückprojektion des patriarchalen Selbstverständnisses in die Vorgeschichte enthalten (1989, S. 114). Nach dieser Vorstellung wird die gegenwärtige Voreingenommenheit bezüglich der Geschlechterrollen in die Frühgeschichte katapultiert und über diese Vorgeschichte auch untermauert.

Nach Sitter (1983) darf die Bedeutung stammesgeschichtlicher Einsichten in menschliches Verhalten nicht unterschätzt werden. Trotzdem wäre festzuhalten, dass beim Menschen das Geschlecht und nicht die geschlechtliche Verhaltensrolle genetisch determiniert ist (Sitter 1983, S. 19). Eine differenzierte Analyse der Beziehung zwischen biologischen und kulturellen Prozessen könnte deswegen auch der aus aufklärerischer Sicht unangenehmen Frage nachgehen, ob die Menschen nicht gerade in denjenigen Facetten ihre Freiheit kulturell zu betonen versuchen, in denen sie am offensichtlichsten von der Natur geprägt sind, nämlich bei der Sexualität, der Aggression oder der Nahrungsaufnahme (vgl. Wiegelmann 1983, S. 55). Dies könne aber wissenschaftlich nur dann differenziert geschehen, wenn geschlechtliche Arbeitsteilung und Geschlechterrollen nicht von vornherein in das Statusmodell eines Rollensystems eingebettet worden wären und wir uns als Wissenschaftsgemeinde zugleich die Frage stellen, warum wir in unserer Kultur in den 2000 Generationen seit der Zeit des Neandertalers gerade diese Bereiche von einer Gleichberechtigung der Geschlechter auszuschliessen trachten.

Jungensozialisation und latente Gewaltbereitschaft

Das Ausbleiben von Gewalterfahrungen möchten wir als einen relevanten Indikator für das Vorliegen von körperlichem und sozialem Wohlbefinden werten. Die Definition von Gesundheit der Weltgesundheitsorganisation (WHO) aus dem Jahr 1946 lautet: Gesundheit ist der Zustand völligen körperlichen, geistigen und sozialen Wohlbefindens und nicht nur das Freisein von Krankheit und Gebrechen. Diese wohlklingende und im positiven Sinn utopische Definition ist kaum operationalisierbar. Die Kriterien der WHO für körperliches, psychisches und soziales Wohlbefinden sind leider nicht ausgearbeitet worden. Für empirisch tätige ForscherInnen bedeutet dies, dass der WHO-Definiton – und hier schliessen wir uns der Kritik von Kolip und Hurrelmann (Kolip und Hurrelmann 1994a) an – insbesondere eine sozialwissenschaftliche Fundierung fehle. Wenn also wie in unserem Untersuchungsfeld, im Problembereich ‚Jungen und Gesundheit' nach Rastern für die präventive Jungenarbeit gesucht wird, so fällt es sehr schwer, sowohl die körperliche wie auch die psychische und die soziale Ebene als operationalisierbar und damit auch beobachtbar einzubeziehen, da innere, aber auch äussere Konstellationen zu problematischen Jungen-Bewältigungsmustern führen können. Dies bedeutet, dass die aus der Jungen-Sozialisation entstehenden Risiken oder Probleme teilweise sozial erwünscht sein können, im Rahmen der psychisch-individuellen Abarbeitung jedoch zu Problemen führen. So kann es beispielsweise aus gesellschaftlicher Sicht äusserst vorteilhaft sein, dass die männlichen Heranwachsenden sich stark auf ihre Berufsrolle vorbereiten und darüber das Familienleben und die damit einhergehenden Wertvorstellungen teilweise gering schätzen. Dieser gesellschaftliche Profit der Fokussierung auf den Beruf ist im Rahmen der inneren, beziehungsweise individuellen Auseinandersetzung des konkreten Heranwachsenden jedoch mit Risiken behaftet. Dies, weil der Erwerb persönlicher Kompetenzen der jeweiligen Heranwachsenden, um beispielsweise später die Rolle des berufstätigen Mannes wahrzunehmen, mit einer äusserst segmentierten Form von Männlichkeit gekoppelt ist, einer Männlichkeit, die, wie bereits diskutiert, sehr belastend wirken kann (so auch Winter 1994, S. 84). Äussere, gesellschaftliche Bedingungen wirken also auf die männlichen Jugendlichen so ein, dass sie ihnen nebst den herrschaftsmässigen Vorteilen über Frauen und sozial schwächere Männer auch Schwierigkeiten bringen, die zu den klassischen sozialen Problemen vieler Jungen und Männer führen.

Bezogen auf das Verhältnis zwischen Gewalt und Geschlecht wird oft ein weiterer Sachverhalt nicht berücksichtigt. Nicht nur sind die meisten Täter im Schulkontext männlichen Geschlechts, sondern auch die überwiegende Mehrheit der Kriminellen. Hinzu kommt aber – und darauf möchten wir besonders verweisen – dass nicht nur die Kriminellen primär Männer sind, sondern dass auch die staatliche Kontrolle der Kriminellen durch Polizei oder Militär eine deutliche Männerdomäne ist. Kersten und Steinert betonen, dass die Beziehung zwischen den Kontrollierenden und den Kriminellen mit Männlichkeit stark aufgeladen ist: „Die im staatlichen Monopol aufgehobene staatliche Gewalttätigkeit nach innen wie nach aussen verbindet sich besonders mit diesen Kontroll-Tätigkeiten mit ihrer ‚Männlichkeit', und zwar in einer organisierten Weise" (Kersten 1997, S. 10). Männlichkeit gilt demnach als Problem. Sie wird mit Gewalttätigkeit fälschlicherweise gleichgesetzt und wirkt selbstverständlich in diesem Zusammenhang alles andere als überzeugend. Wir möchten dazu aber festhalten, dass männliche Gewalttätigkeit nicht nur verletzend bzw. abstossend ist oder lächerlich wirken kann, sondern auch kulturindustriell zelebriert wird und den Angelpunkt allgegenwärtiger Unterhaltung darstellt.

Eines der Hauptprobleme in der männlichen Sozialisation ist Winter (1994) zufolge die Schwierigkeit der Männer im Umgang mit eigenen und fremden Grenzen und ihrer Wahrnehmung. So entwickelt sich im Bereich ‚Berufsleben' für den Mann das Unvermögen, sich selbst als Mann ohne so genannten ‚richtigen' Beruf vorzustellen. Der Beruf wird dadurch zu einem zentralen Anteil des Mann-Seins. Bei dieser fraglosen Übernahme der männlichen Geschlechtsrolle kommt es sehr oft vor, so auch Erdheim (1997), dass ein falsches Ich-Ideal im Über-Ichvon der Kultur in eine Person regelrecht ‚eingepflanzt' wird und man dieses Ideal fälschlicherweise ins Ich aufnimmt. Dadurch wird das Ich der männlichen Jugendlichen zwar entlastet, ist also nicht mehr so stark Ängsten – wir haben sie Bewältigungsängste genannt – ausgesetzt. Die Jungen werden aber unbewusst zu Rollenträgern bei einer Aufgabe, die sie nicht aktiv gesucht haben. Dies bringt zwar vordergründig im Rahmen der psychischen Dynamik eine Quasi-Sicherheit mit sich, wird aber durch den Verlust der Autonomie erkauft (vgl. Erdheim 1997, S.25).

Insbesondere dort, wo das Unbewusste unter dem Druck der Gesellschaft Herrschaft konservieren wird, wird es destruktive Wirkungen zeigen. Diese äussern sich meistens so, dass „aggressive Tendenzen, die sich nicht so sehr gegen die Herrschaft, sondern gegen die Beherrschten selbst richten, ... die Oberhand gewinnen" (Erdheim 1997, S. 207). Es ist, so Erdheim, eine Art Kolonialsituation, in der sich noch keine Befreiungsbewegung entwickelt hat. Die negative Funktion des Unbewussten besteht darin, dass Wahrnehmungen verschwinden und dadurch auch Einsichten teilweise verunmöglicht werden. Denn ohne Wahrnehmung sind auch keine Einsichten möglich. Weil die aggressiven Impulse gegen die Gesellschaft gar nicht bis ins Bewusstsein dringen können, da sie ja unter den bestimmten herrschenden Umständen auch nicht umsetzbar wären, werden diese aggressiven Impulse, so unsere Übersetzung der Erdheimschen These der gesellschaftlichen Produktion von Unbewusstheit, in der männlichen Sozialisation, im Jugendalter gegen andere Beherrschte gerichtet.

Das gesellschaftlich Unbewusste (vgl. Erdheim 1997, S. 221), also jener Teil des Unbewussten, den männliche Jugendliche gemeinsam mit einer Mehrzahl der Mitglieder ihrer Bezugsgruppe haben, ist ein Behälter, der alles aufnehmen muss, was eine Gesellschaft auch bezogen auf die Geschlechterstereotype verändern könnte. Über diesen Prozess der Unbewusstmachung funktionieren Jungen und Männer im Rahmen von Institutionen reibungsloser als Mädchen und Frauen, zahlen dies aber mit der Aufgabe eines Stücks geistiger Selbstständigkeit und der Aufgabe von Gefühls- und Gewissensfreiheit.

Das gesellschaftlich Unbewusste übernimmt somit für eine Gesellschaft in der männlichen Sozialisation im Jugendalter diejenigen Aufgaben, die das Es für das Individuum übernimmt, nämlich das aufzunehmen, was die bestehende Struktur gefährden könnte. Deswegen kann, was die Stabilität einer Gesellschaft oder eines Individuums in Gefahr bringen könnte, nicht im eigentlichen Sinne zerstört werden, sondern es kann unbewusst gemacht werden, indem das Wiederaufbegehren gegen eingespurte Pfade der männlichen Sozialisation dem Bewusstsein der Jungen entzogen wird. Jungen lernen dadurch im wahrsten Sinn des Worts ihr eigener Herr zu werden und dadurch auch andere Herren über sich verfügen zu lassen. Im männlichen Jugendlichen wird dadurch die Identifikation mit dem Aggressor bzw. mit der Herrschaft verankert. Die unbewussten Inhalte können nicht mehr vom Ich benützt bzw. bearbeitet, sondern bestenfalls abgewehrt werden. Dadurch aber kommt dann auch ein neuer Prozess in Gang:

> *„Die unbewusst gewordene Aggression kann nun auch nicht mehr von der Herrschaft kontrolliert und beeinflusst werden; wie Partisanen vom Wald aus jederzeit überraschend angreifen können, so kann auch diese Aggression von einem Augenblick auf den anderen zuschlagen und das Ich zu einem amokartigen, blinden Zerstörungswerk zwingen."*
>
> *(Erdheim 1997, S. 258)*

Je höher die unbewussten Anteile sind, desto schwächer ist – nach dieser Vorstellung – das Ich, und je schwächer das Ich ist, desto wahrscheinlicher sind regressive Haltungen zu späteren biografischen Zeitpunkten. Diese Potenzialität zur Regression führt dazu, dass über die männliche Sozialisation eine latente Gewaltbereitschaft vorliegt.

Zurück nun zum Prozess der männlichen Jugendlichen, die sich in ihrer Sozialisation grösstenteils fraglos der Übernahme der gängigen Geschlechterrolle unterwerfen. Die daraus entstehende geschlechtsbezogene Arbeitsteilung, die stabile

Berufsidentität, die von Jungen und später von Männern verlangt wird, geniesst erste Priorität, hinter der andere Persönlichkeitsanteile zurückzustehen haben. Dies zeigt sich u.a. auch darin, dass männliche junge Erwachsene, die Schwierigkeiten mit dem Berufseinstieg haben, eine geringe Selbstakzeptierung haben. Und bezeichnenderweise wird von diesen jungen Männern eine starke Thematisierung von Sexualität inszeniert. Das bedeutet, dass diese männlichen Jugendlichen versuchen, traditionelle Männlichkeit, wenn nicht über den Beruf, so über sexuelle Betätigung beziehungsweise Betonung zu erreichen. Sexualität bietet sich in solchen Situationen als letzter Rückzugsort unangefochtener Männlichkeit an.

> *„Männliche Sexualität als sozialer und als psychobiologischer Bezugspol wird dort zur Selbst(ver)sicherung notwendig, wo traditionelle Männlichkeit angegriffen und demontiert wird, sich aber keine Alternative zeigt. Die Rückgriffsmöglichkeit auf Sexualität ist eine Form des Mannseins, die ‚einem nicht genommen werden kann'. Viele Männer scheinen hier dankbar festzustellen, dass Männer eben doch ‚als Männer geboren' werden. Gleichzeitig steigen aber die Anforderungen an Sexualität, die sexuelle Erlebnis- und Leistungsfähigkeit wird zum stets fragilen Massstab des eigenen Mannseins."*
>
> *(Winter 1994, S. 210)*

Damit wird der hilflose Versuch dargestellt, Männlichkeit zu postulieren, indem Männlichkeit auf den Satz reduziert wird: ‚Ich betätige mich sexuell – also bin ich'. Für die präventive Arbeit mit Jungen bedeutet dies aber, dass ihnen Wege gezeigt werden müssten, wie es sich heute als Junge und später als Mann sozialverträglich und zeitweise sicher auch lustvoll leben lässt, ohne über Berufstätigkeit, Gewalt und Sexualität die weiteren Lebensbereiche und die darin sich bewegenden Personen abwerten zu müssen. Oft zeigt sich dieser männliche Sozialisationsteufelskreis auch darin, dass das gesellschaftliche Umfeld sich erst zu einem Zeitpunkt mit der äusserst problematischen Persönlichkeitsentwicklung der männlichen Heranwachsenden beschäftigt, wenn die Jungen gewalttätig werden.

Man beschäftigt sich also nur dann mit ihnen, wenn sie besonders auffallen und damit, gemäss der Lerntheorie Banduras (1979), negative Aufmerksamkeit auf sich ziehen. Sollten somit, so Neutzling (1994), die männlichen Heranwachsenden ein positives und zugleich gewaltfreies Selbstbild entwickeln, müssen sie sich akzeptiert fühlen und zugleich auch Wege finden, Akzeptanz für andere auszudrücken. So lange aber die Jungen weiterhin glauben, dass sie hohe Leistungen, sei es sportlich, sexuell oder beruflich erbringen müssen, um geliebt zu werden oder um sich selbst zu lieben, ist der Teufelskreis der problematischen männlichen Sozialisation noch nicht aufgehoben. Die so genannten ‚kleinen Helden in Not', wie der schillernde Titel des Buches von Schnack und Neutzling (1997) lautet, bedürfen einer Begegnung mit Pädagogen, die sowohl Akzeptanz als auch Aufforderung zur Veränderung mit sich bringt. Erfahrungsgemäss passiert dies in der Jungenarbeit aber eher selten, im Gegenteil: Oft wird den Jungen mit einer primär kritisierenden und nicht akzeptierenden Haltung begegnet. Neutzling zur pädagogischen Haltung, die oft dahintersteht: „Jetzt machen wir mal eine Einheit zu eurer unmöglichen Videosucht, weil ihr euch ja nur so einen Schrott ankuckt, und ich muss mit euch arbeiten, weil ihr gefährdet seid oder sogar schon gefährlich seid" (Neutzling 1994. S. 225). Wer den Jungen auf diese Weise begegnet, dürfte keinen Zugang zu ihnen finden. Der Alltag von Jungen – übrigens auch der pädagogische und hier insbesondere derjenige, der von männlichen erwachsenen Bezugspersonen ausgeht – hält für sie viel zu wenige reale Erfahrungen von Akzeptanz und Liebe bereit. Die nach Freud formulierte Aufgabe, das Ich der männlichen Jugendlichen zu stärken, um es vom Über-Ich oder der Aussenwelt unabhängiger zu machen und damit das Wahrnehmungsfeld des Ich zu erweitern, scheitert deswegen fast zwangsläufig. Eigentlich sollte das Ich sich auch neue Teile des Es aneignen und damit neue Teile aus dem Unbewussten ins Bewusstsein heben.

Schlussfolgerungen für die empirische Überprüfung der Wirkungen von Geschlechterrollenstereotypen

Die Hormone bewirken nicht Aggression. Sie sind einer unter vielen ernst zu nehmenden Faktoren, die das Gesamtpuzzle der menschlichen Aggression ausmachen. Die Reduktion auf die Instinkte hiesse, einem kruden Biologismus das Wort zu reden. Mitscherlichs These erweiternd, postulieren wir, dass die Angst der Männer vor Unmännlichkeit ein viel grösserer Faktor für männliche Gewalttätigkeit ist als die Hormone, die in den Männern schlummern (vgl. Mitscherlich 1992). Wenn wir im Rahmen dieser Arbeit Gewalt als instrumentelles Verhalten verstehen, so nicht dahingehend, dass die Täter ein materielles Gut erwerben wollen, sondern dass wir diese Form der instrumentellen Handlung auch als eine Handlung untersuchen, bei der es darum geht, gewisse Ziele oder Werte zu erreichen. Diese interaktionistische Perspektive zielt aber auch darauf, dass Gewalt nicht einzig von Genen nach aussen getragen beziehungsweise über die inneren Kräfte der Persönlichkeit uns aufgezwungen wird. Die Konzepte der Instinktgebundenheit beziehungsweise Hormonabhängigkeit der jeweiligen Gehirnhälfte wie auch vom Thanatos und Frustrationsprinzip werden damit nicht ausser Kraft gesetzt, nur wird ihre Wirkungsweise immer im Zusammenhang mit anderen Prinzipien menschlichen sozialen Verhaltens gesehen.

Die Untersuchung der gesellschaftlichen Produktion von Unbewusstheit (vgl. Erdheim 1997) in der männlichen Sozialisation betrifft die Einsicht, dass kulturell bedingt etwas unbewusst gemacht wird. In der männlichen Sozialisation ist dies die Gewaltbereitschaft und damit die physischen und psychischen Grenzen der eigenen Person. Die Psychoanalyse nach Freud formuliert hierzu den Begriff des ‚Unbewussten' und die Ethnologie jenen der ‚Kultur'. Von den seelischen Erkenntniszuständen ‚bewusst', ‚vorbewusst' und ‚unbewusst' (Freud 1982, S. 509) thematisierten wir insbesondere die Kategorie ‚unbewusst'. Wir konnten dadurch erkennen, dass in der männlichen Sozialisation wegen der mangelnden geistigen Autonomie, die über den Glauben an Geschlechterrollenstereotype entsteht, eine Potenzialität zur Gewalt-Regression und eine latente Gewaltbereitschaft vorliegt. Diese These vertreten wir ohne gleichzeitig postulieren zu müssen, dass alle Jungen bzw. alle Männer potenzielle Gewalttäter sind. In Anlehnung an die wichtige Unterscheidung von Böhnisch (1993, S. 211) möchten wir formulieren, dass die

Angst erregende Potenzialität der Gewalt nicht in den einzelnen Jungen bzw. Männern liegt, sondern im Patriarchat als System.

Die Arbeiten Maccobys (Maccoby und Jacklin 1975; Maccoby et al. 1983; Maccoby 1998) dokumentieren, dass innerhalb der familiären Sozialisation der Erziehungsstil der vermittelnde Faktor für Geschlechterrollenstereotype ist. Demnach kann die Wirkung der familiären Sozialisation auf die Entwicklung von Geschlechterrollenstereotypen der Heranwachsenden nur dann valide und damit stimmig nachgewiesen werden, wenn der jeweilig vorherrschende Erziehungsstil auch bekannt ist (vgl. Maccoby 1998, S. 123ff.). Rigidität als Erziehungsstil, wäre demnach eng mit der Entwicklung von Geschlechterrollenstereotypen der Jungen verbunden, so unsere These. Die dadurch aufgebaute geistige Rigidität führt dazu, dass diese Jungen versuchen, traditionelle Männlichkeit, wenn nicht über den Beruf, so über sexuelle Betätigung beziehungsweise Betonung zu erreichen. Sexualität bietet sich in solchen Situationen als letzter Rückzugsort unangefochtener Männlichkeit an. Deshalb ist es angezeigt, in der empirischen Operationalisierung der Geschlechterrollenstereotype die Bereiche Beruf und Sexualität aufzunehmen.

6 Zu den eingesetzten Analysemethoden

Die vorliegende Studie befasst sich mit der Frage, ob es möglich ist, auf Grund empirisch-analytischer Rechenverfahren Faktoren herauszukristallisieren, die man aus erziehungswissenschaftlicher Sicht als besonders indiziert zur Erklärung von Gewaltphänomenen im Schulkontext festlegen könnte. Im Rahmen der vorliegenden Untersuchung setzen wir uns zum Ziel, bezogen auf das Thema Gewalt in der Schule auffällige Jugendliche auf der Basis symptomorientierter Selbstbeschreibungsmerkmale sowohl empirisch-quantitativ als auch empirisch-qualitativ zu erfassen.

Über ein Vorgehen mit drei aufeinander bezogenen Phasen, bei dem erstens die Theorie am Anfang der Überlegungen steht und die Wahl der zu überprüfenden Faktoren mitbestimmt, diese Theorie aber in einem zweiten Schritt sich an der Empirie bewähren muss, was dann in einem dritten Schritt zu Korrekturen am theoretischen Modell führt, erhoffen wir einen relevanten Fortschritt im Erklären von Gewalt in der Schule. Diese dreiteilige elliptische Entwicklung bezeichnen wir im Anschluss an Erzberger (1998) als empiriegestütztes Theoretisieren. Die drei noch zu beschreibenden empirisch-quantitativen Verfahren zur Ermittlung relevanter Variablen für die Erklärung von gewalttätigem Verhalten in der Schule werden im Rahmen unserer Untersuchung mit empirisch-qualitativen Verfahren eng verzahnt eingesetzt (vgl. Abb.1). Hierbei versuchen wir, die Triangulation stark zu berücksichtigen, indem wir Zahlen (empirisch-statistisches Material) und Wörter (empirisch-qualitatives Material) eng miteinander verbinden, um damit sowohl die Reliabilität als auch die Validität der getätigten Untersuchung zu erhöhen. Die dadurch zu zeichnenden Bündel situationsspezifischer und psychografischer Variablen zur Beschreibung und Erklärung von Gewaltphänomenen im Schulkontext werden nahe am empirischen Material entwickelt und damit in ihrer Bildung und Entwicklung stets auch von diesem kontrolliert und validiert. Erst *nach* diesem langen Prozess und keinesfalls zu einem früheren Zeitpunkt sollen theoretisch und empirisch gestützte Bedeutungen für den Schulalltag herausgeschält werden. Als ErziehungswissenschaftlerInnen sind wir hierbei der Vorstellung des Ineinandergreifens subjektiver Sinndeutung und des Alltagslebens, objektiven Fachwissens und menschlicher Verpflichtung zur möglichst angemessenen Begleitung von Heranwachsenden verpflichtet.

Die hypothesentestende Forschung, d.h. das empirisch-quantitative Vorgehen, hat die Funktion zu ermitteln, wie die Schüler von weiteren gesellschaftlichen Akteuren, in unserer Untersuchung, von ihren Lehrpersonen, den MitschülerInnen und ihren Eltern beeinflusst werden. Die interpretative Handlungsanalyse dagegen thematisiert die Einbettung und die Bewertung des subjektiven Handelns im Rahmen von gesellschaftlichen Strukturen. Der quantitative Zugang unserer Arbeit befasst sich somit mit den Erklärungen von Zusammenhängen, und der interpretative Zugang fokussiert die qualitative Analyse der konkreten Interaktionen und versucht, die Handlungen der beobachteten Akteure zu verstehen. Dabei wird keine starre Grenzlinie zwischen den beiden Gegensatzpaaren *erklären* versus *verstehen* gezogen. Wir versuchen ganz im Gegenteil, eine enge Verbindung zwischen den quantitativ und den qualitativ ermittelten Forschungsergebnissen zu erreichen. In Bezug auf die Erhebungsverfahren haben wir ein deutliches Schwergewicht auf die Ebene der standardisierten Datenerhebungsverfahren, nämlich den Fragebogen, gelegt. Zugleich haben wir eine Anzahl qualitativer Interviews mit Täter-Jungen durchgeführt, auf Grund derer wir versuchen, die Ergebnisse aus den standardisierten Befragungen aus diesem Gewaltbereich inhaltlich zu stützen und zu ergänzen. Hierbei lassen wir uns von den Vorstellungen der Kongruenz, der Komplementarität und der Divergenz leiten (siehe hierzu Erzberger 1998), wobei wir auf die Kongruenz ein besonderes Schwergewicht legen.

Im Rahmen der *Kongruenz* zielen wir darauf hin, die beobachteten Phänomene mit unterschiedlichen Methoden und unterschiedlichen empirisch-analytischen Zugängen zutreffend zu erfassen. Bei der Kongruenz handelt es sich, bildlich gesprochen, um einen ‚Zangengriff' auf den Phänomenbereich. Diese Form ist von Denzin (1978, S. 291ff.) als ‚multiple Triangulation' beschrieben worden bzw. als „Multi-Methoden-Ansatz". In diesem Zusammenhang kann darauf verwiesen werden, dass der Begriff der Triangulation aus der Landvermessung bzw. aus der Navigation kommt. Er zielt primär darauf, dass ein Gegenstand bzw. ein Landstrich am besten aus unterschiedlichen Perspektiven im betreffenden geografischen Raum lokalisiert werden kann. Insbesondere bei der Methoden-Triangulation wird das Ziel verfolgt, spezifische Stärken respektive Schwächen einzelner Methoden so gegeneinander auszuspielen, dass die Validität des Gesamtergebnisses erhöht wird. Die Steigerung der Validität ergibt sich aus der weitgehenden Minimierung der methodenspezifischen Fehler. Bei der Methodenkritik zu Denzins Vorstellung der Triangulation hat sich aber herausgestellt, dass verschiedene Verfahren nicht einen einheitlichen Phänomenbereich messen, sondern auch methodenspezifisch unterschiedliche Aspekte des Phänomenbereichs zum Vorschein bringen. Das ursprüngliche Phänomen existiert nach einer abgeschlossenen multi-methodischen Analyse nicht mehr in der gleichen Form, der Gegenstand wird sozusagen neu konstituiert beziehungsweise neu entwickelt.

Datenerhebungs- und Datenanalyseschema

Abbildung 1
Datenerhebungs- und Datenanalyseschema der Studie

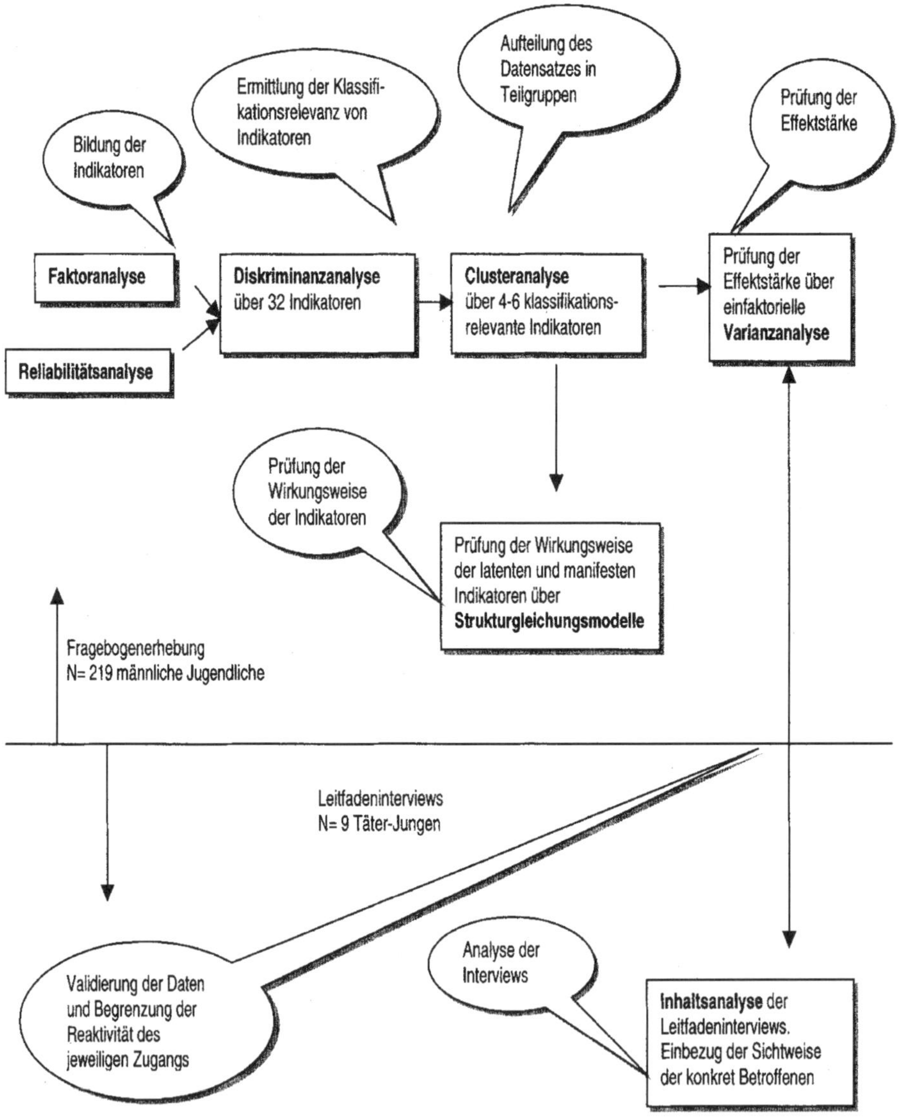

Zum empirisch-quantitativen Vorgehen

Das empirisch-analytische Vorgehen wird zweiteilig eingesetzt. Einerseits als explorative Datenanalyse über Diskriminanz- und Clusteranalyse und andererseits über die hypothesenprüfenden Varianzanalysen und Strukturgleichungsmodelle.

Die Leitfrage der *explorativen Datenanalyse* (vgl. Polasek 1994) lautet, ob und wie sich Schüler als Opfer bzw. als Täter hinsichtlich psychografischer Merkmale und Kontextmerkmale unterscheiden. Dafür werden wir Persönlichkeitstypen auf der Basis der schulischen Lebenswelt der Schüler im Umgang mit Gewalt bilden. Hier fliessen Gedanken ein, wie sie bereits bei Lewin (1982, S. 375ff.) zu verorten sind. Lewins Konzept wird in unserer Untersuchung so eingesetzt, dass die Erfahrungsbildung der männlichen Jugendlichen mit ihrer Persönlichkeitsentwicklung als Ganzem, und nicht ausschliesslich auf Verhaltenswahrnehmungen hin, untersucht wird.

Die ‚Originalformel' von Lewin lautete: V=f(P,U) wobei ‚V' das Verhalten der Person darstellte (1982, S. 376). Die Formel Lewins wird dahingehend abgeändert, dass die Struktur der Persönlichkeit von Gewalt-Tätern und Gewalt-Opfern in der Schule (abgekürzt als PGS in der Formel) der Jugendlichen eine Funktion der soziodemographischen Merkmale ‚SDG' (männliche Jugendliche), der psychografischen Merkmale ‚PG' (die Indikatoren aus dem Bereich Selbstkonzept, Gewalt und Geschlechtsstereotypen), des schulischen Kontext es ‚KonS' (Beziehungen zu den MitschülerInnen/ Lehrpersonen und die Leistungsmotivation) und den familiären Koxtextmerkmalen ‚KonF' (Indikatoren zum elterlichen Erziehungsstil und dem familiären Interaktionsfeld) ist.

Wir suchen im Rahmen des explorativen Zugangs die Auflösung folgender mathematischer Formel:

PGS= f(SDG,PG,KonS,KonF)

Legende:

PGS	Struktur der Persönlichkeit von Gewalt-Tätern und Gewalt-Opfern in der Schule
SDG	*Soziodemografische* Merkmale
PG	*Psychografische* Merkmale
KonS	Kontextmerkmale der *schulischen Umwelt*
KonF	Kontextmerkmale der *familiären Umwelt*

Darum werden wir uns in einem ersten Schritt taxonomischer statistischer Verfahren bedienen. Die diskriminanz- und clusteranalytischen Methoden bringen wir als numerische Ansätze zur Auflösung der Funktionsgleichung ein, um das Ziel dieser Untersuchung zu erreichen, nämlich die Klassifikation der Stichprobe auf Grund von relevanten Indikatoren der Schülerpersönlichkeit und der Schülerumwelt in jeweils zwei Gruppen, nämlich in ‚gewalttätige Schüler' vs. ‚gewaltfreie Schüler' und in ‚Opfer-Schüler' vs. ‚keine Opfer-Schüler '.

Im Rahmen des *hypothesenprüfenden Zugangs* über Varianzanalysen und Strukturgleichungsmodelle werden wir dagegen nicht die Struktur sondern das Wirkungsgefüge zwischen den berücksichtigten Indikatoren untersuchen. Das Aufdecken von Wirkungszusammenhängen zwischen Schulkontext, familiärem Kontext, den soziodemographischen Merkmalen und den psychografischen Merkmalen steht dabei im Mittelpunkt. Strukturgleichungsmodelle eröffnen darin als multivariate Forschungsmethode die Möglichkeit, die Richtung komplexer Datenanalysen zu eruieren, und stützen zugleich die uns leitende Vorstellung der multifaktoriellen Erforschung des Phänomens Gewalt.

Der eingesetzte Fragebogen als psychodiagnostisches Verfahren

Unser Fragebogen zum Thema ‚Gewalt in der Schule' ist ein psychodiagnostisches Instrument. Es folgt dem Bestreben, die Vielfalt der individuellen Erfahrungen der Jugendlichen in eine systematische Ordnung zu bringen. Rauchfleisch (1994) berichtet davon, dass uns bereits aus der Antike solche Typologien, so von Theophrast (372-287 v.Chr.), bekannt sind. Typologien sind Klassifikationsschemata, nach denen sich das menschliche Verhalten einordnen lassen sollte. Solche Typisierungen kritisieren wir dahingehend, dass die Persönlichkeit, in unserem Fall die Persönlichkeit der Heranwachsenden, zerlegt und damit nur noch in Teilfunktionen erkannt wird und dass das Ganze mehr ist als die Summe seiner Teile. Unser erklärtes Ziel ist es aber, zusätzlich zu den Teilfunktionen auch das Gesamtfunktionsgefüge der Persönlichkeit der Heranwachsenden zum Thema ‚Gewalt' zu erfassen und zu analysieren. Wir wollen über eine Dekomposition die Teilbereiche der Persönlichkeit zuerst erkennen, sie dann wieder zu einem Ganzen zusammensetzen, um eine Klassifikation auf Grund der Gesamtpersönlichkeit der Jugendlichen zu erreichen.

Psychometrische Tests sind dadurch charakterisiert, dass sie eine Messung des diagnostisch relevanten Verhaltens ermöglichen sollen, das heisst, so wie in unserem Fall, eine quantitative Bestimmung der relativen Position, die ein Schüler hinsichtlich mehrerer psychischer Merkmale innerhalb der Gesamtstichprobe, der er angehört, einnimmt (vgl. hierzu Rauchfleisch 1994, S. 43).

Der Fragebogen wurde in zwei Voruntersuchungen optimiert (vgl. Kassis 1998; Kassis 2000a). Hierbei ging es uns insbesondere um die Neu- bzw. Weiterentwicklung von Indikatoren zu den uns interessierenden Bereichen. Die daraus hervorgegangenen Erkenntnisse sind in den Schlussfragebogen eingegangen. Zugleich wurde der Fragebogen in einem qualitativen Pretest nach dem ‚Special Comprehension Probing-Verfahren' der ZUMA (Prüfer und Rexroth 2000) mit fünf Jugendlichen auf seine Verständlichkeit hin überprüft.

Methodenkritische Analyse der eingesetzten empirischen Verfahren

Analog zu Krumm (vgl. Krumm 1999) hält auch Schubarth (vgl. Schubarth 2000, S. 68) fest, dass in den meisten Schulstudien ein grosser Mangel an zu Grunde liegender Theorie und damit verbunden präzise formulierter Hypothesen vorliege. Wissenschaftliche Forschung wird dadurch tendenziell zur Meinungsforschung.

Gemäss Krumm (1999) und Tillmann (1999), liegt im Bereich erziehungswissenschaftlicher Forschung zum Thema ‚Gewalt an Schulen' schon sehr viel Wissen über empirische Forschungsmethoden vor. Trotzdem gibt es im Rahmen dieser Forschungsrichtung viele methodische Facetten, die zu bemängeln wären. Dies hat insbesondere damit zu tun, dass sozialwissenschaftliche Theorien und ihre Konzepte auf eine differenzierte Datenerhebung und Datenanalyse angewiesen sind. Diese zwei Schritte sind des öfteren, so insbesondere Krumm (1999), nicht oder nur mangelhaft beachtet worden. Wenngleich wir den Artikel von Krumm mit dem Titel „Methodenkritische Analyse schulischer Gewaltforschung" als etwas gar streng im Tonfall seiner Kritik bewerten, halten wir ihn inhaltlich für richtig und das darin aufgeführte Beurteilungsraster zur Qualität sozialwissenschaftlicher Studien zum Thema ‚Gewalt' für geeignet. Diesem Raster möchten wir gerne folgen, um unsere Studien einordnen zu können.

Es geht also um das Thema ‚Gewalt in der Schule'. Wir fokussieren unsere Aufmerksamkeit auf die Gewalt unter den Jugendlichen und hier im Speziellen auf die Opfer- wie auch die Täter-Erfahrungen. Wir betrachten die Gewalt sowohl als physische Gewaltanwendung wie auch als psychische und soziale Gewalt. Wir unterscheiden sehr deutlich, und dies, wie sich später zeigen wird, auch aus empirischen Gründen zu Recht, zwischen Fragen, welche die Gewaltanwendungen im Schulkontext thematisieren, und jenen, die das Thema ‚Gewalt ausserhalb der Schule' ansprechen. Diese Unterscheidung wird in den vielen Publikationen zum Thema ‚Gewalt in der Schule' leider allzu häufig nicht vorgenommen. Und somit wird – fälschlicherweise – eine allgemeine Delinquenzneigung mit Gewalt in der Schule gleichgesetzt. Deshalb lautet im Rahmen der von uns eingesetzten Fragebogen die Frage zum Thema ‚Opfererfahrung und physische Gewalt': ‚Ich wurde von Schülern geboxt, getreten, geschlagen oder sonst wie angegriffen'. Diese Frage wird dann auf die Jungen hin spezifiziert, ‚Ich wurde von Schülern geboxt', und in einer Zusatzfrage auch auf die Mädchen, ‚Ich wurde von Schülerinnen geboxt'. Das bedeutet, dass wir die jeweiligen Akteure deutlich nach ihrem Geschlecht unterscheiden.

Zugleich unterscheiden wir, ob die betreffende Erfahrung in der Schule oder auf dem Schulweg gemacht worden ist. Die weiteren Gewalterfahrungen der Jugendlichen als Opfer oder Täter ausserhalb der Schule erfassen wir ebenfalls. Diese sprechen dann aber die Heranwachsenden nicht als Schülerinnen und Schüler, sondern als Jugendliche im Allgemeinen an. Ein Beispiel-Item zum Thema ‚Täter-Erfahrungen ausserhalb der Schule': ‚Hast du einen anderen Jugendlichen bei einer Schlägerei verletzt?' Im Rahmen einzelner Untersuchungen haben wir über ein Aussenvalidierungskriterium herauszufinden versucht, wie stark übereinstimmend die Lehrpersonen einerseits und die Jugendlichen selber andererseits die Opfer- beziehungsweise die Täter-Erfahrungen der Jugendlichen darstellen. Auch dies wird im Rahmen dieser Arbeit eingehend diskutiert, wobei davon ausgegangen werden kann, dass die Schülerinnen und Schüler zumindest für die direkten Gewaltformen die validesten Informationen zum Thema ‚Gewalt in der Schule' geben, wenn die Datenerhebung bestimmten sozialwissenschaftlichen Kriterien entspricht (Olweus 1991; Björkqvist, Lagerspetz und Kaukiainen 1992d).

Die SchülerInnen sind auch deswegen die valideren Informanten als die Lehrpersonen, weil die Aussagen von Lehrpersonen über Gewalt in der Schule, sich sowohl auf Hörensagen beziehen wie auch auf individuelle Beobachtungen. Die Erfahrungen der Lehrpersonen decken somit keineswegs das gesamte Spektrum der Opfer-Erfahrungen der Jugendlichen ab. Bereits Olweus (1986; 1991) konnte feststellen, dass die Lehrpersonen eher wenig von dem erfahren, was sich unter den Jugendlichen in der Schule abspielt. Darauf verweist auch die Antwort der Jugendlichen im Rahmen unserer Fragebogen. Die Frage lautet: ‚Wem kannst du dich anvertrauen, wenn du Gewalt in der Schule oder auf dem Schulweg erlebst beziehungsweise erleben würdest?' Die Lehrpersonen werden von einer eher geringen Anzahl von Schülern angegangen (in unserer Untersuchung sind es gerade 26% aller Schüler). Das bedeutet, dass die Lehrpersonen darauf angewiesen sind, selber zu beobachten.

Nebst dem zu untersuchenden Hauptstrang ‚Gewalt unter Schülern in der Schule' werden wir auch die Gewalt, die von Lehrpersonen ausgeht, thematisieren. Konzentrieren wir uns auf die verbale Verletzung der Schülerinnen und Schüler durch Lehrpersonen. Als verbale Verletzung bezeichnen wir das Verspotten, das Beleidigen oder dann das Anschreien durch die Lehrpersonen. In Bezug auf die Antwortkategorien zu den Gewalt-Items folgen wir Fend (1998) und quantifizieren die Gewalterfahrungen in ihrer zeitlichen Dimension (‚nie', ‚ein- bis zweimal im Monat', ‚einmal in der Woche', ‚zwei- bis dreimal in der Woche', ‚noch öfter/täglich').

Wir unterstellen, es sei auch aus wahrnehmungspsychologischer Sicht angezeigt, den Jugendlichen einen genau abgrenzbaren und überblickbaren Zeitraum vorzulegen. Dies gilt insbesondere für die Primarschulkinder, aber auch für die Jugendlichen der Sekundarstufe I. Zur Tragweite dieses Sachverhalts ist zu sagen, dass wir in die von uns seit 1998 vorgenommenen Studien zum Thema ‚Gewalt in der Schule (vgl. Kassis 1998; Kassis 2000a) immer einen Zeitraum von zwei bis drei Monaten einbezogen und somit die Erfahrung der Jugendlichen auf diesen Zeitraum fokussierten. So lautete beispielsweise die Einführung zu diesem Frageblock im Rahmen einer Untersuchung, die dann Mitte März stattfand: ‚Was hast du diesbezüglich seit den Weihnachtsferien erlebt?' Damit versuchten wir der Tatsache Rechnung zu tragen, dass es für eine reliable Selbsteinschätzung alles andere als unwesentlich ist, wie lange die zu berichtende Erfahrungsspanne der Jugendlichen sein soll. Wir pflichten Krumm bei, der hervorhebt, dass bereits deshalb die meisten Studien zum Thema ‚Ermittlung des Ausmasses von Gewalt in der Schule' kaum miteinander vergleichbar sind. Zugleich kann die Problematik der Zeitdimension noch dahingehend akzentuiert werden, dass sich viele Autorinnen und Autoren sogar im Rahmen der jeweils eigenen Studien auf einen äusserst unterschiedlichen Zeitraum bezogen, so die Studie Hanewinkels (Hanewinkel et al. 1999a; Hanewinkel et al. 1999b).

Die abhängigen Variablen zu den Opfer- bzw. Tätererfahrungen werden bewusst über ein Einzelitem formuliert. Wir gehen davon aus, dass die unterschiedlichen Gewaltformen in der Schule auch teilweise unterschiedlichen Verlaufsprozessen und Ursachen unterliegen. Dodge hat hierzu bereits 1990 festgehalten: „Part of the discrepancy across studies regarding aggression may derive from vague definitions of aggression and aggregation of diverse types of aggressive behavior into a single code“ (Dodge, Coie, Petit und Price 1990, S. 1290). Wenn wir die vielen Analysen zum Thema unter diesem Aspekt untersuchen, müssen wir erkennen, dass sich leider kaum etwas geändert hat. Entgegen der Vorstellung von Busch (2000, S. 15) halten wir die begriffliche Trennung zwischen verschiedenen Formen der Gewalt aus theoretischen und empirischen Gründen für angezeigt und postulieren, dass es unterscheidbare Dimensionen aggressiven Verhaltens gibt[1]. Aus theoretischer Sicht unterscheiden wir deswegen deutlich zwischen Disziplinschwierigkeiten, physischer Gewalt, sozialer beziehungsweise psychischer Gewalt unter Jugendlichen, Delinquenzneigung ausserhalb der Schule und verbaler Gewalt, die von Lehrpersonen ausgeht. Alle diese Gewaltformen haben wir im Rahmen unseres Fragebogens erfasst.

Die Hochkonjunktur des Themas, so auch Schubarth (vgl. Schubarth 1995, S. 139), hat nicht dazu geführt, dass wir das Phänomen Gewalt genauer fassen können. Deswegen haben wir im Rahmen unserer Erhebung darauf geachtet, dass bei

1 Über Faktoren- und Reliabilitätsanalysen konnten wir nachweisen, dass die verschiedenen Gewaltformen nur sehr schwach zusammenpassen (Korrelationen zwischen 0.08 und 0.36). Ein stabiler Faktor konnte nicht gebildet werden (vgl. hierzu auch Marx 2001, S. 62).

der Formulierung der operationalisierten Items zum Thema Gewalt Bagatellsituationen nicht erfasst wurden. Das so genannte ‚raue Spiel' musste deutlich von einer Gewaltanwendung unterschieden werden (vgl. Killias 1995, S. 193). Der Fragebogen deckt sieben Bereiche ab und enthält insgesamt 32 Indikatoren (vgl. Abb. 2 und Anhang A) der Schülerpersönlichkeit bzw. Schülerumwelt.

Zur Stichprobe der quantitativen Erhebung

Stichprobe/ Forschungsinstrument: Die 28 befragten Schulklassen der Sekundarstufe I setzten sich aus 262 Mädchen und 219 Jungen zusammen. Im Februar 2000 haben wir 481 Schülerinnen und Schülern in der Region Basel/Schweiz der 6-9. Klassenstufe, also im Alter von ca. 13-16, einen standardisierten Fragebogen zum Thema ‚Gewalt in der Schule' vorgelegt. Er konnte in 45 Minuten im Klassenraum unter Leitung einer Person der Forschungsgruppe ausgefüllt werden. Die Lehrpersonen waren während dieser Zeit im Klassenzimmer nicht anwesend. Im Rahmen der vorliegenden Studie werden wir uns ausschliesslich auf die Teilstichprobe der männlichen Jugendlichen und, als abhängiger Variablen, auf die eingesetzte und die erlittene physische Gewalt im Schulkontext konzentrieren. Wir werden somit Täter- und Opferdaten zu physischer Gewalt in der Schule auswerten.

Abbildung 2
Die 32 Täter-Opfer-Indikatoren aus sieben Bereichen

Gewalt	**Selbstkonzept**	**Lernen in der Schule**	**Erfahrungen mit den Lehrpersonen**	**Erfahrungen mit den MitschülerInnen**	**Einstellungen zu Geschlechterrollen**	**Erfahrungen im Familienkontext**
1. **Täter physischer Gewalt** (Einzelitem) 2. **Opfer physischer Gewalt** (Einzelitem) 3. **Täter sozialer Gewalt** (Skala 4 Items, α= 0.7371) 4. **Opfer sozialer Gewalt** (Skala 4 Items, α= 0.7833)	9. **Selbstakzeptierung** (Skala aus 5 Items, α= 0.7914)	15. **Lernmoral** (Skala aus 3 Items, α= 0.7799)	18. **Persönliche Beziehungen zu den Lehrpersonen** (Skala aus 4 Items, α= 0.7856)	22. **Integration in die Gleichaltrigengruppe** (Skala aus 4 Items, α= 0.6533)	26. **Geschlechterrollenstereotype** (Skala aus 3 Items, α= 0.6642)	28. **Strafend-inkonsistenter Erziehungsstil** (Skala aus 5 Items, α= 0.7876)
5. **Disziplinprobleme in der Schule** (Skala aus 4 Items, α= 0.7336)	10. **Zukunfts-optimismus** (Skala aus 3 Items, α= 0.7012)	16. **Prüfungsangst** (Skala aus 4 Items, α= 0.7344)	19. **Fachliche Unterstützung durch die Lehrpersonen** (Skala aus 4 Items, α= 0.7830)	23. **Unterstützungsleistung der Gleichaltrigen** (Skala aus 4 Items, α= 0.8169)	27. **Einstellung zum Thema Gewalt und Unsicherheit** (Einzelitem)	29. **Kontrollierender Erziehungsstil** (Skala aus 5 Items, α= 0.7649)
6. **Delinquenzneigung ausserhalb der Schule** (Skala aus 5 Items, α= 0.8653)	11. **Handlungkontrolle** (Skala aus 4 Items, α= 0.7372)	17. **Schulleistungen** (Skala aus 3 Items, α= 0.6337)	20. **Verbale Gewalt durch Lehrpersonen** (Skala aus 3 Items, α= 0.6246)	24. **Beliebtheit bei Gleichaltrigen** (Skala aus 4 Items, α= 0.8162)		30. **Unterstützender Erziehungsstil** (Skala aus 4 Items, α= 0.7742)
7. **Einstellung zu Gewaltopfern** (Einzelitem)	12. **Emotionskontrolle** (Skala aus 4 Items, α= 0.7065)		21. **Intervention von Lehrpersonen bei Gewaltvorkommnissen** (Skala aus 4 Items, α= 0.8525)	25. **Intervention von MitschülerInnen bei Gewaltvorkommnissen** (Skala aus 4 Items, α= 0.8673)		31. **Elterliche Beaufsichtigung** (Skala aus 5 Items, α= 0.7280)
8. **Einstellung zu männlicher Impulsivität** (Einzelitem)	13. **Depressionsneigung** (Skala aus 4 Items, α= 0.7682) 14. **Begabungsselbstbild** (Skala aus 4 Items, α= 0.7309)					32. **Familiäres Involvement** (Skala aus 4 Items, α= 0.8161)

Reihenfolge des Einsatzes der Diskriminanz- und Clusteranalyse als taxonomische Verfahren

Wir ordnen die Reihenfolge des Einsatzes der gewählten taxonomischen Verfahren so, dass theoretisch reflektierte und empirisch gestützte Struktur in die Persönlichkeitsgleichung eingeht. In bewusster Erweiterung des Postulats von Erzberger (1998), der eine empirisch begründete Theoriebildung vorschlug, verfolgen wir die Richtlinie einer theoretisch begründeten und zugleich empirisch gestützten Erklärung der Persönlichkeitsgleichung.

Die in der Literatur vorgeschlagene Abarbeitungsreihenfolge mit taxonomischen Verfahren lautet: Zuerst die Clusteranalyse durchführen, um eine Struktur herauszufiltern, und erst danach die Diskriminanzanalyse einsetzen, um die ermittelte Struktur bezüglich der Kriteriumsvariable zu prüfen. Ohne dieser Verfahrensfolge ihre innere Logik für viele Teilfragestellungen absprechen zu wollen, können wir festhalten, dass sie zur Ermittlung der Persönlichkeitsprofile bezüglich des Gewalteinsatzes allzu stark empirisch, ja gar empirizistisch angelegt ist und unserer Setzung des Primats der Theorie keineswegs zu folgen vermag. Die Auflösung der Clusteranalyse ist von der Ausprägung aller eingesetzter ‚Werte-Paare' stark abhängig. Dies heisst, dass es bezüglich der ermittelten Cluster eine Rolle spielt, ob wir 5, 10 oder wie in unserem Fall gar 32 Indikatoren in die Analyse einbringen. Zugleich spielt die jeweilige Ausprägung der Indikatoren eine wichtige klassifikatorische Rolle. Wenn wir somit die Clusteranalyse zu einem Zeitpunkt einsetzen, an dem wir noch nicht wissen, welche Indikatoren klassifikationsrelevant sind, und deswegen eine zu grosse Menge an Indikatoren in die Analyse einführen, laufen wir Gefahr, dass wir Clusterlösungen erhalten, die zwar empirisch stimmig sind, aber theoretisch mangelhaft erscheinen. Wir wären somit, theoretisch gesehen, noch auf dem Niveau der Allerwelt-Aussage ‚Alles beeinflusst Alles'. Wir folgen deswegen dem Primat der inhaltlichen Überlegungen und damit der Setzung, dass je nach Klassifikationsziel die entsprechenden Variablen einbezogen werden sollten. Auch Bacher (1996, S. 409) empfiehlt die Verwendung von inhaltlich zusammengehörenden Variablen als Klassifikationsmerkmale in Clusteranalysen. Aus diesem Grunde erschien es uns erforderlich, zuerst über die Diskriminanzanalyse nach den empirisch und theoretisch klassifikationsrelevanten Indikatoren auf die Suche zu gehen und erst danach auf Grund dieser kleineren Menge an Prädiktoren im Rahmen der Clusteranalyse die Probandengruppe aufzuteilen. Dieser Schritt wurde auch dadurch unterstützt, dass die Lösung der Diskriminanzanalyse unabhängig von der Menge der einbezogenen Indikatoren ausfällt.

Diese neue Vorgehensweise ergibt sich aus empirischen und theoretischen Überlegungen. Über die veränderte Reihenfolge des Einsatzes dieser Verfahren begehen wir Neuland. Wir setzen in einem ersten Schritt die Diskriminanzanalyse als ein multivariates Verfahren mit exploratives Absicht ein. Hierbei wird untersucht, wie stark die mittels Reliabilitäts- und Faktoranalyse ermittelten Indikatoren zur Unterscheidung zwischen den Schülergruppen beitragen, die abhängige Variable, die Täter bzw. Opfer-Erfahrungen, zu erklären. Auf Grund der Diskriminanzfunktion wird somit die Prognose der Gruppenzugehörigkeit eruiert. Die Grundfragestellung lautet demnach: In welche Gruppe ist ein Schüler, dessen Gruppenzugehörigkeit im Voraus nicht bekannt ist, auf Grund seiner Merkmalsausprägungen einzuordnen?

Die nach theoretischen Gesichtspunkten geleitete Diskriminanzanalyse wurde nach der Methode der schrittweisen Aufnahme durchgeführt. Die Einschätzung der geeigneten Indikatoren wurde nach der Methode Wilks-Lambda und dem Kriterium der F-Wahrscheinlichkeit durchgeführt. Mit Hilfe der Diskriminanzanalyse kann sodann geprüft werden, hinsichtlich welcher Indikatoren sich die beiden Gruppen, z.B. ‚Täter ja' vs. ‚Täter nein', signifikant unterscheiden. Auf diese Weise lässt sich ein Katalog von relevanten, weil diskriminatorisch bedeutsamen Indikatoren zusammenstellen. Dadurch wird auch eine Reduktion aus der Gesamtmenge der möglichen Indikatoren erreicht und ein empirisch gefestigtes Modell zu den relevanten Beziehungen kann entwickelt werden.

Die an die Diskriminanzanalyse anschliessende Clusteranalyse ist ein Struktur entdeckendes Verfahren, also ein multivariates Verfahren, dessen primäres Ziel in der Entdeckung von Gruppenstrukturen zwischen den untersuchten Indikatoren liegt (vgl. hierzu Moosbrugger and Frank 1992). Die Auswahl der zu berücksichtigenden Elemente erfolgt somit, indem von den insgesamt 32 Indikatoren ausschliesslich diejenigen Indikatoren in der Clusteranalyse als Gruppierungsvariablen berücksichtigt werden, die, über die Diskriminanzanalyse ermittelt, mutmasslich zwischen den Gruppen differieren und zur Unterscheidung der Gruppen bzw. zur Erklärung der Gruppenunterschiede am besten beitragen können. Es sind multivariate Verfahren, deren wichtiges Ziel es ist, eine Anzahl von Personen anhand bestimmter Merkmale in möglichst kleine, homogene Gruppen einzuteilen (vgl.

Borg and Staufenbiel 1997, S. 16). Damit geht es in diesen Verfahren primär um die explorative Datenanalyse durch Datenreduktion.

So erreichen wir in der Clusteranalyse eine theoretisch und empirisch gut untermauerte Lösung zur Erklärung von Unterschieden bezüglich des gewalttätigen Verhaltens von Jugendlichen durch eine grössere Menge von kontextspezifischen und psychografischen Indikatoren. Die Signifikanz der über die Clusteranalyse ermittelten zwei Cluster wird danach in einem konfirmativen Analyseschritt mit einfaktorieller Varianzanalyse geprüft. Hierbei gehen wir so vor, dass wir die Bedeutsamkeit der einzelnen32 Indikatoren in den zwei Clustern zur abhängigen Variablen *Erfahrungen als Täter oder Opfer physischer Gewalt in der Schule* überprüfen.

Moosbrugger und Frank folgend (1992) bringen wir clusteranalytische Methoden als numerische Lösungsansätze für folgende Problemstellung ein: *Gegeben ist eine bestimmte Menge von Schülern, zu denen Selbst- und Fremdbeschreibungen bezüglich des Themas ‚Gewalt in der Schule' vorliegen. Gesucht sind über die clusteranalytischen Methoden Aufteilungen dieser Schülergesamtgruppe in kleinere Teilgruppen, so dass die Schüler innerhalb derselben Teilgruppe einander möglichst ähnlich und Personen, die verschiedenen Teilgruppen angehören, möglichst unähnlich sind.* Damit gehen wir von der Hypothese aus, dass die untersuchte Population bezüglich bestimmter inhaltlicher Merkmale – wir haben sie als Kontext- und psychografische Merkmale definiert – heterogen ist. Diese inhärente Struktur der untersuchten Gruppe gilt es zu erkennen und die Personenmenge in möglichst homogene Gruppen, Cluster, aufzuteilen (Reinecke und Tarnai 2000). Um möglichst homogene Cluster bzw. Gruppen bilden zu können, werden wir bei der Clusteranalyse das Ward-Verfahren wählen.

Zur Funktion der linearen Strukturgleichungsmodelle

Zur Erkennung der Wirkungsweise der über die Diskriminanzanalyse ermittelten Prädiktoren setzen wir lineare Strukturgleichungsmodelle ein. Das sind konfirmatorische Verfahren, wo anhand empirischer Daten a priori formulierte Kausalhypothesen zur Erklärung von Merkmalszusammenhängen (bei uns zum Thema ‚Gewalt in der Schule') geprüft werden. Dies ermöglicht das Aufdecken von Wirkungszusammenhängen zwischen den Merkmalen der Schul-Umwelt sowie des familiären und gesellschaftlichen Kontextes. Strukturgleichungsmodelle erachten wir auch deswegen als besonders angezeigt, weil sie als multivariate Forschungsmethode die Möglichkeit eröffnen, die Kausalrichtung komplexer Datenanalysen zu eruieren (vgl. Schnabel 1997), und zugleich die uns leitende Vorstellung der multifaktoriellen Erforschung des Phänomens Gewalt stützen.

Die Haupthypothese, die wir mit den zwei noch vorzustellenden Strukturgleichungsmodellen untersuchen wollen, lautet: Welche Wechselwirkungsverhältnisse bestehen zwischen Familie, Lehrpersonen, MitschülerInnen, Geschlechterrollenstereotypen, dem Selbstkonzept und den Gewalterfahrungen von Schülern?

Im Rahmen des zu zeichnenden Strukturgleichungsmodells liessen wir uns primär von sachlogischen und theoriegeleiteten Überlegungen leiten. Zur Erklärung des gewalttätigen Verhaltens männlicher Jugendlicher haben wir eine möglichst Erfassung ihrer Lebenswelt und insbesondere des Schulkontextes vorgenommen. Dieses breite Feld war uns deshalb wichtig, weil die Schule und die persönlichkeitsbeeinflussenden Prozesse innerhalb der Schule auch mit Faktoren zusammenhängen, die ausserhalb der Schule ihre Hauptwirkungen haben und diese Wirkungen ihrerseits sehr stark auch das Schulische beeinflussen. Der so genannte ‚wahre Wert' (vgl. hierzu Steyer 2000) der Jugendlichen-Gewalt ist somit nicht einzig ein Wert, der mit der Reliabilität der zwei Einzelwerte (schulische bzw. ausserschulische Gewalt) im Zusammenhang steht, sondern auch ein Konsistenzwert, ein Wert also, der auch darüber Auskunft gibt, inwiefern die Schüler sowohl in als auch ausserhalb der Schule als gewalttätig auffallen. Dies ist, so Deinzer (1995, S. 20), ein wichtiges Qualitätskriterium von gelungenen Strukturgleichungsmodellen. Das ‚Packages-Syndrom' der Gewaltentwicklung, weist auf die Multikausalität der Erklärung von Gewalt hin. Cairns und Cairns fassen dies folgendermassen zusammen: „Problems of aggression come in packages, not as single variables" (Cairns et al. 1994, S. 89). Dabei gilt es zu bedenken, dass es nicht nur viele, sondern insbesondere viele simultan wirkende Probleme sind, die von den betroffenen Jugendlichen personal, sozial und in der Schule auch fachlich bewältigt werden müssen.

Über die Erklärung der interindividuellen Unterschiede der in dieser Stichprobe berücksichtigten Schüler versuchen wir, einen Kernpunkt der Entwicklungspsychologie aufnehmend, die Prädiktoren zu ermitteln, die zu diesen interindividuellen Differenzen führen. Strukturgleichungsmodelle erlauben somit über die Integration vieler Prädiktoren die genauere Erfassung und Erklärung der interindividuellen Unterschiede (so auch Steyer, Eid und Schwenkmezger 1997, S. 21ff.). Der ‚wahre Wert', um wieder auf diesen Terminus zurück zu kommen, ist somit sehr stark von den berücksichtigten exogenen latenten Variablen des Modells abhängig. Unsere abhängige Variable, das gewalttätige Schülerverhalten, findet nicht in einem Lebenswelt-Vakuum statt, sondern steht in engem Zusammenhang mit vielerlei Erfahrungen und Einwirkungen auf die Heranwachsenden. Auch da sind Strukturgleichungsmodelle besonders hilfreich, da wir die abhängige Variable über die Vielzahl der berücksichtigten Prädiktoren in Bezug auf vielerlei Kontexte überprüfen können (vgl. Steyer, Partchev und Shanahan 2000).

Der besondere Reiz des Strukturgleichungsmodells besteht darin, dass nicht sequenziell über die klassischen Hypothesen der Art von ‚Je stärker die Geschlechterrollenstereotype, desto stärker auch die ausgeübte Gewalt' überprüft werden, sondern vielmehr darin, dass diese Variablen auf einmal ins Spiel gebracht werden und in ihrem Zusammenspiel mit vielen verschiedenen Prädiktoren die Komplexität des gesamten Modells darzustellen vermögen und somit die Lebenswelt der jugendlichen Schüler repräsentieren.

Wir sind für unser Strukturgleichungsmodell davon ausgegangen, dass die individuelle Verarbeitung einen relevanten Prädiktor für die Gewalterfahrungen der Jugendlichen darstellt. Sozialisationstheoretisch fusst dies auf den Annahmen Hurrelmanns (Hurrelmann 1998). Diese individuelle Realitätsverarbeitung haben wir im Rahmen unseres Modells über die zwei Prädiktoren ‚Selbstvertrauen' und ‚emotionales Selbstbild' eingebracht. Wir sind zwar vom Selbstkonzept nach Fend (1990) ausgegangen, haben aber, anders als Fend, in das Selbstkonzept der Jugendlichen nicht primär den kognitiven Aspekt integriert, sondern ein emotionales Standbein des Selbstkonzeptes postuliert. Dieses übernimmt zwar eine gesonderte Rolle in der individuellen Bewältigung der Schüler, es steht aber in einem engen Zusammenhang mit dem kognitiven Aspekt, den wir ‚Selbstvertrauen' nennen. Hierbei sind wir von der Annahme ausgegangen, dass die Realität der Jugendlichen in einem ersten Schritt kognitiv verarbeitet wird, also im Bereich des Konstrukts ‚Selbstvertrauen', und in einem zweiten Schritt über das emotionale Selbstbild eine differenzielle Färbung bekommt, die dann die ausgeübte Gewalt im Schulkontext beeinflusst. Die Jugendlichen werden somit im Sinn des Modells des Coping Man (vgl. hierzu Herzog 1991) situiert, und es wird davon ausgegangen, dass Erfahrungen von den Individuen bewältigt werden können und nicht einfach erlitten werden müssen. Die Ergebnisse vorwegnehmend sei gesagt, dass die erklärte Gesamtvarianz des Strukturgleichungsmodells ‚Täter physischer Gewalt' 32% beträgt und diejenige des Strukturgleichungsmodells ‚Opfer physischer Gewalt' 39%, das heisst, sie ist im Vergleich zu anderen psychologisch-diagnostischen Modellen zum Thema ‚Gewalt' als sehr hoch zu bewerten. Dies ist für uns eine Bestätigung dafür, dass die Strategie des Einbezugs einer möglichst grossen Breite der Lebenswelt der Jugendlichen die richtige war.

Darstellung des Strukturgleichungsmodells

Die Darstellung der Modelle möchten wir nach den Empfehlungen von Bootsma (2000) gestalten. Hierbei geht es uns um die Offenlegung unseres Vorgehens und damit auch um die Ermöglichung der Kommunikation über einen langen Forschungsprozess. Die berücksichtigten Variablen sind bis auf zwei als vierstufige Likert-Skalen metrisch skaliert. Die Variablen *‚Täterjungen physische Gewalt'* und *‚Opferjungen physische Gewalt'* sind dagegen Dummy-Variablen (0/1 – Variable). Binäre Variablen lassen sich in Regressionsgleichungen und damit auch in Strukturgleichungsmodellen generell wie metrische Variablen behandeln (vgl. Bollen 1989, S. 439; Backhaus et al. 1996, S. 2).

Als Schätzverfahren haben wir die Maximum-Likelihood-Methode (ML) eingesetzt. Bei diesem Verfahren werden die modelltheoretische und die beobachtete Varianz-Kovarinaz-Matrix miteinander verglichen. Es wird von der Annahme der Nullhypothese ausgegangen, dass sich die zwei Varianz-Kovarinaz-Matrizen nicht signifikant unterschieden. Die Überprüfung des Modells selber erfolgt über den χ^2–Wert, die Freiheitsgrade und den p-Wert. Zur Überprüfung der Strukturgleichungsmodelle haben wir das statistische Programm AMOS (Analysis of Moment Structures), Version 4.01 (Arbuckle und Wothke 1999) verwendet.

Um die theoretischen Modelle zu testen, wählten wir ein zweistufiges Verfahren. In einem ersten Schritt testeten wir die einzelnen Messmodelle. Diese modifizierten wir, wenn es notwendig war, um eine bessere Anpassung an die Testkriterien zu erreichen, wobei eine sinnvolle Übereinstimmung mit den zu Grunde liegenden theoretischen Annahmen stets Vorrang hatte. In einem zweiten Schritt überprüften wir das gesamte Strukturmodell mit seinen kausalen Beziehungen zwischen den latenten Variablen. Als Analysestrategie wählten wir die von Jöreskog (1993) als ‚Model generating' vorgeschlagene Strategie. Dort wird versucht, ein Modell zu generieren, das sich sowohl gut an die Daten anpasst, als auch mit der Theorie übereinstimmt. Ziel dieser im weiteren Sinn explorativen Analysestrategie ist es, ein Modell zu finden, das nicht nur den Daten gut angepasst ist, sondern auch eine theoretisch substanzielle Begründung der einzelnen Modellparameter ermöglicht.

Als Gütekriterien für die zwei Strukturgleichungsmodelle haben wir, den Empfehlungen von Backhaus (1996, S. 397), Bollen (1993, S. 6) und Steyer (2000) folgend, mehrere Gütekriterien aufgenommen: Den χ^2-Wert, AGFI (Adjusted-Goodness-of-Fit-Index) zur Messung der im Modell erklärten Varianz – zusätzlich wird beim AGFI im Unterschied zum GFI die Zahl der Freiheitsgrade berücksichtigt, RMR (Root-Mean-Square-Residual) zur Ermittlung der Residualvarianzen und RMSEA (Root-Mean-Square-Error of Approximation), welches über den Einbezug der Freiheitsgrade und damit der Modellkomplexität den Gütewert der Residualvarianzen korrigiert. Hierbei gehen wir von folgenden Grenzwerten der Gütekriterien aus: Beim χ^2-Wert sollte der p-Wert >0.5 sein. AGFI muss seinerseits > 0.900, RMR < 0.05 und schliesslich RMSEA < 0.04. Jöreskog folgend (1993) ist bei der Beurteilung des Fits von sozialwissenschaftlichen Modellen dem RMSEA weit höheres Gewicht als dem χ^2-Wert beizumessen (vgl. hierzu Satow und Schwarzer 2000, S. 137).

Zum empirisch-qualitativen Vorgehen

Ein tieferes Verstehen von Gewalthandlungen muss über die Interpretation von statistischen Daten hinausgehen, und unsere Erklärungen sollten nicht ohne die subjektiven Deutungen der Akteure vorgenommen werden. Zu diesem Zweck haben wir neun Einzelinterviews mit Täter-Jungen durchgeführt, transkribiert und inhaltsanalytisch ausgewertet.

Die Handlungserklärungen unsererseits sollten nicht ohne Berücksichtigung der subjektiven Interpretationsprozesse durch die einzelnen Akteure vorgenommen werden. Das Verstehen der Handlungen der von uns befragten Personen setzt also das Wissen um die Situationsdefinition der Handelnden voraus. Beim empirisch-qualitativen Vorgehen griffen wir auf Leitfadeninterviews zurück. Dieses Verfahren schliesst keineswegs narrative Passagen aus, im Gegenteil, sie werden von den gestellten Fragen teilweise sogar provoziert. Bei dieser Technik steht jedoch die möglichst vollständige theoriegeleitete Analyse von vorgegebenen Themenbereichen im Vordergrund. Der für die Interviews benützte Leitfaden animierte die Befragten zur Interpretation ihrer eigenen Einstellungen beziehungsweise zur Bewertung bestimmter sozialer Situationen. Unser Ziel war es, die Erklärungsansätze von Individuen zu verstehen und diese dann mit strukturellen Gesichtspunkten in Verbindung zu setzen. Für die Leitfadentechnik haben wir uns auch deshalb entschieden, weil sie die Vergleichbarkeit der Interviews zulässt. Im Entscheid für die spezifische Technik der Leitfadeinterviews sind wir auch über die Erfahrungen von Böttger zum Thema Gewalt (1996; 1997; 1999) gestützt worden. Eine besondere Vertiefung der standardisierten Fragebogenerhebung versuchten wir zu erreichen, indem nebst den einzelnen spezifischen Fragen für den jeweiligen methodischen Zugang auch eine bestimmte Schnittmenge von Fragen formuliert wurde, die in beiden Instrumenten gestellt wurden.

Die Analyse der Daten aus den qualitativen Interviews bedarf besonderer Vorsicht. Sowohl auf der Ebene der Transkription von verbalen Daten als auch in der Subjekt-Subjekt-Interaktion im Rahmen des Interviews können sich viele Fehler einschleichen, und zwar in der Art, dass die Interpretation primär zur Intuition wird. Nach Flick (1992, S. 12ff.) lässt sich mit Konzepten wie der Triangulation die ‚Entzauberung der Intuition' erreichen. Von Denzin (1978, S. 290ff.) ausgehend, werden wir einerseits die Datentriangulation einsetzen und andererseits die methodologische Triangulation.

Bei der Datentriangulation geht es um den Einbezug unterschiedlicher Datenquellen und bei der methodologischen um jenen unterschiedlicher Methoden zur Erforschung des gleichen Sachverhalts. Bei dieser zweiten Methode geht es um die Kombination verschiedener Methoden zur Begrenzung der Reaktivität des einzelnen Zugangs. Dabei gehen wir mit Flick (1992, S. 18) davon aus, dass die unterschiedlichen methodischen Ansätze beziehungsweise die unterschiedlichen Datenquellen nicht das Gleiche zu Tage fördern werden, dass also eine systematische und logische Diskrepanz der Ergebnisse vorliegen wird, eine Diskrepanz somit, die vom jeweiligen Zugang her begründet ist. Deshalb wird es auch notwendig, Kriterien zur Beurteilung von Übereinstimmungen und Diskrepanzen der Resultate zu entwickeln. Sehr deutlich wird durch diese Analysestrategie, dass der Einsatz von Triangulation nicht ausschliesslich dem Gültigkeitsdilemma qualitativer Daten entspringt. Sie wird im Rahmen unserer Untersuchung vielmehr auch als allgemeine Validierungsstrategie von qualitativen und quantitativen Daten eingeführt. Als Datenanalysemethode der ermittelten verbalen Daten verwenden wir die Inhaltsanalyse, wie sie Mayring (2000) oder Merten (1983) nach den verbindlichen Kriterien der Sozialforschung, nämlich Reliabilität, Validität und Objektivität einsetzen und auch für die qualitative Sozialforschung einfordern.

Mit unseren Bestrebungen verfolgen wir nicht die Ansicht, dass in der empirischen Sozialforschung ein Zweiklassensystem zwischen qualitativer und quantitativer Methode einzuführen ist, wobei – wie auch Früh (1992, S. 59) dies mit einem lachenden Auge formuliert – alle Beteiligten, also sowohl diejenigen, die qualitativ arbeiten, als auch diejenigen, die quantitativ arbeiten, meinen, immer erster Klasse zu fahren in einem Zug, der deutlich Erst- und Zweitklassabteile hat.

Nebst den allgemeinen Standards zum Einsatz der Inhaltsanalyse formulieren wir die Inhaltsanalyse als eine definierte Suchstrategie, welche sich auf spezifische Bedeutungsaspekte bezieht, die für unsere Forschungsfrage relevant sind. Damit hat sie ein ganz bestimmtes Selektionsinteresse. Dieses Selektionsinteresse hat die Inhaltsanalyse über eine ausgewählte, systematische Interpretationsweise mit wiederholbarer Anwendungsmöglichkeit umzusetzen. Damit folgen zwei wichtigen Grundlagen der Inhaltsanalyse nach Früh (1992, S. 63). In der von uns eingesetzten Variante ist die Inhaltsanalyse keine Methode, die irgendeinem wissenschaftstheoretischen ‚Lager' zuzuordnen wäre. So unterscheidet zum Beispiel Merten (1983) nicht zwischen der qualitativen und der quantitativen Inhaltsanalyse, sondern geht davon aus, dass jede Inhaltsanalyse qualitative und quantitative Aspekte aufweist. Trotzdem müssen wir die unterschiedliche Möglichkeit des jeweiligen empirischen Zugangs differenziert einsetzen und bewusst für die Validierung der Daten nutzen (vgl. hierzu auch die Diskussion zur Kombination qualitativer und quantitativer Daten in Hoffmeyer-Zlotnik 1992).

EDV-unterstützte qualitative Datenanalyse

Die computerunterstützte Datenanalyse findet immer stärkere Verbreitung (vgl. hierzu auch den historischen Abriss in Kelle 1995, S. 1ff.), dies auch, wenn bedacht wird, dass das Validitätskonzept qualitativer Untersuchungen nicht gänzlich demjenigen empirisch statistischer Forschung entspricht (vgl. Kelle und Laurie 1995, S. 19). Die zu wählenden Programme müssen nicht ausschliesslich die Analyse, sondern auch die Datenreduktion und die in qualitativen Untersuchungen besonders relevante Darstellung der Ergebnisse handhaben können. Dadurch wird erst das gewährleistet, was Huberman und Miles als ‚data management' (1994) bezeichnen. Deshalb spielt die Wahl der Computersoftware bei der maschinell unterstützten Inhaltsanalyse eine zentrale Rolle (vgl. Prein, Kelle und Bird 1995; Prein 1996). Dies bedeutete beispielsweise im Rahmen unserer Untersuchung, dass im Rahmen des eingesetzten computerunterstützten Datenanalyseprogramms ATLAS/ti für die qualitativen Daten auch eine quantitative Auswertungsstrategie zulässig ist. Die qualitative Analysetechnik somit, bei uns die Inhaltsanalyse, durfte den Weg zur empirisch-statistischen Analysetechnik nicht nur nicht erschweren, sondern sie musste ihn unterstützen. Die Qualität von ATLAS/ti ist auch deswegen als hoch einzuschätzen, weil es entgegen der Entwicklungsgeschichte vieler EDV-Programme für qualitative Analysen (vgl. Richards und Richards 1994, S. 445) speziell für die qualitative Forschung entwickelt worden ist. ATLAS/ti und NUD.IST werden von Richards/Richards als die qualitativ hoch stehendsten EDV-Programme für die qualitative Forschung beurteilt.

7 Das Persönlichkeitsprofil männlicher Täter physischer Gewalt

Interviewter Täter-Junge: Vorher war ich im anderen Schulhaus. Es ist jeden Tag vorgekommen, dass ich jemanden geplagt habe. Dort habe ich mich schlecht gefühlt. Dort hatte es nicht so nette Kollegen. Ich habe andere Kinder geschlagen. In unserer Klasse hatte es einen Buben. Der hat mir jeden Tag blöde Wörter gesagt und dann habe ich ihn geschlagen.

Im Rahmen der folgenden Kapitel möchten wir über mehrere Analyseschritte unser theoretisches Modell empirisch-analytisch und empirisch-qualitativ überprüfen. Die Indikatoren zur Lebenswelt der männlichen Jugendlichen sollten die gesamte Spanne des Persönlichkeitsprofils der heranwachsenden Schüler nachweisen, das heisst: die persönliche und die soziale und selbstverständlich auch die fachliche Entwicklung im Schulkontext. Die empirisch-analytischen Untersuchungen zum Persönlichkeitsprofil der Täter physischer Gewalt in der Schule betreffen die Diskriminanzanalyse, die Cluster- und die daran angeschlossenen Varianzanalysen und schliesslich die Strukturgleichungsmodelle als hypothesenprüfende Instrumente. Die empirisch-qualitativen Ergebnisse, die aus Leitfadeninterviews mit jugendlichen Tätern stammen, werden eng verwoben mit der Clusteranalyse und den Varianzanalysen, eingebracht. Dadurch versuchen wir bezogen auf die Täter die Triangulation über unterschiedlichen Methodenzugang zu erreichen. Eine Interviewreihe mit Opfer-Jungen haben wir aus Kostengründen leider (noch) nicht durchführen können.

Die Auswahl von Prädiktoren über Diskriminanzanalyse zu den Tätern physischer Gewalt in der Schule

Von den 32 Indikatoren zur Lebenswelt der männlichen Jugendlichen werden einige als Prädiktoren für die Erfahrungen der Jungen als Täter physischer Gewalt ausgewählt. Es werden ausschliesslich diejenigen Indikatoren berücksichtigt, die über die Diskriminanzanalyse ermittelt, zwischen den Gruppen differieren und zur Unterscheidung der Gruppen bzw. zur Erklärung der Gruppenunterschiede zu den *Gewalterfahrungen als Täter physischer Gewalt in der Schule* am besten beitragen können. Diese Prädiktoren kommen anschliessend in der Clusteranalyse als Gruppierungsvariablen zur Anwendung.

Das Klassifizierungsergebnis der Diskriminanzanalyse – 77.2% der Fälle konnten auf Grund von sechs Faktoren korrekt klassifiziert werden – validiert unsere Annahme, dass die Gewalterfahrungen von Tätern physischer Gewalt in der Schule einzig über ein mehrfaktorielles Design hinreichend ermittelt werden können. Das Wilks-Lambda, ein Streuungsmass der ermittelten Diskriminanzfunktion, beträgt 0.708 (χ^2= 73.793, df=12, p=0.000). Die für die Unterscheidung der beiden Gruppen Nicht-Täter / Täter diskriminierenden sechs Faktoren sind die *Gewalterfahrungen als Täter sozialer Gewalt in der Schule, Gewalterfahrungen als Opfer sozialer Gewalt in der Schule, die Delinquenzneigung ausserhalb der Schule, der kontrollierende Erziehungsstil, die Depressionsneigung und das Gewaltstereotyp ‚Wer Opfer von Gewalt wird, ist meist selber daran schuld'* (für ausführlichere methodische Überlegungen hierzu siehe Kassis 2002).

Die theoretische Plausibilität der über die Diskriminanzanalyse ermittelten Beziehungen erhöht die Wahrscheinlichkeit, dass der theoretisch formulierte Zusammenhang zwischen den Prädiktoren und der abhängigen Variablen zutrifft. In unserem Fall ergibt die Diskriminanzanalyse, dass die Gewalterfahrungen, die Delinquenzneigung ausserhalb der Schule, der kontrollierende Erziehungsstil, die Depressionsneigung und Gewaltstereotype wichtige Prädiktoren der Gewaltbereitschaft männlicher Jugendlicher sind. Das empirische Ergebnis lässt sich somit durch die Erörterungen in den theoretischen Kapiteln stützen.

Unsere These, dass der Fragebogen bzw. die dahinter stehende Theorie die Ergebnisse und damit die Erkenntnis steuert, sei noch mit einer Überprüfung der Klassifikation psychischer Gewalt, die von Täterinnen, also von den Schülerinnen ausgeht, veranschaulicht. Dabei sei daran erinnert, dass wir in unseren theoretischen Ausführungen postuliert haben, dass die Ursachen, die ablaufenden Prozesse der Gewaltentwicklung und die Gewaltphänomene selber bei Mädchen und Jungen in wichtigen Bereichen anders verlaufen bzw. sich anders zeigen und dass es deshalb weder aus theoretischer noch aus empirischer Sicht sinnvoll ist, ein einheitliches Auswertungsraster bei Mädchen und Jungen gebrauchen zu wollen (vgl. Kim et al. 1999, S. 1211). Wir wollen dabei nicht auf dieselbe Weise wie andere Autorinnen und Autoren vorgehen, die nach teilweise umfangreichen Kapiteln zum Thema Geschlechtsspezifik der Gewalthandlungen in der Schule zum empirischen Teil der Arbeit übergehen und dort vornehmlich in einer geschlechtsneutralen Sprache von Kindern und Jugendlichen sprechen (vgl. hierzu als zwei aktuelle Beispiele Besag 1995; Schubarth 2000). Dabei erstaunt es doch, in welchen Kontexten und zu wessen Schutz die geschlechtsneutrale Sprache in wissenschaftlichen Publikationen zum Thema Gewalt in der Schule wieder gepflegt wird! Der vermeintliche Schutz der männlichen Jugendlichen führt dazu, dass ihre Lebenslage nicht differenziert analysiert und schon gar nicht optimal umgestaltet werden kann. Es besteht deswegen allzu oft eine offensichtliche Kluft zwischen der fälschlicherweise ‚geschlechtsneutralen' Theorie und einer geschlechtsspezifischen Empirie.

Zur Untersuchung dieser These haben wir die Diskriminanzanalyse eingesetzt, die uns einen Hinweis auf klassifikationsrelevante Faktoren für die Prognose an *Täterinnen physischer Gewalt in der Schule* geben sollten. Das Ergebnis der Diskriminanzanalyse lässt an Deutlichkeit kaum etwas zu wünschen übrig: Von den 12 Mädchen, die Schüler geschlagen oder geboxt haben, können wir nur gerade deren zwei richtig klassifizieren! Von den fünf Mädchen dagegen, die Schülerinnen geschlagen oder geboxt haben, können wir kein einziges richtig klassifizieren.

Um die Zuverlässigkeit der Prognose zu überprüfen, dass die für die männlichen Opfer ermittelten Indikatoren auf die weiblichen Opfer übertragen werden können, haben wir die Variable *‚Opfer-Mädchen physischer Gewalt in der Schule'* analysiert. Auch hierzu sind die Ergebnisse aus der Diskriminanzanalyse deutlich: Von den 18 Mädchen, die von Jungen geschlagen oder geboxt werden, können wir eines, und von den 11 Mädchen, die von anderen Mädchen geplagt werden, kein Einziges richtig klassifizieren.

Dies ist für uns ein aussagekräftiger Hinweis, dass die eingebrachte Theorie und der daraus abgeleitete empirische Zugang sich auf physische Gewalt beziehen, die von Jungen, aber nicht von Mädchen ausgeht. Die Erfassung und Erklärung der Mädchengewalt gestaltet sich deswegen als eine eigene Arbeit, und nicht als ein Neben- bzw. Nischenprodukt der Forschung zu Jungengewalt.

Ergebnisse der Clusteranalyse und der daran angeschlossenen Varianzanalysen zu den Tätern physischer Gewalt

Zu den Tätern und auch zu den Opfern haben wir ein klares Persönlichkeitsprofil zeichnen können. Wir haben über die sechs Faktoren *Gewalterfahrungen als Täter sozialer Gewalt in der Schule, Gewalterfahrungen als Opfer sozialer Gewalt in der Schule, die Delinquenzneigung ausserhalb der Schule, der kontrollierende Erziehungsstil, die Depressionsneigung und das Gewaltstereotyp ‚Wer Opfer von Gewalt wird, ist meist selber daran schuld ‘*, welche laut den Ergebnissen der Diskriminanzanalyse die Stichprobe (N=219) am besten in die beiden Gruppen aufteilen, eine Clusteranalyse nach der Ward-Methode durchgeführt. Die Clusteranalyse hat demnach die Funktion, das Strukturgefüge der Persönlichkeit der Schüler darzustellen.

Mit dieser Methode haben wir die Stichprobe in die zwei Gruppen der ‚gewalttätigen‘ und ‚gewaltfreien‘ Jungen aufgetrennt. Es zeigte sich dabei, dass 32.4% (n=71) aller Schüler zur Gruppe der gewalttätigen Jungen gezählt werden können und 67.6% (n=148) zur Gruppe der gewaltfreien Jungen. Im Weiteren haben wir mit einfaktoriellen Varianzanalysen die Unterschiede in der Ausprägung der jeweiligen Persönlichkeitseigenschaften (32 Indikatoren) in den sieben Erfahrungsbereichen (siehe hierzu Anhang B) zwischen den zwei Gruppen ermittelt. Dieses sieht folgendermassen aus:

Zur Ebene ‚Gewalt/Delinquenz und Disziplin‘: Täter-Jungen üben nicht nur häufiger physische Gewalt aus, sondern sie setzen auch häufiger soziale Gewalt ein als gewaltfreie Jungen[2]. Sie werden zugleich häufiger von anderen Jungen geboxt und erleiden auch in einem überdurchschnittlichen Masse von ihren Mitschülerinnen und Mitschülern soziale Gewalt (sie werden ausgelacht, beschimpft oder

2 Zur Verbesserung der Lesbarkeit wird im Lauftext auf statistische Angaben verzichtet. Die statistischen Kennwerte befinden sich im Anhang B.

ausgeschlossen). Täter-Jungen machen somit nicht nur intensive Erfahrungen im ‚Austeilen', sondern auch im ‚Einstecken'.

Täter-Jungen vertreten auch stärker als gewaltfreie Jungen gewaltaffine Einstellungen, die quasi als Wahrnehmungsfilter die Täter-Gewalterfahrungen zu legitimieren vermögen. Die Ansichten, ‚Jungen sind halt impulsiv, da braucht es Nachsicht und Verständnis' und ‚Wer ein Opfer von Gewalt wird, ist meist selbst daran schuld ', vertreten sie überdurchschnittlich stark.

Gewalttätige Jungen können auch dadurch charakterisiert werden, dass sie häufiger als gewaltfreie Jungen auch ausserhalb des Schulhauses Gewalt einsetzen und damit eine deutlich erhöhte Delinquenzneigung aufweisen (vgl. Lösel et al. 1997). Das Ausmass an innerschulischer Aggressivität korreliert deutlich mit ausserschulischer Antisozialität. Gemäss ihrer Selbstwahrnehmung haben sie dagegen nicht häufiger Disziplinprobleme im Unterricht als ihre Mitschüler.

Aus den Interviews mit den Täter-Jugendlichen wird sehr deutlich, dass in der Wahrnehmung der befragten männlichen Jugendlichen verbale Gewalt der physischen oft vorangeht. Alle befragten Jungen berichteten, teilweise vielleicht auch als Legitimation, davon, dass sie eine mehr oder weniger starke Provokation hatten erleiden müssen, bevor sie selber zuschlugen. Die Stimmen von vier Täter-Jungen dazu:

> *Frage Interviewerin: Was meinst du, was braucht es, damit du plagst? Was müssen die anderen tun?*
>
> Antwort Täter-Junge 1: Sie sollen nicht blöde Wörter sagen. Wenn sie mir blöde Wörter sagen, dann schlage ich, aber nicht immer.
>
> *Frage Interviewerin: Wie oft kommen solche Situationen vor?*
>
> Antwort Täter-Junge 2: Einmal war ich in der Schulklasse, im Klassenzimmer. Dann hat er mir blöde Wörter gesagt, Drecktürke und so. Ich bin zu ihm gegangen und habe gesagt, er soll das zurücknehmen. Dann habe ich ihm eine geschlagen. Ich habe ihm eine Ohrfeige gegeben. … andere Kinder haben nicht mitgemacht. … andere Kinder haben das gesehen.
>
> *Frage Interviewerin: Was meinst du, was braucht es, damit du plagst?*

Antwort Täter-Junge 3: Provokation und dass ich einfach die ganze Zeit angefasst und herumgeschubst werde.

Frage Interviewerin: Was meinst du, was braucht es, damit du plagst?

Antwort Täter-Junge 4: Was müssen die anderen tun? Blöde Grimassen oder so. Das reicht schon.

Zur Ebene ‚Selbstkonzept': Täter-Jungen haben eine geringere Selbstakzeptierung, eine geringere Handlungs- und Emotionskontrolle und sind zugleich weit pessimistischer bezogen auf ihre Zukunft als ihre gewaltfreien Mitschüler. Sie sind überdurchschnittlich depressiver gestimmt und haben zudem auch deutlich höhere Prüfungsangstwerte und ein signifikant geringeres Begabungsselbstbild. Sowohl der kognitive (Selbstakzeptierung, Begabungsselbstbild, Handlungskontrolle) als auch der emotionale (Depressionsneigung, Zukunftspessimismus, Emotionskontrolle) Haushalt der Täter-Jungen scheint sehr labil und angeschlagen zu sein.
Auch Heitmeyer (1995, S. 149) hat festgehalten, dass die Verunsicherungs-Gewalt-Hypothese, wonach hoch verunsicherte Jugendliche Gewalt häufiger einsetzen, sich bezüglich der unmittelbaren Gewalttätigkeit bestätigt hat. Diese Eigenschaften finden sich in unserer Studie mit einer noch weit höheren Depressionsneigung gepaart.

Unsere Ergebnisse, insbesondere diejenigen aus den Interviews, verweisen darauf, dass die ausgeübte Gewalt keineswegs nur einen ‚Lustgewinn' darstellt, sondern mit vielen Ängsten verbunden ist. Interviewaussagen dreier Jugendlicher:

Frage Interviewerin: Was hast du dabei gefühlt?

Antwort Täter-Junge 1: Ich habe mich schlecht gefühlt.

Frage Interviewerin: Was fühlst du, wenn du so angeklagt bist?

Antwort Täter-Junge 2: Ich habe sehr viel Angst gehabt.

Frage Interviewerin: Wie ist das für dich, wenn solche Sachen passiert sind?

Antwort Täter-Junge 3: Sauschlimm ist es für mich gewesen.

Zwei weitere Interview-Passagen von Jugendlichen zum Bereich Emotionskontrolle bekräftigen dieses Ergebnis und zeigen, dass die Jugendlichen wahrnehmen, dass sie sich bei Vorliegen von Provokationen nur ungenügend unter Kontrolle haben:

Frage Interviewerin: Was passiert in dir, wenn jemand so eine Grimasse macht?

Antwort Täter-Junge 4: Wie bei einem Radio, es schaltet sich das Teufelchen an. Dann kommt es hervor und dann fängt es einfach an.

Frage Interviewerin: Machst du dir dabei Gedanken oder nachher?

Antwort Täter-Junge : Ja, nachher. Und ich denke mir manchmal „Wieso habe ich das gemacht" und so.

Zur Ebene ‚Lernen in der Schule': Täter-Jungen haben weder eine geringere Lernmoral, noch weichen ihre Schulleistungen (Mittelwert aus den Deutsch-/ Mathematik- und Französischnoten des letzten Zeugnisses) signifikant von denjenigen der gewaltfreien Jungen ab. Gewalttätige Jungen haben aber eine weitaus höhere Prüfungsangst, als ihre gewaltfreien Mitschüler. In ihrer Selbstwahrnehmung unterscheiden sich die Täter-Jungen nicht bezogen auf die Leistungsmotivationsvariablen von ihren gewaltfreien Mitschülern, sondern einzig bezüglich der höheren Prüfungsangst.

Die Ergebnisse aus den Interviews bestätigen die Ergebnisse aus der statistischen Analyse, nach denen Täter-Jungen in ihrer Selbstwahrnehmung fachlich nicht signifikant abfallen.

Frage Interviewerin: Wie zufrieden bist du mit deinen Schulleistungen?

Antwort Täter-Junge 1: Es kommt darauf an wo. Im Französisch bin ich nicht gerade zufrieden, im Deutsch geht es und in Mathe ist gut, finde ich.

Antwort Täter-Junge 2: Ich bin einer der Gescheitesten.

Antwort Täter-Junge 3: Im Ganzen gut. In Mathematik bin ich gut. In Geschichte bin ich nicht so gut. Sonst bin ich fast überall gut.

Zur Ebene ‚Erfahrungen mit den Lehrpersonen': Täter-Jungen machen, so die Ergebnisse aus der Varianzanalyse, häufiger die Erfahrung, dass sie von den Lehrpersonen verbal attackiert werden. Die verbale Gewalt durch Lehrpersonen zeigt sich in Beleidigungen oder im Anschreien. Melzer und Rostampour (1996, S. 142f.) haben im Rahmen ihrer Untersuchung ebenfalls das aggressive Lehrpersonenverhalten als eine der besonders wichtigen Variablen für die Typologie der Tätererfahrungen herausschälen können.

Auch berichten die Täter-Jungen weit seltener als gewaltfreie Jungen davon, dass die Lehrpersonen bei Gewaltvorkommnissen unter den Jugendlichen einschreiten würden (vgl. Krumm et al. 1997c). Nach unseren Ergebnissen sind die Lehrpersonen in den Augen der Täter-Jungen nicht nur keine angemessene personale und fachliche Ressource, um in der Schule voranzukommen, sondern sie stellen auch in einem geringerem Mass einen Schutz gegen Gewalterfahrungen dar.

Die Aussagen der Täter-Jungen zeugen von einer angeschlagenen Beziehung zu ihren Lehrpersonen, denn ihre persönliche Beziehung zu den Lehrpersonen ist weit schlechter als jene der anderen Jungengruppen und zugleich halten sie weit häufiger als die anderen Schüler fest, dass sie von den Lehrpersonen nicht ausreichend Unterstützung bekommen, um zu besseren Leistungen zu gelangen.

In der bereits erwähnten Studie Melzers und Rostampours (1996) wird auch die äusserst belastete persönliche Beziehung zwischen Täter-Jungen und Lehrpersonen hervorgehoben. Die Täter-Jungen, so Melzer und Rostampour (vgl. S. 145), empfinden oft, dass sie für ‚dumm' gehalten werden und dass die Lehrpersonen sich zu wenig um sie kümmern und ihnen den Unterrichtsstoff nicht so gut vermitteln. Das Vertrauensverhältnis zwischen Lehrpersonen und Schülern, so die Übereinstimmung zwischen unserer Studie und derjenigen Melzers und Rostampours, kann als gestört bezeichnet werden.

Wir haben die Jugendlichen im Rahmen der Interviews gefragt, welche Formen von verbaler oder physischer Gewalt durch Lehrpersonen sie im letzten Schuljahr erfahren haben. Hier ihre Aussagen zu diesem Thema, die auch verdeutlichen, dass der Aufbau einer fördernden Beziehung zur Lehrperson unter solchen Bedingungen fast unmöglich ist, weil die Vertrauensbasis fehlt und Angstgefühle die Beziehung belasten:

> Antwort Täter-Junge 1: Z.B. (sagt der Lehrer, W.K.) die ganze Zeit: „Du machst immer so doofe Fehler, du bist schlecht".
>
> Antwort Täter-Junge 2: Wenn ich mit jemandem rede, dann schreit sie (die Lehrerin) mich immer an. Wenn die anderen reden, z.B. Marina oder so, dann schreit sie die_fast nie an. Ja, ich habe das Gefühl, Frau F. schreit mich und den Thomas besonders an.
>
> Antwort Täter-Junge 3: … dann einfach runtermachen mit Worten, „Du kannst das nicht gut. Vergiss es doch grad", „Wieso gehst du nicht grad nach Hause?".
>
> Antwort Täter-Junge 4: Ich habe mit einem Kollegen gespielt. Da hat er mich angefasst. Ich habe ihn angemacht. Dann ist er zur Lehrerin gegangen. Sie ist gekommen und hat mir eine geschlagen. Dann wollte ich auch schlagen. Meine Lehrerin ist gekommen. Sie hat mich zurückgehalten. Das war nicht gut für mich. Sie hat mich einfach geschlagen und ich wollte sie zurückschlagen. Ja, ich hätte die andere Lehrerin gerne zurückgeschlagen.
>
> Antwort Täter-Junge 5: Ja, Frau X. hat einmal einer Schülerin eine Ohrfeige gegeben. Dann hat man vor der Frau X. schon ein wenig Angst, wenn sie solche Sachen macht.

In den Interviews wurde auch die Ratlosigkeit der Jungen deutlich, bei wem bei Gewaltvorkommnissen Hilfe zu holen gewesen wäre, und zugleich auch der Wunsch, dass Lehrpersonen vermehrt eingreifen sollten:

> *Frage Interviewerin: Von wem könntest du Hilfe bekommen, damit solche Sachen (der Junge wird selber gewalttätig oder erleidet Gewalt, W.K.) nicht wieder vorkommen?*
>
> Antwort Täter-Junge 6: Wo kann ich Hilfe holen? Ich weiss es nicht.
>
> *Frage Interviewerin: Wenn du, wie im Märchen zwei, drei Wünsche frei hättest, was würdest du in der Schule tun wollen, was verändern zum Thema ‚Gewalt'?*
>
> Antwort Täter-Junge 6: Mehr Lehrer, die Aufsicht machen.

Zur persönlichen Beziehung zu den Lehrpersonen führen wir drei kurze Antworten von Jugendlichen an, die exemplarisch für die Gesamtgruppe stehen. Sie machen deutlich, dass zwischen den Täter-Jungen und den Lehrpersonen kaum aufbauende persönliche Kontakte bestehen:

> *Frage Interviewerin: Gibt es an dieser Schule eine Lehrperson, der du auch ganz persönliche Sorgen anvertrauen könntest?*
>
> Antwort Täter-Junge 1: Weniger. Man ist halt nicht so oft zusammen. Es ist halt auch ein Lehrer.
>
> Antwort Täter-Junge 2: Ganz persönliche (Sorgen) nicht.
>
> Antwort Täter-Junge 7: Es gibt überhaupt keinen.

Die Frage der Vertraulichkeit im Kontakt zu den Lehrpersonen, scheint für die Täter-Jungen ein grosses Hindernis für persönliche Gespräche mit ihnen darzustellen. Zwei Jugendlichen-Aussagen dazu:

> *Frage Interviewerin: Wie müsste diese Lehrperson sein, damit du ihr auch ganz persönliche Sorgen anvertrauen könntest?*
>
> Antwort Täter-Junge 7: Ich habe Angst, das den Lehrern zu sagen. Dann könnte derjenige, um den es geht, es erfahren. Der Lehrer oder die Lehrerin müsste (das, was ich ihm sage) niemandem erzählen.
>
> Antwort Täter-Junge 8: So eine Lehrerin wie Sie (die Interviewerin, W.K.) zum Beispiel. Ja, jemand der das nicht weitererzählt. Ja, es liegt an dem.

Trotzdem, bzw. erst recht, ist es für die Jugendlichen wichtig, eine gute persönliche Beziehung zu den Lehrpersonen zu haben. Eine indikative Antwort eines Jugendlichen zu diesem Bereich:

> *Frage Interviewerin: Wenn du, wie im Märchen zwei, drei Wünsche frei hättest, was würdest du in der Schule tun wollen, was verändern zum Thema ‚Gewalt'?*
>
> Antwort Täter-Junge 9: Dass Lehrer mehr an ihre Schüler denken und nicht immer Aufgaben machen. Dass sie einmal auch die Schüler anschauen, herumschauen: „Aha, der hat, glaube ich, Probleme" …

Zur Ebene ‚Erfahrungen mit den Gleichaltrigen in der Schule': Täter-Jungen sind schlechter als ihre gewaltfreien Mitschüler in die Gleichaltrigengruppe integriert (vgl. auch Holtappels et al. 1997). Sie haben demnach eine kleinere Anzahl von Gleichaltrigen, auf die sie bei Bedarf zurückgreifen können. Andererseits können wir festhalten, dass die Ergebnisse zu den Bereichen Intervention von Gleichaltrigen bei Konflikten, Beliebtheit und Unterstützung deutlich darauf hinweisen, dass gewalttätige männliche Jugendliche nicht primär dadurch charakterisiert werden können, dass sie sich von ihren Gleichaltrigen isoliert oder im Stich gelassen fühlen. Sie scheinen, so unsere Ergebnisse, sehr wohl eine Kernbezugsgruppe unter ihren Mitschülern zu haben, zu der sie, so ihre Selbstaussage, enge freundschaftliche Beziehungen pflegen.

Durch die Interviews werden die quantitativ-empirischen Ergebnisse bestätigt, nach denen auch gewalttätige Jungen unter ihren Gleichaltrigen in der Schule nicht sozial isoliert sind und dass sie zudem die Mitschüler als Ressource zur Schlichtung von Konflikten oder für freundschaftliche Kontakte betrachten:

> *Frage Interviewerin: Von wem könntest du Hilfe bekommen, damit solche Sachen (das Verwickeltwerden in einen Streit, W.K.) nicht wieder vorkommen?*
>
> Antwort Täter-Junge 9: Wahrscheinlich wieder von meinen Kollegen.
>
> *Frage Interviewerin: Was hat es dir gebracht, wenn du es jemandem erzählen konntest?*
>
> Antwort Täter-Junge 9: Meine Kollegen sind einfach zu mir gestanden und haben mir geholfen. Wenn wieder so etwas passiert ist, haben sie gesagt „Ja, lass ihn einmal in Ruhe" …
>
> *Frage Interviewerin: Wie sind deine Freunde?*
>
> Antwort Täter-Junge 9: Sie respektieren mich, ich respektiere sie. Wir machen Seich (Unfug, W.K.) miteinander. Wir können einstecken aber auch austeilen.

Zur Ebene ‚Einstellungen zu Geschlechterrollen': Die Täter-Jungen vertreten äusserst stark Geschlechterrollenstereotype. So bejahen sie z.B. weit ausgeprägter als die anderen männlichen Jugendlichen das von uns vorgelegte ‚Stärkestereotyp'

'Nur Schwächlinge zeigen Unsicherheit'. Die Geschlechterrollenstereotype drükken sich ebenfalls in der Situierung von Frau und Mann im Berufsleben aus, beispielsweise in der Aussage, dass die Frauen primär für soziale Berufe geeignet seien. In der Qualität von 'kulturellen spillovers' wirken diese Stereotype auf die Jungen als rigide Einstellungen und Wahrnehmungen und legen der Gewaltakzeptanz den Boden (vgl. Kersten 1997, S. 128). Dies wird insbesondere durch das dritte Item der Skala veranschaulicht, nämlich 'Mädchen wissen in Sachen Sexualität nicht immer so genau, was sie wollen. Da kann es nicht schaden, wenn Jungen ein bisschen nachhelfen'. Ausgehend von der äusseren gesellschaftlichen Männlichkeitskultur, so unsere Interpretation dieser Ergebnisse, definieren die männlichen Heranwachsenden auch eine innere Gewaltakzeptanz, die als Bewerkstelligung von Geschlecht verstanden wird. Gewalttätige männliche Heranwachsende müssen sich demnach nicht einzig an 'bösartigen' Entwürfen von Männlichkeit orientieren, um aufzufallen, sondern sie wählen sich die 'richtige' Geschlechtszugehörigkeit auch als letzte Ressource angesichts ihres schwachen Selbstwerts (Kersten 1997, S. 189).

Zur Ebene 'Erfahrungen im Familienkontext': Die Täter-Jungen – und es scheint uns wichtig dies anzufügen – haben nicht ausschliesslich in der Schule eine belastete Beziehung zu den Erwachsenen, sondern auch in ihrem familiären Umfeld. Dies bedeutet dass die Täter-Jungen zu den Erwachsenen allgemein eine äusserst schwierige Beziehung ausprägen.

Die Aussagen der Tätergruppe lassen einerseits auf einen äusserst inkonsistenten Erziehungsstil schliessen und andererseits auf ein geringeres familiäres Involvement. Zugleich empfinden sie den Erziehungsstil ihrer Eltern als besonders stark von Strafen, Inkonsistenz und Kontrollen geprägt (Rostampour und Schubarth 1997). Trotz dieser wahrgenommenen strafend-normierenden Erziehungshaltung ihrer Eltern, denken Täter-Jungen stärker als gewaltfreie Jungen, dass ihre Eltern nicht so genau wissen, was sie in der Freizeit oder in der Schule tun bzw. was sie in diesen Lebensfeldern bedrückt. Diese Ergebnisse stimmen mit der Review Kims (1999, S. 1210) zur Wirkung des elterlichen Erziehungsstils auf das gewalttätige Verhalten von Jungen überein. In Ihrem familiären Umfeld werden sie somit keineswegs Kräfte schöpfen können, mit denen sie ihre Probleme angehen und vielleicht besser bewältigen lernen könnten. Dieses Ergebnis stimmt auch überein mit den Aussagen der Schulleiter aus der breit angelegten Schulleiter-Untersuchung (ca. 1800 Schulleiter sind angefragt worden) von Meier et al. (1995, S. 180), die zwischen familiären Problemen und Gewaltphänomenen in der Schule einen engen Zusammenhang annahmen.

Zusammenfassung der Ergebnisse aus der Clusteranalyse zu den Tätern psychischer Gewalt

Täter-Jungen setzen häufiger als gewaltfreie Jungen auch soziale Gewalt ein (siehe Abb. 3). Sie werden zugleich häufiger von anderen Jungen geboxt und erleiden auch in einem überdurchschnittlichen Masse von ihren Mitschülerinnen und Mit-

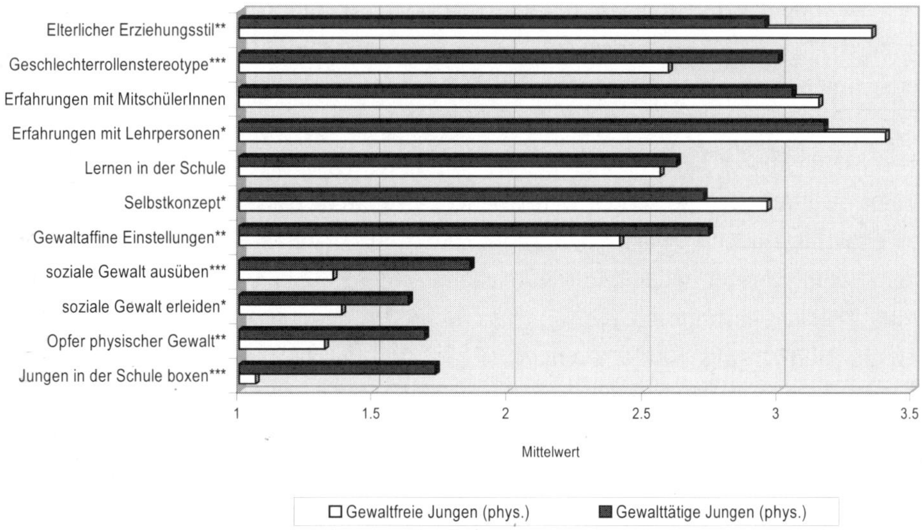

Abbildung 3
Zusammenfassende Darstellung zu den Ergebnissen der Clusteranalyse ‚Täter physischer Gewalt'. Sechs der sieben Bereiche sind, ausser dem ersten Bereich ‚Gewalt', zu je einem Mittelwertscore zusammengefasst worden. Je höher der Mittelwert, desto stärker die jeweilige Eigenschaft bzw. desto häufiger wird die jeweilige Erfahrung gemacht. Einfaktorielle Varianzanalysen. ***p<.001, **p<.01, *p<.05.

schülern soziale Gewalt. Gewalttätige Jungen fallen dadurch auf, dass sie häufiger als gewaltfreie Jungen auch ausserhalb des Schulhauses Gewalt einsetzen. Unsere Ergebnisse zum Thema Selbstkonzept weisen darauf hin, dass die Täter-Jungen unter einem starken emotionalen Druck stehen. Sie haben eine weit ausgeprägtere Depressionsneigung als die anderen Jungen. Zugleich haben sie eine geringere Emotionskontrolle, sind pessimistischer bezüglich ihrer Zukunft, haben ein geringeres Selbstvertrauen und zugleich ein geringeres Begabungsselbstbild als gewaltfreie Jungen. Im Unterschied zu den Erkenntnissen Olweus' (1991; 1996; 1997) ist nach unseren Ergebnissen der so genannte ängstliche Täter alles andere als eine Randerscheinung. Täter sind nach unseren Analysen stark verunsicherte männliche Jugendliche, die ihre Unsicherheit über Gewalttaten und ausgeprägte Geschlechterrollenstereotypen entweder überspielen, oder durch diese kundtun, dass ihnen ein angemesseneres Verhaltensrepertoire fehlt. Im Bereich ‚fachliche Entwicklung der Heranwachsenden' haben wir bei den Tätern bezogen auf die Schulleistung und die Leistungsmotivation keine signifikanten Abweichungen zu den anderen Jugendlichengruppen zu verzeichnen. Gewalttätige Jungen haben aber eine weit höhere Prüfungsangst als gewaltfreie Jungen.

Die Aussagen der Täter-Jungen zeugen von einer äusserst problematischen Beziehung zu ihren Lehrpersonen. Wir können festhalten, dass sie also auch bei der zweiten relevanten Erwachsenengruppe, den Lehrpersonen, keine Ressourcen finden, um ihre persönlichen und schulischen Probleme anzugehen. Sie erleben ebenfalls überdurchschnittlich häufig, dass Lehrpersonen sie verbal angreifen (vgl. hierzu auch Krumm 1997c, die harsche Reaktion Poschs 1997 auf diese Ergebnisse und die Antwort Krumms 1997d auf diese Kritik) und zugleich ihnen nicht hinreichend Schutz vor Konflikten mit anderen Mitschülern gewähren. Täter-Jungen sind nicht primär dadurch gekennzeichnet, dass sie von ihren Gleichaltrigen in der Schule sozial isoliert sind. Sie haben sehr wohl eine kleinere Anzahl von Gleichaltrigen, zu denen sie enge freundschaftliche Beziehungen pflegen und verfügen also, so unsere Ergebnisse, über eine Kernbezugsgruppe unter ihren Mitschülern, die ihnen Schutz vor Angriffen und Unterstützung bei persönlichen Problemen bietet.

Täter-Jungen haben nicht ausschliesslich in der Schule eine belastete Beziehung zu den Erwachsenen, sondern auch in ihrem familiären Umfeld. So lassen die Aussagen der Tätergruppe auf einen Erziehungsstil ihrer Eltern schliessen, der stark durch Kontrolle, Strafe und Inkonsistenz gekennzeichnet ist, und gleichzeitig auf das Fehlen von emotionaler Geborgenheit. Dies bedeutet – wenn wir diese Ergebnisse zusammennehmen – dass die Täter-Jungen zu den Erwachsenen eine äusserst schwierige Beziehung haben. Die Resultate stützen unsere Aussage, nach der Täterjungen nur oberflächlich an ihre schier grenzenlose physische Kraft glauben. Über ihre soziale Verunsicherung, die sie ja auch offenkundig realisieren, indem sie deutlich über problematische Beziehungen zu Eltern und Lehrpersonen sprechen und über ihr angeschlagenes Selbstkonzept, d.h. über ihre erhöhte Depressionsneigung, Prüfungsangst und zugleich geringe Selbstakzeptanz, erhalten wir das stimmige aber doch eher traurige Gesamtbild des physisch starken aber psychisch schwachen heranwachsenden Mannes. ‚Kleine Helden in Not: Jungen auf der Suche nach Männlichkeit' nannten Schnack und Neutzling (1997) dieses Bild, das wir mit unseren Daten haben nachzeichnen können.

Die Ergebnisse der qualitativen Inhaltsanalyse aus den durchgeführten Leitfadeninterviews mit den neun Täter-Jungen bestätigen weitgehend die Erkenntnisse aus der statistisch-quantitativen Analyse. Demnach sehen sich die Täter-Jungen in gewichtigen Bereichen ihrer sozialen (Beziehung zu den Lehrpersonen und den MitschülerInnen) und personalen (Selbstkonzept) Entwicklung mit massiven Problemen konfrontiert. Ebenfalls bestätigt die qualitative Untersuchung, dass im fachlichen Bereich, aus der Selbstwahrnehmungssicht, keine massgeblichen Defizite zu bestehen scheinen.

Interessant ist es zusätzlich festzuhalten, dass in allen neun Interviews die Täter-Jungen ihr gewalttätiges Verhalten mit Provokationen der anderen Mitschüler zu rechtfertigen versuchen und darin keineswegs eine Rechtfertigung oder gar Abwehr sehen. Auch die eigene Beteiligung und damit die von ihnen ausgehenden Anteile beim Ausbruch der Gewalttätigkeit wurden nur insofern erkannt, als sie es mit ihrer fehlenden Emotionskontrolle oder der Nichtunterstützung durch ihre Mitschüler erklärten.

Grundsätzlich ist hierzu Berkowitz (1993) zuzustimmen, wenn er postuliert, dass eine wichtige Unterscheidung zum Thema ‚Gewalt' sich darin zeigt, ob das problematisierte Verhalten offensiv oder defensiv ausgeführt wird, d.h. ob die Gewalt zum Angriff eingesetzt wird oder eher der Verteidigung dienen soll. Wie wir bei den Täter-Jungen erkennen konnten, ist es allerdings so, dass in ihrer Selbstwahrnehmung die Gewalt eher selten offensiv und damit fast durchgehend als Reaktion auf eine Provokation ausgeführt wird. Täter und Opfer stimmen – und hier bringen wir eine weitere Unterscheidungsebene von Berkowitz ein – meistens nicht überein, ob sie die Gewalt als unprovoziert oder als provoziert beurteilen. Im Fall eines provozierten gewalttätigen Verhaltens würde man beispielsweise von einer Vergeltung sprechen. Eine so genannte unprovozierte Gewalthandlung stellt die instrumentelle Gewalt dar. Als Beispiel hierzu wird die Gewalt, die aus Bereicherungszwecken eingesetzt wird, genannt. Von der instrumentellen Gewalt wird die emotionale Gewalt unterschieden. Diese geht von einem sehr hohen Erregungsniveau der Ausführenden aus und kann sich beispielsweise an einem zufällig vorbeigehenden Passanten entladen. Dieses Erregungsniveau entlädt sich insbesondere dann in aggressivem Verhalten, wenn es mit Hinweisreizen kombiniert ist. In solchen Fällen ist das Auftreten von Gewalt wahrscheinlicher, wenn erregte Personen an aggressive Inhalte erinnert werden. Carlson (1993) konnte im Rahmen einer Meta-Analyse über 57 Experimente aufzeigen, dass aggressive Hinweisreize tatsächlich die Gewaltbereitschaft erhöhen. Bei den Täter-Jungen gehen wir demnach davon aus, dass sie aus vielen, deutlich zu vielen, Situationen aggressive Hinweisreize erhalten.

In den Interviews wurde sehr deutlich, dass die Täter-Jungen die Gründe für den Gewaltausbruch stabil intern (fehlende Emotionskontrolle) oder stabil extern (Provokation, fehlende Unterstützung durch Gleichaltrige) attribuierten. Nach ihrer eigenen Sicht haben sie kaum eine Möglichkeit, diese spezifischen Lebenssituationen zu steuern, und bekunden einen deutlichen Mangel an Handlungskontrolle und Steuerungsfähigkeit des eigenes Lebens. Hinzu kommt, dass wir in gerade einem von neun Interviews einen Anflug von Reue oder Einfühlung in die Opfer feststellen konnten. Dieses Resultat über qualitative Inhaltsanalyse ermittelt, stützt die statistisch-analytischen Ergebnisse, wonach Täter-Jungen stärker als gewaltfreie Jungen gewaltaffine Einstellungen vertreten, die quasi als Wahrnehmungsfilter die Täter-Gewalterfahrungen zu legitimieren vermögen. Dieses Ergebnis erscheint uns stringent mit dem Vorhergehenden, denn die Täter-Jungen erkennen aus den erwähnten Gründen keineswegs eigene Schuldanteile, die sie hätten beeinflussen können.

Diese Ergebnisse sind für uns ein weiteres Indiz für die deutlich mangelhafte innere Verarbeitung sozialer Konflikte durch Täter-Jungen und keineswegs die

Einnahme einer Pose oder die Übernahme der Selbstaussagen der Täter-Jungen zu ihrer Rechtfertigung – sie wissen, wollen und können es deswegen schlichtweg nicht anders. Dies ist ein Ergebnis, welches auf die mangelnde soziale und personale Kompetenz der Täter-Jungen hinweist, ohne sie deswegen aus der Verantwortung zu entlassen. Wir weisen hiermit, und auf diese Feststellung legen wir Wert, Entlastungsargumente der Art ‚seid nachsichtig mit Täter-Jungen, denn sie wissen nicht was sie tun' entschieden zurück. Trotzdem, bzw. erst recht, versuchen wir den Analyse- und den Bewertungsschritt auseinander zu halten.

8 Das Persönlichkeitsprofil männlicher Opfer physischer Gewalt

Interviewter Täter-Junge zu einer Situation, in der er die Opferolle einnahm: Sie haben mich mit Fäusten geschlagen, mit den Beinen, mit allem. ... es ist mehrmals passiert. Fast jeden Tag während einem Monat.

Im Rahmen des folgenden Kapitels werden wir versuchen, unser Versprechen einzulösen, die Kategorisierung der männlichen Opfer mit dem Fokus eines multifaktoriellen Modells anzugehen. Methodisch gesehen haben wir uns mehrerer Analyse-Ebenen bedient, um valide Indikatoren zu entwickeln, auf Grund derer wir das Persönlichkeitsprofil der untersuchten Jungengruppe aufzeigen können.

In einem ersten Schritt haben wir die im Fragebogen formulierten Einzelfragen mehrheitlich zu grösseren Einheiten, zu Skalen bzw. zu Indikatoren, zusammengezogen. Die Indikatoren zur persönlichen wie auch sozialen und selbstverständlich auch fachlichen Entwicklung im Schulkontext sollten die gesamte Spanne des Schüler-Persönlichkeitsprofils illustrieren können.

Um geeignete Prädiktoren (Vorhersagefaktoren) zu entwickeln, welche die männlichen Opfer am angemessensten charakterisieren sollten, haben wir uns der Diskriminanzanalyse bedient. Das heisst: Wir haben diejenigen Indikatoren aus dem Bereich der personalen, sozialen und fachlichen Entwicklung herauszulösen versucht, die am stimmigsten die männlichen Opfer klassifizieren.

Danach haben wir mit Hilfe der Clusteranalyse die relevanten Merkmale, die zur Klassifizierung am geeignetsten sind, so über die gesamte Jungen-Stichprobe verteilt, dass sich unter den Jungen zwei Gruppen ‚Opfer-Jungen‘ und ‚Nicht-Opfer-Jungen‘ gebildet haben (Clusteranalyse mit zwei Lösungen).

Unsere Erwartungen bestanden darin, dass eine dieser zwei Gruppen eindeutig das Persönlichkeitsprofil von männlichen Opfern wiedergeben würde. Wir hofften also, dass diese zwei Gruppen sich, in einer theoretisch vorgespurten Art, statistisch signifikant unterscheiden würden.

Die konkrete Auswahl von Prädiktoren über Diskriminanzanalyse zu den Opfern physischer Gewalt in der Schule

Die Auswahl der zu berücksichtigenden Elemente erfolgt auch für die Opfer physischer Gewalt in der Schule, indem von den insgesamt 32 Indikatoren ausschliesslich diejenigen in der Clusteranalyse als Gruppierungsvariablen berücksichtigt werden, die, über die Diskriminanzanalyse ermittelt, zur Unterscheidung der Gruppen bzw. zur Erklärung der Gruppenunterschiede bezüglich der *Gewalterfahrungen als Opfer physischer Gewalt in der Schule* am besten beitragen können. Die vier ermittelten Faktoren sind die *Gewalterfahrungen als Opfer sozialer Gewalt in der Schule, die Geschlechterrollenstereotype, der kontrollierende Erziehungsstil, und die verbale Gewalt, die von Lehrpersonen ausgehende Gewalt gegen Jugendliche.*

Das Klassifizierungsergebnis der Diskriminanzanalyse, 76.3% der Fälle konnten auf Grund von vier Faktoren korrekt klassifiziert werden, ist ein weiteres Indiz dafür, dass unsere Annahme der multifaktoriellen Einwirkungen auf die Gewalterfahrungen von Jungen als Opfer physischer Gewalt in der Schule sich als stimmig erweist. Das Wilks-Lambda der ermittelten Diskriminanzfunktion beträgt 0.656 (χ^2= 90.146, df=10, p=0.000).

Ergebnisse der Clusteranalyse und der daran angeschlossenen Varianzanalysen zu den Opfern physischer Gewalt

Das Ergebnis vorwegnehmend möchten wir festhalten, dass wir auf eine clusteranalytische Lösung gekommen sind, in der das Persönlichkeitsprofil von männlichen Jugendlichen klar zum Ausdruck kommt. Auf diese clusteranalytische Trennung der Jungen-Stichprobe (N = 219) in zwei Gruppen folgten einfaktorielle Varianzanalysen, die den Zusammenhang zwischen den einzelnen Persönlichkeitsindikatoren aus dem Bereich ‚personale, soziale und fachliche Entwicklung' und den zwei Jungen-Gruppen (Opfer / Nicht-Opfer) eruieren sollten. Die männlichen Jugendlichen, die zur Gruppe der Opfer physischer Gewalt in der Schule (n = 58) gehören, 36.0% aller Jungen, haben ein eindeutiges und damit ein von der

Nicht-Opfer-Gruppe (n = 161), 64% aller Jungen, sich stark unterscheidendes Persönlichkeitsprofil. Die zwei Gruppen unterscheiden sich in folgenden Bereichen:

Zur Ebene ‚Gewalt/Disziplin und Delinquenz‘: Opfer-Jungen haben in mehrfacher Hinsicht breitere Erfahrungen in Sachen Gewalt in der Schule. So werden sie nicht nur häufiger Opfer physischer, sondern auch sozialer Gewalt[3]. Zugleich fallen sie auch dadurch auf, dass sie selber mit einer signifikant höheren Wahrscheinlichkeit als ihre Schulkameraden zu Gewalt als Konfliktlösungsmassnahme greifen und dadurch ebenfalls zu Tätern physischer Gewalt werden. Dagegen vertreten sie weder häufiger gewaltaffine Einstellungen (‚Jungen sind halt impulsiv, da braucht es Nachsicht und Verständnis‘ und ‚Opfer von Gewalt sind selber schuld‘), noch fallen sie über Disziplin- und ausserschulische Devianzprobleme auf.

Zur Ebene ‚Selbstkonzept‘: Opfer-Jungen unterscheiden sich von anderen Jungen aber auch stark im Bereich der personalen Entwicklung. Dies zeigt sich besonders deutlich, wenn wir die Indikatoren ‚Selbstakzeptierung‘, ‚Handlungskontrolle‘ und ‚Zukunftsoptimismus‘ in das Zentrum unserer Betrachtungen stellen. In allen drei Bereichen weisen die männlichen Jugendlichen der Opfer-Gruppe die niedrigsten Werte auf, das heisst, sie haben von allen Gruppen die geringste Selbstakzeptierung (vgl. Melzer et al. 1996; Rostampour et al. 1997; Schuster 1997), erwarten durch ihre Handlungen eine geringere Steuerung ihres Lebens und zugleich sehen sie ihrer Zukunft mit dem grössten Pessimismus entgegen. Opfer-Jugendliche weisen beim Indikator ‚Depressionsneigung‘ im Vergleich zu der anderen Gruppe den höheren Wert auf. Es scheint sich hier also um Jugendliche zu handeln, die mit Ängsten (ausgeprägter Zukunftspessimismus) oder mit teilweise grundsätzlichen emotionalen Verunsicherungen (höhere Depressionsneigung) zu kämpfen haben. Der Bereich Selbskonzept ist nach diesen Ergebnissen alles ande-

3 Zur Verbesserung der Lesbarkeit wird im Lauftext auf statistische Angaben verzichtet. Die statistischen Kennwerte befinden sich im Anhang C.

re als eine stabile personale Ressource für die untersuchte Heranwachsendengruppe.

Zur Ebene ‚Lernen in der Schule': Weder bezogen auf die Lernmoral noch auf die Schulleistung, gibt es nach der Selbstdeklaration der männlichen Jugendlichen Unterschiede zwischen den Opfer- und den Nicht-Opfer-Jungen. Einzig bezüglich des Indikators ‚Prüfungsangst' können wir festhalten, dass Opfer-Jungen Leistungssituationen in der Schule stärker mit Angstgefühlen verbinden, als dies Nicht-Opfer-Jungen tun.

Zur Ebene ‚Erfahrungen mit Lehrpersonen': Im Bereich ‚Erfahrungen mit den Lehrpersonen' haben wir nur geringfügige Unterschiede zwischen den zwei Gruppen zu verzeichnen. Die Jungen aus der Opfer-Gruppe halten ähnlich häufig wie ihre Schulkollegen fest, dass sie von ihren Lehrpersonen fachliche und persönliche Unterstützung erhalten. Auch erfahren sie nicht häufiger verbale Gewalt von ihren Lehrpersonen als Nicht-Opfer-Jungen. Der einzige Indikator, der die zwei Gruppen deutlicher unterscheidet, ist die Erfahrung, dass Lehrpersonen Schutz vor Gewalt in der Schule gewähren. Hierbei können die Opfer-Jungen in ihrer Wahrnehmung etwas seltener auf die Unterstützung der Lehrpersonen hierzu zählen.

Zur Ebene ‚Erfahrungen mit Gleichaltrigen in der Schule': Der Indikator ‚Integration in die Gleichaltrigengruppe' gibt Aufschluss darüber, wie stark die Jugendlichen in die Gleichaltrigengruppe eingebunden sind, und damit, wie viele Freunde sie haben. Deutlich fällt das Ergebnis aus: Die männlichen Jugendlichen der so genannten ‚Opfer-Gruppe' sind schlechter in die Gleichaltrigengruppen integriert. Sie haben im Vergleich zu den anderen Jungen nicht nur mit Integrationsproblemen zu kämpfen, sondern sind auch weniger beliebt und können deutlich seltener auf die Unterstützung ihrer MitschülerInnen bei Gewaltproblemen zählen. Entsprechend unseren theoretischen Annahmen sind schlecht integrierte Jungen der schulischen Gewalt stärker ausgesetzt als die Jungen mit guter sozialer Einbettung. Der Aussenseiterstatus von Opferjungen ist, den Ergebnissen Melzers und Rostampours (1996, S. 146) entsprechend, eines ihrer hervorstechendsten Merkmale.

Zur Ebene ‚Geschlechterrollenstereotype': Die Opfer-Gruppe akzeptiert und unterstützt weniger stark als Nicht-Opfer-Jungen vorurteilsreiche Aussagen zu Geschlechterrollen. Dies gilt sehr deutlich für den Indikator Geschlechterrollenstereotype.

Zur Ebene ‚Erfahrungen im Familienkontext': Um Aufschluss über die familiäre Erziehungssituation der Opfer-Jungen zu erhalten, haben wir fünf Indikatoren in unsere Untersuchung eingebracht: So die Indikatoren ‚familiäres Involvement', ‚strafend-inkonsistenter Erziehungsstil', ‚kontrollierender Erziehungsstil', ‚unterstützender Erziehungsstil' und ‚elterliche Beaufsichtigung'. Der Indikator ‚strafend-inkonsistenter Erziehungsstil' fusst auf der Vorstellung, dass für eine angemessene Entwicklung von Heranwachsenden ein hohes Mass an Konsistenz des Erziehungsstils notwendig ist. Unter Konsistenz verstehen wir das Ausmass, in dem eine Erziehungsmassnahme, zum Beispiel eine Strafe, aus der Kenntnis bestimmter situativer Umstände, zum Beispiel einer Normübertretung des Kindes, vorhergesagt werden kann.

Der unterstützende Erziehungsstil dagegen wird als eine Erziehungshaltung definiert, bei der es darum geht, dem Kind beim Aufbau von Problemlösestrategien zu helfen, sowie darum, für das Kind materielle, motivationale und emotionale Voraussetzungen für ein erfolgreiches Bewältigen vom Problemsituationen zu schaffen. Zu diesen beiden Indikatoren fällt das empirische Verdikt deutlich aus: Die Jugendlichen aus der so genannten ‚Opfer-Gruppe' erfahren von ihren Eltern einerseits häufiger inkonsistente Erziehungsstile und andererseits seltener unterstützende Erziehungshaltungen. Zusammengenommen verweisen diese beiden Ergebnisse auf äusserst problematische Erziehungssituationen dieser Jugendlichen im Familienkontext (Rostampour et al. 1997).

Zusammenfassung der Ergebnisse aus der Clusteranalyse zu den Opfern psychischer Gewalt

Die männlichen Opfer physischer Gewalt in der Schule aus der 7. bis 9. Jahrgangsstufe zeichnen sich gegenüber den Nicht-Opfer-Jungen durch ein spezielles Persönlichkeitsprofil aus (siehe Abb. 4): Sie haben in wichtigen Bereichen ein schwächeres Selbstkonzept (geringe Selbstakzeptierung, schwacher Zukunftsoptimismus und geringere Handlungskontrolle). Dass diese Jugendlichen im Vergleich zur anderen Gruppe im familiären Umfeld sowohl einen eher strafendinkonsistenten und kontrollierenden Erziehungsstil erfahren wie auch eine geringere Unterstützungshaltung von Seiten der Eltern und ein geringeres familiäres Involvement, ist für sie ein weiterer Belastungsfaktor. In einem weiteren Schritt wollen wir uns nun auch den ‚emotionalen Haushalt' der Opfer-Jungen vergegenwärtigen. In diesem Zusammenhang fällt auf, dass diese Jugendlichengruppe sowohl beim Indikator ‚Prüfungsangst' als auch beim Indikator ‚Depressionsneigung' im Vergleich zu den anderen beiden Gruppen den höchsten Wert aufweist. Es scheint sich hier um Jugendliche zu handeln, die mit Ängsten oder mit teilweise grundsätzlichen emotionalen Verunsicherungen zu kämpfen haben. Melzer und Rostampour (1996, S. 146) gingen sogar so weit, dass sie Opfer als ‚Angsttypen' bezeichneten – dies wegen der Kumulation hoher Angst- und Depressionswerte.

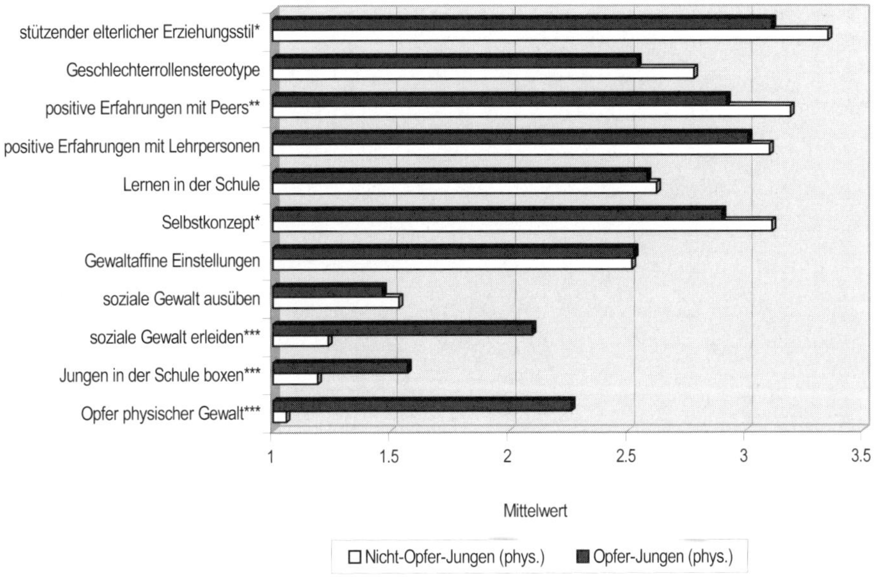

Abb. 4
Zusammenfassende Darstellung zu den Ergebnissen der Clusteranalyse ‚Opfer physischer Gewalt'. Sechs der sieben Bereiche sind, ausser dem Bereich ‚Gewalt', zu je einem Mittelwertscore zusammengefasst worden. Je höher der Mittelwert, desto stärker die jeweilige Eigenschaft bzw. desto häufiger wird die jeweilige Erfahrung gemacht. Einfaktorielle Varianzanalysen. ***p<.001, **p<.01, *p<.05.

9 Das theoretisch formulierte Strukturgleichungsmodell ‚Täter physischer Gewalt'

Die Beschreibung des Modells möchten wir über die Definition der latenten Variablen vornehmen. Die einzelnen Skalen, als die manifesten Variablen, werden nicht im Einzelnen beschrieben. Diese Angaben finden sich im Anhang A. Generell sei aber gesagt, dass alle Skalen Mittelwertscores sind und aus drei bis fünf Einzelitems bestehen. Die latenten Variablen werden über zwei bis drei manifeste Variablen gemessen. Im Folgenden seien nun diese Variablen vorgestellt:

- Die latente exogene Variable ‚familiäre Einbettung', wird über die manifesten Variablen ‚unterstützender Erziehungsstil', ‚elterliche Beaufsichtigung' und ‚familiäres Involvement' gemessen.
- Die latente exogene Variable ‚strafend-inkonsistenter Erziehungsstil', wird über die manifesten Variablen ‚inkonsistenter Erziehungsstil' und ‚kontrollierend-strafender Erziehungsstil' gemessen.
- Die latente endogene Variable ‚Geschlechterrollenstereotype', wird über die manifesten Variablen ‚Berufs- und Sexualitätsstereotype' und ‚Stereotyp der ursächlichen Beziehung zwischen Unsicherheit und Opfer-Erfahrungen' gemessen.
- Die latente endogene Variable ‚Selbstvertrauen' wird über die manifesten Variablen ‚Begabungsselbstbild' und ‚Selbstakzeptierung' gemessen.
- Die latente endogene Variable ‚emotionales Selbstbild', wird über die manifesten Variablen ‚Zukunftoptimismus', ‚Emotionskontrolle' und ‚Depressionsneigung' gemessen.
- Die latente endogene Variable ‚Beziehungen zu den Lehrpersonen, wird über die manifesten Variablen ‚persönliche Beziehungen zu den Lehrpersonen', und ‚fachliche Unterstützung durch die Lehrpersonen' gemessen.
- Die latente endogene Variable ‚Beziehungen zu den MitschülerInnen', wird über die manifesten Variablen ‚Integration in die Gleichaltrigengruppe', ‚Beliebtheit bei Gleichaltrigen' und ‚Wohlfühlen mit Gleichaltrigen' gemessen.

- Die manifeste endogene Variable ,Delinquenzneigung ausserhalb der Schule'.
- Die manifeste endogene Variable ,Disziplinprobleme in der Schule'.
- Die manifeste endogene Variable ,Täterjungen physische Gewalt'. Diese ist auch die Zielvariable des gesamten Modells.

Als zwei weitere moderierende Variablen werden wir die Disziplinprobleme der gewalttätigen Schüler und die Delinquenzneigung der Schüler ausserhalb der Schule in das Modell aufnehmen. Die Disziplinprobleme und die Delinquenzneigung sollen die Konsistenz von störendem bzw. gewalttätigem Verhalten mit dem gezeigten physischen Gewaltverhalten in der Schule überprüfen. Die formulierten Hypothesen zu diesem Strukturgleichungsmodell lauten:

1. Je positiver die familiäre Einbettung ausfällt, desto bessere Sozialbeziehungen haben die Jungen in der Schule, d.h. desto besser sind sowohl die Beziehungen zu den Lehrpersonen wie auch die Beziehungen zu den Gleichaltrigen.
2. Je ausgeprägter der strafend-inkonsistente Erziehungsstil der Eltern (in der Wahrnehmung der Jungen), desto stärker sind auch die Geschlechterrollenstereotype.
3. Je ausgeprägter der strafend-inkonsistente Erziehungsstil der Eltern, desto schwächer ist das Selbstvertrauen der Jungen.
4. Je stärker die Geschlechterrollenstereotype, desto stärker sind alle Formen der ausgeübten Gewalttätigkeit. Dies betrifft sowohl die Disziplinprobleme als auch die Delinquenzneigung ausserhalb der Schule wie aber auch die ausgeübte Gewalt innerhalb der Schule.
5. Je höher das Selbstvertrauen der Jungen, desto höher fällt auch das emotionale Selbstbild der Jungen aus.
6. Je besser das emotionale Selbstbild, desto geringer ist die ausgeübte Gewalttätigkeit in der Schule.
7. Je stärker die Delinquenzneigung ausserhalb der Schule, desto stärker ist auch die ausgeübte Gewalt innerhalb der Schule.

8. Je höher die Delinquenzneigung ausserhalb der Schule, desto schlechter sind auch die Beziehungen zur Lehrperson.
9. Je besser die Beziehungen zu den Mitschülerinnen sind, desto geringer fallen auch die Disziplinprobleme aus.
10. Je positiver die Beziehungen zu den Lehrpersonen sind, desto geringer fallen die Disziplinprobleme aus.
11. Je höher die Disziplinprobleme sind, desto niedriger fällt das Selbstvertrauen der Schüler aus.

Die Ergebnisse zum Strukturgleichungsmodell ‚Täter physischer Gewalt‘

Die Prüfwerte des Gesamtmodells ‚Täter physischer Gewalt‘ möchten wir gerne voranstellen, um in einem weiteren Schritt die direkten und indirekten Effekte der einzelnen latenten und manifesten Variablen auf die weiteren endogenen Variablen zu diskutieren.

Die Prüfwerte des Gesamtmodells fallen hoch aus. Insbesondere sei darauf hingewiesen, dass der R^2-Wert der Zielvariable ‚Täter physischer Gewalt‘ .32 beträgt. Dies gibt uns die Gewissheit, dass wir trotz des komplexen theoretischen Modells (df=165), über die eingebrachten Variablen ein stabiles Modell entwickelt haben (siehe Abb. 5).

Abbildung 5
Strukturgleichungsmodell Täter-Jungen, physische Gewalt (nur signifikante Pfade sind eingezeichnet). N= 219, GFI= 0.921, AGFI= 0.900, Df= 165, RMR= 0.026, Chi²-Wert= 192.448, RMSEA= 0.028, p-Wert des Gesamtmodells= 0.071, R^2-Wert der Zielvariable =.32.

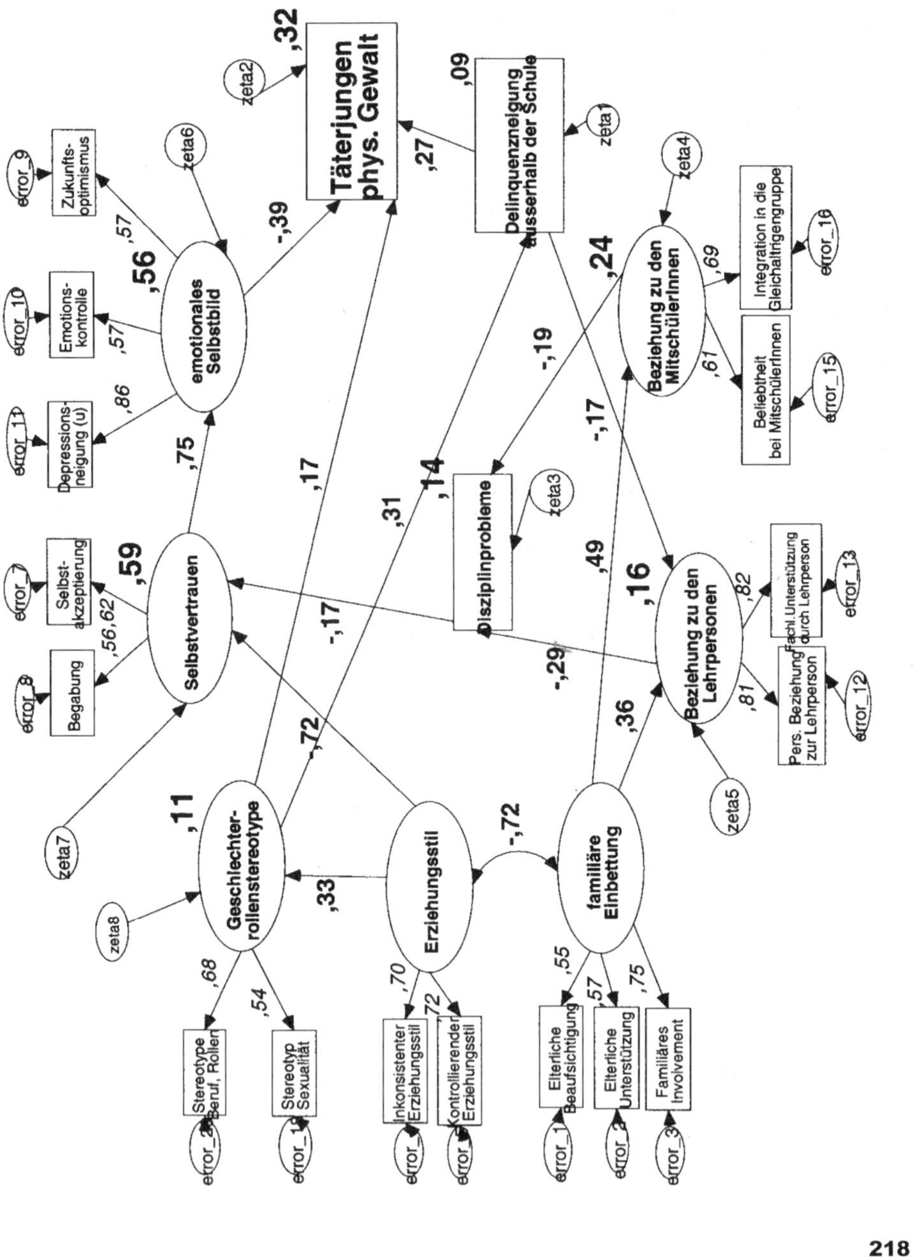

Die direkten und indirekten Effekte der einzelnen latenten und manifesten Variablen auf die weiteren endogenen Variablen, werden wir als Nächstes vorstellen. Als Erstes möchten wir mit den zwei latenten exogenen Variablen beginnen, welche die Erfahrungen der Jungen im Familienkontext thematisieren. Es sind dies die ‚familiäre Einbettung‘ einerseits und andererseits der ‚strafend-inkonsistente Erziehungsstil‘.

Die **latente exogene Variable ‚familiäre Einbettung‘** weist zwei hoch signifikante direkte Effekte auf, nämlich einerseits die Beziehungen zu den Gleichaltrigen mit einem Pfadkoeffizienten von 0.494[4] und andererseits die Beziehung zu den Lehrpersonen mit einem Pfadkoeffizienten von 0.361. Es entsteht folgender Zusammenhang zwischen den beiden Beziehungen: *Je besser die familiäre Einbettung ist, desto positiver entwickeln sich auch die Beziehungen zu den Gleichaltrigen oder dann zu den Lehrpersonen.* Dies bedeutet, dass eine positive familiäre Einbettung eine wichtige und auch effektreiche Ressource der Jungen ist, um soziale Beziehungen, sei es zu Gleichaltrigen oder dann zu den Erwachsenen in der Schule (Lehrpersonen), aufzubauen. Die Qualität der sozialen Beziehungen in der Schule ist somit nicht alleine von den jeweiligen Interaktionen in der Schule abhängig, sondern auch – und dies in einem erheblichen Ausmass – von den Vorerfahrungen der Jungen in ihrem familiären Umfeld. Dies bedeutet somit, dass wir, wenn wir die sozialen Beziehungen in der Schule in einem relevanten Ausmass verbessern möchten – und dies ist das äusserst praktische Ergebnis dieses hoch komplexen Strukturgleichungsmodells – nicht ausschliesslich in der Schule ansetzen, sondern auch unseren Blick auf die familiären Erfahrungen der Schüler richten sollten.

Ein drittes interessantes Ergebnis ist das eines indirekten Effektes der familiären Einbettung. Es ist der Effekt der familiären Einbettung auf Disziplinprobleme in

4 Im Lauftext wird einzig auf die standardisierte Pfadstärke verwiesen, wobei ausschliesslich auf signifikante Pfade eingegangen wird. Die weiteren Kennwerte befinden sich im Anhang D.

der Schule, der über die Beziehungen zu den Lehrpersonen und den MitschülerInnen führt. Die Stärke dieses indirekten Effekts beträgt -0.171. Das bedeutet: Je besser die familiäre Einbettung ausfällt, desto weniger Disziplinprobleme werden sich in der Schule zeigen. Auch hier also, wie auch bezogen auf die sozialen Interaktionen zu den Lehrpersonen und zu den Gleichaltrigen, erweisen sich die Vorerfahrungen der Jungen in ihrer Familie als ein wichtiger ‚Rucksack' für die Minimierung von Disziplinproblemen im Unterricht.

Die praktische Deutung dieses Ergebnisses: Disziplinprobleme im Unterricht können nicht einzig über Unterrichtsmethoden oder dann Veränderung der Sozialformen im Unterricht angegangen werden, sondern auch über die Berücksichtigung und möglicherweise auch Beeinflussung der familiären Einbettung der Heranwachsenden. Auch hier können wir das Ergebnis festhalten, dass der Unterricht wie aber auch das soziale Klima in der Schule nicht in einem Sozialisationsvakuum stehen, sondern stark mit Faktoren ausserhalb der Schule, hier der Familie, zusammenhängen.

Die zweite **latente exogene Variable** zu den Erfahrungen der Jungen in ihrer Familie, der **strafend-inkonsistente Erziehungsstil**, steht in einer starken Beziehung zu den Geschlechterrollenstereotypen. Das heisst, dass Jugendliche, die in ihrem familiären Umfeld häufig die Erfahrung machen, dass sie strafend, normierend und zugleich inkonsistent erzogen werden, ihrerseits starke Geschlechterrollenstereotype aufbauen. Der entsprechende Pfadkoeffizient beträgt 0.329.

Der Pfad vom strafend-inkonsistenten Erziehungsstil zum Selbstvertrauen ist negativ. Dieser Pfadkoeffizient beträgt -0.732. Das ist ein äusserst hoher Wert und er zeigt, dass das Selbstvertrauen der Jungen stark unter dem strafend-inkonsistenten Erziehungsstil leidet. Je stärker also der strafend-inkonsistente Erziehungsstil, desto niedriger – und dies in ausgeprägtem Ausmass – das Selbstvertrauen der Jungen.

Zwischen familiärer Einbettung und strafend-inkonsistentem Erziehungsstil besteht eine Korrelation von -0.710. Dies bedeutet: Je stärker der strafend-inkonsistente Erziehungsstil ausfällt, desto schlechter fällt die familiäre Einbettung aus. Der hohe Koeffizient verweist darauf, dass diese zwei Variablen fast in einem Ausschlussverhältnis zu einander stehen.

Interessant sind aber auch zwei weitere, indirekte Effekte des strafend-inkonsistenten Erziehungsstils, nämlich einerseits auf das emotionale Selbstbild und andererseits auf die ausgeübte Gewalt. Der indirekte Pfadkoeffizient zum emotionalen Selbstbild beträgt hohe -0.549. Auch dieser indirekte Effekt baut sich über das Selbstvertrauen auf, um dann zum emotionalen Selbstbild zu gelangen. Mit anderen Worten: *Je stärker der strafend-inkonsistente Erziehungsstil ausfällt, desto negativer ist das emotionale Selbstbild der Jungen.* Wenn man sich die Messvariablen der latenten Variablen ‚emotionales Selbstbild' wieder vor Augen führt, nämlich die ‚Depressionsneigung', die ‚Emotionskontrolle' und den ‚Zukunftsoptimismus', erkennen wir, dass diese relevanten Kompetenzen bzw. Entwicklungsaufgaben des Jugendalters, nämlich die Steuerung der eigenen Emotionen, sei es über die Emotionskontrolle oder über die Depressionsneigung wie aber auch die Zuversicht, dass die Zukunft einem relativ offen steht und dass es nicht vergebens ist, eigene Anstrengungen zu unternehmen, sehr relevant vom strafend-inkonsistenten Erziehungsstil beeinflusst werden und zwar so, dass das emotionale Selbstbild ‚in den Keller' gezogen wird. Der zweite indirekte Effekt des strafend-inkonsistenten Erziehungsstils, der sich ebenfalls über das Selbstvertrauen und das emotionale Selbstbild aufbaut, ist die Beziehung zum real gezeigten aggressiven Verhalten in der Schule. Der Pfadkoeffizient hierzu beträgt hohe 0.295. Dies bedeutet: Je stärker der strafend-inkonsistente Erziehungsstil ist, desto stärker werden die betroffenen Jungen als Gewalttäter in der Schule auffallen. Auch hier also spielen die Erfahrungen der Jungen im familiären Kontext stark in das Schulleben herein.

Der strafend-inkonsistente Erziehungsstil hat zwei weitere interessante indirekte standardisierte Effekte auf zwei wichtige Variablen, nämlich auf die Delinquenzneigung der männlichen Jugendlichen ausserhalb der Schule und auf die Disziplinprobleme im Unterricht. In beiden Fällen verhält es sich so: Je stärker die Jungen erfahren, dass in ihrem Familienkontext ein inkonsistenter und zugleich auch kontrollierend-strafender Erziehungsstil vorherrscht, fallen sie im Unterricht über Disziplinprobleme auf – der Pfad beträgt 0.051 – oder neigen ausserhalb der Schule zu delinquentem Verhalten – hierzu beträgt der Pfad 0.096. Vom strafend-inkonsistenten Erziehungsstil ausgehend entwickelt sich der erste Effekt über die Geschlechterrollenstereotype zur Delinquenzneigung hin. Der zweite indirekte Effekt dagegen baut sich über die familiäre Einbettung und die Beziehungen zu den MitschülerInnen und Lehrpersonen auf, um schliesslich bei den Disziplinproblemen anzukommen. Hier wird deutlich, dass einer Gesellschaft, der das Gewaltproblem sehr wichtig ist, der Erziehungsstil der Eltern alles andere als egal sein kann. Wenn aber, wie bereits ausgeführt, über Erziehungsziele und schon gar nicht über Erziehungsstile zwischen Elternhaus und der Schule Einigkeit herrscht und keine Diskussion stattfindet, dann muss die Frage nach einer effizienteren Koppelung von Elternhaus und Schule gestellt werden, eine Koppelung, die sowohl dem familiären Klima zugute käme, wie auch selbstverständlich dem Klassenklima. Eine solche Koppelung und Abstimmung der Erwartungen an die Jungen würde deren Entwicklung optimaler fördern als die bisherige Nicht-Kooperation zwischen den beiden wichtigen Sozialisationsinstanzen.

Fend hält in seinem Review zu den Faktoren, die für die Entstehung und Entwicklung von Aggressivität bedeutsam sind, fest, dass die Negativität der Mutter/des Vaters und die negativen Schulerfahrungen die wesentlichsten Faktoren sind (vgl. Fend 2000, S. 443). Auch Patterson (Patterson et al. 1984; Patterson et al. 1989) hält das ‚coercive parenting', ein Erziehungsstil, welcher durch Inkonsistenz, eine hohe Strafintensität und emotional negatives Erziehungsverhalten charakterisiert ist, für die wichtigste Vorbedingung der Entwicklung von aggressivem Verhalten bei Jungen. Positiv formuliert bedeutet dieses Ergebnis, dass die langandauernde positive emotionale Beziehung zu einer Bezugsperson und das Gefühl von dieser Person aufmerksam begleitet zu werden, eine hohe protektive Wirkung haben (vgl. Fend 2000, S. 451). Dieses Ergebnis können wir mit unseren Daten stützen. Das familiäre Erziehungsklima ist nach unseren Analysen einer der wichtigsten Faktoren zur Erklärung des Wirkungsgefüges der Gewaltentwicklung bei männlichen Jugendlichen.

Mit unserem Strukturgleichungsmodell haben wir zugleich die These erhärtet, dass disruptives und aggressives Verhalten von Jungen nicht ‚nur' von latenten Störungen der Persönlichkeit begleitet wird, wie es Loeber (vgl. Loeber et al. 1983; Loeber et al. 1998b) formulierte. Nach unseren Analysen sind die Persönlichkeitsdefizite, wie z.B. fehlende Emotionskontrolle, eine starke Depressionsneigung, Zukunftspessimismus etc. nicht nur Begleiterscheinungen sondern auch Vorbedingungen, damit ein Jugendlicher zu einem Täter physischer Gewalt in der Schule wird. Das Gleiche gilt nach unseren Daten auch für die Bewältigung von Entwicklungsaufgaben, die mit schulischen Leistungsanforderungen zusammen-

hängen: Ein niedriges Begabungsselbstbild ist eine wichtige Vorbedingung, dass ein Jugendlicher zum Gewalttäter wird.
Wir möchten nun eine weitere endogene Variable, die **Geschlechterrollenstereotype**, vorstellen. Sie werden, wie bereits angesprochen, stark vom kontrollierend-strafenden und zugleich inkonsistenten Erziehungsstil beeinflusst. Je ausgeprägter ein solcher Erziehungsstil ist, desto stärker sind auch sie. Wenn wir die standardisierten Effekte unter die Lupe nehmen, die über den Faktor Geschlechterrollenstereotype bewirkt werden, stehen drei Variablen im Fokus. Bezeichnenderweise sind es drei Variablen, welche die Gewalttätigkeit bzw. das Nichteinhalten sozialer Regeln zum Thema haben. Die erste Variable, die Disziplinprobleme im Unterricht, wird stark über die Geschlechterrollenstereotype beeinflusst. Wir können festhalten: Je stärker die Geschlechterrollenstereotype sind, desto häufiger fallen die Jungen auch im Unterricht über Disziplinprobleme auf. Der hierzu gehörende Pfad beträgt 0.159.

Ein weiterer interessanter Pfad ist die Beziehung zwischen Geschlechterrollenstereotype und der Delinquenzneigung ausserhalb der Schule. Dieser Pfad beträgt 0.301 und zeigt, dass vorhandene Geschlechterrollenstereotype bei männlichen Jugendlichen stark die Neigung unterstützen, ausserhalb der Schule andere Menschen zu belästigen, sei es über delinquentes Verhalten, sei es auf Grund von Konflikten mit dem Gesetz.

In einem dritten Schritt geht es um die für uns zentrale Variable, nämlich die ausgeübte physische Gewalt in der Schule. Und auch hier ist der Pfad zwischen Geschlechterrollenstereotypen und dieser Variablen ausgeprägt, nämlich 0.256 – wobei sich dieser standardisierte Totaleffekt aus der Addition eines standardisierten direkten Effektes mit dem Pfad 0.166 und einem standardisierten indirekten Effekt mit der Stärke 0.090 zusammensetzt. Wir erkennen deutlich: Die von der Familie und von anderen, in unserem Modell nicht aufgenommenen Faktoren teilweise stark gestützten Geschlechterrollenstereotype stellen eine wichtige negative Voraussetzung dafür dar, dass Jugendliche in der Schule soziale Konflikte nicht über Gewalt lösen, sondern primär andere Techniken der Konfliktlösung finden.

Geschlechterrollenstereotype stellen somit für männliche Jugendliche eine deutliche Belastung in ihrer Entwicklung dar. Darum sollten Geschlechterrollenstereotype in der Schule, in der Gesellschaft allgemein, aber auch im Familienkontext zum Thema gemacht werden, und zwar nicht ausschliesslich, wie es sehr häufig geschieht, um die Mädchen und die Frauen zu schützen, sondern auch oder insbesondere, um die Jungen zu unterstützen, damit sie Entwicklungsaufgaben und hier insbesondere Aufgaben im Bereich der sozialen Entwicklung angemessener und damit nicht gewalttätig lösen müssen. Wer somit das Thematisieren und das Problematisieren von Geschlechterrollenstereotypen als eine Aufgabe erkennt, die primär der feministischen Pädagogik zukommt, verkennt die nachteilige Wirkung, die Geschlechterrollenstereotype auf die Entwicklung von männlichen Jugendlichen haben.

Zugleich besteht ein mittelstarker, indirekter Effekt zwischen Geschlechterrollenstereotypen und der Beziehung zu den Lehrpersonen: Je stärker die Geschlechterrollenstereotype sind, desto problematischer ist die Beziehung zu den Lehrpersonen. Dieser Effekt baut sich über die Delinquenzneigung ausserhalb der Schule auf. Der hierzu gehörende indirekte Effekt beträgt -0.050.

Auch für die Lehrpersonen im Unterricht also sind Geschlechterrollenstereotype der männlichen Jugendlichen nicht nur im Rahmen von Disziplinproblemen oder dann von Gewalttätigkeit ein negatives Ereignis, nein, sie belasten zudem die Interaktion zwischen den männlichen Jugendlichen und den Lehrpersonen. Davon zeugen auch die vielen mündlichen Aussagen von Lehrpersonen. Geschlechterrollenstereotype sind somit als Risikofaktoren für die Entwicklung von männlichen Jugendlichen zu sehen. Geschlechterrollenstereotype können danach als wichtige Vermittler der sozialen Realität betrachtet werden und beeinflussen die Entfaltungsmöglichkeiten der Jungen wesentlich. Bigler und Liben folgend (1990, S. 1440), beeinträchtigen Geschlechterrollenstereotype die geistige Flexibilität während die Komplexität der Problemlösung sinkt. Demzufolge ist die kognitive Restriktion, die über Geschlechterrollenstereotype entsteht, nicht nur ein Mittel zur Herrschaftssicherung, weil nur das als wertvoll erachtet wird, was ‚man(n)' als sinnvoll bewertet, sondern auch eine unzulässige Verengung der kognitiven Verarbeitungsprozesse. Die dadurch aufgebauten Erwartungen, was ein richtiger Junge sei bzw. was ein Junge zu mögen habe, bewirken bei den besonders belasteten Jungen nebst der weitgehend unhinterfragten Parteilichkeit für bestimmte Spiele (vgl. Martin et al. 1990) und Freizeitbeschäftigungen (vgl. McHale, Crouter und Tucker 1999), der Stereotypisierung von Farben und der fast magischen Anziehung der blauen Farbe auf die Jungen (vgl. Picariello, Greeberg und Pillemer

1990), die Fixierung auf eine körperlich-aggressive Abarbeitung sozialer Konflikte. Geschlechterrollenstereotypisierung, und dies gilt als eines der hervorzuhebenden Ergebnisse, wirkt sich auf eine breite Front der Persönlichkeit der heranwachsenden Jungen deutlich negativ aus (vgl. McHale et al. 1999, S. 1000).

Die **latente endogene Variable ,Lehrpersonenbeziehungen'** wurde über die manifesten Variablen ,Beziehung zu den Lehrpersonen' und ,fachliche Unterstützung durch die Lehrpersonen' gemessen. Hier wird also sowohl der persönliche Aspekt der Beziehung aufgenommen wie auch der Aspekt, dass die Lehrperson für die fachliche Unterstützung der Schülerinnen und Schüler verantwortlich ist – dies immer in der Wahrnehmung der Jungen. Wir haben ja bereits feststellen können, dass die Qualität der Beziehung zu den Lehrpersonen stark davon abhängig ist – und dies in einem positiven Verhältnis – von der familiären Einbettung der Jungen. Je besser also die Jungen in ihrer Familie sozial und emotional eingebettet sind, desto positiver ist auch ihre Beziehung zu den Lehrpersonen. Diese Jungen scheinen somit, so unsere theoretische Interpretation, eine positive emotionale und soziale Basis im familiären Umfeld gewonnen zu haben, welche sie wiederum als ,sozialen Rucksack' in die Beziehung zu den Lehrpersonen hineintragen und diese auch angemessener zu steuern vermögen bzw. optimaler an die Erwartungen der Lehrpersonen andocken können. Die Beziehung zu den Lehrpersonen hat ihrerseits einen interessanten standardisierten indirekten, nämlich einen positiven Effekt zum Selbstvertrauen der Jungen. Der indirekte, der sich über die Disziplinprobleme aufbaut, beträgt 0.047, was bedeutet: Je positiver die Beziehung zu den Lehrpersonen sich gestalten kann, desto weniger Disziplinprobleme liegen vor, was sich positiv auch auf das Selbstvertrauen der Jungen auswirkt. Die Beziehung zu den Lehrpersonen ist also ebenfalls eine wichtige Ressource für das Selbstvertrauen der Jungen.

Einen direkten Effekt hat die Beziehung zu den Lehrpersonen ausschliesslich auf die wahrgenommenen Disziplinprobleme im Unterricht, und zwar einen starken von -0.277. Dies bedeutet: Je positiver die Beziehung zu den Lehrpersonen ausfällt, desto geringer sind auch die Disziplinprobleme der Jungen. Der Glaube der Jungen, dass sie von der Lehrperson ernst genommen, aber auch fachlich unterstützt werden, ist eine wichtige Voraussetzung dafür, dass Disziplinprobleme im Unterricht nicht auftauchen. Interessant ist festzustellen, dass es nicht etwa die

Disziplinprobleme sind, welche die Beziehung zu den Lehrpersonen steuern, sondern es sich eindeutig umgekehrt verhält, dass also die Beziehung zu den Lehrpersonen die Disziplinprobleme steuern. Der soziale Aspekt und der Wahrnehmungsaspekt dieser wichtigen Beziehungsform ist somit ein wichtiger Faktor zur Steuerung und Minimierung von Disziplinproblemen. Die Gewissheit, die die Jungen haben müssen, dass sie akzeptiert und fachlich nicht aufgegeben, sondern gar unterstützt werden, ist eine wichtige Bedingung zur Reduktion von Disziplinproblemen im Unterricht. Die ‚gute Lehrperson' ist somit keine Fiktion, sondern auch eine empirische Realität. Im Unterschied zu Weinert und Helmke (Weinert 1996; Weinert 1996; Weinert und Helmke 1997) konnten wir festhalten, dass der fachlich-didaktische Effekt aus der Sicht der Schüler engstens mit der sozialen Komponente der positiven Beziehung zur Lehrperson gekoppelt ist. Erst über diese Koppelung erhalten wir die bezüglich der Gewalttätigkeit der Jungen hochklassifizierende latente Variable ‚Beziehungen zu den Lehrpersonen'.

Zur zweiten Klassenklima-Variablen: zur **latenten endogenen Variablen Beziehung zu den Gleichaltrigen.** In diese latente Variable sind die manifesten Variablen ‚Sich wohl fühlen mit den Gleichaltrigen', ‚Beliebtheit bei Gleichaltrigen' und ‚Integration in die Gleichaltrigengruppe' eingegangen. Bereits zu einem früheren Zeitpunkt haben wir erkannt, dass die Beziehung zu den Gleichaltrigen stark von der familiären Einbettung der Jungen beeinflusst wird. Das heisst: Je besser die Jungen in ihrer Familie eingebettet sind, desto eher schaffen sie es auch, mit den anderen gleichaltrigen Jungen in der Schule eine positive Beziehung aufzubauen. Die Effekte der Qualität der Beziehungen zu den Gleichaltrigen auf die im Modell eingebrachten Variablen erstaunen hinsichtlich ihrer Selektivität. Es gibt nämlich einen einzigen mittelstarken Effekt auf die Disziplinprobleme im Unterricht, mit einem standardisierten Pfad von -0.145. Dieser Pfad ist dahingehend zu deuten, dass je problematischer die Beziehungen zu den Gleichaltrigen ausfallen, desto stärker auch Disziplinprobleme erkennbar sind. Wir erkennen also eine starke Ähnlichkeit dieses Effekts wie bei der Beziehung zu den Lehrpersonen. Fassen wir nun die Beziehung zu den Gleichaltrigen und jene zu den Lehrpersonen zusammen unter der Oberbezeichnung ‚Klassenklima', erkennen wir, dass die sozialen Beziehungen in der Klasse eine Bedingung dafür sind, dass Disziplinprobleme auftauchen. Über eine optimale Steuerung des Klassenklimas – und das sind primär Beziehungsvariablen, äusserst lästige Verhaltensweisen – sowohl für die Schulklasse, für die betroffenen Jungen und die Lehrpersonen – wesentlich kontrollieren können.

Die **manifeste endogene Variable Disziplinprobleme** ihrerseits wird, wie bereits angesprochen, ebenfalls von der latenten Variablen ‚Geschlechterrollenstereotype‘ beeinflusst. Die Disziplinprobleme selber beeinflussen über einen signifikanten Pfad der Stärke von -0.169 das Selbstvertrauen. Dies bedeutet, dass je stärker die Disziplinprobleme im Unterricht sind, desto schwächer das Selbstvertrauen der Jungen ausfällt. Disziplinprobleme belasten somit das Selbstvertrauen der Jungen signifikant. Zwei weitere interessante indirekte Effekte sind aber auch festzustellen – einerseits ein indirekter standardisierter Effekt über das Selbstvertrauen laufend zum emotionalen Selbstbild der Jungen mit einer Stärke von -0.127. Er ist dahingehend zu deuten, dass je stärker die Disziplinprobleme sind, desto schwächer bzw. desto negativer gefärbt das emotionale Selbstbild der Jungen ist. Fassen wir das Selbstvertrauen und das emotionale Selbstbild als das Selbstkonzept der männlichen Schüler auf, so erkennen wir, dass auch Disziplinprobleme deutlich an diesem Selbstkonzept nagen. Ein weiterer indirekter Effekt betrifft die Beziehung zwischen Disziplinproblemen und der ausgeübten physischen Gewalt in der Schule. Dieser Effekt beträgt 0.050, baut sich über das Selbstvertrauen und das emotionale Selbstbild auf, und zeigt, dass je stärker die Disziplinprobleme sind, desto häufiger die betroffenen Jungen auch mit Gewalt in ihrer Täterrolle konfrontiert werden. Es ist also auch hier so, dass Disziplinprobleme eine nachteilige Wirkung auf die Gewaltbereitschaft der Jungen zeitigen.

Die **manifeste endogene Variable Delinquenzneigung ausserhalb der Schule** wird, wie bereits angesprochen, äusserst stark von vorhandenen Geschlechterrollenstereotypen der männlichen Jugendlichen beeinflusst. Sie selber beeinflusst dagegen stark und negativ die Beziehung zu den Lehrpersonen mit einem Pfad von -0.166 und andererseits beeinflusst sie positiv, im Sinne von verstärkend, die Disziplinprobleme im Unterricht, dies über einen indirekten Effekt, der sich über die Beziehungen zu den Lehrpersonen aufbaut, mit der Stärke 0.046. Wir sehen also, dass in Bezug zu den Alltagserfahrungen der Lehrpersonen im Unterricht die Delinquenzneigung der Jungen ausserhalb der Schule erheblich in den Schulalltag hineinspielt, und zwar so, dass nicht ein negativ gefärbtes Klassenklima die Delinquenzneigung steuert, sondern, im Gegenteil, von aussen her kommend, die Delinquenzneigung das Klassenklima deutlich nachteilig beeinflusst, und zwar die Beziehung zu den Lehrpersonen und die Disziplinprobleme im Unterricht. Jugendliche also, die Delinquenzneigung ausserhalb der Schule zeigen, fallen in der Schule auch über eine äusserst negativ gefärbte Beziehung zu ihren Lehrpersonen auf und über Disziplinprobleme.

Einen dritten, hier direkten, standardisierten Effekt hat die Delinquenzneigung ausserhalb der Schule auf die physische Gewalt in der Schule. Auch hier verhält es sich so, dass die Delinquenzneigung die Gewalt in der Schule beeinflusst und nicht etwa die Gewalt in der Schule die Delinquenzneigung ausserhalb der Schule fördert. Der entsprechende Pfad beträgt 0.274. Gewalt, die ausserhalb der Schule entsteht, springt somit auf die Schule über. Hier zeigt sich, dass die schulischen Effekte auch stark davon abhängig sind, wie die Gesellschaft um sie herum funktioniert. Die Schule darf sich demnach nicht als eine abgeschlossene Einheit verstehen, die einzig die inneren Strukturen zu verändern braucht, um Gewalt zu minimieren. Das Klassenklima allein somit bestimmt zu einem wichtigen Mass die Gewaltbereitschaft der Jungen, aber nicht ausschliesslich.

Das Selbstkonzept der Jungen haben wir, wie bereits angesprochen, in zwei getrennt von einander wirkende latente Variablen aufgetrennt, nämlich in ‚Selbstvertrauen' und ‚emotionales Selbstbild'. Als Erstes möchten wir die Wirkungsweise der **latenten endogenen Variable Selbstvertrauen** analysieren. Wie bereits erwähnt, wird das Selbstvertrauen nachteilig vom strafend-inkonsistenten Erziehungsstil und von den vorhandenen Disziplinproblemen beeinflusst. Das Selbstvertrauen selber beeinflusst äusserst stark – hier ist die Nähe zum emotionalen Selbstbild als eine weitere Unterkategorie des Selbstkonzeptes deutlich zu erkennen, mit einer Stärke von 0.751. Das Selbstvertrauen stellt somit eine relevante Ressource für die emotionale Befindlichkeit der Jungen dar. Die kognitive Verarbeitung der Jungen ist also eine wichtige Voraussetzung für deren emotionale Befindlichkeit. Zugleich haben wir auch einen starken indirekten Effekt, nämlich einen Effekt von der Stärke von -0.295 vom Selbstvertrauen über das emotionale Selbstbild auf die physische Gewalt in der Schule. Dieser Effekt ist dahingehend zu deuten, dass je positiver das Selbstvertrauen der Jungen ausfällt, desto geringer auch die Gewalttätigkeit der männlichen Jugendlichen ist. Ein hohes Selbstvertrauen ist somit eine wichtige Voraussetzung dafür, dass männliche Jugendliche nicht gewalttätig werden.

Das **emotionale Selbstbild als die zweite latente endogene Variable in Bereich des Selbstkonzepts** steht in einer engen Beziehung zur Gewalttätigkeit der Jungen. Der hierzu gehörende Pfad beträgt -0.393. Dieser sehr starke Pfad bezeugt die Wichtigkeit einer optimalen emotionalen Verarbeitung der Jungen für die Gewaltbereitschaft, und zwar so, dass je positiver das emotionale Selbstbild der männlichen Jugendlichen ist, desto seltener die betreffenden Jungen gewalttätig sein werden. Das Selbstkonzept insgesamt also über das Selbstvertrauen und das emotionale Selbstbild gesprochen, kann eine sehr wichtige Ressource für männliche Jugendliche sein, nicht als Gewalttäter aufzutreten. Zugleich zeigt es auch, dass das Selbstkonzept als der Kernpunkt der Bewältigungskompetenz der Jungen gewertet werden kann, und zwar dahingehend, dass sowohl das Klassenklima als auch die Disziplinprobleme und ebenso die Erfahrungen im familiären Kontext zu einem gewichtigen Teil über dieses Selbstkonzept, und hierbei über den kognitiven wie aber auch über den emotionalen Aspekt bearbeitet werden müssen, um in einem zweiten Zug überhaupt zur Geltung zu kommen, in Bezug auf die Gewaltbereitschaft und die Gewalttätigkeit in der Schule. Jugendliche sind somit nicht im Sinn der Verhaltenstheorie Blackboxes, sondern sie entwickeln eine komplexe und differenzielle Bewältigung ihrer Erfahrungen in den unterschiedlichen Lebensfeldern. Erst über diese Bewältigung lässt sich eine angemessene Erklärung der Gewalttätigkeit von Jungen vornehmen. Zugleich zeigt sich, dass die Bewältigungskompetenz der Jugendlichen eine wichtige Ressource für das präventive oder dann therapeutische Eingreifen bezogen auf das Thema Gewalt darstellt.

Rekapitulierend können wir festhalten: Die Geschlechterrollenstereotype, die Erfahrungen im Sozialisationsfeld Familie, das Klassenklima, aber auch die Bewältigungskompetenz der Jungen im Bereich des Selbstkonzepts und die Delinquenzneigung ausserhalb der Schule beeinflussen in relevantem Mass die Gewalttätigkeit der männlichen Jugendlichen im Schulkontext. Nur über den Einbezug dieses breiten Feldes der Lebenswelt der Jungen erhalten wir ein differenziertes und zugleich praktisch auszulegendes Bild der Entwicklung von Gewalt.

Die Hauptergebnisse aus dem Strukturgleichungsmodell zur physischen Gewalttätigkeit von Schülern seien nun stichwortartig dargestellt:

1. Eine gute familiäre Einbettung der Jungen beeinflusst die Beziehung zu den Lehrpersonen und jene zu den weiteren MitschülerInnen positiv.
2. Ein rigider und inkonsistenter Erziehungsstil unterstützt den Aufbau von Geschlechterrollenstereotypen.
3. Geschlechterrollenstereotype unterstützen deutlich die Delinquenzneigung der Jungen ausserhalb der Schule, und die physische Gewalttätigkeit in der Schule.
4. Die Delinquenzneigung der Jungen ausserhalb der Schule wird nicht von Faktoren innerhalb des ‚Schulsystems' gestützt, beeinflusst aber deutlich negativ die Beziehungen zu den Lehrpersonen und ist auch ein starker Prädiktor für Gewalt im Schulkontext.
5. Das Selbstkonzept der Jungen wirkt nicht wie ein einheitlicher ‚Block', sondern differenziell. Demnach ist es sinnvoll zwischen dem Selbstvertrauen und dem emotionalen Selbstbild der Jungen zu unterscheiden. Das Selbstvertrauen wirkt immer auf das emotionale Selbstbild und nicht umgekehrt.
6. Ein rigider und inkonsistenter Erziehungsstil wirkt sich deutlich nachteilig auf das Selbstvertrauen und das emotionale Selbstbild der Jungen aus.
7. Gewalttäter im Schulkontext haben ein deutlich negativer gefärbtes emotionales Selbstbild als gewaltfreie Jungen.
8. Disziplinprobleme im Unterricht entstehen u.a. durch eine negativ-gefärbte Beziehung zu den Lehrpersonen und den MitschülerInnen.
9. Die Disziplinprobleme beeinflussen das Selbstvertrauen der Jungen negativ.

10 Das theoretisch formulierte Strukturgleichungsmodell ‚Opfer physischer Gewalt'

Die Beschreibung des Modells möchten wir über die Definition der latenten Variablen vornehmen. Die einzelnen Skalen, als die manifesten Variablen, werden hierbei nicht im Einzelnen beschrieben (vgl. hierzu Anhang A). Generell sei aber gesagt, dass alle Skalen Mittelwertscores sind und aus drei bis fünf Einzelitems bestehen. Insgesamt enthält unser Modell sechs latente exogene und vier manifeste endogene Variablen. Die latenten Variablen haben wir über zwei bis drei manifeste Variablen operationalisiert. Im Folgenden seien diese Variablen vorgestellt:

- Die *latente exogene Variable ‚familiäre Einbettung'* wird über die manifesten Variablen *‚unterstützender Erziehungsstil'*, *‚elterliche Beaufsichtigung'* und *‚familiäres Involvement'* gemessen.
- Die *latente exogene Variable ‚strafend-inkonsistenter Erziehungsstil'* wird über die manifesten Variablen *‚inkonsistenter Erziehungsstil' und ‚kontrollierend-strafender Erziehungsstil'* gemessen.
- Die *latente endogene Variable ‚Geschlechterrollenstereotype'* wird über die manifesten Variablen *‚Berufs- und Sexualitätsstereotype' und das Stärke-Stereotyp* ‚Nur Schwächlinge zeigen Unsicherheit' gemessen.
- Die *latente endogene Variable ‚Selbstvertrauen'* wird über die manifesten Variablen *‚Begabungsselbstbild' und ‚Selbstakzeptierung'* gemessen.
- Die *latente endogene Variable ‚emotionales Selbstbild'* wird über die manifesten Variablen *‚Zukunftoptimismus', ‚Emotionskontrolle' und ‚Depressionsneigung'* gemessen.
- Die *latente endogene Variable ‚Beziehungen zu den MitschülerInnen,* wird über die manifesten Variablen *‚Integration in die Gleichaltrigengruppe', ‚Beliebtheit bei Gleichaltrigen' und ‚Wohlfühlen mit Gleichaltrigen'* gemessen.
- Die *manifeste endogene Variable ‚Opfer von Lehrpersonengewalt'*.
- Die *manifeste endogene Variable ‚Opfer sozialer Gewalt in der Schule'*.

- Die *manifeste endogene Variable ‚Täterjungen physischer Gewalt*'.
- Die *manifeste endogene Variable ‚Opferjungen physischer Gewalt*'. Diese ist auch die Zielvariable des gesamtes Modells.

Als zwei moderierende Variablen haben wir die Erfahrungen als Opfer sozialer Gewalt sowie die durch Lehrpersonen erlittene Gewalt in das Modell aufgenommen. Die Erfahrungen als Opfer sozialer oder physischer Gewalt und die durch Lehrpersonen erlittene Gewalt sollen die Konsistenz von erlittenen Gewalterfahrungen in der Schule überprüfen. Die formulierten Hypothesen zu diesem Strukturgleichungsmodell lauten:

1. Je positiver die familiäre Einbettung ausfällt, desto bessere Sozialbeziehungen haben die Jungen in der Schule, d.h. desto besser sind sowohl die Beziehungen zu den Lehrpersonen wie auch die Beziehungen zu den Gleichaltrigen.
2. Je ausgeprägter der strafend-inkonsistente Erziehungsstil der Eltern (in der Wahrnehmung der Jugendlichen), desto stärker sind auch die Geschlechterrollenstereotype.
3. Je ausgeprägter der strafend-inkonsistente Erziehungsstil der Eltern, desto schwächer fällt das Selbstvertrauen der Jungen aus.
4. Je stärker die Geschlechterrollenstereotype, desto stärker sind alle Formen der ausgeübten oder erlittenen Gewalt. Dies betrifft die Erfahrungen als Opfer sozialer und physischer Gewalt in der Schule.
5. Je höher das Selbstvertrauen der Jungen, desto höher fällt auch das emotionale Selbstbild der Jungen aus.
6. Je besser das emotionale Selbstbild, desto geringer ist die ausgeübte Gewalt in der Schule.
7. Je stärker die Erfahrungen als Opfer sozialer Gewalt, desto stärker sind auch die Erfahrungen als Opfer physischer Gewalt in der Schule.
8. Je höher die ausgeübte Gewalt innerhalb der Schule, desto stärker sind auch die Erfahrungen als Opfer physischer Gewalt in der Schule.

9. Je besser die Beziehungen zu den MitschülerInnen, desto geringer fallen Erfahrungen als Opfer sozialer Gewalt aus.
10. Je positiver die Beziehungen zu den Lehrpersonen sind, desto geringer fallen die Erfahrungen als Opfer sozialer Gewalt aus.
11. Je positiver die Beziehungen zu den MitschülerInnen sind, desto höher fällt das Selbstvertrauen aus.
12. Je stärker die Jungen Opfer von Gewalt durch Lehrpersonen werden, desto geringer fällt das emotionale Selbstbild aus.

Die Ergebnisse zum Strukturgleichungsmodell ‚Opfer physischer Gewalt'

Die Prüfwerte des Gesamtmodells ‚Opfer physischer Gewalt' werden vorangestellt, um in einem zweiten Schritt die direkten und indirekten Effekte der einzelnen latenten und manifesten Variablen auf die weiteren endogenen Variablen zu diskutieren. Die Prüfwerte zum Gesamtmodell fallen sehr hoch aus. Insbesondere sei darauf hingewiesen, dass der R^2-Wert der Zielvariable ‚Opfer physischer Gewalt' .39 beträgt. Dies unterstützt unsere Annahme, dass wir trotz der hohen Komplexität des Modells (df=148), über die eingebrachten Variablen ein stabiles Modell entwickelt haben (siehe Abb. 6)

Abbildung 6

Strukturgleichungsmodell Opfer-Jungen, physische Gewalt (nur signifikante Pfade sind eingezeichnet)N= 219, GFI= 0.924, AGFI= 0.902, Df= 148, RMR= 0.025, Chi^2-Wert= 174.080, RMSEA= 0.028, p-Wert des Gesamtmodells= 0.070, R^2-Wert der Zielvariable =.39.

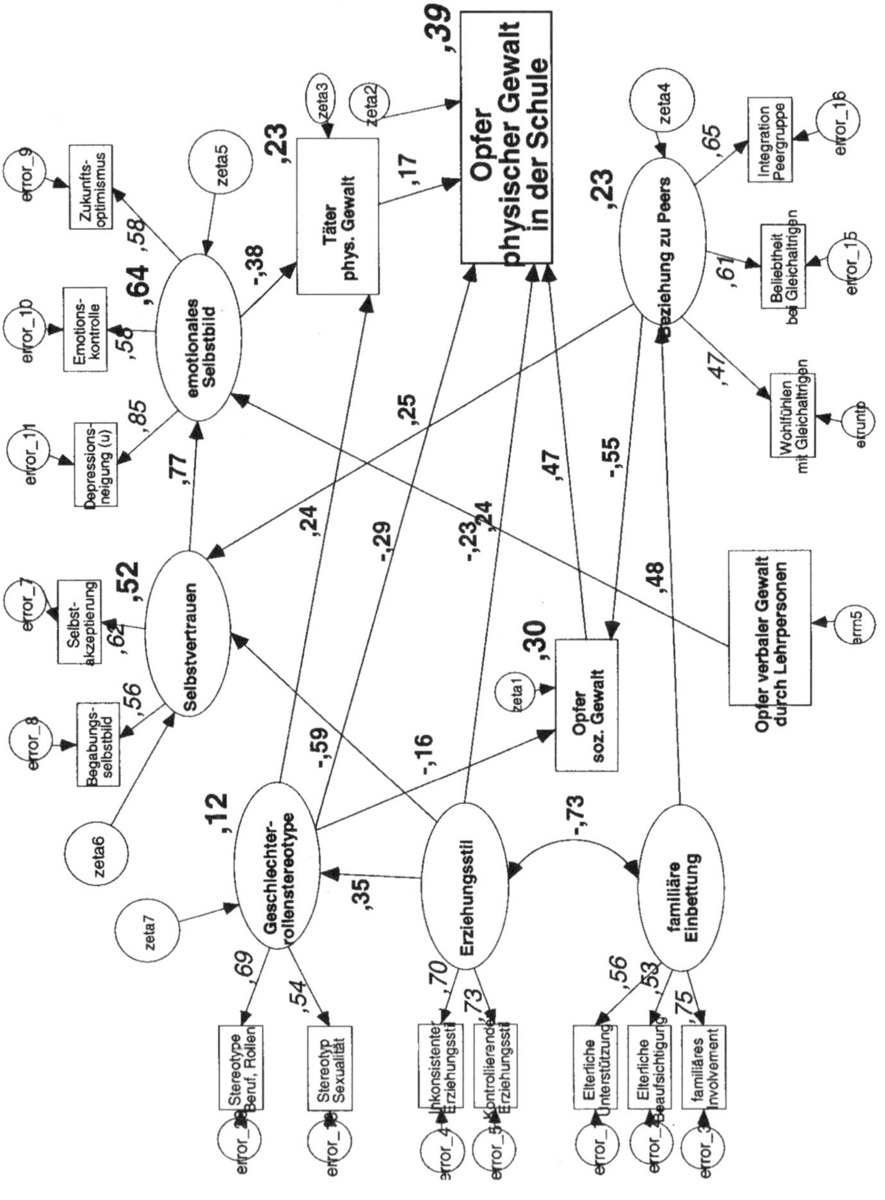

Der **strafend-inkonsistente Erziehungsstil** weist drei direkte Pfade auf: a) zu den Geschlechterrollenstereotypen, b) zum Selbstvertrauen und c) zur Variable ‚Opfer physischer Gewalt‘, unserer Zielvariablen. Zur latenten endogenen Variable ‚Geschlechterrollenstereotype‘ beträgt der Pfad 0.350[5], was von einem starken Austauschverhältnis zwischen dem strafend-inkonsistenten Erziehungsstil und den Geschlechterrollenstereotypen zeugt. Je stärker also der strafend-inkonsistente Erziehungsstil ausfällt, desto stärker zeigen sich auch Geschlechterrollenstereotype bei den Jungen. Die aus den Erfahrungen mit dem strafend-inkonsistenten Erziehungsstil der Eltern sich entwickelnde rigide Verarbeitung interaktionaler Sachverhalte überträgt sich auf die Geschlechterrollen. Die individuellen Charakteristiken aus anderen Sozialisationserfahrungen und hier insbesondere die Freiheitsgrade der Selbstbestimmung im Familienkontext, sind, so auch Hall und Carter (1999), ein wichtiger Prädiktor für das Ausmass und die Stabilität von Geschlechterrollenstereotypen.

Der zweite direkte Pfad führt zum Selbstvertrauen, also zum kognitiven Element des Selbstkonzepts und beträgt hohe -0.592 und zeugt davon, dass das Selbstvertrauen stark unter dem strafend-inkonsistenten Erziehungsstil leidet. Männliche Jugendliche also, die ihr familiäres Umfeld als kontrollierend-strafend erleben und zugleich einen inkonsistenten Erziehungsstil der Eltern erfahren haben, bekunden grosse Mühe, ein angemessenes Selbstvertrauen zu entwickeln und sowohl ihre Selbstakzeptierung wie auch ihr Begabungsselbstbild leiden stark darunter.

Der dritte direkte Pfad führt zu unserer Zielvariable ‚Opfer physischer Gewalt‘ und beträgt 0.153. Das bedeutet: Je problematischer der Erziehungsstil der Eltern – in der Wahrnehmung der Jungen – gewesen ist, desto eher finden sich diese Jungen in der Opferrolle des Erleidens physischer Gewalt durch andere Jungen.

5 Im Lauftext wird einzig auf die standardisierte Pfadstärke verwiesen, wobei ausschliesslich auf signifikante Pfade eingegangen wird. Die weiteren Kennwerte befinden sich im Anhang E.

Wir können zu den drei direkten Pfaden zwei indirekte Effekte postulieren. Einer betrifft das emotionale Selbstbild, der zweite die manifeste Variable ‚Täter physischer Gewalt'. Der erste Pfad geht vom strafend-inkonsistenten Erziehungsstil und führt über das Selbstvertrauen zum emotionalen Selbstbild. Dieser Effekt beträgt starke -0.453 und ist analog zu interpretieren wie die Wirkung des Erziehungsstils auf das Selbstvertrauen. Das bedeutet: Je problematischer der elterliche Erziehungsstil erlebt worden ist, desto grössere Schwierigkeiten haben die Jungen, ein angemessenes emotionales Selbstbild aufzubauen. Im emotionalen Selbstbild sind, wie bereits erwähnt, die Variablen ‚Depressionsneigung', ‚Emotionskontrolle' und ‚Zukunftsoptimismus' enthalten. In allen drei Bereichen haben die betreffenden Jungen, im Vergleich zu Jungen, die einen eher positiv geprägten Erziehungsstil der Eltern erfahren haben, ein deutliches Manko. Sie sind somit depressiver gestimmt, haben ihre Emotionen schlechter unter Kontrolle und zugleich sind sie bezüglich ihrer Zukunft pessimistischer als ihre Schulkameraden.

Der zweite indirekte Effekt geht vom strafend-inkonsistenten Erziehungsstil aus, weiter zum Selbstvertrauen und hin zum emotionalen Selbstbild. Erst dann gelangt er zur manifesten Variablen ‚Täter physischer Gewalt'. Dieser Effekt beträgt 0.255 und bestätigt das Ergebnis, das wir bereits im letzten Strukturgleichungsmodell zu den Tätern physischer Gewalt feststellen konnten, nämlich: Je problematischer der elterliche Erziehungsstil erlebt wurde, desto eher werden die betreffenden Jungen nicht nur im Aufbau ihres Selbstkonzepts darunter leiden, sondern auch und insbesondere zur Tätergruppe gehören, zur Tätergruppe, die physische Gewalt ausübt. Insgesamt können wir somit festhalten, dass der ‚strafend-inkonsistente Erziehungsstil' starke Auswirkungen auf eine Mehrzahl der eingeführten manifesten oder latenten Variablen hat. Hier schliessen wir an die Forschungsergebnisse von Olweus an (Olweus et al. 1986; 1996) die den punitiv-inkonsistenten Erziehungsstil als eine besondere Belastung für die optimale Entwicklung der Jungen hervorheben. Er wirkt in allen untersuchten Zusammenhängen als eine grosse Belastung, sei es über den Aufbau der Geschlechterrollenstereotype, die, wie wir im Folgenden noch sehen werden, für das Gesamtmodell eine wichtige Rolle spielen, sei es aber auch, indem er das Selbstkonzept sowohl in seinem kognitiven und emotionalen Aspekt beeinträchtigt, was dazu führt, dass diese Jungen auch eher zu Tätern oder Opfern physischer Gewalt in der Schule werden.

Wir gehen nun zur zweiten latenten exogenen Variablen, welche die familiäre Sozialisation anspricht, nämlich die Variable der **familiären Einbettung**. Sie umfasst die elterliche Unterstützung, die elterliche Beaufsichtigung und das familiäre Involvement. Diese Variable weist einen direkten Pfad auf, nämlich zur latenten endogenen Variablen ‚Beziehung zu den Mitschülerinnen und Mitschülern'. Dieser Pfad beträgt 0.475 und zeugt von der unterstützenden Wirkung einer angemessenen familiären Einbettung für den Aufbau von Sozialbeziehungen im Schulkontext, und hier insbesondere zu den Mitschülern und Mitschülerinnen. Die latente exogene Variable ‚familiäre Einbettung' hat auch vier indirekte Effekte auf weitere Variablen unseres Modells.

Als Erstes möchten wir die zwei indirekten Effekte zu den Selbstkonzeptvariablen diskutieren. Ein erster indirekter Pfad entsteht über zwei Wirkungsschlaufen zum Selbstvertrauen hin: von der familiären Einbettung ausgehend baut er sich sowohl über den strafend-inkonsistenten Erziehungsstil, als auch über die Beziehung zu den Mitschülerinnen und Mitschülern auf, um auf das Selbstvertrauen einzuwirken. Der hierzu gehörende indirekte Effekt beträgt 0.121.

Der zweite indirekte Effekt führt zum emotionalen Selbstbild. Er baut sich über die gleichen zwei Pfade wie beim indirekten Effekt zum Selbstvertrauen auf und ist mit 0.092 etwas schwächer als der erste. Beide indirekten Effekte zeugen von der Wirkung der familiären Einbettung auf den Aufbau eines optimalen Selbstvertrauens oder emotionalen Selbstbildes. Wegen ihrer stark stützenden Wirkung kann die familiäre Einbettung als eine Selbstkonzept-Ressource bezeichnet werden, die sich für die Jungen bei der Bewältigung der anstehenden Entwicklungsaufgaben als hilfreich erweist.

Die zwei weiteren indirekten Effekte weisen in die gleiche Richtung. Es handelt sich um den indirekten Effekt zur manifesten Variablen ‚Opfer sozialer Gewalt' und den Effekt zu unserer Zielvariablen ‚Opfer physischer Gewalt'. Der dritte indirekte Effekt, der von der familiären Einbettung zur manifesten Variablen ‚Opfer sozialer Gewalt' führt, beträgt -0.259. Er baut sich über zwei Wirkungsschlaufen auf: die erste geht von der familiären Einbettung aus, weiter über den strafend-inkonsistenten Erziehungsstil, die Geschlechterrollenstereotype, um dann in die Variable ‚Opfer sozialer Gewalt' zu münden. Die zweite führt von der familiären Einbettung zur Beziehung zu den Mitschülerinnen und Mitschülern, um dann wieder zur Variablen ‚Opfer sozialer Gewalt' zu gelangen.

Der dritte indirekte Effekt der familiären Einbettung betrifft, wie bereits erwähnt, unsere Zielvariable ‚Opfer physischer Gewalt'. Er führt, ausgehend von der familiären Einbettung, zum strafend-inkonsistenten Erziehungsstil, um dann direkt zur manifesten Variablen ‚Opfer physischer Gewalt' zu gelangen. Auch dieser Effekt ist negativ und beträgt -0.128. Beide Effekte, also derjenige zu den Variablen ‚Opfer sozialer Gewalt' und ‚Opfer physischer Gewalt' untermauern unsere These von der Relevanz der familiären Einbettung für die Gewalterfahrungen der Jungen in der Schule: Je besser die familiäre Einbettung, desto geringer ist die Wahrscheinlichkeit, dass die Jungen in der Schule Opfer sozialer und physischer Gewalt werden. Die familiäre Einbettung ist somit nicht nur eine positive Ressource für das Selbstkonzept, sondern kann im Schulkontext auch als ‚Schutzfaktor' gegen Opfererfahrungen jeglicher Art angesehen werden. Zusammenfassend können wir zu den zwei, die familiäre Sozialisation betreffenden latenten exogenen Variablen sagen, dass die Erfahrungen der Jungen in ihren Familien eine bestimmende Wirkung haben. Dies sowohl auf den Aufbau eines angemessenen Selbstkonzepts wie auch auf den Grad des Involvements der Jungen als Opfer aber auch als Täter im Zusammenhang mit Gewalt im Schulkontext. Cairns und Cairns (1994, S. 88) zustimmend, können auch wir festhalten, dass die Vorhersage von Gewalterfahrungen nicht eine Angelegenheit ist, die einzig über individuelle Persönlichkeitsmerkmale ergründet werden darf. Der soziale Kontext von Jungen beeinflusst signifikant das Ausmass und die Qualität der Gewalterfahrungen. Wir können zudem festhalten, dass ein strafend-inkonsistenter Erziehungsstil den Aufbau von Geschlechterrollenstereotypen in relevantem Masse fördert, was wiederum einen erheblichen Anteil an den Opfer- oder Täter-Erfahrungen im Schulkontext männlicher Jugendlicher hat. Wir gehen deswegen auch mit Hurrelmann einig, der festhielt, dass Familien für die Heranwachsenden als direkte Vermittler und Erschliesser der äusseren Realität fungieren (Hurrelmann 1998, S. 74). Diese Maxime der Hurrelmannschen Sozialisationstheorie ist auch gültig – insbesondere – für die Frage der Mitverursachung von gewalttätigem Verhalten durch die familiäre Sozialisation.

Wir kommen nun zur ersten latenten endogenen Variablen des Modells, nämlich zu den **Geschlechterrollenstereotypen**. Drei starke direkte Pfade führen von den Geschlechterrollenstereotypen zur Gewaltentwicklung von Jungen. Der erste ist uns bereits aus dem letzten Strukturgleichungsmodell bekannt: Jungen mit starken Geschlechterrollenstereotypen gehören auch eher zu der Gruppe, die als Täter physischer Gewalt auffallen. Dieser Pfad beträgt 0.243. Je stärker also die Geschlechterrollenstereotype bei einem Jungen sind, desto grösser die Wahrscheinlichkeit, dass der Junge auch zu den Tätern physischer Gewalt gehört.

Die zwei weiteren Beziehungen betreffen die Opfererfahrung der Jungen, das heisst, ihre Erfahrungen als Opfer physischer bzw. sozialer Gewalt. Hier haben wir zwei direkte standardisierte Effekte zu verzeichnen, die wir bei unserer Hypothesenbildung als solche nicht angenommen hatten. Der erste Effekt betrifft den direkten Pfad zur manifesten Variablen ,Opfer sozialer Gewalt'. Dieser Pfad beträgt -0.159, was dahingehend interpretiert werden kann, dass starke Geschlechterrollenstereotype davor schützen, ein Opfer sozialer Gewalt zu werden. Bestätigt wurde dieses nur scheinbar widersprüchliche Ergebnis durch einen zweiten, in die gleiche Richtung gehenden starken Effekt in Bezug auf unsere Zielvariable ,Opfer physischer Gewalt'. Dieser ebenfalls starke direkte Pfad beträgt -0.321 und weist ebenfalls in die Richtung, welche besagt, dass starke Geschlechterrollenstereotype einen Schutzfaktor gegen das Erleiden physischer Gewalt darstellen. Diese nur vordergründig paradoxen Ergebnisse möchten wir eingehend diskutieren und nachweisen, dass sie nicht als Rechenfehler abgetan werden sollten, sondern im Rahmen des gesamten Strukturgleichungsmodells sehr wohl sinnvoll interpretiert werden können. Geschlechterrollenstereotype stellen demnach patente Einstellungsmuster für die Opfererfahrungen der Jungen dar, weil sie einerseits dagegen schützen und andererseits die Wahrscheinlichkeit des Erleidens von Gewalt in der Schule erhöhen.

Wir haben erkannt, dass Jungen mit starken Geschlechterrollenstereotypen mit einer erhöhten Wahrscheinlichkeit zu Tätern physischer Gewalt in der Schule werden. Täterjungen ihrerseits werden, dieses Ergebnis gilt es noch vorzustellen, auch häufiger als ihre gewaltfreien Mitschüler zu Opfern physischer Gewalt. Geschlechterrollenstereotype und der daraus abgeleitete Habitus der überheblichen Selbstsicherheit und der Abwertung anderer, scheinen die betreffenden Jungen in einem ersten Schritt gegen Opfer-Erfahrungen zu schützen – dies, weil sie zu diesem Zeitpunkt, also noch bevor sie selber in Gewaltakte verstrickt werden, die schützende Aura des ,Starken' um sich gebildet haben. Sobald sie aber die wiederum gleichen Verhaltensweisen, die sie bisher vor Opfer-Erfahrungen geschützt haben, erweitern und zu Tätern physischer Gewalt werden, machen sie auch oft die Erfahrung, dass sie im Rahmen dieser Konflikte an andere Täter gelangen, die stärker und kampfgewandter sind als sie. Aktuell wird ihnen dadurch die Rolle des Opfers in der betreffenden Konfliktsituation unter ‚Tätern' aufgedrängt.

Wir kommen nun zur zweiten latenten endogenen Variablen, zu **‚Beziehung zu den Mitschülerinnen und Mitschülern'**. Von ihr gehen drei indirekte und zwei direkte Effekte aus. Als Erstes möchten wir die Effekte auf das Selbstkonzept der Jungen darlegen. Es sind dies einerseits ein direkter Pfad mit 0.254 zum Selbstvertrauen, andererseits ein indirekter Pfad mit 0.194 zum emotionalen Selbstbild. Letzterer geht von der latenten Variablen ‚Beziehung zu den MitschülerInnen' aus und führt über die Variable ‚Selbstvertrauen' zum emotionalen Selbstbild. Beide Effekte zeigen deutlich, dass eine positive Beziehung zu den Mitschülerinnen und Mitschülern, das heisst ein positives Klassenklima, determinierend für den Aufbau eines positiven Selbstkonzepts ist, und dies sowohl bezüglich des kognitiven wie auch des emotionalen Bereichs (Selbstvertrauen bzw. emotionales Selbstbild). Dieses Ergebnis und die damit postulierte Beeinflussungsrichtung des Klassenklimas auf das Selbstvertrauen wird ebenfalls stark durch die Analysen Berndts (1996) gestützt. Berndt fand heraus, dass erst über Kausalmodelle die Richtung des Wirkungszusammenhanges zwischen dem Selbstvertrauen und der Qualität von Freundschaften eruiert werden kann, da beide Richtungen theoretisch plausibel sind.

Ein weiterer direkter Pfad von der latenten Variablen ‚Beziehung zu den Mitschülerinnen und Mitschülern' ist jener zur manifesten Variablen ‚Opfer sozialer Gewalt'. Er beträgt -0.546 und bestätigt unsere Hypothese, dass je positiver die Beziehungen zu den Gleichaltrigen sind, desto seltener die Jungen in der Schule zu Opfern sozialer Gewalt werden. In die gleiche Richtung (‚Opfer physischer Gewalt') geht auch der indirekte Effekt zu unserer Zielvariablen. Er beträgt -0.268. Auch dazu gilt: Je positiver die Beziehung zu den Mitschülern und Mitschülerinnen ausfallen, desto seltener werden die Jungen zu Opfern physischer Gewalt. Dieser indirekte Effekt geht von der Ursprungsvariablen ‚Beziehung zu Mitschülerinnen und Mitschülern' aus, über die manifeste Variable ‚Opfer sozialer Gewalt', um dann zu unserer Zielvariablen ‚Opfer physischer Gewalt' zu gelangen. Mit den Ergebnissen der Review von Newcomb und Bagwell (1996) übereinstimmend, können wir festhalten, dass Freundschaften in der Schule eine gute

Chance darstellen, das Verhalten von Jungen in sozialer, emotionaler und kognitiver Hinsicht positiv zu stützen.

Ein fünfter und letzter Zusammenhang betrifft den indirekten Effekt auf die manifeste Variable 'Täter physischer Gewalt'. Er beträgt -0.073 und zeigt erwartungsgemäss, dass je problematischer die Beziehung zu den Mitschülerinnen und Mitschülern ist, desto eher die betreffenden Jungen auch zu der Gruppe gehören werden, die als Täter physischer Gewalt im Schulkontext auffallen. Insgesamt können wir somit festhalten, dass die latente endogenen Variable 'Beziehung zu den Mitschülerinnen und Mitschülern' eine zentrale Rolle im gesamten Prozess des Erleidens von Gewalt in der Schule spielt: Sie beeinflusst das Selbstkonzept der Jungen stark und kann somit für sie eine wichtige Ressource dafür sein, Opfer sozialer oder physischer Gewalt zu werden. Die in den familialen und schulischen Beziehungen verankerten Aktivposten des sozialen Kapitals (vgl. Colemann 1996, S. 99) scheinen bei den Opfern physischer Gewalt kaum vorhanden zu sein. Freundschaften unterstützen demnach nicht nur die soziale Entwicklung, sondern fördern auch die soziale Stabilität und Ordnung.

Die latente endogene Variable 'Beziehung zu den Lehrpersonen' konnte nicht in das Modell eingebracht werden. Sie hatte keinen positiven Effekt und somit keine eigentliche Wirkung im Rahmen des Strukturgleichungsmodells. Stattdessen überprüften wir eine manifeste Variable, die mit den Erfahrungen zu den Lehrpersonen zusammenhängt, nämlich die **Gewalterfahrungen von Jugendlichen mit Lehrpersonen**. Da waren die Jungen als Opfer dieser verbal und im sozialen Sinn gewalttätigen Lehrpersonen im Fokus. In diesem Zusammenhang möchten wir zwei Effekte erläutern, einen direkten und einen indirekten.

Der direkte führt zum emotionalen Selbstbild der Jungen und beträgt -0.232. Die Pfadstärke und die Polung erlaubt uns, das Ergebnis zu interpretieren: Je häufiger die Jungen Opfer von sozialer und verbaler Gewalt von Lehrpersonen werden, desto eher wird ihr emotionales Selbstbild beeinträchtigt, und zwar in einem überaus relevanten Ausmass.

Wir haben ebenfalls einen indirekten Effekt mit 0.087 zur manifesten Variablen 'Täter physischer Gewalt' zu verzeichnen. Je häufiger also die Jungen zu Opfern der Lehrpersonengewalt werden, desto häufiger werden sie auch zu Tätern physischer Gewalt. Wir konnten somit deutlich veranschaulichen, dass erlittene

Lehrpersonengewalt einerseits eine Gefährdung für das emotionale Selbstbild der Jungen darstellt, andererseits aber auch bestimmend für die Zugehörigkeit zur Gruppe derjenigen Jungen ist, die als Täter physischer Gewalt in der Schule auffallen.

Die manifeste Variable **‚Opfer sozialer Gewalt'** hat ihrerseits eine starke Beziehung zu unserer Zielvariablen, der manifesten Variablen ‚Opfer physischer Gewalt'. Der entsprechende Pfad beträgt hohe 0.470. Dies bedeutet, dass je eher ein Junge ein Opfer sozialer Gewalt wird, desto wahrscheinlicher es auch ist, dass er zu denjenigen Jungen gehören wird, die Opfer physischer Gewalt in der Schule werden. Die zwei Gewalterfahrungen hängen somit zusammen. Dieses Ergebnis unterstreicht die theoretische Vorannahme, dass Jungen, die als Opfer sozialer Gewalt erkannt werden können, auch Opfer physischer Gewalt werden.

Wir gehen nun über zur Erläuterung der zwei latenten endogenen Variablen, die das Zusammenspiel zwischen ‚Selbstkonzept' und ‚Opfer physischer Gewalt' belegen. Als Erstes gilt es, die Variable **‚Selbstvertrauen'**, also den kognitiven Aspekt des Selbstkonzepts, vorzustellen. Wir können einen direkten Pfad vom ‚Selbstvertrauen' auf das emotionale Selbstbild feststellen. Er beträgt 0.765 und bestätigt ein von uns erwartetes Ergebnis: Starkes Selbstvertrauen der Jungen führt zu einem positiven emotionalen Selbstbild. Andererseits haben wir zwei interessante indirekte Effekte zu verzeichnen, den ersten auf die manifeste Variable ‚Täter physischer Gewalt'. Der entsprechende Pfad mit einer Stärke von -0.288 führt vom Selbstvertrauen aus über das emotionale Selbstbild, zu der manifesten Variablen ‚Täter physischer Gewalt'. Dies bedeutet, dass mit zunehmendem Selbstvertrauen der Jungen die Wahrscheinlichkeit sinkt, dass sie auch zu Tätern physischer Gewalt werden. Der zweite indirekte Effekt geht zu unserer Zielvariablen, also zur Variablen ‚Opfer physischer Gewalt'. Er geht vom Selbstvertrauen aus hin zum emotionalen Selbstbild über die manifeste Variable ‚Täter physischer Gewalt', zu der Zielvariablen ‚Opfer physischer Gewalt'. Er beträgt -0.048 und ist ein Indiz dafür, dass je stärker das Selbstvertrauen der Jungen ist, desto seltener sie Gewalterfahrungen machen, hier insbesondere, dass sie seltener Opfer physischer Gewalt werden. Das Selbstvertauen stellt somit eine positive Ressource dar für die Vermeidung von physischer Gewalt, sei es als Täter oder als Opfer.

Die zweite latente Variable im Rahmen des Selbstkonzeptes, das **emotionale Selbstbild**, hat einen direkten Pfad, nämlich zu der manifesten Variablen 'Täter physischer Gewalt'. Er beträgt -0.376, ein deutliches Indiz dafür, dass je positiver das emotionale Selbstbild der Jungen ist, desto seltener sie auch zu Tätern physischer Gewalt werden. Ein zweiter Effekt, der vom emotionalen Selbstbild ausgeht, ist ein indirekter mit der Stärke –0.063 zur Variablen 'Opfer physischer Gewalt,. Er führt vom emotionalen Selbstbild über die manifeste Variable 'Täter physischer Gewalt' zur Variablen 'Opfer physischer Gewalt'. Auch da gilt, dass je positiver und damit stärker das emotionale Selbstbild der Jungen ist, desto seltener sie Opfer-Gewalterfahrungen machen. Das emotionale Selbstbild ist demnach eine wichtige internale Bedingung für Gewalterfahrungen.

Von der manifesten Variablen **'Täter physischer Gewalt'** führt ein direkter Pfad der Stärke 0.166 auf die Variable Opfer physischer Gewalt, was deutlich die theoretische Annahme unterstreicht, dass Jungen, die selber gewalttätig sind, auch häufig als Opfer physischer Gewalt identifiziert werden können und damit auch der Gruppe Täter-Opfer angehören. Diese mittelstarke Pfadstärke verweist darauf, dass die zwei zur Diskussion stehenden Gewalterfahrungen, nämlich als Opfer und als Täter, keinesfalls gänzlich zusammenfallen. Täter sind demnach nicht zwangsläufig auch als Opfer zu identifizieren.

Rekapitulierend halten wir fest: Auch in den Auswertungen zum zweiten Strukturgleichungsmodell liessen sich sehr starke Auswirkungen der Geschlechterrollenstereotype, der Erfahrungen im Sozialisationsfeld Familie, der Beziehungen zu den Gleichaltrigen in der Schule, aber auch der Bewältigungskompetenz der Jugendlichen im Bereich des Selbstkonzeptes auf die Gewalterfahrungen der Jungen als Opfer physischer Gewalt in der Schule eruieren. Dazu kommen noch die verstärkenden Auswirkungen der Täter-Erfahrungen, der Erfahrungen als Opfer sozialer Gewalt und der Erfahrungen, dass man von den Lehrpersonen verbal attakkiert wird. Alle drei Erfahrungsbereiche erhöhen für die Jungen signifikant die Wahrscheinlichkeit, dass sie zu Opfern physischer Gewalt in der Schule werden.

Die Hauptergebnisse aus dem Strukturgleichungsmodell zu den Erfahrungen als Opfer physischer Gewalt in der Schule seien nun zusammenfassend dargestellt:

1. Eine gute familiäre Einbettung der Jungen beeinflusst die Beziehungen zu den MitschülerInnen positiv.
2. Ein rigider und inkonsistenter Erziehungsstil unterstützt den Aufbau von Geschlechterrollenstereotypen.
3. Ein rigider und inkonsistenter Erziehungsstil wirkt sich deutlich nachteilig auf das Selbstvertrauen und das emotionale Selbstbild der Jungen aus.
4. Geschlechterrollenstereotype unterstützen die physische Gewalttätigkeit in der Schule. In einem Stadium, in dem Gewalt noch nicht zum Einsatz kommt, stellen sie einen Schutzfaktor gegen Opfererfahrungen dar.
5. Auch im Rahmen dieses Modells hat es sich als wertvoll erwiesen, zwischen dem Selbstvertrauen und dem emotionalen Selbstbild der Jungen zu unterscheiden. Das Selbstvertrauen wirkt immer auf das emotionale Selbstbild und nicht umgekehrt.
6. Gewaltopfer im Schulkontext haben ein deutlich negativer gefärbtes emotionales Selbstbild.
7. Eine negativ gefärbte Beziehung zu den MitschülerInnen erhöht signifikant die Wahrscheinlichkeit, dass die betreffenden Jungen zu Opfern sozialer Gewalt in der Schule werden.
8. Eine positive Beziehung zu den Mitschülerinnen stellt andererseits eine wichtige Ressource für das Selbstvertrauen dar.
9. Soziale Gewalt durch Lehrpersonen beeinflusst das emotionale Selbstbild der Jungen negativ.

10 Ein Abschluss

Der letzte Stand des gemeinsamen oder des individuellen wissenschaftlichen Irrtums, der aus dem langen Weg der Kombination von Theorie und Empirie im Rahmen dieser Forschungsarbeit vorliegt, soll in diesem Kapitel zusammengefasst werden. Dieser Wissensstand ist nicht provisorisch, weil er sowohl theoretisch als auch empirisch gut abgestützt ist. Er bleibt aber unweigerlich vorläufig, weil es an Forschungsdesideraten zum Thema ‚Gewalt in der Schule' keineswegs mangelt.

Wir hoffen, mit Hilfe der beiden Persönlichkeitsprofile von Opfer- und Täter-Jungen mittels Diskriminanz- und Clusteranalyse und des Wirkungsgefüges über Strukturgleichungsmodelle ausreichend dargestellt zu haben, dass es Wege und Möglichkeiten gibt, Gewaltvorkommnisse im Schulumfeld nicht nur als Handlungen, sondern primär als Ausdruck der Gesamtpersönlichkeit von Schülern und als Ausdruck ihres sozialen Umfelds, so ihrer Familie und der Beziehungen zu Lehrpersonen und MitschülerInnen, zu sehen. Als Prolegomena der folgenden zusammenfassenden Diskussion und der Veränderungspraxis zur Jungengewalt in der Schule, gilt dies als Setzung.

Um zu einer datengestützten Analyse zu gelangen, gingen wir zu Beginn dieser Forschungsarbeit von folgender theoretischer und daraus folgend auch empirischer Annahme aus: *Egal ob Opfer oder Täter, es gibt Prinzipien der Effekte der Persönlichkeitsstruktur und des Wirkungsgefüges zwischen den einzelnen Persönlichkeitsmerkmalen, die bei jedem Heranwachsenden zur Anwendung kommen.* Die Persönlichkeitsstruktur haben wir über Diskriminanz- und Clusteranalysen und das Wirkungsgefüge zwischen den einzelnen Persönlichkeitsmerkmalen über Strukturgleichungsmodelle ermittelt.

Die emotionale Entwicklung z.B. ist je nach ‚Einteilung' in die Gruppen der gewalttätigen oder der gewaltfreien Jungen anders geartet, die Einstellungen zu Geschlechterrollenstereotypen stellen sich je nach Einteilung ebenfalls anders dar.

Die Klassifikation in Täter und Nichttäter bzw. Opfer und Nichtopfer durfte dabei nicht die Ursache gesellschaftlicher Ungleichheit sein, sondern sollte als deren Produkt verstanden werden. Diese Dichotomie soll somit ihren Nutzen in der Differenzierung und Kommunikation über das Gewaltphänomen und seine

Ursachen haben, nicht in der Segregation und der daraus folgenden sozialen Trennung. Wir beschritten bewusst einen dünnen sozialen Grat, indem wir die soziale Wahrnehmung für die Unterschiede zwischen den beiden Gruppen schärften und teilweise auch Stereotype wiederholten. Die externe Trennung dieser Kategorien von einander und die über das statistische Verfahren der Clusteranalyse ermittelte interne Homogenität verweisen eindeutig nicht auf ein summarisches Stigma, sondern auf Lebenswelten Jugendlicher, die am Kollabieren sind. Die Zugehörigkeit der Jugendlichen zu einer dieser Gruppen, wurde von uns nicht auf Grund von Vorurteilen aufgezwungen. Es galt somit, eine Zuordnung und eine Differenzierung vorzunehmen, die von Pauschalisierungen absah. Die Klassifizierung durfte demnach nicht die Bestätigung von alltäglichen und wissenschaftlichen Vorurteilen darstellen.

Die vorgenommene Typifizierung bestand bereits in den Lebensentwürfen der untersuchten männlichen Jugendlichen, wir brauchten sie einzig noch über angemessene Methoden zu erkennen und zu analysieren. Diese Lebenswelten und insbesondere die Jugendlichen gilt es zu stützen. Im Erkennen der Ebenen, die am ehesten Erfolg versprechen, liegt das zentrale Anliegen dieser Forschungsarbeit. Die Klassifikation ist nicht das Ziel, sondern das Mittel zur Zielerreichung.

Die postulierten Desintegrationsphänomene mussten dahingehend formuliert werden, dass sie auf die spezifische Gruppe passten, die gewalttätig wird. Beispiele dafür sind die Versuche der Forschergruppe um Willems (Willems, Eckert, Würtz und Steinmetz 1993), fremdenfeindliche Gewalt dahingehend zu untersuchen, dass sie eine Analyse der Täterstrukturen vornimmt, wobei sie auf polizeiliche Ermittlungsakten in all ihren Begrenzungen und Schwierigkeiten zurückgreift. Willems und sein Team gehen insofern sequenziell und zugleich deskriptiv vor, als sie im Rahmen der quantitativen Datenanalyse jeweils die untersuchten Einzelmerkmale der Täter darstellen ohne auf Verfahren der konfirmativen Datenanalyse zurückzugreifen (Willems 1993, S. 105ff.). Im Rahmen unserer Untersuchungen ging es jedoch nicht um die Analyse der individuellen Motivlage für die jeweilige Tat, sondern vielmehr um die Gesamtstruktur der Persönlichkeit aus der Selbstwahrnehmung der männlichen Jugendlichen, um eine Struktur also, die die Basis legt, ja den Nährboden bereitet, damit physische und soziale Gewalt erlitten oder ausgeübt wird.

Wir halten fest: Es sind insgesamt sieben empirische Analyseschritte vorgenommen worden, um zu einem komplexen multifaktoriellen Modell des Persönlichkeitsprofils von männlichen Opfern und Tätern zu gelangen. Diese sieben Schritte sind die Skalenbildung unter Beizug von (a) Reliabilitäts- und (b) Faktoranalyse, die Struktursuche unter Zuhilfenahme (c) der Diskriminanzanalyse, die Bildung von je zwei Gruppen (Opfer vs. Nicht-Opfer bzw. gewalttätige vs. gewaltfreie Jungen) aus der Jungen-Stichprobe unter Anwendung (d) der Clusteranalyse und der Überprüfung dieser Zuteilung über (e) Varianzanalysen, um die Stärke des Zusammenhangs zwischen den Ausprägungen der verschiedenen Indikatoren mit den je zwei gebildeten Gruppen festzustellen, (f) der Gegenüberstellung der statistischen Analyse zur Persönlichkeitsstruktur der Täter-Jungen mit den Ergebnissen aus den qualitativen Interviews und schliesslich (g) der Ermittlung des Wirkungsgefüges über Strukturgleichungsmodelle.

Die gezielte Kombination von verschiedenen Erhebungs- (Fragebogen und Leitfadeninterview) und Auswertungsmethoden auf dem Hintergrund der Divergenzen, der Komplementarität und der Kongruenz setzten wir als Validierungsstrategie und zur Minderung des Reaktivitätseffektes des jeweiligen Zugangs ein.

Die eingebrachten qualitativ- und quantitativ-empirischen Datenanalyseverfahren erfüllen im Rahmen unserer Untersuchungen eine wichtige Funktion: Sie sollten uns bei unserer Aufgabe unterstützen, die Daten sozusagen zum Reden zu bringen. Die Analyseverfahren müssen uns damit, um bildlich zu sprechen, bei der Komposition der Oper ‚*Persönlichkeit von gewalttätigen SchülerInnen*' unter die Arme greifen. Dabei waren wir, wie Komponisten, gehalten, den langen Weg vom einzelnen Ton (der Einzelfrage im Fragebogen) zur Phrase (der aus mehreren Einzelfragen bestehende Einzelindikator so z.B. die fünf Einzelfragen zum Indikator ‚Selbstakzeptierung') bis hin zur Gesamtoper (dies entspricht der Strukturierung der Beziehung zwischen den Einzelindikatoren aus sieben Bereichen der Schülerpersönlichkeit mit insgesamt 32 Indikatoren) zu beschreiten. Dabei mussten wir mit dem klassischen Problem umgehen können, dass die Musikkritik nicht einer Meinung ist, was eine wohlklingende Oper ist.

Soll die Lebenswelt männlicher Jugendlichen in ein stimmiges Theoriekonstrukt eingebettet werden, das nicht Mark Twains Diktum „Theorien sind nichts anderes als die Vorurteile von Professoren" (Schneewind 1999, S. 78) entspricht, dann braucht es neben wohlklingenden Theorien auch eine empirische Prüfung, die, zusammen mit den theoretischen Erörterungen, den Lackmus-Tests für die Bewährung von theoretischen Gedanken darstellen. Nur über das Zusammengehen von empirischer Prüfung und Theorien können theoretische und empirische Unzulänglichkeiten verbessert werden. Diese Anforderungen gelten besonders dann, wenn eine Theorie gewalttätige Akte von Heranwachsenden aufnimmt, also Akte, denen wir eine schädigende Intention des Täters und/oder schädigende Wahrnehmung von Seiten des Opfers zuschreiben können. Persönliche Überzeugungen sind im Rahmen solcher Konstrukte systematisch durch wissenschaftliche Theorien zu ergänzen und gegebenenfalls zu ersetzen.

Gewalttätiges Verhalten von Heranwachsenden ist unter anderem auch deswegen ein wichtiges Forschungsgebiet, weil es einen relevanten Prädiktor für Aggressivität im Erwachsenenalter darstellt. So konnte Farrington (1991) in seinem Übersichtsartikel nachweisen, dass die Aggressivität achtjähriger Kinder stark selbstberichtete Gewalt im Alter von dreissig Jahren vorhersagt. Damit können Studien über Gewalt, zum Beispiel Studien über Gewalt im Schulkontext, klare Hinweise auf die mögliche weitere Entwicklung dieser Heranwachsenden geben.

Mädchen- oder Jungengewalt? Die Frage nach der geschlechtshomogenen Stichprobe

Es ist sinnvoll, die Gewaltentwicklung und die Gewaltphänomene nicht nur geschlechtsspezifisch auszuwerten, sondern auch differenziert nach Geschlecht zu bewerten, weil nicht nur das Ausmass sondern auch die Ursachen und der Entwicklungsverlauf zwischen den Geschlechtern differiert (vgl. Loeber et al. 1998a, S. 253f.). Zugleich wachsen, so Maccoby (1986; 1998) männliche und weibliche Jugendliche zu einem beträchtlichen Teil in einem unterschiedlichen sozialen Umfeld, in Beziehung zu separaten Kulturen auf. Auch gilt es sich zu vergegenwärtigen, dass physische Gewalt in der Schule in erster Linie nicht ein Jugend- sondern ein Jungenphänomen ist. Die Erziehungswissenschaft und die Psychologie haben, so unsere Annahme, die Faktoren, die zur Beschreibung der Gewaltentwicklung dienen sollten, auf Grund von Phänomenen ermittelt, die primär die männliche, die Jungensozialisation betreffen. Entsprechend dem ‚alten‘ Plot haben sie danach die für die Jungen relevanten Faktoren nicht als Jungen- sondern als Jugendindikatoren bezeichnet. Dadurch mutierte die Jungensozialisation zur allgemeinen Jugendsozialisation. Diese ungerechtfertigte Reduktion haben wir im Rahmen unserer Analysen untersucht.

Zur Untersuchung dieser These haben wir die Diskriminanzanalyse eingesetzt, die uns einen Hinweis auf klassifikationsrelevante Faktoren für die Gruppe der *‚Täterinnen physischer Gewalt in der Schule‘ und ‚Opfer-Mädchen physischer Gewalt in der Schule*‘ liefern sollte. Das Ergebnis der Diskriminanzanalyse hat in beiden Fällen an Deutlichkeit kaum etwas zu wünschen übrig gelassen: Täter- und Opfer-Mädchen können auf Grund der eingebrachten Indikatoren – 32 an der Zahl – nicht richtig klassifiziert werden!

Dies bestätigt die Annahme, dass die Ursachen, die ablaufenden Prozesse der Gewaltentwicklung und die Gewaltphänomene bei Mädchen und Jungen weitgehend anders verlaufen bzw. sich anders zeigen und dass es deshalb weder theoretisch noch empirisch sinnvoll ist, ein einheitliches Auswertungsraster bei Mädchen und Jungen gebrauchen zu wollen. Eine richtige Klassifikation von Opfer- und Täter-Mädchen bezeichnen wir deswegen als ein primär theoretisches und erst in zweiter Linie empirisches Desiderat erziehungswissenschaftlicher Forschung. Die zum Einsatz kommende Theorie darf demnach nicht aus einer falsch verstandenen egalitären Haltung heraus ein formales Verständnis der ‚political correctness‘ in den Vordergrund schieben. Im Gegenteil behaupten wir, dass die Theorie nicht fälschlicherweise ‚geschlechtsneutral‘ sein darf. Die Forschung zum Thema ‚Mädchengewalt in der Schule‘ sollte sich deswegen als eine eigene Arbeit und nicht als ein Neben- bzw. Nischenprodukt der Forschung zu Jungengewalt gestalten. Diese Gründe führten uns dazu, dass wir die Analysen ausschliesslich mit Jungen durchführten, da wir (noch) über keine für Mädchen geeigneten Indikatoren verfügen.

Inner- und ausserschulische Faktoren zur Entwicklung von Gewalt in der Schule

Mittels Strukturgleichungsmodellen haben wir illustriert, dass sowohl inner- wie auch ausserschulische Faktoren und deren innere Verarbeitung über das Selbstkonzept der Jugendlichen für die Gewaltentwicklung in der Schule verantwortlich sind. Unser Ansinnen war es dabei insbesondere, diese Entwicklung bezogen auf männliche Jugendliche und hier wiederum getrennt für Opfer und Täter darzustellen. Die Frage, die noch unbeantwortet ist, lautet: Wie stark sind inner- (z.B. Beziehung zu MitschülerInnen) und wie stark ausserschulische Faktoren (z.B. Erziehungsstil) und deren individuelle Verarbeitung an der Gewaltentwicklung beteiligt? Unterscheiden sich die jeweiligen Anteile der inner- bzw. ausserschulischen Faktoren bei den Opfern und den Tätern?

Mittels Strukturgleichungsmodellen haben wir diese Thesen untersucht. Wir haben bei den Tätern und bei den Opfern je ein Modell zur Ermittlung der ausserschulischen und eines zur Ermittlung der innerschulischen Effekte aufgestellt und gerechnet. Die Struktur der Modelle entsprach den bereits gerechneten Strukturgleichungsmodellen. Dazu haben wir im Fall des Modells zur Ermittlung der Stärke der innerschulischen Faktoren die Pfade der ausserschulischen Faktoren auf den Wert ‚0' gesetzt und so mathematisch suggeriert, dass ausschliesslich innerschulische Faktoren vorlägen. Im Modell zur Ermittlung der ausserschulischen Wirkungen haben wir die Pfade der innerschulischen Faktoren auf ‚0' gesetzt. Dies bedeutet, dass wir an den bereits vorhandenen Modellen einzig die jeweils ‚nicht zu beachtenden' Pfade verändert haben, um sowohl die direkten wie auch die indirekten Effekte der auszuschliessenden Indikatorengruppe aus der Matrizenrechnung zur Ermittlung der erklärten Varianz zu entfernen. Darum wird hier nicht wieder über die Struktur des Modells referiert. Sie kann für die Täter auf der Abb. 5 und für die Opfer auf der Abb. 6 eingesehen werden. Die Pfade aus der individuellen Verarbeitung dieser Erfahrungen über das Selbstkonzept haben wir dagegen in allen gerechneten Modellen unverändert gelassen. Damit folgen wir unserer theoretischen Setzung, dass erst über die individuelle Verarbeitung der Erfahrungen sowohl die inner- als auch die ausserschulischen Faktoren Eingang in die Persönlichkeit der Jugendlichen finden.

Bezogen auf die Täter-Jungen sehen die Ergebnisse aus diesem Vorgehen so aus (vgl. Tab. 1):

Tabelle 1: Gegenüberstellung der verschiedenen Täter-Modelle, (N=219)

Täter-Modelle	R^2-Wert	p-Wert	χ^2-Wert	GFI	AGFI	RMR	RMSEA	DF
‚Ursprüngliches Modell' (‚innen' und ‚aussen') mit allen Faktoren	.32	0.071	192.448	0.921	0.900	0.026	0.028	165
‚Innen-Modell' mit den Faktoren: Disziplin; Lehrpersonenbeziehung; Beziehung zu Peers	.18	0.000	432.725	0.806	0.767	0.067	0.089	158
‚Aussen-Modell' mit den Faktoren: Geschlechterrollenstereotype; straf.-inkons. Erziehungsstil; fam. Einbettung; Delinquenzneigung	.21	0.000	308.475	0.876	0.847	0.056	0.068	154

Weder das Innen- noch das Aussenmodell vermögen auch nur annähernd die Wirkungen der verschiedenen Faktoren auf die abhängige Variable ‚Täter physischer Gewalt' zu erklären. In keinem der beiden reduzierten Modelle entspricht auch nur eines der Gütekriterien den Empfehlungen von Backhaus (1996), Bollen (1993) oder Steyer (2000). Dass zugleich die R^2-Werte ziemlich ausgeglichen sind (.18 beim ‚Innen-Modell' bzw. .21 beim ‚Aussen-Modell'), verweist auf ausgeglichene Effekte der Innen- und Aussenfaktoren. Diese ‚Teil-Effekte' sind aber zugleich deutlich niedriger als der Wert aus dem ursprünglichen Modell (.32), welches sowohl Innen- wie auch Aussenfaktoren enthielt. Dies ist ein deutliches Indiz dafür, dass, wie Tillmann et al. (vgl. Tillmann et al. 2000, S. 300) es formulierten, bezogen auf die Entwicklung von Täter-Erfahrungen ausschliesslich ‚sowohl-als-auch' Wirkungen von inner- und ausserschulischen Faktoren sinnvoll sind.

> *„Es gibt erhebliche ausserschulische Einflüsse – und damit ‚importierte' Gewalt –, aber auch innerschulische Faktoren provozieren oder verstärken Gewalthandlungen bei den Heranwachsenden. Somit ist die von Lehrkräften häufig vertretene Meinung, die Probleme würden ausschliesslich extern (in der Familie, der Clique, der Gesellschaft) produziert und die Schule werde dann davon überwältigt, so nicht haltbar: Der schulische Anteil ist klar erkennbar – und er ist so gross, dass pädagogische Massnahmen in der Schule gute Erfolgsaussichten haben."*
>
> *(Tillmann et al. 2000, S. 300).*

Dem möchten wir nur insofern etwas beifügen, als die Ergebnisse aus den beiden reduzierten Täter-Modellen darauf verweisen, dass auf den inner- oder den ausserschulischen Bereich begrenzte Interventionsmassnahmen kaum Erfolg versprechen, wenn das anzugehende Problem die Gewalt in der Schule ist. Sowohl die unzureichenden Gütekriterien in beiden reduzierten Modellen als auch die jeweils niedrige erklärte Varianz verweisen auf die Notwendigkeit kombinierter Massnahmen.

Wie sehen aber die entsprechenden Teil-Modelle bezogen auf die Opfer-Jungen aus? (vgl. Tab. 2):

Tabelle 2: Gegenüberstellung der verschiedenen Opfer-Modelle, (N=219)

Opfer-Modelle	R^2-Wert	p-Wert	χ^2-Wert	GFI	AGFI	RMR	RMSEA	DF
‚Ursprüngliches Modell' (mit ‚innen' und ‚aussen' Faktoren)	*.39*	*0.070*	*174.080*	*0.924*	*0.902*	*0.025*	*0.028*	*148*
‚Innen-Modell' mit den Faktoren: Opfer sozialer Gewalt; Täter physischer Gewalt; Beziehung zu Peer; Lehrpersonengewalt	*.32*	*0.000*	*347.084*	*0.856*	*0.825*	*0.062*	*0.075*	*156*
‚Aussen-Modell' mit den Faktoren: Geschlechterrollenstereotype; straf.-inkons. Erziehungsstil; Fam. Einbettung	*.19*	*0.000*	*412.488*	*0.835*	*0.798*	*0.060*	*0.087*	*155*

Die Ergebnisse der Teil-Modelle zur Erklärung der Entwicklung der Opfererfahrungen lassen erkennen, dass keines der reduzierten Modelle den erwarteten Gütekriterien entspricht. Es sei aber darauf verwiesen, dass die Erklärungskraft des ‚Innen-Modells' (R^2-Wert .32), die erklärte Varianz, dem ursprünglichen Gesamtmodell nahe kommt (R^2-Wert .39) und weit grösser ausfällt als der R^2-Wert des ‚Aussen-Modells' (.19). Trotz diesem grösseren Unterschied, der auf die besondere Wichtigkeit der innerschulischen Prozesse für die Opfer-Erfahrungen verweist, sei daran erinnert, dass auch die Gütekriterien des ‚Innen-Modells' die These nicht stützen, nach der allein die Schule für die Opfer-Erfahrungen der Jungen zuständig wäre. Auch bezüglich der Opfererfahrungen gilt somit das zitierte Credo der Forschungsgruppe um Tillmann (Tillmann et al. 2000) für die Täter-Jungen, wonach es nur ein ‚sowohl-als-auch' von inner- und ausserschulischen Wirkungen gibt.

Ergebnisse und Methodik

Die Charakteristika der Persönlichkeitsstruktur von Opfer- und Täter-Jungen möchten wir nun kurz und damit nicht auf alle Einzelergebnisse eingehend, wiedergeben. Wir verweisen darauf, dass wir einerseits die Persönlichkeitsstruktur der männlichen Jugendlichen, andererseits das prozessuale Geschehen, verstanden als das Wirkungsgefüge zwischen den Faktoren, die für die Täter- bzw. Opfer-Erfahrungen relevant sind, erfasst haben.

Zur Persönlichkeitsstruktur der Täter-Jungen: Die sechs Faktoren *Gewalterfahrungen als Täter sozialer Gewalt in der Schule, Gewalterfahrungen als Opfer sozialer Gewalt in der Schule, Delinquenzneigung ausserhalb der Schule, kontrollierender Erziehungsstil, Depressionsneigung* und *das Gewaltstereotyp ‚Wer Opfer von Gewalt wird, ist meist selber daran schuld‘* sind die klassifikatorisch relevantesten Faktoren zur Vorhersage der Zuteilung in die jeweilige Gruppe nach der Diskriminanzanalyse.

Die Vielfalt der Probleme, mit denen sich gewalttätige Jungen konfrontiert sehen, ist gross. Daher erstaunt es auch nicht, wenn die gängigen und teilweise hoch gelobten Interventionen auf Schulebene doch nicht die, die von ihnen erwarteten Effekte zeitigen. Dies insbesondere daran, dass die Wirkungen der Geschlechterrollenstereotype gänzlich ausgelassen werden oder die Effekte und Prozesse der familiären Sozialisation etwa in Elternabenden abgehandelt werden, statt dass Elternarbeit institutionalisiert würde. Der Review-Artikel von Stevens et al. (2000) fasst diesen Sachverhalt zusammen: „However, outcome studies found rather low levels of effects or even inconsistent results“ (Stevens et al. 2000, S. 195). Im Rahmen einer Sekundäranalyse untersuchten sie die Studien von Olweus (1991; 1997; 1999), Roland (1993), Smith (Smith et al. 1994; Smith 1999), Pepler (Pepler et al. 1994; Pepler et al. 1997) und Mooij (1999; 1999).

Die Ursachen der Schülergewalt werden, wenn wir unsere Ergebnisse mit denen Schwinds (1995) vergleichen, von den betroffenen Jugendlichen besser vorhergesagt als von den Lehrpersonen, Schulleitern und Eltern. Bei den Ursachen der Jugendgewalt ist es interessant, so Schwind (1995, S. 113), dass je nach befragter Person sich die relevanten Faktoren zur Gewaltentwicklung unterscheiden. Schulleiter behaupten zu 37%, eine Hauptursache für Gewalt in der Schule sei die

Berufstätigkeit beider Elternteile. Von den Lehrpersonen sind es gar 53%, die dies behaupten. Die Eltern ihrerseits – und das ist ein bekanntes Ergebnis – behaupten zu 58%, der Hauptgrund für die Gewaltentwicklung der Kinder in der Schule sei eine unzureichende pädagogische LehrerInnenausbildung. Die Jugendlichen, Schwind spricht hier von seiner Untersuchung der Schulstufen 7 bis 13, nennen andere Motive als ihre Lehrer, die Schulleiter oder ihre Eltern. 83% der Jugendlichen bezeichnen die Suche nach Anerkennung als das Hauptmotiv, als zweites Hauptmotiv (mit 78%) nennen sie Ärger und Kummer zu Hause, als drittes (mit 75%) Feindseligkeit gegenüber Ausländern und viertens – ein bemerkenswertes Faktum – mit 73% Freude an der Gewalt.

Zur Persönlichkeitsstruktur der Opfer-Jungen: Wir halten fest, dass die personalen Ressourcen, die Opfer-Jungen zur Verfügung stehen, sehr knapp sind. Die belastenden Faktoren dagegen sind auf viele Lebensfelder verteilt. Nochmals sei darauf hingewiesen, dass es keinen Einzelindikator gibt, der in ausreichender Weise die Gruppe der männlichen Opfer darstellen könnte. Es ist also nicht möglich, etwa auf Grund einer einzelnen Persönlichkeitsvariablen diese Gruppe valide darzustellen. Um sie aus der Gesamtstichprobe extrahieren zu können, benötigen wir Indikatoren aus mehreren Bereichen der Schülerpersönlichkeit. Als besonders aussagekräftig haben sich dabei, über die Diskriminanzanalyse ermittelt, die Indikatoren *Gewalterfahrungen als Opfer sozialer Gewalt in der Schule, Geschlechterrollenstereotype, kontrollierender Erziehungsstil, und die verbale Gewalt, die von Lehrpersonen erfahren wird,* erwiesen. Opfer-Jungen haben eine weit geringere Selbstakzeptierung und sehen ihrer Zukunft pessimistisch entgegen. Opfer-Jungen vertreten ausgeprägte Geschlechterrollenstereotype. Zugleich erleben sie in ihrem familiären Umfeld – und dies ist eine interessante Ähnlichkeit zu den Täter-Jungen- einen strafend-inkonsistenten Erziehungsstil und selten eine unterstützende Erziehungshaltung. Dies bedeutet auch, dass sie aus ihrem familiären Umfeld keineswegs Kräfte schöpfen können, mit denen sie ihre Probleme angehen und vielleicht besser bewältigen könnten. Ein weiteres Charakteristikum der Opfer-Gruppe besteht darin, dass ihr emotionaler Haushalt belastet ist. Dies zeigt sich darin, dass sie nebst einer ausgeprägten Leistungsangt eine starke Depressionsneigung haben. Weiter sei festgehalten, dass Opfer-Jungen durchschnittlich unzureichend in die Gleichaltrigengruppe integriert sind. Dies ist für uns ein sehr deutliches Indiz dafür, dass der Alltag von Opfer-Jungen alles andere als unproblematisch und die Psyche der betroffenen Heranwachsenden äusserst stark belastet ist.

Über Strukturgleichungsmodelle konnte die Kausalrichtung der wechselseitigen Beziehungen der verschiedenen Indikatoren zur schulischen Lebenswelt der 13 bis 16-jährigen Jungen bestimmt werden. So konnte gezeigt werden, dass es einerseits im Rahmen dieses Persönlichkeitsprofils um Selbstbilder – und zwar um äusserst belastete Selbstbilder- dieser Jungen-Gruppen geht, aber auch um ein schwieriges soziales Umfeld, das einerseits gekennzeichnet ist von einer mangelnden fachlichen Förderung – über eine belastete Beziehung zu den Lehrpersonen – andererseits durch eine geringe soziale Integration in die Gleichaltrigengruppe und durch eine missliche Familiensituation bezogen auf den Erziehungsstil.

Schliesslich mag sich auch der Wunsch nach Anerkennung in aggressivem Verhalten zeigen. So konnte Dettenborn (1993) im Rahmen einer empirischen Untersuchung belegen, dass 32% der befragten Schülerinnen und Schüler aggressives Verhalten auf den Bereich Anerkennung beziehungsweise Geltung zurückführen. Damit unterstützt Dettenborn auch unsere Ergebnisse, die besagen, dass gewalttätiges Verhalten den Heranwachsenden als Mittel dazu dient, die negative Selbstakzeptierung aufzubessern.

Männliche Täter-Jugendliche, so unsere Ergebnisse, haben nur mangelhaft gelernt, ihre Emotionen zu kontrollieren und nicht-gewalttätige Formen der interpersonellen Problemlösung einzusetzen. Dass dieses Faktum des teilweisen Fehlens der emotionalen Kontrolle insbesondere bei männlichen Jugendlichen feststellbar ist, ist sicher kontra-intuitiv bezogen auf die allgemeine Feststellung, dass Jungen und Männer ihre Emotionen besser kontrollieren. Es scheint dagegen eher so zu sein, dass viele männliche Jugendliche aus Gründen, die in der männlichen Sozialisation verwurzelt sind, emotional gestresst sind und diesen Stress nicht in einer sozial-verträglichen, konstruktiven Art bewältigen können, sondern über physische Gewalt. Dass das so genannt starke Geschlecht somit weder besonders stark noch unverletzlich zu sein scheint, ist demnach keine Kritik, sondern eine nüchterne Wahrnehmung der männlichen Realität im aktuellen historischen und kulturellen Prozess.

Die herausragend Rolle der familiären Erfahrungen sei hier betont, ohne dass wir deren Wirkung mystifizieren möchten. Hier können wir nahtlos an die Ergebnisse der internationalen Forschung anschliessen und mit Besag postulieren:

> *Research on bullying would seem to indicate that family factors are of considerable significance in the development of the personality of the child who bullies others and the child at risk of being bullied.*
>
> *(Besag 1995, S. 59).*

Olweus et al. halten fest (1986), und dies können wir auch mit unseren Daten stützen, dass die familiären Einflüsse stark sind. Das soziale Kapital (vgl. Colemann 1996, S. 100) dieser Jugendlichen ist nicht ausreichend vorhanden. Seine wirkliche Bedeutung tritt leider erst dann ins Bewusstsein, wenn es am Schwinden ist und bei den Jugendlichen gewalttätiges Verhalten auslöst und perpetuiert. Baron und Richardson (1994) betrachten das Monitoring (elterliche Beaufsichtigung) oder die Konsistenz des elterlichen Erziehungsstils als zwei äusserst zentrale Merkmale, die gewalttätiges Verhalten von Heranwachsenden voraussagen können (S. 93). Diese These wird auch von Patterson und Stouthamer-Loeber gestützt (Patterson et al. 1984).

Auf ein ähnliches Ergebnis bezüglich der Wichtigkeit des elterlichen Erziehungsstils kommt auch Olweus (1980). Er hält fest, dass je stärker kontrollierend-strafend der Erziehungsstil der Eltern ist und je stärker zugleich auch ein Klima emotionaler Kälte in der Familie vorherrscht, desto eher davon ausgegangen werden kann, dass Jungen mit einem aktiven beziehungsweise ungeduldigen Temperament zu Gewalttaten neigen werden (Olweus 1980). Auch Farrington (1991) misst dem elterlichen Erziehungsstil eine wichtige Rolle bei der Entwicklung gewalttätigen Verhaltens zu. So hält Ferrington im besagten Artikel (vgl. 1991, S. 6) fest, der wichtigste Prädiktor für Aggressivität männlicher Heranwachsender im Alter von acht Jahren sei ein rigider Erziehungsstil, der primär von Disziplin geprägt ist.

Menschen können gewalttätiges Verhalten aber nicht ausschliesslich über ihr eigenes Verhalten lernen, sie dürften darüber auch im sozialen Kontext etliches erfahren. So konnte Patterson (Patterson et al. 1984) zeigen, dass Eltern von aggressiven Kindern insbesondere durch ein inkonsistentes Belohnungs- und Bestrafungssystem auffallen. Zugleich kommt es gelegentlich zu Situationen, in denen altruistische Verhaltensweisen der Kinder mit Strafen belegt werden. Es spricht einiges dafür, dass in diesen Familien die Kinder in Interaktionskontexten leben, in denen die Bedeutung von Belohnungen und Strafen aus ihrer Sicht äussert unklar ist. Diese Unklarheit existiert auch im Kontext des Fernsehens. Dies, so Bierhoff (vgl. 1998, S. 13), weil die Bestrafung des ‚Bösen' in den Fernsehfilmen oft nicht unmittelbar auf das unerwünschte Verhalten des Modells folgt. Über einen längeren Zeitraum der Ausstrahlung des jeweiligen Films haben insbesondere jüngere Kinder Schwierigkeiten, die Zusammenhänge zwischen dem Fehlverhalten des Modells und dessen Bestrafung herzustellen. Auch zeigen sich oft Brüche in den spannend inszenierten Gewaltdarstellungen, die ja oft als Aufhänger für Werbepausen eingesetzt werden. Danach ist die Aufmerksamkeit respektive das Erinnerungsvermögen der Kinder an den Zusammenhang zwischen verbrecherischer Gewalt und deren Bestrafung reduziert.

Wenn im Rahmen dieser Arbeit des Öfteren von den familiären Wirkungen auf die Persönlichkeitsentwicklung der Heranwachsenden gesprochen worden ist, so ist dies in der Überzeugung geschehen, dass eine andauernde, negative Begleitung der Kinder und Jugendlichen in der Familie mit grosser Wahrscheinlichkeit zu Fehlentwicklungen führen wird. Aggressive Jugendliche sind keineswegs das ‚Produkt' von einmaligen negativen Erfahrungen, sondern vielmehr das Opfer der Kumulation eines lang andauernden negativen Einflusses auf ihre Persönlichkeit, so auch Berkowitz (1993, S. 163). Die Kraft der Menschen und damit auch der Heranwachsenden, sich gegen negative Einflüsse über eine längere Zeit immunisieren zu können, ist gross, wenngleich das Wissen darum keineswegs dazu missbraucht werden darf, Heranwachsende Belastungen auszusetzen. Trotzdem, so Berkowitz, ist der Belohnungsansatz derjenige, der am stärksten das aggressive Verhalten Heranwachsender fördert. Die Belohnung wird als Form (negativer) Aufmerksamkeit aufgefasst – ein Phänomen übrigens, das in den Schulen und im familiären Kontext stark verbreitet ist.

Diese Analyse des sozialen Umfelds der gewalttätigen Jungen darf nicht dazu missbraucht werden, alle erkannten Lebensfeld-Defizite einzig dem Heranwachsenden oder seiner Familie als noch optimaler zu bewältigende Lebensbereiche aufzugeben. Das soziale Umfeld, in dem bestimmte Familien und die darin aufwachsenden Jungen leben, hat oft die Zustimmung und Verstärkung gegeben, damit der Schaden der Gewalt angerichtet werden kann (vgl. Findeisen et al. 1999, S. 42). Dies wird wohl nirgends so deutlich wie bei den Geschlechterrollenstereotypen.

Im Rahmen der Strukturgleichungsmodelle können Geschlechterrollenstereotype zu einem gewichtigen Anteil sowohl Opfer- als auch Täter-Erfahrungen vorhersagen. Sie stellen einen relevanten Faktor der Gewaltspirale dar. Dieses Ergebnis unserer Arbeit heben wir auch deswegen deutlich hervor, weil es in den meisten berücksichtigten empirischen Studien zur Gewalt in der Schule fast gänzlich fehlt (vgl. Kassis 2003).

Die schultheoretischen Diskussionen zur ‚Koedukation' und zur ‚Gewalt in der Schule' müssten demnach enger gekoppelt werden in der Form einer ‚integrativen Pädagogik' (vgl. Prengel 1995), dies eine unseren Ergebnissen entstammende Forderung. Die Koedukationsforschung der letzten zehn Jahre (vgl. Drerup 1997; Drerup 1997; Faulstich-Wieland 1997; Beetz 1998; Faulstich-Wieland 1998; Shmurak 1998) hat eindrücklich gezeigt, dass die Chancengleichheit der Geschlechter im Bildungswesen auf Grund eines rein formalen Verständnisses nicht einzulösen ist. In der jüngeren Bildungsdiskussion ist daher der Begriff der reflexiven Koedukation im Sinn einer zielorientierten Prozessgestaltung inner- und ausserschulischer Faktoren eingeführt worden (vgl. Lee und Bryk 1986; Enders-Dragässer und Fuchs 1988; Faulstich-Wieland 1991; Faulstich-Wieland und Horstkemper 1992; Holz-Ebeling und Hansel 1993; Horstkemper 1993; McGinty 1999). Die Bildsamkeit von Frauen und Männern sollte demnach nicht von ihrem Geschlecht abhängig gemacht werden. Die Anthropologie, wenn auch oft zur Fixierung von Geschlechtlichkeit missbraucht und paradoxerweise hin und wieder auch von der Frauenbewegung stereotyp instrumentalisiert (vgl. Crotti 1999, S. 366), fixiert nicht die Bildungsinhalte und schon gar nicht die pädagogischen Verhältnisse.

Diesbezüglich sei wiederum darauf verwiesen, dass es nicht genügt – obwohl es sicherlich schon ein riesiger Schritt in die richtige Richtung wäre – wenn innerschulische Faktoren wie Lehrbücher, Unterrichtsinhalte u.ä. entsprechend der Forderung einer geschlechtergerechteren Schule revidiert würden. Es würde zugleich die engere Koppelung von inner- und ausserschulischen Erfahrungen mit Geschlechterrollenstereotypen brauchen. Fragen dazu lauten: Wie werden in der familiären Erziehung und in der Freizeitkultur Geschlechterrollenstereotype vermittelt? Wie könnte dem entgegengewirkt werden? Wie würde sich eine vermeintliche Änderung dieser Vermittlung von Geschlechterrollenstereotypen auf die männliche und selbstverständlich auch auf die weibliche Sozialisation auswirken?

Unklar ist uns aber immer noch, inwiefern unsere ‚unzivilisierte Zivilisation' bereit ist, auf die gewaltfördernden Geschlechterrollenstereotype und auf die mangelhafte soziale Unterstützung (männlicher) Jugendlicher zu verzichten. Unsere Erkenntnisse lassen nicht überdimensionierte Hoffnung aufkommen. Sowohl die klassische Konditionierung auf Gewalt, so Browning (1993), als auch die gewaltfördernde gesellschaftliche Produktion von Unbewusstheit, wie sie Erdheim (1997) anspricht, sind Pfeiler der heute noch vorherrschenden Männlichkeitsvorstellung und der männlichen Sozialisation in der ‚zivilisierten' Gesellschaft. Wir erhalten deswegen oft den Eindruck, dass zwar die Gewalthandlungen der männlichen Jugendlichen in der Schule, aber nicht deren Ursachen angegangen werden sollten. Wenn dem wirklich so wäre, beurteilen wir das selektive und primär pädagogisch-individualistische Angehen von Gewalt in der Schule als eine ‚billige' Lösung von Problemen, die ihren Ursprung in den Bedingungen des Aufwachsens männlicher Jugendlicher haben.

Wir hoffen belegt zu haben, dass männliche Täter und Opfer nicht isoliert in ihrer individuellen Rolle gesehen werden sollten. Sie haben ein Umfeld, das sie in ihrem Handeln insofern bestärkt, als es für sie keine eigentliche Ressource darstellt, um aus ihrer doch sehr misslichen Lage herauszufinden. Als missliche Lage bezeichnen wir diese Situation deswegen, weil wir auch sehr deutlich haben erkennen können, dass beide Jungen-Gruppen, also die Täter und die Opfer, in ihrer Situation stark leiden, sei dies an Ängsten oder einer starken Depressionsneigung. Identitätsaufbau geschieht demnach nicht in einem sozialen Vakuum, sondern in sozialen Beziehungen.

Abbau von Risikofaktoren

Wir erinnern daran: Wir hatten es im Rahmen dieser Analysen nicht mit jungen Erwachsenen zu tun, sondern mit dreizehn- bis sechzehnjährigen Jungen. Dass

Jugendliche bereits so belastet sein können, ist erstaunlich und bedrückend. Zugleich erkennen wir, dass gerade belastete Jungen kein angemessenes soziales Umfeld haben, welches sie als positive Ressource einsetzen könnten. Wer somit als ‚systematisches Opfer' oder ‚systematischer Täter' zu erkennen ist, hat nicht nur persönliche Probleme, sondern auch ein problematisches soziales Umfeld. Bevor man somit als Sozialamt oder als zuständige Behörde oder als Lehrperson *gegen* diese Gewaltakte etwas tut, wäre es eher angezeigt, etwas *für* diese *Personen* zu tun, und zwar so, dass die männlichen Jugendlichen dafür gestärkt würden, aus ihrer Situation herauszukommen. Gewalteinsatz in der Schule wird demnach als ein Ausdruck von sozialer und personaler Schwäche verstanden. Mummendey et al. (1984) folgend, postulieren wir, dass

> *„...the production of the victim's harm may be only a part of that goal. As actual effect, this harm is the spectacular and easily observable one. A more analytical look at the actor's goal might reveal the victim's harm only being the actor's subjectively adequate means for restoring a previously disturbed state of ease."*
>
> *(Mummendey et al. 1984, S. 101).*

Wer bei aggressivem Verhalten von Heranwachsenden Interventionsmassnahmen ergreifen will, muss mehrere Bedingungen der anzugehenden Situation berücksichtigen, etwa die Häufigkeit des Auftretens des problematischen Verhaltens, weil diese über die Stabilität des Verlaufs Aufschluss geben kann. Zugleich ist das aggressive Verhalten in seiner Abhängigkeit beziehungsweise Unabhängigkeit vom jeweiligen Kontext zu sehen, da es beispielsweise bei einem stark belasteten sozialen Kontext eher unwahrscheinlich ist, dass das problematische Verhalten aufgegeben wird. Zugleich gilt es zu beachten, dass je früher die Kinder verhaltensauffällig werden, desto grösser die Gefahr ist, dass sie sich in eine delinquente Karriere verstricken. Siehe hierzu auch die Diskussion des ‚early starter,-Modells (vgl. Dishion, Patterson, Stoolmiller und Skinner 1991; Dishion, Andrews und Crosby 1995), in dem unter anderem dargelegt wird, dass für die so genannten ‚late starters', die erst ab dem vierzehnten oder fünfzehnten Lebensjahr verhaltensauffällig werden, die Wahrscheinlichkeit viel grösser ist, wieder aus ihrem antisozialen Prozess herauszufinden, da sie in ihrer Kindheit schon bestimmte schulische und soziale Fertigkeiten erworben haben. Sie kennen also – neben dem gerade gelebten – noch ein weiteres Verhaltensrepertoire. Dies bedeutet, gesamthaft gesehen, dass nur eine frühe entwicklungsorientierte Verhaltensförderung das Kind vor einer Verhaltensverfestigung bewahren könnte. Je früher somit ein Kind einer solchen Förderung zugeführt werden kann, desto grösser ist auch die Chance, dass sich nicht bereits sekundäre Problembereiche herausgebildet haben, so zum Beispiel die erwähnten schlechten Schulleistungen oder die problematischen Kontakte zu delinquenten Gleichaltrigengruppen.

Dabei kann man sich mehrere Ebenen der Intervention vorstellen: einerseits Ebenen, die die Reduktion von Geschlechterrollenstereotypen betreffen, andererseits die bessere Einbettung in das schulische Umfeld, sei es über eine bessere Beziehung zu den Lehrpersonen oder indem man den Jugendlichen die Sicherheit vermittelt, dass die Schule sie effektiv und effizient unterstützt, fachlich voranzukommen. Ein weiteres wichtiges Element wäre aber auch die Stabilisierung des familiären Umfelds vieler dieser Kinder, die sich als Opfer oder als Täter charakterisieren lassen.

Intensive Versuche in dieser Richtung haben auch die Vertreter der kognitiven Lerntheorie unternommen mit ihren in diesem Zusammenhang entwickelten Konzepten zur Behandlung aggressiver Kinder und ihres Umfelds. Forgatch (1991) referiert, dass das aggressive Verhalten von acht- bis elfjährigen Kindern bis zu 30% reduziert werden konnte, und dies über ein Programm, das primär die Eltern als Zielgruppe hatte. Den Eltern wurde nahe gebracht, wie sie ihre Kinder besser begleiten beziehungsweise wie sie ihnen effektiver Grenzen setzen können, ohne sie zu bestrafen. Forgatch hielt im besagten Artikel ebenfalls deutlich fest, dass zwischen dem aggressiven Verhalten der Kinder und dem suboptimalen Erziehungsstil der Eltern eine bidirektionale Beziehung besteht: Kinder mit extremen Verhaltensproblemen bewirken bei ihren Eltern oft, dass diese ebenfalls auf negativ-abwertende Art den so genannten ‚Schaden' wieder gut zu machen versuchen.

Dass die Behandlung der Kinder und ihrer Eltern zu einer frühen Lebensphase sehr wichtig ist, zeigt die bereits mehrfach diskutierte Stabilität von aggressivem Verhalten. Ein besonderer Aspekt dieser Problematik besteht darin, dass das Kind bereits im frühen und mittleren Jugendalter mit mehreren Stressoren in Kontakt gerät, Stressoren, die insbesondere mit seinen Entwicklungsaufgaben und zahlreichen sozialen Übergängen, die es in dieser Phase gibt, zusammenhängen. Deswegen ist es besonders wichtig, dass Kinder den schwierigen (wenn auch lustvollen) Lebensabschnitt der Adoleszenz nicht mit einem allzu stark beladenen Rucksack angehen. Der Inhalt dieses ‚stark beladenen Rucksacks' könnte aus einem mittlerweile chronifizierten aggressiven eigenen Verhalten sowie dem Erleben eines abweisenden oder rigide strafenden Elternhauses bestehen. Auch Forehand und Long (1991) stellen ein solches Stärkungsmodell für Eltern vor. Sie weisen in ihrer Studie nach, dass die Kinder aus der Testgruppe beim Eintritt in die frühe Jugendphase nicht mehr so stark belastet sind.

Sowohl die bereits diskutierten kognitiv-verhaltenstheoretischen Interventionsmodelle wie auch das Trainingsprogramm von Pepler (1991) basieren auf einer Analyse sozialer Informationsprozesse während einer aggressiven Handlung. Dabei stützen sich alle Autoren auf Dodge (1991; 1994), der fünf Stufen des kognitiven Verarbeitungsprozesses im Umfeld einer aggressiven Handlung unterscheidet:

a) die Wahrnehmung und Dekodierung der konkreten Situation

b) die Entwicklung von Erwartungen an das eigene und an das fremde Verhalten

c) die Suche nach möglichen Verhaltensweisen

d) das Sich-Entscheiden, welche Verhaltensweise für die konkrete Situation am angemessensten ist

e) das Zeigen eines bestimmten Verhaltens, das auf der besagten Entscheidung basiert.

Die fünf Schritte zusammengenommen sind als kognitive Problemlösungsstrategien interpretierbar. Auf jeder dieser Ebenen, so beispielsweise Pepler (1991), ist es möglich, über ein Verhaltenstraining die Informationsverarbeitungsprozesse des beteiligten Individuums nach einer bestimmten Lernphase zu verändern und so sein aggressives Verhalten zu unterbinden. Bei sechs- bis zwölfjährigen Kindern hat Pepler dies stimmig testen und evaluieren können. Zudem belegte sie, dass die fünf Entscheidungsschritte nicht ausschliesslich das konkret an der aggressiven Handlung beteiligte Individuum betreffen, sondern auch seine Eltern oder die Lehrpersonen, die zusätzlich zu einem dieser fünf Aspekte intervenieren können. So erfolgreich solche Trainingskurse mindestens kurz- oder mittelfristig sein mögen, so sehr stösst man mit ihrem Einsatz an die Grenzen der Verhaltenstherapie. Dort wird ja vorausgesetzt, dass Menschen rational denken und dies in jeder Situation ihres Lebens zum Tragen kommt. Auch der allzu starke Fokus auf das konkrete Verhalten und das damit verbundene Ausblenden gesellschaftlicher Faktoren, so der männlichen Sozialisation, die ein aggressives Verhalten geradewegs fördern können, ist als eine Kritik an solchen Programmen zu sehen (vergleiche die Kritik hierzu in Herzog 1991). Trotzdem führte im Jahr 1997 Mooij (1999; 1999) Evaluations- und Interventionsstudien zum Thema Gewalt in der Schule in Holland durch, die primär das Verhalten und nicht den individuellen Bewältigungsmechanismus und schon gar nicht das soziale Umfeld dieses Verhaltens als mitverursachende Faktoren einbezogen.

Es sollte noch daran erinnert werden, dass die Eindämmung von Gewalt zu einer Aufgabe des Staates gehört. Sie wird insbesondere in den Rahmen einer breit verstandenen Kriminalpolitik eingeordnet, die zum Schutz der Gesellschaft und der BürgerInnen auf Prävention oder Repression von Kriminalität beziehungsweise Gewalt gerichtet ist. Der präventive Aspekt der Kriminalpolitik wurde von der Sozialpolitik aufgenommen, insbesondere auf der Grundlage der Kontakt-Hypothese Allports von 1954 (1954). Diese thematisiert die Annahme, dass Kontakte zwischen Mitgliedern sich feindlich gesinnter Gruppen dazu beitragen, Gewalt zu reduzieren oder gar zu beseitigen. Die dieser Hypothese zu Grunde liegende Überlegung geht davon aus, dass bei einem regen Kontakt die vorhandenen negativen Stereotype aufgebrochen und durch positive Einstellungen ersetzt werden. Bei ihrer Umsetzung wurde aber sehr oft vergessen, dass der Erfolg solcher Kontakte von bestimmten Randbedingungen der jeweiligen Kontaktsituation abhängen. Allport selber hatte bereits 1954 darauf hingewiesen. In seinem Übersichtsartikel zeigt Brown (1995), dass sich nur in strukturierten Kontaktinterventionen positive Effekte auf die Einstellungen der Beteiligten feststellen lassen. Dabei geht es meistens darum, dass explizit zwischen einer personalen und einer sozialen Identität der Teilnehmenden unterschieden wird. Klink (1998, S. 280ff.) hat weitere Methoden ermittelt, auf Grund derer die Frage der Generalisierung von positiven Kontakterfahrungen auf die gesamte Fremdgruppe bezogen werden könnte.

Dass dies keine Aufgabe ist, welche die Schule allein bewältigen könnte oder sollte, erachten wir als selbstverständlich. Denn auch dies hat das multifaktorielle Modell, das wir dargelegt haben, gezeigt: Gewalt im Schulumfeld hat viele Facetten. Einige betreffen die engere soziale Welt der Schule, weitere die Familie der

Heranwachsenden. Damit werden wir auch schnell vor die Frage gestellt, wie die Zusammenarbeit zwischen Elternhaus und Schule zu optimieren sei. Zugleich stellt sich auch die Frage, wie stark belastende Familiensituationen dahingehend verändert werden können, dass sie die Entwicklung der Kinder nicht mehr so stark hindern.

Als einen möglichen, wenn auch sicher nicht den einzigen Weg beurteilen wir die Schulsozialarbeit. Hierbei muss insbesondere darauf geachtet werden, dass Schulsozialarbeit präventiv und problemlindernd wirken kann, therapeutische Angebote kann sie dagegen keine machen (vgl. Rademacker 1996, S. 216). Auch muss Schulsozialarbeit darauf achten, nicht vorwiegend Feuerwerkfunktionen zu übernehmen, um die auch wie immer geartete Betriebsfähigkeit der jeweiligen Schule zu erhalten.

Die Bearbeitung des Problems kann wohl auch nicht allein über die Schaffung von Lehrmitteln laufen, die in Form von Psychologielehrbüchern mit der Klasse durchgenommen werden. Obwohl dies eine Methode wäre, die den Jugendlichen Informationen über Verhaltensstörungen und ihr soziales Umfeld zugänglich machen könnte, ist der Weg dahin auch deswegen weit, weil die gefragten Schulbücher erst noch entwickelt werden müssten. Amann hat 1996 nach einer eingehenden Inhaltsanalyse zur Qualität von Psychologielehrbüchern für die Oberstufe ein vernichtendes Urteil gefällt. Demnach sind sie unvollständig, einseitig und nicht am aktuellen Wissensstand orientiert. Durch sie sei kein positiver Effekt auf die psychische Gesundheit der Jugendlichen in der Schule zu erwarten.

Die Schule und ihr Umfeld im Fokus

Unsere Ergebnisse verweisen darauf, dass bei einer erziehungswissenschaftlich motivierten Gewaltdiskussion (dies z.B. im Unterschied zu einer kriminologisch oder politisch orientierten) nicht ausschliesslich auf der individuellen Ebene anzusetzen, sondern das soziale Umfeld des gewalttätig handelnden Jugendlichen einzubeziehen ist. Die Charakteristika von physisch gewalttätigen Schülern, legen nahe, dass die Jugendlichen in fast allen untersuchten Lebensbereichen grössere Probleme haben bzw. weit negativere Erfahrungen machen als Schüler, die nicht Gewalt als Konfliktlösungsmassnahme einsetzen. Wer somit gewalttätiges Verhalten von Schülern angehen möchte, sollte nicht ausschliesslich die individuelle Gewalt der Täter im Blick haben. In einem effizienten Interventionsprogramm müssten demnach auch das Umfeld (Gleichaltrige, Lehrpersonen und Eltern) angemessen berücksichtigt werden. Dabei geht es uns keineswegs um die Verschiebung der Verantwortlichkeit vom handelnden Individuum auf das soziale Umfeld. Jedoch gilt es, beide Ebenen ins Blickfeld zu rücken und eine integrierende Intervention anzustreben, in der Massnahmen, die zu Veränderungen im Handeln des einzelnen Jungen führen, beachtet werden. Diese Äusserungen zur Unterstützung der Heranwachsenden dürfen aber auch nicht dahingehend missverstanden werden, dass Täter-Jungen oder Opfer-Jungen quasi als Opfer ihrer Biografie zu sehen seien. Die Repression von Gewaltakten hat durchaus auch ihren Platz, aber erst dann, wenn vorgängig und parallel dazu auch sinnvolle und geeignete Unterstützungsmassnahmen vorhanden sind.

Zum Abschluss: Einer ideologischen Überhöhung sei insofern vorgegriffen, als es keineswegs darum gehen kann, lediglich die Familie zu verändern und die Schule so stehen zu lassen, wie sie ist. Die Gewalt springt nicht nur von der Strasse auf die Schule über. Es ist vielmehr so, dass die Gewalt nur dann von der Strasse auf die Schule überspringt und dort auch heimisch wird, wenn die Schule selber ein fruchtbarer Boden für Gewalt ist.

Die Gewaltthematik im Schulumfeld ist u.a. auch dadurch charakterisiert, dass primär versucht wird, ein nicht toleriertes Verhalten zu unterbinden. Es liegt, so unser Eindruck über die allgemeine Diskussion des Gewaltproblems, eine Betonung des Verhaltensdefizits und nicht, so wie es vielleicht auch hätte sein können, primär die Betonung des (Persönlichkeits-) Bildungsdefizits. Die Tatsache also, dass viele männliche Jugendliche, aber nicht nur sie, stark Geschlechterrollenstereotype vertreten, dies in Kombination mit Selbstabwertung, mit mangelnden sozialen Beziehungen zu Gleichaltrigen und zu Lehrpersonen, aber auch mit einem äusserst problematischen Erleben des familiären Umfelds, kümmert, wenn überhaupt, erst in zweiter Instanz. Diese wird in der Regel erst dann berücksichtigt, wenn das Erziehungsumfeld dahingehend wirkt, dass die männlichen Jugendlichen gewalttätig werden.

Interessanterweise, so Rennen-Allhoff (1995), ist der Status der Diffusion bei der Bildung von Identität nach Erikson (1989, S. 106ff.) über die gleichen intrapersonellen Probleme zu identifizieren, wie wir es bereits mehrfach zum Thema Viktimisierung haben festhalten können. So hält Rennen-Allhoff (1995, S. 75) fest, dass belastetere Beziehungen zu den Eltern, geringere Selbstakzeptierung, vermehrte Ängstlichkeit und Depressivität, eine geringere Fähigkeit zu persönlichen Beziehungen mit Gleichaltrigen und eine höhere Impulsivität deutliche Anzeichen des Diffusionsstatus nach Erikson (1989) sind. Gewalterfahrungen als Täter oder als Opfer führen zur Identitätsdiffusion, da die männlichen Jugendlichen relevante Entwicklungsaufgaben nicht bewältigen können und damit in ihren Entwicklungsmöglichkeiten weit zurückbleiben. Eine derartige Feststellung ist auch insofern alarmierend, als bedacht werden muss, dass die äusserst problematischen Beziehungen von Opfern und Tätern zu erwachsenen Personen, also Eltern oder Lehrpersonen, wie auch die unzureichende Einbindung in die Gleichaltrigengruppe nicht erwarten lassen, dass die betroffenen Jugendlichen soziale Ressourcen aktivieren können, um aus ihrer Identitätsdiffusion herauszufinden. Dies ist ein weiteres wichtiges Indiz zur Erklärung der zeitlichen Stabilität von Opfer- und Täter-Erfahrungen.

Man stösst sich aber selten an der beschriebenen misslingenden Persönlichkeitsbildung und der postulierten Identitätsdiffusion der männlichen Heranwachsenden, sondern vorwiegend an deren negativen Effekten. Deswegen mag der Vorwurf auch berechtigt sein, dass das Interesse an der Gewaltthematik vielerorts nicht primär wegen einer problematischen Persönlichkeitsentwicklung so stark hervorgehoben wird, sondern wegen der Störung der öffentlichen – in diesem Fall: der schulischen – Ordnung.

Die Abwehr des ‚Kulturhindernisses Gewalt' darf nicht ebenso unglücklich machen, wie die Gewalt selbst (vgl. Freud 1997 (1930), S. 106). Nicht die Schwächung, die Entwaffnung oder die innere (z.B. das Schuldgefühl) bzw. die äussere (z.B. die polizeiliche Kontrolle) Überwachung allein bewältigt die latente und manifeste Gewalt bei männlichen Jugendlichen, sondern vornehmlich der dazu parallele Aufbau von Identifizierungen mit den Mitmenschen, die nicht auf Abwertung beruht.

Damit möchten wir uns keinesfalls auf die Seite derer stellen, die postulieren, dass weder die soziale noch die schulische Ordnung von Belang sei. Im Gegenteil: Wir heben hervor, dass Regeln für das Zusammenleben der Menschen notwendig sind, Regeln, die einzuhalten und, wenn nötig, über Sanktionen durchzusetzen sind. Die soziale Ordnung im schulischen Umfeld ist aber ein Mittel zum Zweck der Persönlichkeitsentwicklung aller Heranwachsenden und damit auch der männlichen Jugendlichen. Deswegen ist das wichtigste Problem, das es nach einer multifaktoriellen Analyse wie der vorangestellten anzugehen gilt, nicht die konkret stattfindende Gewalt, sondern die missliche Persönlichkeitsentwicklung der jugendlichen Täter und Opfer, die sich unter anderem in ihren Interaktionen mit den anderen Heranwachsenden zeigt – dies damit Heranwachsende im Schulkontext im eigentlichen Sinne des Wortes ‚gesund' bleiben bzw. ‚gesund' werden und nicht nur ‚störungsarm'.

Hurrelmann hielt fest, dass Jugendliche, die in der Schule spontan und unkontrolliert gewalttätig reagieren, als sensible politische Seismografen für den Zustand einer Gesamtgesellschaft zu beurteilen sind, die Verteilungsfragen und Strukturprobleme nicht optimal zu lösen vermag (Hurrelmann 1994). Sollte dieses Argument nicht dazu dienen, den Gewalttätern Verständnis im entschuldigenden Sinne entgegenzubringen, sondern sie primär analytisch verstehen zu wollen, um aus diesem Verständnis heraus die betroffenen Individuen und die sie umgebende Gesellschaft zu stimmigeren Bewältigungsstrategien zu animieren, können wir Hurrelmann zustimmen.

Wer sich hierfür auf den erziehungswissenschaftlichen Weg macht, benötigt eine unaufgeregte und zugleich eine engagierte Betrachtungsweise. Leise pädagogische und laute (sozial-) politische Schritte sind gefragt, das Poltern dagegen überlassen wir weiterhin dem Stammtisch und den Populisten aller Richtungen.

Anhang A

Liste der eingesetzten Täter-/Opfer-Indikatoren

Bereich I. Gewalt				
Skalen-/Itemname	**TestautorInnen**	**Cronbach's Alpha**	**Anzahl Items**	**Beispiel: Indikatives Item**
Opfer physischer Gewalt	Eigenentwicklung	–	1	Ich wurde von Schülern geboxt, getreten, geschlagen oder sonst wie angegriffen.
Täter physischer Gewalt	Eigenentwicklung	–	1	Ich habe Schüler geboxt, getreten, geschlagen oder sonst wie angegriffen.
Soziale Gewalt erleiden	Eigenentwicklung	0.7833	4	Ich wurde von Schülern gehänselt, hochgenommen oder sonst wie geärgert.
Soziale Gewalt ausüben	Eigenentwicklung	0.7371	4	Ich habe Schüler gehänselt, hochgenommen oder sonst wie geärgert.
Delinquenzneigung	Eigenentwicklung und teilweise Übernahme aus Heitmeyer et al. (1995)	0.8653	5	Hast du auf der Strasse jemanden so belästigt, dass er die Polizei holen wollte?
Disziplinprobleme	Fend (1986), Skala ‚Aggression und Normverletzung'. Items von 7 auf 4 reduziert.	0.7336	4	Sachen, die anderen Schülerinnen oder Schülern gehören kaputt gemacht.

Bereich I. Gewalt (Fortsetzung)

Skalen-/Itemname	TestautorInnen	Cronbach's Alpha	Anzahl Items	Beispiel: Indikatives Item
Einstellung zu Gewaltopfern	Eigenentwicklung und teilweise Übernahme aus Heitmeyer et al. (1995)		1	Wer ein Opfer von Gewalt wird, ist meist selbst daran schuld.
Einstellung zu männlicher Impulsivität	Eigenentwicklung (Kassis 2000b) in Zusammenarbeit mit dem Gleichstellungsbüro Basel-Stadt		1	Jungen sind halt manchmal ziemlich impulsiv. Da braucht es Nachsicht und Verständnis.

Bereich II. Selbstkonzept				
Skalen-/Itemname	**TestautorInnen**	**Cronbach's Alpha**	**Anzahl Items**	**Beispiel: Indikatives Item**
Selbstakzeptierung	Fend (1986), Skala ‚Selbstakzeptierung' im Anschluss an Rosenberg (1965). Die Antwortskala ist durch uns von Nominal- auf Intervalskalierung abgeändert worden. Itemformulierungen haben wir teilweise leicht verändert. Items von 8 auf 5 reduziert.	0.7914	5	Im grossen und ganzen bin ich mit mir zufrieden.
Begabungs-selbstbild	Fend (1986), Skala ‚Selbstkonzept Begabung'. Die Antwortskala ist durch uns von Nominal- auf Intervalskalierung abgeändert worden. Items von 6 auf 4 reduziert.	0.7309	4	Verglichen mit andern, bin ich nicht so begabt.
Emotionskontrolle	Fend (1986), Skala ‚Kompetenzbewusstsein Emotionskontrolle'. Die Antwortskala ist durch uns von Nominal- auf Intervalskalierung abgeändert worden. Items von 8 auf 4 reduziert.	0.7065	4	Ich rege mich manchmal über jede Kleinigkeit auf.

Bereich II. Selbstkonzept (Fortsetzung)				
Skalen-/Itemname	**TestautorInnen**	**Cronbach's Alpha**	**Anzahl Items**	**Beispiel: Indikatives Item**
Zukunfts-optimismus	Fend (1986), Skala ‚Kompetenzbewusstsein der Zukunftsbewältigung'. Die Antwortskala ist durch uns von Nominal- auf Intervalskalierung abgeändert worden. Items von 8 auf 4 reduziert.	0.7012	4	Ich sehe ziemlich schwarz, wenn ich an meine Zukunft denke.
Handlungs-kontrolle	Fend (1986), Skala ‚Kompetenzbewusstsein Handlungskontrolle'. Die Antwortskala ist durch uns von Nominal- auf Intervalskalierung abgeändert worden. Items von 8 auf 4 reduziert.	0.7372	4	Ich habe mir schon so oft etwas vorgenommen und es dann doch nicht erreicht.
Depressions-neigung	Depressionsinventar von Beck (1995). Die Antwortskala ist durch uns von Nominal- auf Intervalskalierung abgeändert worden. Itemformulierungen haben wir teilweise leicht verändert.	0.7682	4	Ab und zu denke ich, dass mein Leben nicht lebenswert ist.

Bereich III. Lernen in der Schule				
Skalen-/Itemname	**TestautorInnen**	**Cronbach's Alpha**	**Anzahl Items**	**Beispiel: Indikatives Item**
Lernmoral	Fend (1995), Skala ‚Leistungsbereitschaft und Hausaufgaben'. Items auf 3 reduziert.	0.7799	3	Ich mache zuerst die Hausaufgaben, bevor ich mich mit meinen Freundinnen oder Freunden treffe.
Prüfungsangst	Fend (1986), Skala ‚Schulische Leistungsangst'. Itemformulierungen haben wir teilweise leicht verändert. Die Antwortskala ist durch uns von Nominal- auf Intervalskalierung abgeändert worden. Items von 8 auf 4 reduziert.	0.7344	4	Wenn die Blätter für eine Arbeit verteilt werden sollen, spüre ich meistens heftiges Herzklopfen.
Schulleistungen	Eigenentwicklung	0.6337	3	Welche Note hattest du im letzten Zeugnis im Fach Französisch?

Bereich IV. Erfahrungen mit Lehrpersonen				
Skalen-/Itemname	**TestautorInnen**	**Cronbach's Alpha**	**Anzahl Items**	**Beispiel: Indikatives Item**
Fachliche Unterstützung durch Lehrpersonen	Fend (1995), Skala ‚Fachliche Unterstützung durch Lehrpersonen'. Items auf 4 reduziert.	0.7830	4	Die Lehrpersonen bemühen sich sehr, dass alle SchülerInnen wirklich etwas lernen.
Persönliche Beziehung zu den Lehrpersonen	Fend (1995), Skala ‚Anerkennung durch Lehrpersonen'. Items auf 4 reduziert.	0.7856	4	Ich mag die meisten Lehrpersonen bei uns recht gern.
Verbale Gewalt durch Lehrpersonen	Eigenentwicklung in Anlehnung an Krumm (Krumm et al. 1997c)	0.6246	3	Wurdest du von einer Lehrperson beleidigt oder verspottet?
Intervention von Lehrpersonen bei Gewaltvorkommnissen	Eigenentwicklung	0.8525	4	Wenn Lehrpersonen merken, dass jemand geboxt, gehauen oder sonst wie angegriffen wird, schreiten sie sofort ein?

Bereich V. Erfahrungen mit Gleichaltrigen in der Schule

Skalen-/Itemname	TestautorInnen	Cronbach's Alpha	Anzahl Items	Beispiel: Indikatives Item
Integration in die Gleichaltrigen-gruppe	Fend (1986), Skala ‚Integration-Peers'. Itemformulierungen und Antwortvorgaben haben wir teilweise leicht verändert. Items von 8 auf 4 reduziert.	0.6533	4	Wenn du an einem schulfreien Nachmittag mit einer Freundin oder einem Freund etwas unternehmen möchtest, wie organisierst du dich dann? - Ich müsste öfters etwas alleine machen.
Beliebtheit bei Gleichaltrigen	Fend (1986), Skala ‚Wahrgenommene Anerkennung durch Mitschüler'. Die Antwortskala ist durch uns von Nominal- auf Intervalskalierung abgeändert worden. Items von 6 auf 4 reduziert.	0.8162	4	Ich kann machen, was ich will, irgendwie komme ich bei meinen MitschülerInnen nicht an.
Unterstützung durch Gleichaltrige	Eigenentwicklung	0.8169	4	Meine Freunde/ Freundinnen hören immer aufmerksam zu, wenn ich etwas erzähle.
Wohlfühlen mit Peers	Eigenentwicklung	-	1	Wie wohl fühlst du dich mit deinen Freuden/ Freundinnen?
Intervention von MitschülerInnen bei Gewalt-vorkommnissen	Eigenentwicklung	0.8673	4	Wenn andere Schülerinnen oder Schüler merken, dass jemand geboxt, gehauen oder sonst wie angegriffen wird, schreiten sie sofort ein?

Bereich VI. Einstellungen zu Geschlechterrollen

Skalen-/Itemname	TestautorInnen	Cronbach's Alpha	Anzahl Items	Beispiel: Indikatives Item
Geschlechterrollenstereotype	Eigenentwicklung (Kassis 2000b) in Zusammenarbeit mit dem Gleichstellungsbüro Basel-Stadt.	0.6642	3	Männer sind für technische und handwerkliche Berufe besser geeignet als Frauen.
Stereotyp ‚Gewalt und Unsicherheit'	Eigenentwicklung (Kassis 2000b) in Zusammenarbeit mit dem Gleichstellungsbüro Basel-Stadt.	-	1	Nur Schwächlinge zeigen Unsicherheit.
Gleichberechtigung	Eigenentwicklung (Kassis 2000b) in Zusammenarbeit mit dem Gleichstellungsbüro Basel-Stadt.	0.7029	3	Frauen und Männer sollten in allen Dingen dieselben Rechte haben.

Bereich VII. Erfahrungen in der Familie				
Skalen-/Itemname	**TestautorInnen**	**Cronbach's Alpha**	**Anzahl Items**	**Beispiel: Indikatives Item**
Kontrollierender Erziehungsstil	Fend (1986), Skala ‚Strafintensität und Missachtung'. Mittlere Antwortkategorie ‚teils teils' nicht übernommen. Items von 8 auf 5 reduziert.	0.7649	5	Meine Eltern erwarten von mir, dass ich mich allem füge, was sie mir vorschreiben.
Inkonsistenter Erziehungsstil	In Anlehnung an Krohne und Pulsack (1996) weiterentwikkelt.	0.7856	5	Meine Eltern schimpfen mit mir, wenn ich es gar nicht erwarte.
Familiäres Involvement	Eigenentwicklung und teilweise Übernahme aus Heitmeyer et al. (1995)	0.8161	4	In unserer Familie sind wir immer für einander da, wenn wir gebraucht werden.
Unterstützender Erziehungsstil	In Anlehnung an Krohne und Pulsack (1996) weiterentwikkelt.	0.7742	4	Meine Eltern hören sich meine Meinung genauso wie die eines Erwachsenen an.
Elterliche Beaufsichtigung	Eigenentwicklung in Anlehnung an Loeber und Dishion (1984)	0.7280	4	Meine Eltern wissen ziemlich genau, was ich in meiner Freizeit mache.

Anhang B

Persönlichkeitsstruktur Täter-Schüler, über 32 Indikatoren. Varianzanalyse: statistische Kennwerte

Inhaltlicher Bereich	Gewaltfreie Jungen n = 148	Gewalttätige Jungen n = 71
Jungen in der Schule boxen	1.06	1.73***
Opfer physischer Gewalt	1.32	1.69**
Soziale Gewalt erleiden	1.38	1.63*
Soziale Gewalt ausüben	1.35	1.86***
Jungen sind halt impulsiv	2.83	3.04+
Gewaltopfer sind selber schuld	1.99	2.44**
Delinquenzneigung	1.00	1.27***
Disziplinprobleme	1.25	1.37
Selbstakzeptierung	3.33+	3.17
Handlungskontrolle	3.07*	2.84
Zukunftsoptimismus	3.38***	2.94
Emotionskontrolle	2.83***	2.46
Depressionsneigung	1.79	2.38***
Begabungsselbstbild	3.22*	3.00
Lernmoral	2.99	2.80
Schulleistung	3.03	3.03
Prüfungsangst	2.96	3.32***
Gewalt von Lehrpersonen	1.19	1.38*
Persönliche Beziehung zu Lehrpersonen	3.20*	2.96
Fachliche Unterstützung durch Lehrpersonen	3.28*	3.07
Intervention von Lehrpersonen	3.31*	3.06
Intervention von MitschülerInnen	2.71	2.65
Integration Gleichaltrigengruppe	3.48+	3.32
Beliebtheit bei Gleichaltrigen	3.22	3.10
Unterstützung durch Gleichaltrige	3.18	3.14
Geschlechterrollenstereotype	2.87	3.27***
Nur Schwächlinge zeigen Unsicherheit	2.31	2.72**
Familiäres Involvement	3.47*	3.25
Inkonsistenter Erziehungsstil	1.58	1.79*
Kontrollierender Erziehungsstil	1.94	2.34***
Unterstützender Erziehungsstil	3.49	3.46
Elterliche Beaufsichtigung	3.32+	3.15

Einfaktorielle Varianzanalysen. Mittelwerte, Mittelwertbereich 1-4, ***p<.001, **p<.01, *p<.05, +p<.10.

Anhang C

Persönlichkeitsstruktur Opfer-Schüler, über 32 Indikatoren. Varianzanalyse: statistische Kennwerte

Inhaltlicher Bereich	**Nicht-Opfer-Jungen n = 161**	**Opfer-Jungen n = 58**
Opfer physischer Gewalt	1.05	2.26***
Jungen in der Schule boxen	1.19	1.57***
Soziale Gewalt erleiden	1.24	2.09***
Soziale Gewalt ausüben	1.53	1.46
Jungen sind halt impulsiv	2.91	2.88
Gewaltopfer sind selber schuld	2.12	2.17
Delinquenzneigung	1.10	1.05
Disziplinprobleme	1.30	1.26
Selbstakzeptierung	3.35**	3.09
Handlungskontrolle	3.06*	2.83
Zukunftsoptimismus	3.30*	3.07
Emotionskontrolle	2.73	2.67
Depressionsneigung	1.92	2.15*
Begabungsselbstbild	3.15	3.12
Lernmoral	2.93	2.93
Prüfungsangst	3.07	3.25+
Schulleistung	3.01	3.07
Gewalt von Lehrpersonen	1.24	1.29
Persönliche Beziehung zu Lehrpersonen	3.14	3.09
Fachliche Unterstützung durch Lehrpersonen	3.22	3.19
Intervention von Lehrpersonen	3.29+	3.07
Intervention von MitschülerInnen	2.78**	2.45
Integration Gleichaltrigengruppe	3.50**	3.22
Beliebtheit bei Gleichaltrigen	3.27**	2.95
Unterstützung durch Gleichaltrige	3.20	3.07
Geschlechterrollenstereotype	3.07*	2.81
Nur Schwächlinge zeigen Unsicherheit	2.50	2.27
Familiäres Involvement	3.48***	3.17
Inkonsistenter Erziehungsstil	1.60	1.79*
Kontrollierender Erziehungsstil	1.96	2.36***
Unterstützender Erziehungsstil	3.54*	3.31
Elterliche Beaufsichtigung	3.28	3.22

*Einfaktorielle Varianzanalysen. Mittelwerte, Mittelwertbereich 1-4, ***p<.001, **p<.01, *p<.05, +p<.10.*

Anhang D

Täter-Jungen
Kennwerte Strukturgleichungsmodell

Variable 1	Pfad-richtung	Variable 2	Pfadstärke standardisiert	DF	T-Wert	Signi-fikanz
Familiäre Einbettung	→	Beziehungen zu Gleichaltrigen	0.494	165	3.481	p <.001.
Familiäre Einbettung	→	Beziehungen zu Lehrpersonen	0.361	165	4.092	p <.001.
Strafend-inkonsistenter Erziehungsstil	→	Geschlechterrol-lenstereotype	0.329	165	3.132	p <.010.
Strafend-inkonsistenter Erziehungsstil	→	Selbstvertrauen	-0.732	165	-6.654	p <.001.
Geschlechter-rollenstereotype	→	Disziplinpro-bleme	0.159	165	1.698	p <.090.
Geschlechter-rollenstereotype	→	Delinquenznei-gung	0.301	165	3.264	p <.010.
Geschlechter-rollenstereotype	→	Täter physischer Gewalt	0.256	165	1.928	p =.054.
Beziehungen zu Lehrpersonen	→	Disziplinpro-bleme	-0.277	165	-3.708	p <.001.
Beziehungen zu Gleichaltrigen	→	Disziplinpro-bleme	-0.145	165	-1.720	p <.090.
Disziplin-probleme	→	Selbstvertrauen	-0.169	165	-2.328	p <.050.
Delinquenz-neigung	→	Beziehungen zu Lehrpersonen	-0.166	165	-2.314	p <.050.

Variable 1	Pfad-richtung	Variable 2	Pfadstärke standardisiert	DF	T-Wert	Signi-fikanz
Selbstvertrauen	→	Emotionales Selbstbild	0.751	165	7.412	p <.001.
Emotionales Selbstbild	→	Täter physischer Gewalt	-0.393	165	-5.470	p <.001.

Statistische Kennwerte Täter-Jungen
Strukturgleichungsmodell. Direkte, standardisierte Pfade. N=219

Anhang E

Opfer-Jungen, Kennwerte Strukturgleichungsmodell

Variable 1	Pfad-richtung	Variable 2	Pfadstärke standardisiert	DF	T-Wert	Signi-fikanz
trafend-inkonsistenter Erziehungsstil	→	Geschlechterrol-lenstereotype	0.350	148	3.403	p <.001.
Strafend-inkonsistenter Erziehungsstil	→	Selbstvertrauen	-0.592	148	-5.362	p <.001.
Strafend-inkonsistenter Erziehungsstil	→	Opfer physischer Gewalt	0.153	148	3.017	p <.010.
Familiäre Einbettung	→	Beziehungen zu Gleichaltrigen	0.475	148	4.624	p <.001.
Geschlechterrol-lenstereotype	→	Täter physischer Gewalt	0.243	148	2.800	p <.010.
Geschlechter-rollenstereotype	→	Opfer sozialer Gewalt	-0.159	148	-1.925	p <.054.
Geschlechter-rollenstereotype	→	Opfer physischer Gewalt	-0.321	148	-3.021	p <.010.
Beziehungen zu Gleichaltrigen	→	Selbstvertrauen	0.254	148	2.515	p <.050.
Gewalt durch Lehrpersonen	→	Emotionales Selbstbild	-0.232	148	-3.709	p <.001.
Opfer sozialer Gewalt	→	Opfer physischer Gewalt	0.470	148	8.148	p <.001.

Variable 1	Pfad-richtung	Variable 2	Pfadstärke standardisiert	DF	T-Wert	Signi-fikanz
Selbstvertrauen	→	Emotionales Selbstbild	0.765	148	7.375	p <.001.
Emotionales Selbstbild	→	Täter physischer Gewalt	-0.376	148	-5.001	p <.001.
Täter physischer Gewalt	→	Opfer physi-scher Gewalt	0.166	148	2.685	p <.010.

Statistische Kennwerte Opfer-Jungen
Strukturgleichungsmodell. Direkte, standardisierte Pfade. N=219

Literaturverzeichnis

Achenbach, T. M. & Verhulst, F. C. & Baron, G. D. & Althaus, M. (1987). A comparison of syndromes derived from the Child Behavior Checklist for American and Dutch boys aged 6-11 and 12-16. Journal of Child Psychology and Psychiatry and Allied Disciplines, 28 (3), 437-453.

Adams, D. (1992). Biology does not make men more aggressive than women. In B. Kaj & P. Niemelä (Hrsg.), Of mice and women: aspects of female aggression (S. 17-26). San Diego: Acedemic Press.

Albrecht, H. T. & Silbereisen, R. K. (1993). Risikofaktoren für Peerablehnung im Jugendalter: Chronische Belastungen und akute Beeinträchtigungen. Zeitschrift für Entwicklungspsychologie und Pädagogische Psychologie, 25 (1), 1-28.

Allport, G. W. (1954). The Nature of Prejudice. Reading: Addison-Wesley.

Arbuckle, J. L. & Wothke, W. (1999). Amos 4.0 User's Guide. Chicago: SmallWaters Corporation.

Arendt, H. (1997). Rahel Varnhagen. München: Piper.

Armbruster, C. L. (1995). Ende der Männlichkeit. Widersprüche, 56/57, 47-76.

Armbruster, C. L. & Müller, U. & Stein-Hilbers, M. (1995). Einleitung. In C. L. Armbruster & U. Müller & M. Stein-Hilbers (Hrsg.), Neue Horizonte? Sozialwissenschaftliche Forschung über Geschlechter und Geschlechterverhältnisse (S. 7-21). Opladen: Leske+Budrich.

Arsenio, W. F. & Lover, A. (1997). Emotions, Conflicts and Aggression During Preschoolers' Freeplay. British Journal of Developmental Psychology, 15, 531-542.

Austin, S. & Joseph, S. (1996). Assessment of Bully/Victim Problems in 8 to 11 Year-Olds. British Journal of Educational Psychology, 66, 447-456.

Averill, J. R. (1993). Illusions of Anger. In R. B. Felson & J. T. Tedeschi (Hrsg.), Aggression and Violence. Social Interactionist Perspectives (S. 171-192). Washington: American Psychological Association.

Backhaus, K. & Erichson, B. & Plinke, W. & Weiber, R. (1996). Multivariate Analysemethoden. Berlin: Springer Lehrbuch.

Bandura, A. (1979). Aggression : eine sozial-lerntheoretische Analyse. Stuttgart: Klett-Cotta.

Barkholz, U. & Homfeldt, H. G. (1994). Gesundheitsförderung im schulischen Alltag: Entwicklungen, Erfahrungen und Ergebnisse eines Kooperationsprojekts. Weinheim: Juventa.

Baron, R. A. & Richardson, D. R. (1994). Human Aggression. New York: Plenum Press.

Bauer, T. (2000). Die Familienfalle. Zürich: Rüegger.

Baumrind, D. & Black, A. E. (1967). Socialization practices associated with dimensions of competence in preschool boys and girls. Child Development, 38, 291-327.

Beck, A. T. & Steer, R. A. (1995). Beck-Depressions-Inventar (BDI) : Testhandbuch. Bern: Huber.

Beck, U. & Beck-Gernsheim, E. (1990). Das ganz normale Chaos der Liebe. Frankfurt a. M.: Suhrkamp.

Beck, U. & Beck-Gernsheim, E. (Hrsg.). (1994). Riskante Freiheiten. Individualisierung in modernen Gesellschaften. Frankfurt a. M.: Suhrkamp.

Beetz, S. (1998). Koedukationsdiskurs zwischen Programmatik und Erfahrungswissen. Zeitschrift für Pädagogik, 44 (2), 253-262.

Benard, C. & Schlaffer, E. (1991). Sag uns, wo die Väter sind. Reinbek bei Hamburg: Rowohlt.

Benton, D. (1992). Hormones and human aggression. In B. Kaj & P. Niemelä (Hrsg.), Of mice and women: aspects of female aggression (S. 37-48). San Diego: Acedemic Press.

Berg, D. & Imhof, M. & Kollera, S. & Schmidt, U. & Ulber, D. (1998). Häufigkeiten von Verhaltensauffälligkeiten in der Grundschule aus Sicht der Klassenlehrer. Psychologie in Erziehung und Unterricht, 45, 280-290.

Berkowitz, L. (1993). The Development of Violence Proneness. Familial and Peer Influences of the Development of Aggressiveness. In L. Berkowitz (Hrsg.), Aggression. Its Causes, Consequences, and Control (S. 162-195). New York: McGraw-Hill.

Berkowitz, L. & Heimer, K. (1989). On the Construction of the Anger Experience: Aversive Events and Negative Priming in the Formation of Feelings. In L. Berkowitz (Hrsg.), Advances of Experimental Social Psychology (S. 1-37). San Diego, CA: Academic Press.

Berndt, T. J. (1996). Exploring the effects of friendship quality on social development. In W. M. Bukowski & A. F. Newcomb & W. W. Hartup (Hrsg.), The company they keep: friendship in childhood and adolescence (S. 346-365). Cambridge / New York / Melbourne: Cambridge University Press.

Besag, V. E. (1995). Bullies and Victims in Schools. Philadelphia: Open University Press.

Biedermann, T. & Plaum, E. (1999). Aggressive Jugendlichen: Fakten, Theorien, Hintergründe und methodische Zugangsweisen. Wiesbaden: Deutscher Universitäts-Verlag.

Bierhoff, H. W. (1998). Ärger, Aggression und Gerechtigkeit: Moralische Empörung und antisoziales Verhalten. In H. W. Bierhoff & U. Wagner (Hrsg.), Aggression und Gewalt: Phänomene, Ursachen und Interventionen (S. 26-47). Stuttgart: Kohlhammer.

Bieri, O. (1998). Unterschiedliche Verlaufsmuster von Homizidraten im Zeitraum 1877 bis 1995. In M. Eisner & P. Manzoni (Hrsg.), Gewalt in der Schweiz (S. 41-68). Chur: Rüegger.

Bigler, R. S. & Liben, L. S. (1990). The Role of Attitudes and Interventions in Gender-schematic Processing. Child Development, 61, 1440-1452.

Björkqvist, K. & Lagerspetz, K. M. J. & Kaukiainen, A. (1992d). Do Girls Manipulate and Boys Fight? Aggressive Behavior, 18, 117-127.

Björkqvist, K. & Niemelä, P. (1992a). New trends in the study of female aggression. In B. Kaj & P. Niemelä (Hrsg.), Of mice and women: aspects of female aggression (S. 3-16). San Diego: Acedemic Press.

Björkqvist, K. & Niemelä, P. (Hrsg.). (1992c). Of mice and women: aspects of female aggression. San Diego: Academic Press.

Björkqvist, K. & Oesterman, K. & Kaukiainen, A. (1992b). The development of direct and indirect aggressive strategies in males and females. In B. Kaj & P. Niemelä (Hrsg.), Of mice and women: aspects of female aggression (S. 51-64). San Diego: Acedemic Press.

Böhnisch, L. & Winter, R. (1993). Männliche Sozialisation. Weinheim: Juventa.

Bokelmann, H. (2000). Der Mensch – ein Chamaeleon. Zeitschrift für Pädagogik, 46 (5), 647-661.

Bollen, K. A. (1989). Structural Equations with Latent Variables. New York: Wiley.

Bollen, K. A. & Long, J. S. (1993). Introduction. In K. A. Bollen & J. S. Long (Hrsg.), Testing structural equations models (S. 1-9). Newbury Park, CA: Sage.

Bönisch, T. (1997). Gespielte Unterwerfung. Ueber den Umgang mit einer speziellen Beziehung zwischen Männern und Frauen. In J. Kersten & H. Steinert (Hrsg.), Starke Typen: Iron Mike, Crocodile Dundee und der Alltag von Männlichkeit (S. 37-50). Baden-Baden: Nomos.

Bootsma, A. (2000). Reporting Analyses of Covariance Structures. Structural Equation modeling, 7 (3), 461-483.

Borg, I. & Staufenbiel, T. (1997). Theorien und Methoden der Skalierung. Eine Einführung. Bern: Huber.

Borg, -. M.-G. & Falzon, -. J.-M. (1990). Teachers' perception of primary schoolchildren's undesirable behaviours: The effects of teaching experience, pupil's age, sex and ability stream. British-Journal-of-Educational-Psychology, 60 (2), 220-226.

Borg, -. M.-G. & Falzon, -. J.-M. (1993). A factor analytic study of teachers' perception of pupils' undesirable behaviours: A rejoinder to Langfeldt (1992). British-Journal-of-Educational-Psychology, 63 (3), 513-518.

Bornewasser, M. (1998). Soziale Konstruktion von Gewalt und Aggression. In H. W. Bierhoff & U. Wagner (Hrsg.), Aggression und Gewalt: Phänomene, Ursachen und Interventionen (S. 48-62). Stuttgart: Kohlhammer.

Böttger, A. (1996). „Hervorlocken“ oder Aushandeln? Zu Methodologie und Methode des „rekonstruktiven Interviews“ in der Sozialforschung. In R. Strobl & A. Böttger

(Hrsg.), Wahre Geschichten? Zu Theorie und Praxis qualitativer Interviews (S. 131-158). Baden-Baden: Nomos.

Böttger, A. (1997). Panikmache oder bittere Wahrheit? Überlegungen und Forschungsergebnisse zum Thema 'Gewalt in Schulen'. Empirische Pädagogik, 11 (2), 181-194.

Böttger, A. (1999). „Und dann ging so 'ne Rauferei los“. Eine qualitative Studie zu Gewalt an Schulen. In H. G. Holtappels & W. Heitmeyer & W. Melzer & K.-J. Tillmann (Hrsg.), Forschung über Gewalt an Schulen (S. 155-168). Weinheim: Juventa.

Boulton, M. J. (1993). Children's Abilities to Distinguish Between Playful and Aggressive Fighting: A Developmental Perspective. British Journal of Developmental Psychology, 11, 249-263.

Boulton, M. J. (1997). Teachers' Views on Bullying: Definitions, Attitudes and Ability to Cope. British Journal of Educational Psychology, 67, 223-233.

Boulton, M. J. (1999). Concurrent and Longitudinal Relations between Childrens' Playground Behavior and Social Preference, Victimization, and Bullying. Child Development, 70 (4), 944-954.

Boulton, M. J. & Smith, P. K. (1994). Bully/Victim Problems in Middle-School Children: Stability, Self-Perceived Competence, Peer Perceptions and Peer Acceptance. British Journal of Developmental Psychology, 12, 315-329.

Branger, K. & Liechti, F. (1998). Jugendgewalt und Freizeit. In M. Eisner & P. Manzoni (Hrsg.), Gewalt in der Schweiz (S. 69-92). Chur: Rüegger.

Brody, G. H. & Flor, D. L. (1998). Maternal Resources, Parenting Practices, and Child Competence in Rural, Single-Parent African American Families. Child Development, 69 (3), 803-816.

Brody, G. H. & Flor, D. L. & Morgan Gibson, N. (1999). Linking Maternal Efficacy Beliefs, Developmental Goals, Parenting Practices, and Child Competence in Rural Singel-Parent African American Families. Child Development, 70, 1197-1208.

Brody, G. H. & Stoneman, Z. & Gauger, K. (1996). Parent-Child Relationships, Family Problem-Solving Behavior, and Sibling Relationship Quality: The Moderating Role of Sibling Temperaments. Child Development, 67, 1289-1300.

Brosius, G. & Brosius, F. (1995). SPSS. Base System und Professional Statistics. Bonn: International Thomson Publishing.

Brown, R. (1995). Prejudice. Its Social Psychology. Oxford: Blackwell.

Browning, C. R. (1993). Ganz normale Männer. Reinbek: Rowohlt.

Bründel & Hurrelmann, K. (1994). Gewalt macht Schule. München: Drömer Knaupp Verlag.

Bukowski, W. M. (1990). Age Differences in Children's Memory of Information about Aggressive, Socially Withdrawn, an Prosociable Boys and Girls. Child Development, 61, 1326-1334.

Busch, L. (2000). Jugendcliquen und aggressives Verhalten in der Schule: Die Bedeutung der Gruppenkultur. Empirische Pädagogik, 14 (1), 3-33.

Cairns, R. B. & Cairns, B. D. (1991). Social Cognition and Social Networks: A Developmental Perspective. In D. P. Pepler & K. H. Rubin (Hrsg.), The Development and Treatment of Childhood Aggression (S. 249-278). Hillsdale: Lawrence Erlbaum.

Cairns, R. B. & Cairns, B. D. (1994). Lifelines and risks: pathways of youth in our time. New York: Harvester Wheatsheaf.

Campbell, S. B. & Pierce, E. W. & March, C. L. & Ewing, L. J. & Szumowski, E. K. (1994). Hard-to-Manage Preschool Boys: Symptomatic Behavior across Contexts and Time. Child Development, 65, 836-851.

Canetti, E. (1999). Masse und Macht. Frankfurt a. M.: Fischer.

Carlson, J. M. & Williams, T. (1993). Perspectives on the Seriousness of Crimes. Social Science Research, 22 (2), 190-207.

Carroll, A. & Baglioni Jr, A. J. & Houghton, S. & Bramston, P. (1999). At-risk and not at-risk primary school children: An examination of goal orientations and social reputations. British Journal of Educational Psychology, 69, 377-392.

Caspi, A. & Henry, B. & McGee, R. O. & Moffitt, T. E. & Silva, P. A. (1995). Temperamental Origins of Child and Adolescent Behavior Problems: From Age Three to Age Fifteen. Child Development, 66, 55-68.

Catron, T. F. & Masters, J. C. (1993). Mothers' and Children's Conceptualizations of Corporal Punishment. Child Development, 64, 1815-1828.

Colemann, J. S. (1996). Der Verlust des sozialen Kapitals und seine Auswirkungen auf die Schule. In A. Leschinsky (Hrsg.), Die Institutionalisierung von Lehren und Lernen (S. 99-105). Weinheim: Beltz.

Conger, R. D. & Ge, X. & Elder, G. H. & Lorenz, F. O. & Simons, R. L. (1994). Economic Stress, Coercive Family Process, and Developmental Problems of Adolescents. Child Development, 65, 541-561.

Connell, R. W. (1995). 'The big picture'. Formen der Männlichkeit in der neueren Weltgeschichte. Widersprüche, 56/57, 23-46.

Connell, R. W. (1995). Neue Richtungen für Geschlechtertheorie, Männlichkeitsforschung und Geschlechterpolitik. In C. L. Armbruster & U. Müller & M. Stein-Hilbers (Hrsg.), Neue Horizonte? Sozialwissenschaftliche Forschung über Geschlechter und Geschlechterverhältnisse (S. 61-83). Opladen: Leske + Budrich.

Cook, W. L. & Goldstein, M. J. (1993). Multiple Perspectives on Family Relationships: A Latent Variables Model. Child Development, 64, 1377-1388.

Crick, N. R. & Bigbee, M. A. & Howes, C. (1996). Gender Differences in Children's Normative Beliefs about Aggression: How Do I Hurt Thee? Let Me Count the Ways. Child Development, 67, 1003-1014.

Crick, N. R. & Grotpeter, J. K. (1995). Relational Aggression, Gender, and Social-Psychological Adjustment. Child Development, 66, 710-722.

Crick, N. R. & Werner, N. E. (1998). Response Decision Processes in Relational and Overt Aggression. Child Development, 69 (6), 1630-1639.

Crotti, C. (1999). Die Frauenbewegung und die Frage nach der Bildsamkeit des weiblichen Geschlechts. Bildungsforschung und Bildungspraxis, 21 (3), 355-373.

Czerwenka, K. (1993). Unkonzentriert, aggressiv und hyperaktiv. Wer kann helfen? Zeitschrift für Pädagogik, 39, 721-744.

Dann, H.-D. (1999). Aggressionsprävention im sozialen Kontext der Schule. In H. G. Holtappels & W. Heitmeyer & W. Melzer & K.-J. Tillmann (Hrsg.), Forschung über Gewalt an Schulen (S. 351-366). Weinheim: Juventa.

De Pietro, J. (1981). Rough and tumble play: A function of gender. Developmental psychology, 17, 50-58.

Deaux, K. (1998). An Overview of Research on Gender: Four Themes from 3 Decades. In W. B. J. Swann & J. H. Langlois & L. Albino Gilbert (Hrsg.), Sexism and stereotypes in modern society: The gender science of Janet Taylor Spence (S. 11-33). Wshington, D.C.: American Psychological Association.

Deinzer, R. & Steyer, R. & Eid, M. & Notz, P. & Schwenkmezger, P. & Ostendorf, F. & Neubauer, A. (1995). Situational effects in trait assessment: the FPI, NEOFFI, and EPI questionnaires. European Journal of Personality, 2, 1-23.

Denzin, N. K. (1978). The Research Act. A Theoretical Introduction to Sociological Methods. New York: McGrawHill.

Dettenborn, H. & Lautsch, E. (1993). Aggression in der Schule aus der Schülerperspektive. Zeitschrift für Pädagogik, 39, 745-774.

Diederich, J. & Tenorth, H.-E. (1997). Theorie der Schule. Berlin: Cornelsen Scriptor.

Dishion, T. J. & Andrews, D. W. & Crosby, L. (1995). Antisocial Boys and Their Friends in Early Adolescence: Relationship Characteristics, Quality, and Interactional Process. Child Development, 66, 139-151.

Dishion, T. J. & Patterson, G. R. & Stoolmiller, M. & Skinner, M. L. (1991). Family, School, and Behavioral Antecedents to Early Adolescent Involvement With Antisocial Peers. Developmental Psychology, 27 (1), 172-180.

Dodge, K. A. (1991). The Structure and Function of Reactive and Proactive Aggression. In D. P. Pepler & K. H. Rubin (Hrsg.), The Development and Treatment of Childhood Aggression (S. 201-218). Hillsdale: Lawrence Erlbaum.

Dodge, K. A. & Coie, J. D. & Petit, G. S. & Price, J. M. (1990). Peer Status and Aggression in Boys' Groups: Developmental and Contextual Analyses. Child Development, 61, 1289-1309.

Dodge, K. A. & Pettit, G. S. & Bates, J. E. (1994). Socialization Mediators of the Relation between Socioeconomic Status and Child Conduct Problems. Child Development, 65, 649-665.

Doise, W. (1986). Levels of explanation in social psychology. Cambridge: Cambridge University Press.

Dollard, J. & Ford, C. S. (1971). Frustration und Aggression. Weinheim: Julius Beltz.

Dreher, E. & Dreher, M. (1985). Wahrnehmung und Bewältigung von Entwicklungsaufgaben im Jugendalter. In R. Oerter (Hrsg.), Lebensbewältigung im Jugendalter (S. 30-61). Weinheim: Deefield.

Drerup, H. (1997). Die neuere Koedukationsdebatte zwischen Wissenschaftsanspruch und politisch-praktischem Orientierungsbedürfnis. Zeitschrift für Pädagogik, 6/97, 853-875.

Drerup, H. (1997). Mütterlichkeit als Mythos. In L. Böhnisch (Hrsg.), Familien. Eine interdisziplinäre Einführung (S. 81-98). Weinheim, München: Juventa.

Drilling, M. (2001). Schulsozialarbeit : Antworten auf veränderte Lebenswelten. Bern: Paul Haupt.

Dumas, J. E. & LaFreniere, P. J. (1993). Mother-Child Relationships as Sources of Support or Stress: A Comparison of Competent, Average, Aggressive, and Anxious Dyads. Child Development, 64, 1732-1754.

Dusolt, H. (1993). Elternarbeit für Erzieher, Lehrer, Sozial- und Heilpädagogen. München: Quintessenz.

Eisenberg, N. & Carlo, G. & Murphy, B. & Van Court, P. (1995a). Prosocial Developmental in Late Adolescence: A Longitudinal Study. Child Development, 66, 1179-1197.

Eisenberg, N. & Fabes, R. A. & Murphy, B. & Maszk, P. & Smith, M. & Karbon, M. (1995b). The Role of Emotionality and Regulation in Children's Social Functioning: A Longitudinal Study. Child Development, 66, 1360-1384.

Eisenberg, N. & Fabes, R. A. & Karbon, M. & Murphy, B. & Polazzi, L. & Carlo, G. & Juhnke, C. (1996). The Relations of Children's Dipositional Prosocial Behavior to Emotionality, Regulation, and Social Functioning. Child Development, 67, 974-992.

Eisenberg, N. & Fabes, R. A. & Shepard, S. A. & Guthrie, I. K. & Murphy, B. & Reiser, M. (1999a). Parental Reactions to Children's Negative Emotions: Longitudinal Relations to Quality of Children's Social Functioning. Chid Development, 70 (2), 513-534.

Eisenberg, N. & Guthrie, I. K. & Murphy, B. C. & Shepard, S. A. & Amanda, C. & Carlo, G. (1999b). Consistency and Development of Prosocial Dispositions: A Longitudinal Study. Child Development, 70, 1360-1372.

Eisner, M. (1997). Das Ende der zivilisierten Stadt? Die Auswirkungen von Modernisierung und urbaner Krise auf Gewaltdelinquenz. Frankfurt a.M.: Campus.

Eisner, M. (1998). Die Zunahme von Jugendgewalt – Fakt oder Artefakt? In M. Eisner & P. Manzoni (Hrsg.), Gewalt in der Schweiz (S. 13-40). Chur: Rüegger.

Elias, N. (1987). Wandlungen der Wir – Ich -Balance. In N. Elias (Hrsg.), Die Gesellschaft der Individuen (S. 207-316). Frankfurt a. M.: Suhrkamp.

Elias, N. (1997b). Ueber den Prozess der Zivilisation, Band 2. Frankfurt a. M.: Suhrkamp.

Elias, N. & Scotson, J. L. (1993). Etablierte und Aussenseiter. Frankfurt: Suhrkamp.

Elliott, D. S. (1994). Youth Violence in overview. Colorado: University of Colorado, Center for the Study and Prevention of Violence.

Elliott, D. S. & Hamburg, B. & Williams, K. R. (1998). Violence in American schools: an overview. In D. S. Elliott & B. Hamburg & K. R. Williams (Hrsg.), Violence In American Schools (S. 3-30). Cambridge: Cambridge University Press.

Elliott, D. S. & Hamburg, B. A. & Williams, K. R. (Hrsg.). (1998). Violence In American Schools. Cambridge: Cambridge University Press.

Enders-Dragässer, U. & Fuchs, C. (1988). Interaktion und Beziehungsstrukturen in der Schule. Frankfurt a. M., Feministisches Interdisziplinäres Forschungsinstitut: 26.

Erdheim, M. (1993). Psychoanalyse, Adoleszenz und Nachträglichkeit. Psyche, (10), 934-950.

Erdheim, M. (1997). Die gesellschaftliche Produktion von Unbewusstheit. Frankfurt a. M.: Suhrkamp.

Erikson, E. (1989). Wachstum und Krisen der gesunden Persönlichkeit. In E. Erikson (Hrsg.), Identität und Lebenszyklus (S. 55-122). Frankfurt am Main: Suhrkamp.

Erikson, E. (1989a). Identität und Lebenszyklus. Frankfurt am Main: Suhrkamp.

Eron, L. D. (1992). Gender Differencies in Violence: Biology and/ or Socialization? In B. Kaj & P. Niemelä (Hrsg.), Of mice and women: aspects of female aggression (S. 89-98). San Diego: Acedemic Press.

Erzberger, C. (1998). Zahlen und Wörter: Die Verbindung quantitativer und qualitativer Daten und Methoden im Forschungsprozess. Weinheim: Beltz.

Fagan, J. & Wilkinson, D. L. (1998). Social contexts and functions of adolescent violence. In D. S. Elliott & B. Hamburg & K. R. Williams (Hrsg.), Violence In American Schools (S. 55-93). Cambridge: Cambridge University Press.

Farrington, D. P. (1991). Childhood Aggression and Adult Violence: Early Precursors and Later Life Outcomes. In D. P. Pepler & K. H. Rubin (Hrsg.), The Development and Treatment of Childhood Aggression (S. 5-30). Hillsdale: Lawrence Erlbaum.

Faulstich-Wieland, H. (1991). Zur historischen Entwicklung der Koedukation. In H. Wieland (Hrsg.), Koedukation – Enttäuschte Hoffnungen? (S. 10-34). Darmstadt: Wissenschaftliche Buchgesellschaft.

Faulstich-Wieland, H. (1997). Zum Stand der Koedukationsforschung – Zwischen Dramatisierung und Entdramatisierung von Geschlechterdifferenzen. Impulstagung „Wandel der Geschlechterrollen in der Schule", Uni Bern.

Faulstich-Wieland, H. (1998). Wissenschaft ohne Orientierung? Zu Heiner Drerups Koedukationsrezeption. Zeitschrift für Pädagogik, 44 (2), 243-252.

Faulstich-Wieland, H. & Horstkemper, M. (1992). „Ohne Jungs fehlt in der Klasse Pep!“, Die Deutsche Schule (S. 348-360). ?

Feldman, S. S. & Weinberger, D. A. (1994). Self-Restraint sa a Mediator of Family Influences on Boys' Delinquent Behavior: A Longitudinal Study. Child Development, 65, 195-211.

Felson, R. B. (1984). Patterns of Aggressive Social Interaction. In A. Mummendey (Hrsg.), Social Psychology of Aggression (S. 107-126). Berlin: Springer.

Felson, R. B. & Tedeschi, J. T. (1993). Social Interactionist Perspectives on Aggression and Violence. In R. B. Felson & J. T. Tedeschi (Hrsg.), Aggression and Violence. Social Interactionist Perspectives (S. 1-12). Washington: American Psychological Association.

Fend, H. (1990). Entwicklung im Jugendalter. Zürich, Pädagogisches Institut der Universität Zürich: 1-57.

Fend, H. (1990). Vom Kind zum Jugendlichen. Bern, Stuttgart, Toronto: Huber.

Fend, H. (1995). Der Umgang mit Schule in der Adoleszenz : Aufbau und Verlust von Lernmotivation, Selbstachtung und Empathie. Bern: Huber.

Fend, H. (1996). Schulkultur und Schulqualität. In A. Leschinsky (Hrsg.), Die Institutionalisierung von Lehren und Lernen (S. 85-97). Weinheim: Beltz.

Fend, H. (1998). Eltern und Freunde. Soziale Entwicklung im Jugendalter. Bern, Göttingen, Toronto, Seattle: Huber.

Fend, H. (2000). Entwicklungspsychologie des Jugendalters. Opladen: Leske und Budrich.

Fend, H. & Prester, H.-G. (1986). Dokumentation der Skalen des Projekts „Entwicklung im Jugendalter“. Konstanz: Universität Konstanz, Sozialwissenschaftliche Fakultät.

Findeisen, H.-V. & Kersten, J. (1999). Der Kick und die Ehre. München: Antje Kunstmann.

Finnegan, R. A. & Hodges, E. V. & Perry, D. G. (1998). Personal and interpersonal antecedents and consequences of Associations with children's reports of mother-child interaction. Journal of Personality and Social Psychology, 75 (4), 1076-1086.

Flick, U. (1992). Entzauberung der Intuition. Systematische Perspektiven-Triangulation als Strategie der Geltungsbegründung qualitativer Daten und Interpretationen. In J. Hoffmeyer-Zlotnik (Hrsg.), Analyse verbaler Daten (S. 11-56). Opladen: Westdeutscher Verlag.

Forehand, R. & Long, N. (1991). Prevention of Aggression and Other Behavior Problems in the Early Adolescent Years. In D. P. Pepler & K. H. Rubin (Hrsg.), The Development and Treatment of Childhood Aggression (S. 317-330). Hillsdale: Lawrence Erlbaum.

Forgatch, M. S. (1991). The Clinical Science Vortex: A Developing Theory of Antisocial Behavior. In D. P. Pepler & K. H. Rubin (Hrsg.), The Development and Treatment of Childhood Aggression (S. 291-316). Hillsdale: Lawrence Erlbaum.

Foucault, M. (1977). Überwachen und Strafen. Die Geburt des Gefängnisses. Frankfurt a. M.: Suhrkamp.

Freud, S. (1982). Vorlesungen zur Einführung in die Psychoanalyse und neue Folge. Frankfurt a.M.: Fischer.

Freud, S. (1997 (1930)). Das Unbehagen in der Kultur. In S. Freud (Hrsg.), Das Unbehagen in der Kultur und andere kulturtheoretische Schriften (S. 29-108). Frankfurt a.M.: Fischer.

Frey, C. U. & Röthilsberger, C. (1994). Die soziale Unterstützung von jugendlichen Schülern. Zeitschrift für Entwicklungspsychologie und Pädagogische Psychologie, 26 (3), 262-277.

Friedman, M. & Rosenman, R. H. (1974). Der A-Typ und der B-Typ. Reinbek: Rowohlt.

Früh, W. (1992). Analyse sprachlicher Daten. Zur konvergenten Entwicklung 'qualitativer' und 'quantitativer' Methoden. In J. Hoffmeyer-Zlotnik (Hrsg.), Analyse verbaler Daten (S. 59-89). Opladen: Westdeutscher Verlag.

Fuchs, M. (1999). Ausländische Schüler und Gewalt an Schulen. In H. G. Holtappels & W. Heitmeyer & W. Melzer & K.-J. Tillmann (Hrsg.), Forschung über Gewalt an Schulen (S. 119-136). Weinheim: Juventa.

Funk, W. (1995). Gewalt an Schulen – Ergebnisse aus dem Nürnberger Schüler-Survey. In S. Lamnek (Hrsg.), Jugend und Gewalt. Devianz und Kriminalität in Ost und West (S. 119-138). Opladen: Leske + Budrich.

Funk, W. & Passenberger, J. (1999). Determinanten der Gewalt an Schulen. Mehrebenenanalytische Ergebnisse aus der Nürnberger Schüler-Studie 1994. In H. G. Holtappels & W. Heitmeyer & W. Melzer & K.-J. Tillmann (Hrsg.), Forschung über Gewalt an Schulen (S. 243-260). Weinheim: Juventa.

Galtung, J. (1982). Strukturelle Gewalt. Reinbek b. Hamburg: Rowohlt.

Geen, R. G. (1990). Human Aggression. Milton Keynes: Open University Press.

Geen, R. G. & Quanty, M. B. (1977). The Catharsis of Aggression: An Evaluation of a Hypothesis. In L. Berkowitz (Hrsg.), Advances in experimental social psychology (S. 1-37). New York: Academic Press.

Gerbner, G. & Gross, L. & Morgan, M. & Signorielli, N. (1986). Living With the Television: The Dynamics of the Cultivation Process. In J. Bryant & D. Zillmann (Hrsg.), Perspectives on Media Effects (S. 17-40). Hillsdale: Erlbaum.

Gildemeister, R. & Wetterer, A. (1992). Wie Geschlechter gemacht werden. In G. Knapp & A. Wetterer (Hrsg.), Traditionen. Brüche: Entwicklungen feministischer Theorie (S. 201-254). Freiburg: Kore.

Ginsberg, D. & Gottman, J. & Parker, J. (1986). The importance of friendship. In J. Gottman & J. Parker (Hrsg.), Conversations with friends: Speculations on affective development (S. 3-48). New York: Cambridge University Press.

Gödde, M. & Walper, S. & Engfer, A. (1996). Die Peernetzwerke neunjähriger Kinder: Zum Verhältnis von Netzwerkressourcen, kindlicher Kompetenz und mütterlichen Strategien der Kontaktsteuerung. Psychologie in Erziehung und Unterricht, 43, 100-113.

Godenzi, A. (1996). Gewalt im sozialen Nahraum. Basel: Helbing und Lichtenhahn.

Goffman, E. (1988). Stigma: über Techniken der Bewältigung beschädigter Identität. Frankfurt a. M.: Suhrkamp.

Goldstein, J. H. (1992). Sex differencies in aggressive play and toy preference. In B. Kaj & P. Niemelä (Hrsg.), Of mice and women: aspects of female aggression (S. 65-76). San Diego: Acedemic Press.

Gottman, J. & Mettetal, G. (1986). Speculations about social and affective development: friendship and acquantanceship through adolescence. In J. Gottman & J. Parker (Hrsg.), Conversations with friends: Speculations on affective development (S. 192-237). New York: Cambridge University Press.

Gottman, J. M. & Mettetal, G. (1986). Speculations about social and affective development. In J. M. Gottman & J. G. Parker (Hrsg.), Conversations with friends: Speculations on affective development (S. 192 237). New York: Cambridge University Press.

Greszik, B. & Euler, H. A. (1995). Gewalt in den Schulen. Zeitschrift für Pädagogik, 2/95, 265-284.

Gruen, A. (1987). Der Wahnsinn der Normalität: eine Theorie der menschlichen Destruktivität: dtv.

Gruen, A. (1998). Der Verrat am Selbst. München: dtv.

Guggenbühl, A. (2001). Wer aus der Reihe tanzt, lebt intensiver. München: Kösel.

Hall, J. A. & Carter, J. D. (1999). Gender-Stereotype Accurancy as an Individual Difference. Journal of Personality and Social Psychology, 77, 350-359.

Hamburg, M. A. (1998). Youth violence is a public health concern. In D. S. Elliott & B. Hamburg & K. R. Williams (Hrsg.), Violence In American Schools (S. 31-54). Cambridge: Cambridge University Press.

Hanewinkel, R. & Eichler, D. (1999a). Gewalt an Schulen Schleswig-Holsteins. In M. Schäfer & D. Frey (Hrsg.), Aggression und Gewalt unter Kindern und Jugendlichen (S. 53-64). Göttingen: Hogrefe.

Hanewinkel, R. & Eichler, D. (1999b). Ergebnisse einer Interventionsstudie zur Prävention schulischer Gewalt. In M. Schäfer & D. Frey (Hrsg.), Aggression und Gewalt unter Kindern und Jugendlichen (S. 245-264). Göttingen: Hogrefe.

Hanewinkel, R. & Knaack, R. (1997). Mobbing: Eine Fragebogenstudie zum Ausmass von Aggression und Gewalt an Schulen. Empirische Pädagogik, 11 (3), 403-422.

Hart, C. H. & Ladd, G. W. & Burleson, B. R. (1990). Children's Expectations of the Outcomes of Social Strategies: Relations with Sociometric Status and Maternal Disciplinary Styles. Child Development, 61, 127-137.

Hartup, W. W. (1996). Cooperation, close relationships, and cognitive development. In W. M. Bukowski & A. F. Newcomb & W. W. Hartup (Hrsg.), The company they keep: friendship in childhood and adolescence (S. 213-237). Cambridge / New York / Melbourne: Cambridge University Press.

Hartwig, A. C. (1996). Biological Correlates of Aggression. In C. F. Ferries & T. Grisso (Hrsg.) (S. 78-81). Understanding Aggressive Behavior in Children: New York Academy of Sciences.

Heitmeyer, W. (1992). Desintegration und Gewalt. Deutsche Jugend, 3/92, 109-122.

Heitmeyer, W. & Collmann, B. & Conrads, J. & Matuschek, I. & Kraul, D. & Kühnel, W. & Möller, R. & Ulbrich-Hermann, M. (1995). Gewalt. Schattenseiten der Individualisierung bei Jugendlichen aus unterschiedlichen Milieus. Weinheim: Juventa.

Heitmeyer, W. & Conrads, J. & Kraul, D. & Möller, R. & Ulbrich-Herrmann, M. (1995). Gewalt in sozialen Milieus. Zeitschrift für Sozialisationsforschung und Erziehungssoziologie, 15 (2), 145-167.

Heitmeyer, W. & Sander, U. (1990). Individualisierung und Verunsicherung. In W. Heitmeyer & T. Olk (Hrsg.), Individualisierung von Jugend (S. 38-58). Weinheim / München: Juventa.

Helsper, W. (2000). Soziale Welten von Schülern und Schülerinnen. Zeitschrift für Pädagogik, 46 (5), 663-666.

Herzog, W. (1991). Der „Coping Man" – ein Menschenbild für die Entwicklungspsychologie. Schweizerische Zeitschrift für Psychologie, 50 (1), 9-23.

Hildenbrand, B. (1999). Fallrekonstruktive Familienforschung: Anleitungen für die Praxis. Opladen: Leske + Budrich.

Hill, P. W. & Rowe, K. J. (1996). Multilevel Modelling in School Effectiveness Research. School Effectiveness and School Improvement, 7, 1-34.

Hirschi, T. (1969). Causes of delinquency. Berkeley: University of California Press.

Hodges, E. V. & Perry, D. G. (1996). Victims of peer abuse: An overview. Journal of Emotional and Behavioural Problems, 5, 23-28.

Hodges, E. V. & Perry, D. G. (1999). Personal and interpersonal antecedents and consequences of victimization by peers. Journal of Personality and Social Psychology, 76 (4), 677-685.

Hodges, E. V. E. & Boivin, M. & Vitaro, F. & Bukowski, W. M. (1999). The power of friendship: Protection against an escalating cycle of peer victimization. Developmental-Psychology, 35 (1), 94-101.

Hodges, E. V. E. & Malone, M. J. & Perry, D.-G. (1997). Individual risk and social risk as interacting determinants of victimization in the peer group. Developmental-Psychology, 33 (6), 1032-1039.

Hoffmeyer-Zlotnik, J. (1992). Analyse verbaler Daten. Opladen: Westdeutscher Verlag.

Holtappels, H. G. (1999). Sozialwissenschaftliche Theorien und Konzepte schulischer Gewaltforschung. In H. G. Holtappels & W. Heitmeyer & W. Melzer & K.-J. Tillmann (Hrsg.), Forschung über Gewalt an Schulen (S. 27-44). Weinheim: Juventa.

Holtappels, H. G. & Meier, U. (1997). Schülergewalt im sozialökologischen Kontext der Schule. Empirische Pädagogik, 11 (2), 117-134.

Holz-Ebeling, F. & Grätz-Tümmers, J. & Schwarz, C. (2000). Jungen als 'Nutzniesser' der Koedukation? Zeitschrift für Entwicklungspsychologie und Pädagogische Psychologie, 32 (2), 94-107.

Holz-Ebeling, F. & Hansel, S. (1993). Gibt es Unterschiede zwischen Schülerinnen in Mädchenschulen und koedukativen Schulen? Psychologie in Erziehung und Unterricht, 40, 21-33.

Horstkemper, M. (1993). Es ist schliesslich eins der schönsten Dinge, das andere Geschlecht kennenzulernen. Pädagogik, 45, 33-37.

Huberman, M. A. & Miles, M. B. (1994). Data Management and Analysis Methods. In N. K. Denzin & Y. S. Lincoln (Hrsg.), Handbook of Qualitative Research (S. 428-444). London: SAGE.

Hügli, A. (1993). Gibt es eine Moral des moralischen Verurteilens? Studia Philosophica, 52, 153-171.

Hügli, A. (1995). Kontrollpädagogik oder Autonomiepädagogik? Epistemologische Bemerkungen zum Verhältnis von Pädagogik und Philosophie. Studia Philosophica, 54, 11-47.

Huinink, J. (1995). Warum noch Familie? Zur Attraktivität von Partnerschaft und Elternschaft in unserer Gesellschaft. Frankfurt a. M.: Campus.

Hurrelmann, K. (1990). Gewalt in der Schule. In H.-D. Schwind & J. Baumann (Hrsg.), Ursachen, Prävention und Kontrolle von Gewalt. (S. 365-379). Berlin: Duncker und Humblot.

Hurrelmann, K. (1994). Lebensphase Jugend : eine Einführung in die sozialwissenschaftliche Jugendforschung. Weinheim: Juventa.

Hurrelmann, K. (1995). Einleitung: Interdisziplinäre Gewaltforschung. Zeitschrift für Sozialisationsforschung und Erziehungssoziologie, 15 (2), 98-100.

Hurrelmann, K. (1998). Einführung in die Sozialisationstheorie. Weinheim: Beltz.

Huston, A. C. & McLoyd, V. C. & Garcia Coll, C. (1994). Children and Poverty: Issues in Contemporary Research. Chid Development, 65, 275-282.

Jöreskog, K. G. (1993). Testing structural equations models. In K. A. Bollen & J. S. Long (Hrsg.), Testing structural equations models (S. 294-317). Newbury Park, CA: Sage.

Kaiser, A. (Hrsg.). (1997). Koedukation und Jungen. Weinheim: Beltz.

Kassis, W. (1995b). Die phänomenale Schülerinnen- und Schüler-Welt. Bern: Lang.

Kassis, W. (1998). Projekt „Gewaltprävention an Basler Schulen"; Ergebnisse der Erhebung an der Tagesschule und Primarschule Kleinhünigen, wie auch an der Orientierungsschule Brunnmatt. Basel: Universität Basel, Forschungsstelle für Schulpädagogik und Fachdidaktik.

Kassis, W. (2000a). Geschlechtergleichstellung im gymnasialen Alltag. schweizer schule, 5/00, 13-19.

Kassis, W. (2000b). Schulen mit Profil für Mädchen und Jungen. In Drehscheibe (Hrsg.), cool – hip – zoff! (S. 29-46). Basel: Drehscheibe.

Kassis, W. (2002). Erziehungswissenschaftliche Prädiktoren zum Thema 'Gewalttätige Jungen in der Schule'. Worin unterscheiden sich Täter von Nicht-Tätern? Zeitschrift für Empirische Pädagogik., 16 (4), 453-480.

Kassis, W. (2003). Die Wirkungsweise von Geschlechterrollenstereotypen auf die Gewaltentwicklung männlicher Schüler. Schweizerische Zeitschrift für Bildungswissenschaften., 24 (1), 143-160.

Kaulen, U. (1999). Hilfen für Kinder. Konzepte und Praxiserfahrungen fuer Prävention, Beratung und Therapie. In -. G. Romeike & -. H. Imelmann (Hrsg.). Weinheim: Juventa.

Kegan, R. (1986). Die Entwicklungsstufen des Selbst: Fortschritte und Krisen im menschlichen Leben. München: Kindt.

Kelle, U. (1995). Introduction: An Overview of Computer-aided Methods in Qualitative Research. In U. Kelle & G. Prein & K. Bird (Hrsg.), Computer-aided Qualitative Data Analysis (S. 1-18). London: SAGE Publications.

Kelle, U. & Laurie, H. (1995). Computer Use in Qualitative Research and Issues of Validity. In U. Kelle & G. Prein & K. Bird (Hrsg.), Computer-aided Qualitative Data Analysis (S. 19-28). London: SAGE Publications.

Kelle, U. & Prein, G. & Bird, K. (Hrsg.). (1995). Computer-aided Qualitative Data Analysis. Theory, Methods and Practice. London: SAGE Publications.

Keller, C. (1998). Die Geschlechterthematik aus der Sicht der Lehrpersonen der Sekundarstufe I. Bildungspraxis und Bildungsforschung, 20 (1), 115-133.

Kersten, J. (1993). Männlichkeitsdarstellungen in Jugendgangs. Kulturvergleichende Betrachtungen zum Thema „Jugend und Gewalt“. In H.-U. Otto & R. Merten (Hrsg.), Rechtsradikale Gewalt im vereinigten Deutschland. Jugend im gesellschaftlichen Umbruch (S. 227-236). Opladen: Leske + Budrich.

Kersten, J. (1995a). Feindbildkonstruktionen, Konfrontation und Konflikt als Darstellung von sozialer Geschlechtszugehörigkeit. Widersprüche, 56/57, 103-118.

Kersten, J. (1995b). Männlichkeit als Konfrontation: Kulturelle Aspekte um Feindbildkonstruktionen und Gewaltbereitschaft. In G. Nissen (Hrsg.), Aggressivität und Gewalt (S. 97-106). Bern: Huber.

Kersten, J. (1997a). Gut und (Ge)schlecht. Berlin: de Gruyter.

Kersten, J. & Steinert, H. (1997b). Kriminalität als Bewerkstelligung von Geschlecht. 'Starke Typen' mit Risiken und Nebenwirkungen. In J. Kersten & H. Steinert (Hrsg.),

Starke Typen: Iron Mike, Crocodile Dundee und der Alltag von Männlichkeit (S. 7-12). Baden-Baden: Nomos.

Killias, M. (1995). Situative Bedingungen von Gewaltneigungen Jugendlicher. In S. Lamnek (Hrsg.), Jugend und Gewalt. Devianz und Kriminalität in Ost und West (S. 189-206). Opladen: Leske + Budrich.

Kim, H. & Markus, H. R. (1999). Deviance or Uniqueness, Harmony or Conformity? A Cultural Analysis. Journal of Personality and Social Psychology, 77 (4), 785-800.

Kim, J. E. & Mavis, H. E. & Reiss, D. (1999). Associations among Family Relationships, Antisocial Peers, and Adolescents' Externalizing Behaviors: Gender and Family Type Differences. Child Development, 70, 1209-1230.

Kirchhöfer, D. & Pruss, W. & Schulze, G. & Stöhr, G. (Hrsg.). (1989). Fachliche Arbeitsweisen als Mittel der Persönlichkeitsentwicklung der Schüler am Beispiel des Mathematikunterrichts. Berlin: Volk und Wissen Volkseigener Verlag.

Klink, A. & Hamberger, J. & Hewstone, M. & Avci, M. (1998). Kontakte zwischen sozialen Gruppen als Mittel zur Reduktion von Aggression und Gewalt: Sozialpsychologische Theorien und ihre Anwendung in der Schule. In H. W. Bierhoff & U. Wagner (Hrsg.), Aggression und Gewalt. Phänomene, Ursachen und Interventionen (S. 280-306). Stuttgart: Kohlhammer.

Kolip, P. & Hurrelmann, K. (1994a). Was ist Gesundheit im Jugendalter? Indikatoren für körperliches, psychisches und soziales Wohlbefinden. In P. Kolip (Hrsg.), Lebenslust und Wohlbefinden (S. 25-46). Weinheim: Juventa.

Krannich, S. & Ratzke, K. (1999). Beratung und Therapie von Familien, deren Kinder aggressive Verhaltensweisen zeigen. In M. Cierpka (Hrsg.), Kinder mit aggressivem Verhalten (S. 71-122). Göttingen: Hogrefe.

Krannich, S. & Sanders, M. & Vogelei, C. (1999). Das Elternseminar. In M. Cierpka (Hrsg.), Kinder mit aggressivem Verhalten (S. 135-248). Göttingen: Hogrefe.

Krappmann, L. (1993). Die Entwicklung vielfältiger sozialer Beziehungen unter den Kindern. In A. Auhagen & M. von Salisch (Hrsg.), Zwischenmenschliche Beziehungen (S. S. 37-58). Göttingen: Hogrefe.

Krohne, H. W. (1996). Das Erziehungsstil-Inventar: ESI : Manual / von Heinz W. Krohne und Andreas Pulsack. Stuttgart: Kohlhammer.

Krumm, V. (1993). Aggression in der Schule. In U. Schmälzle (Hrsg.), Mit Gewalt leben (S. 153-202). Frankfurt am Main: Knecht.

Krumm, V. (1997b). Gewalt in der Schule. Empirische Pädagogik, 11 (2), 111-116.

Krumm, V. (1997d). Antwort auf Peter Posch. Empirische Pädagogik, 11 (2), 285-294.

Krumm, V. (1999). Methodenkritische Analyse schulischer Gewaltforschung. In H. G. Holtappels & W. Heitmeyer & W. Melzer & K.-J. Tillmann (Hrsg.), Forschung über Gewalt an Schulen (S. 63-80). Weinheim: Juventa.

Krumm, V. & Lamberger-Baumann, B. & Haider, G. (1997c). Gewalt in der Schule – auch von Lehrern. Empirische Pädagogik, 11 (2), 257-274.

Kühnel, W. (1995). Die Bedeutung von sozialen Netzwerken und Peer-group-Beziehungen für Gewalt im Jugendalter. Zeitschrift für Sozialisationsforschung und Erziehungssoziologie, 15 (2), 122-144.

Kupersmidt, J. B. & Coie, J. D. (1990). Preadolescent Peer Status, Aggression, and School Adjustment as Predictors of Externalizing Problems in Adolescence. Child Development, 61, 1350-1362.

Lamnek, S. (1995). Jugend und Gewalt – A Never Ending Story. In S. Lamnek (Hrsg.), Jugend und Gewalt. Devianz und Kriminalität in Ost und West (S. 11-24). Opladen: Leske + Budrich.

Land, K. C. & McCall, P. L. & Cohen, L. E. (1990). Structural Covariates of Homicide Rates: Are there Any Invariances across Time and Social Space. American Journal of Sociology, 95 (4), 922-963.

Lange, A. (1994). Wie entwickeln sich Gesellschaften und Familien? Veränderungen der Familie, Universität Konstanz, Universität Konstanz, Sozialwissenschaftliche Fakultät, Forschungsschwerpunkt „Gesellschaft und Familie".

Langer, I. & Schulz von Thun, F. (1974). Messung komplexer Merkmale in Psychologie und Pädagogik. Ratingverfahren. München: Ernst Reinhardt.

Laucht, M. & Esser, G. & Schmidt, M. H. (1997). Wovor schützen Schutzfaktoren? Anmerkungen zu einem populären Konzept der modernen Gesundheitsforschung. Zeitschrift für Entwicklungspsychologie und Pädagogische Psychologie, 29 (3), 260-270.

Laucht, M. & Esser, G. & Schmidt, M. H. (2000). Entwicklung von Risikokindern im Schulalter: Die langfristigen Folgen frühkindlicher Belastungen. Zeitschrift für Entwicklungspsychologie und Pädagogische Psychologie, 32 (2), 59-69.

Lee, V. E. & Bryk, A. S. (1986). Effects of single-sex secondary schools on achievement and attitudes. Journal of Educational Psychology, 78 (5), 381-395.

Leggewie, C. (1993). Jugend, Gewalt und Rechtsextremismus. Fünf Thesen zur Diskussion. In H.-U. Otto & R. Merten (Hrsg.), Rechtsradikale Gewalt im vereinigten Deutschland. Jugend im gesellschaftlichen Umbruch (S. 120-125). Opladen: Leske + Budrich.

LePore, P. C. & Warren, J. R. (1997). A comparison of single-sex and coeducational Catholic secondary schooling: Evidence from the national Educational Longitudinal Study of 1988. American Educational Research Journal, 34 (3), 485-511.

Lerner, L. & Friedman, R. M. (Hrsg.). (1986). Zur Psychoanalyse des Mannes. Berlin: Springer.

Lewin, K. (1982). Verhalten und Entwicklung als Funktion der Gesamtsituation. In F. E. Weinert & H. Gundlach (Hrsg.), Psychologie der Entwicklung und Erziehung (S. 375-448). Bern: Huber.

Loeber, R. & Dishion, T. (1983). Early Predictors of Male Delinquency: A Review. Psychological Bulletin, 94 (1), 68-99.

Loeber, R. & Dishion, T. J. (1984). Boys who fight at home and school: Family conditions influencing cross-setting consistency. Journal of Cosulting and Clinical Psychology, 52 (5), 759-768.

Loeber, R. & Stouthamer-Loeber, M. (1998a). Development of juvenile aggression and violence: Some comon misconceptions and controversies. American Psychologist, 53, 242-259.

Loeber, R. & Stouthamer-Loeber, M. (1998b). Juvenile aggression at home and at school. In D. S. Elliott & B. Hamburg & K. R. Williams (Hrsg.), Violence In American Schools (S. 94-126). Cambridge: Cambridge University Press.

Lorenz, K. (1984 (1963)). Das sogenannte Böse. München: Piper.

Lösel, F. & Averbeck , M. & Bliesener, T. (1997). Gewalt zwischen Schülern auf der Sekundarstufe: Eine Untersuchung zur Prävalenz und Beziehung zu allgemeiner Aggressivität und Delinquenz. Empirische Pädagogik, 11 (3), 327-349.

Lösel, F. & Bliesener, T. & Averbeck, M. (1999). Hat die Delinquenz von Schülern zugenommen? Ein Vergleich im Dunkelfeld nach 22 Jahren. In M. Schäfer & D. Frey (Hrsg.), Aggression und Gewalt unter Kindern und Jugendlichen (S. 65-90). Göttingen: Hogrefe.

Luhmann, N. (1986). Oekologische Kommunikation. Opladen: Westdeutscher Verlag.

Lutz, I. M. (1999). Weibliches Aggressionsverhalten zwischen sozialer Durchsetzung und sozialer Erwünschtheit. Frankfurt a. M.: Lang.

Maccoby, E. E. (1986). Social Groupings in Childhood: Their Relationship to Prosocial and Antisocial Behavior in Boys and Girls. In D. Olweus & J. Block & M. Radke-Yarrow (Hrsg.), Development of Antisocial and Prosocial Behavior (S. 263-284). Orlando: Academic Press.

Maccoby, E. E. (1998). The two sexes: growing up apart, coming together. Cambridge, Mass.: Belknap Press of Harvard University Press.

Maccoby, E. E. & Jacklin, N. C. (1975). The psychology of sex differences. Stanford: Stanford University Press.

Maccoby, E. E. & Martin, J. A. (1983). Socialization in the Context of the Family: Parent-Child Interaction. In P. H. Mussen & M. E. Hetherington (Hrsg.), Handbook of Child Psychology: Socialization, Personality, and Social Development (S. 1-101). New York: Wiley & Sons.

Maihofer, A. (1995). Geschlecht als Existenzweise. Frankfurt a.M.: Ulrike Helmer.

Mansel, J. (1995). Quantitative Entwicklung von Gewalthandlungen Jugendlicher und ihrer offiziellen Registrierung. Zeitschrift für Sozialisationsforschung und Erziehungssoziologie, 15 (2), 101-121.

Mansel, J. & Hurrelmann, K. (1993). Gewalt in der Schule – Gewaltanstieg oder Sensibilisierung gegenüber auffälligem und unerwünschtem Schülerverhalten? In M. Spreiter (Hrsg.), Waffenstillstand im Klassenzimmer (S. 11-61). Weinheim und Basel: Beltz.

Mansel, J. & Hurrelmann, K. (1998). Aggressives und delinquentes Verhalten Jugendlicher im Zeitvergleich. Befunde aus der 'Dunkelfeldforschung' aus den Jahren 1988, 1990 und 1996. Kölner Zeitschrift für Soziologie und Sozialpsychologie,, 79-109.

Margalit, A. (1999). Politik der Würde. Über Achtung und Verachtung. Frankfurt a. M.: Fischer.

Marsh, H. W. (1989). Effects of attending single-sex and coeducational high schools on achievement, attitudes, behaviors and sex differences. Journal of Educational Psychology, 81 (1), 70-85.

Marsh, H. W. (1989). Effects of single-sex and coeducational schools: A response to Lee and Bryk. Journal of Educational Psychology, 81 (4), 651-653.

Martin, C. L. (1998). A Developmental Perspective on Gender Effects and Gender Concepts. In W. B. J. Swann & J. H. Langlois & L. Albino Gilbert (Hrsg.), Sexism and stereotypes in modern society: The gender science of Janet Taylor Spence (S. 45-73). Wshington, D.C.: American Psychological Association.

Martin, C. L. & Littler, J. K. (1990). The Relation of Gender Understanding to Children's Sex-typed Preferencies and Gender Stereotypes. Child Development, 61, 1427-1439.

Marx, A. (2001). Devianz und Selbstentwicklung im Jugendalter. Münster: Waxmann.

Massey, D. S. & Eggers, M. L. (1990). The Ecology of Inequality: Minorities and the Concentration of Poverty, 1970-1980. American Journal of Sociology, 95 (5), 1153-1188.

Massey, D. S. & Gross, A. B. & Eggers, M. L. (1991). Segregation, the Concentration of Poverty, and the Life Chances of Individuals. Social Science Research, 20 (4), 397-420.

May, R. (1986). Männlichkeit aus psychoanalytischer Sicht. In L. Lerner & R. M. Friedman (Hrsg.), Zur Psychoanalyse des Mannes (S. 171-190). Berlin: Springer.

Mayring, P. (2000). Qualitative Inhaltsanalyse. Weinheim: Beltz.

McCloskey, L. A. & Figueredo, A. J. & Koss, M. P. (1995). The Effects of Systemic Family Violence on Children's Mental Health. Child Development, 66, 1239-1261.

McCord, J. (1986). Instigation and Insulation: How Families Affect Antisocial Aggression. In D. Olweus & J. Block & M. Radke-Yarrow (Hrsg.), Development of Antisocial and Prosocial Behavior (S. 343-414). Orlando: Academic Press.

McCord, J. (1990). Problem Behaviors. In S. S. Feldman & G. R. Elliott (Hrsg.), At the Threshold. The Developing Adolescent (S. 414-430). Cambridge: Harvard University Presss.

McCubbin, H. I. & Patterson, J. M. (1983). The Family Stress Process: The Double ABCX Model of Adjustment and Adaption. Marriage and Family Review, 6, 7-37.

McGinty, S. (1999). Resilience, Gender, and Success at School. New York: Lang.

McHale, S. M. & Crouter, A. C. & Tucker, C. J. (1999). Family Context and Gender Role Socialization in Middle Childhood: Comparing Girls to Boys and Sisters to Brothers. Child Development, 70 (4), 990-1004.

Meier, U. & Melzer, W. & Schubarth, W. & Tillmann, K.-J. (1995). Schule, Jugend und Gewalt. Zeitschrift für Sozialisationsforschung und Erziehungssoziologie, 15 (2), 168-182.

Meier-Seethaler, C. (1989). Ursprünge und Befreiungen. Zürich: Arche-Verlag.

Melzer, W. & Rostampour, P. (1996). Schulische Gewaltformen und Opfer-Täter-Problematik. In W. Schubarth & F.-U. Kolbe & H. Willems (Hrsg.), Gewalt an Schulen. Ausmass, Bedingungen und Prävention (S. 131-148). Opladen: Leske + Budrich.

Mercy, J. A. & Rosenberg, M. L. (1998). Preventing firearm violence in and around schools. In D. S. Elliott & B. Hamburg & K. R. Williams (Hrsg.), Violence In American Schools (S. 159-187). Cambridge: Cambridge University Press.

Merten, K. (1983). Inhaltsanalyse. Einführung in Theorie , Methode und Praxis (S. 1-119). Opladen: Westdeutscher.

Merten, R. (1993). Erziehung – Rechtsextremismus – Gewalt. Zur politischen Sozialisation Jugendlicher. In H.-U. Otto & R. Merten (Hrsg.), Rechtsradikale Gewalt im vereinigten Deutschland. Jugend im gesellschaftlichen Umbruch (S. 126-146). Opladen: Leske + Budrich.

Merten, R. & Otto, H.-U. (1993). Rechtsradikale Gewalt im vereinigten Deutschland. Jugend im Kontext von Gewalt, Rassismus und Rechtsextremismus. In H.-U. Otto & R. Merten (Hrsg.), Rechtsradikale Gewalt im vereinigten Deutschland. Jugend im gesellschaftlichen Umbruch (S. 13-33). Opladen: Leske + Budrich.

Merton, R. K. (1995). Soziologische Theorie und soziale Struktur. Berlin: Walter de Gruyter.

Meyer, A. (1895). Die Verbrechen in ihrem Zusammenhang mit den wirtschaftlichen und sozialen Verhältnissen im Kanton Zürich. Jena: Gustav Fischer.

Millier, A. & Ferguson, E. & Byrne, I. (2000). Pupils' causal attributions für difficult classroom behaviour. British Journal of Educational Psychology, 70, 80-96.

Mitscherlich, M. (1992). Die friedfertige Frau – eine psychoanalytische Untersuchung zur Aggression der Geschlechter. Frankfurt: Fischer.

Mize, J. & Pettit, G. S. (1997). Mothers' Social Coaching, Mother-Child Relationship Style, and Children's Peer Competence: Is the Medium the Message? Child Development, 68 (2), 312-332.

Mollenhauer, K. (1979). Einführung in die Sozialpädagogik. Weinheim, Basel: Beltz.

Mooij, T. (1998). Pupil-class determinants of aggressive and victim behaviour in pupils. British Journal of Educational Psychology, 68, 373-385.

Mooij, T. (1999). Promoting prosocial pupil behaviour: 1-A multilevel theoretical model. British Journal of Educational Psychology, 69, 469-478.

Mooij, T. (1999). Promoting prosocial pupil behaviour: 2-Secondary school intervention and pupil effects. British Journal of Educational Psychology, 69, 479-504.

Moosbrugger, H. & Frank, D. (1992). Clusteranalytische Methoden in der Persönlichkeitsforschung. Bern: Huber.

Mummendey, A. & Linneweber, V. & Löschper, G. (1984). Aggression: From Act to Interaction. In A. Mummendey (Hrsg.), Social Psychology of Aggression (S. 69-106). Berlin: Springer.

Mummendey, A. & Otten, S. (1993). Aggression: Interaction Between Individuals and Social Groups. In R. B. Felson & J. T. Tedeschi (Hrsg.), Aggression and Violence. Social Interactionist Perspectives (S. 145-170). Washington: American Psychological Association.

Mynard, H. & Joseph, S. (1997). Bully/Victim Problems and their Association with Eysenck's Personality Dimensions in 8 to 13 Year-Olds. British Journal of Educational Psychology, 67, 51-54.

Nagin, D. & Tremblay, R. E. (1999). Trajectories of Boys' Physical Aggression, Opposition, and Hyperactivity on the Path to Physically Violent and Nonviolent Juvenile Delinquency. Child Development, 70, 1181-1196.

Neutzling, R. (1994). Von der Gewalt und von der Liebe: Arbeit mit Pädagogen zum Thema „Jungen und Gewalt". In P. Kolip (Hrsg.), Lebenslust und Wohlbefinden (S. 221-225). Weinheim: Juventa.

Newcomb, A. F. & Bagwell, C. L. (1996). The developmental significance of children's friendship relations. In W. M. Bukowski & A. F. Newcomb & W. W. Hartup (Hrsg.), The company they keep: friendship in childhood and adolescence (S. 289-321). Cambridge / New York / Melbourne: Cambridge University Press.

Neyer, F. J. & Schäfer, M. & Asendorpf, J. B. (1998). Bindung, Gehemmtheit, soziale Netzwerke und die Entwicklung sozialer Beziehungen im Kindergarten. Zeitschrift für Entwicklungspsychologie und Pädagogische Psychologie, 30 (2), 70-79.

Niebel, -. G. & Hanewinkel, -. R. & Ferstl, -. R. (1993). Gewalt und Aggression in schleswig-holsteinischen Schulen. Zeitschrift für Pädagogik, 39 (5), 775-798.

Noack, P. & Fingerle, M. (1994). Gespräche Jugendlicher mit Eltern und gleichaltrigen Freunden. Zeitschrift für Entwicklungspsychologie und Pädagogische Psychologie, 26 (4), 331-349.

Noack, P. & Wild, E. (1999). Überlegungen zur Entwicklung von aggressiven und rechtsextremen Einstellungen. In M. Schäfer & D. Frey (Hrsg.), Aggression und Gewalt unter Kindern und Jugendlichen (S. 107-134). Göttingen: Hogrefe.

Nurmi, J.-E. (1987). Age, Sex, Social Class, and Quality of Family Interaction as Determinants of Adolescents' Future Orientation: A Developmental Task Interpretation. Adolescence, 22 (88), 977-991.

Nurmi, J.-E. (1989). Planning, motivation, and evaluation in orientation to the future: A latent structure analysis. Scandinavian Journal of Psychology, 30 (1), 64-71.

Nurmi, J.-E. (1991). Review: How Do Adolescents See Their Future? A Review of the Development of Future Orientation and Planning. Developmental Review, 11 (1), 1-59.

Offord, D. R. & Boyle, M. C. & Racine, Y. A. (1991). The Epidemiology of Antisocial Behavior in Childhood and Adolescence. In D. P. Pepler & K. H. Rubin (Hrsg.), The Development and Treatment of Childhood Aggression (S. 31-54). Hillsdale: Lawrence Erlbaum.

Olweus, D. (1980). Familial and Temperamental Determinance of Aggressive Behavior in Adolescent Boys. A Causal Analysis. Developmental Psychology, 16, 444-660.

Olweus, D. (1986). Aggression and Hormones: Behavioral Relationship with Testosterone and Adrenaline. In D. Olweus & J. Block & M. Radke-Yarrow (Hrsg.), Development of Antisocial and Prosocial Behavior (S. 51-72). Orlando: Academic Press.

Olweus, D. (1991). Bully/Victim Problems Among Schoolchildren: Basic Facts and Effects of a School-Based Intervention Program. In D. P. Pepler & K. H. Rubin (Hrsg.), The Development and Treatment of Childhood Aggression (S. 411-448). Hillsdale: Lawrence Erlbaum.

Olweus, D. (1993). Victimization by Peers: Antecedents and Long-Term Outcomes. In K. H. Rubin & J. B. Asendorpf (Hrsg.), Social Withdrawal, Inhibitation, and Shyness in Childhood (S. 315-341). Hillsdale: Lawrence Erlbaum.

Olweus, D. (1996). Gewalt in der Schule: Was Lehrer und Eltern wissen sollten – und tun können. Bern, Göttingen, Toronto, Seattle: Hans Huber.

Olweus, D. (1997). Bully & victim problems in school: Facts and intervention. European Journal of Psychology of Education, XII, no 4, 495-510.

Olweus, D. (1999). Täter-Opfer-Probleme in der Schule: Erkenntnisstand und Interventionsprogramm. In H. G. Holtappels & W. Heitmeyer & W. Melzer & K.-J. Tillmann (Hrsg.), Forschung über Gewalt an Schulen (S. 281-298). Weinheim: Juventa.

Olweus, D. & Block, J. & Radke-Yarrow, M. (1986). Development of Antisocial and Prosocial Behavior. Orlando: Academic Press.

Oswald, H. (1997). Zwischen „Bullying“ und „Rough and Tumble Play“. Empirische Pädagogik, 11 (3), 385-402.

Oswald, H. (1999a). Steigt die Gewalt unter Jugendlichen? In M. Schäfer & D. Frey (Hrsg.), Aggression und Gewalt unter Kindern und Jugendlichen (S. 43-52). Göttingen: Hogrefe.

Oswald, H. (1999b). Jenseits der Grenze zur Gewalt: Sanktionen und rauhe Spiele. In M. Schäfer & D. Frey (Hrsg.), Aggression und Gewalt unter Kindern und Jugendlichen (S. 179-202). Göttingen: Hogrefe.

Parin, P. (1977). Das Ich und die Anpassungsmechanismen. Psyche, 31 (6), 481-515.

Parsons, T. & Bales, R. F. (1955). Family, socialization and interaction process. Glencoe: The Free Press.

Patterson, C. J. & Kupersmidt, J. B. & Griesler, P. C. (1990). Children's Perceptions of Self and of Relationships with Others as a Function of Socimetric Status. Child Development, 61, 135-1349.

Patterson, G. (1975). Soziales Lernen in der Familie. Psychologische Hilfen für Eltern und Kinder. München: Pfeiffer.

Patterson, G. R. & Capaldi, D. & Bank, L. (1991). An Early Starter Model for Predicting Delinquency. In D. P. Pepler & K. H. Rubin (Hrsg.), The Development and Treatment of Childhood Aggression (S. 139-168). Hillsdale: Lawrence Erlbaum.

Patterson, G. R. & DeBaryshe, B. D. & Ramsey, E. (1989). A Developmental Perspective on Antisocial Behavior. American Psychologist, 44 (2), 329-335.

Patterson, G. R. & Reid, J. B. & Dishion, T. J. (1992). Antisocial Boys. Eugene (OR): Castalia Publishing Company.

Patterson, G. R. & Stouthamer-Loeber, M. (1984). The Correlation of Family Management Practices and Delinquency. Child Development, 55, 1299-1307.

Pellegrini, A. D. (1993). Boys' Rough-And-Tumble Play, Social Competence and Group Composition. British Journal of Developmental Psychology, 11, 237-248.

Pepler, D. & Craig, W. M. & Connolly, J. (1997). Bullying and Victimization. The National Crime Prevention Council of Canada.

Pepler, D. J. & Craig, W. M. & Connolly, J. (1997). Bullying and Victimization: The Problems and Solutions for School-aged Children. York, LaMarsh Centre for Research on Violence and Conflict Resolution, York University Department of Psychology, Queen's University: 1-13.

Pepler, D. J. & Craig, W. M. & Ziegler, S. & Charach, A. (1994). An Evaluation of an Antibullying Intervention in Toronto Schools. Canadian Journal of Community Mental Health, 13, 95-110.

Pepler, D. P. & King, G. & Byrd, W. (1991). A Social-Cognitively Based Social Skills Training Program for Aggressive Children. In D. P. Pepler & K. H. Rubin (Hrsg.), The Development and Treatment of Childhood Aggression (S. 361-379). Hillsdale: Lawrence Erlbaum.

Perrez, M. & Berger, R. & Wilhelm, P. (1998). Die Erfassung von Belastungserleben und Belastungsverarbeiten in der Familie: Self-Monitoring als neuer Ansatz. Psychologie in Erziehung und Unterricht, 45, 19-35.

Perry, D. G. & Williard, J. C. & C., P. L. (1990). Peers' Perceptions of the Consequences That Victimized Children Provide Aggressors. Child Development, 61, 1310-1325.

Pestalozzi, J. H. (1977 (1797)). Meine Nachforschungen über den Gang der Natur in der Entwicklung des Menschengeschlechts. In J. H. Pestalozzi (Hrsg.), Auswahl aus seinen Schriften, Band 1 (S. 113-279). Bern: Haupt.

Petermann, F. (1998). Entwicklung aggressiven Verhaltens: Diagnostik und psychotherapeutische Interventionen. In H. W. Bierhoff & U. Wagner (Hrsg.), Aggression und Gewalt: Phänomene, Ursachen und Interventionen (S. 234-257). Stuttgart: Kohlhammer.

Petermann, F. & Petermann, U. (1997). Training mit aggressiven Kindern. Bremen: Beltz.

Piaget, J. (1986 (1932)). Das moralische Urteil beim Kinde. Stuttgart: Klett-Cotta.

Picariello, M. L. & Greeberg, D. N. & Pillemer, D. B. (1990). Children's Sex-related Stereotyping of Colors. Child Development, 61, 1453-1460.

Polasek, W. (1994). EDA: Explorative Datenanalyse. Berlin: Springer.

Popitz, H. (1992). Phänomene der Macht. Tübingen: Mohr.

Posch, P. (1997). Kommentar zu Krumm, Lamberger-Baumann und Haider. Empirische Pädagogik, 11 (2), 277-284.

Prein, G. (1996). Interpretative Methodologie und Computer. Kann EDV-gestützte Datenverwaltung Validitätsprobleme qualitativer Forschung lösen? In R. Strobl & A. Böttger (Hrsg.), Wahre Geschichten? Zu Theorie und Praxis qualitativer Interviews (S. 93-110). Baden-Baden: Nomos.

Prein, G. & Kelle, U. & Bird, K. (1995). An Overview of Software. In U. Kelle & G. Prein & K. Bird (Hrsg.), Computer-aided Qualitative Data Analysis (S. 190-210). London: SAGE Publications.

Prengel, A. (1995). Pädagogik der Vielfalt. Verschiedenheit und Gleichberechtigung in interkultureller, feministischer und integrativer Pädagogik. Opladen: Leske + Budrich.

Prüfer, P. & Rexroth, M. (2000). Zwei-Phasen-Pretesting. ZUMA-Arbeitsberichte, 2000 (8), 1-21.

Rademacker, H. (1996). Schulsozialarbeit vor neuen Herausforderungen – Bilanz und Perspektiven der Schulsozialarbeit in den alten und neuen Bundesländern. In W. Schubarth & F.-U. Kolbe & H. Willems (Hrsg.), Gewalt an Schulen. Ausmass, Bedingungen und Prävention (S. 216-238). Opladen: Leske + Budrich.

Ratzke, K. & Cierpka, M. (1999). Der familiäre Kontext von Kindern, die aggressive Verhaltensweisen zeigen. In M. Cierpka (Hrsg.), Kinder mit aggressivem Verhalten (S. 25-60). Göttingen: Hogrefe.

Rauchfleisch, U. (1994). Testpsychologie. Göttingen: Vandenhoeck und Ruprecht.

Rennen-Allhoff, B. (1995). Entwicklung im Jugendalter unter ökologischer Perspektive. Psychologie in Erziehung und Unterricht, 42, 73-76.

Reuband, K.-H. (1997). Aushandeln statt Gehorsam. Erziehungsziele und Erziehungspraktiken in den alten und neuen Bundesländern im Wandel. In L. Böhnisch & K. Lenz (Hrsg.), Familien. Eine interdisziplinäre Einführung (S. 129-153). Weinheim: Juventa.

Richards, T. J. & Richards, L. (1994). Using Computers in Qualitative Research. In N. K. Denzin & Y. S. Lincoln (Hrsg.), Handbook of Qualitative Research (S. 445-462). London: SAGE.

Rivers, -. I. & Smith, -. P.-K. (1994). Types of bullying behaviour and their correlates. Aggressive-Behavior, 20 (5), 359-368.

Roland, E. (1993). Bullying: A developing tradition of research and management. In D. Tattum (Hrsg.), Understanding and managing bullying. Oxford: Heinemann Educational.

Rommelspacher, B. (1993). Männliche Gewalt und gesellschaftliche Dominanz. In H.-U. Otto & R. Merten (Hrsg.), Rechtsradikale Gewalt im vereinigten Deutschland. Jugend im gesellschaftlichen Umbruch (S. 200-210). Opladen: Leske + Budrich.

Rosenberg, M. (1965). Society and the adolescent self-image. Princeton: Princeton University-Press.

Ross, D. M. (1996). Childhood bullying and teasing. London: Routledge.

Rostampour, P. & Schubarth, W. (1997). Gewaltphänomene und Gewaltakteure. Befunde aus einer Schülerbefragung in Sachsen. Empirische Pädagogik, 11 (2), 135-150.

Rudolph, K. D. & Hammen, C. (1999). Age and Gender as Determinants of Stress Exposure, Generation, and Reactions in Youngsters: A Transactional Perspective. Child Development, 70 (3), 660-677.

Rudolph, K. D. & Hammen, C. & Burge, D. (1995). Cognitive Representations of Self, Family, and Peers in School-Age Children: Links with Social Competence and Sociometric Status. Child Development, 66, 1385-1402.

Rueter, M. A. & Conger, R. D. (1995). Interaction Style, Problem-solving Behavior, and Family Problem-solving Effectiveness. Child Development, 66, 98-115.

Rushton, -. J.-P. Altruism and aggression: The heritability of individual differences. Journal-of-Personality-and-Social-Psychology, 50 (6), 1192-1198.

Rutter, M. (1990). Psychosocial resilience and protective mechanisms. In J. Rolf & A. S. Masten & D. Cicchetti & K. H. Nuechterlein & S. Weitraub (Hrsg.), Risk and protective factors in the development of psychopathology (S. 181-214). New York: Cambridge University Press.

Rutter, M. & Giller, H. & Hagell, A. (1998). Antisocial behavior by young people. Cambridge: Cambridge University Press.

Sack, F. (1999). Gewalttätige Jugend – Schlüssel zur Pathologie der Gesellschaft? Bulletin NFP NR 40, 4, 5-35.

Salzinger, S. & Feldman, R. S. & Hammer, M. (1993). The Effects of Physical Abuse on Children's Social Relationships. Child Development, 64, 169-187.

Sampson, R. J. (1986). Neighborhood Family Structure and the Risk of Personal Victimization. In J. M. Byrne & R. J. Sampson (Hrsg.), The Social Ecology of Crime (S. 25-46). New York: Springer.

Sampson, R. J. (1991). Linking the Micro- and Macrolevel Dimensions of Community Social Organization. Social Forces, 70 (1), 43-64.

Sampson, R. J. & Groves, W. B. (1989). Community Structure and Crime: Testing Social-Disorganisation Theory. American Journal of Sociology, 94 (4), 774-802.

Sampson, R. J. & Laub, J. H. (1994). Urban Poverty and the Family Context of Delinquency: A New Look at Structure and Process in a Classic Study. Child Development, 65, 523-540.

Sanders, M. & Krannich, S. (1999). Schule als Kontext für aggressives Verhalten von Kindern. In M. Cierpka (Hrsg.), Kinder mit aggressivem Verhalten (S. 61-70). Göttingen: Hogrefe.

Sanders, M. & Krannich, S. & Ratzke, K. (1999). Die Arbeitsweise unserer Beratungsstelle. In M. Cierpka (Hrsg.), Kinder mit aggressivem Verhalten (S. 123-134). Göttingen: Hogrefe.

Sanders, M. & Ratzke, K. (1999). Das ModeratorInnentraining – Kompetenz für systematische Fallberatung. In M. Cierpka (Hrsg.), Kinder mit aggressivem Verhalten (S. 249-356). Göttingen: Hogrefe.

Satow, L. & Schwarzer, R. (2000). Selbstwirksamkeitserwartung, Besorgtheit und Schulleistung: Eine Längsschnittuntersuchung in der Sekundarstufe I. Empirische Pädagogik, 14 (2), 131-150.

Scerbo, -. A.-S. & Kilko, -. D.-J. (1995). Child physical abuse and aggression: Preliminary findings on the role of internalizing problems. Journal of the American Academy of Child and Adolescent Psychiatry, 34 (8), 1060-1066.

Schäfer, M. (1997). Verschiedenartige Perspektiven von Bullying. Empirische Pädagogik, 11 (3), 369-383.

Schmälzle, U. (1993). Prävention von Gewalt im Netzwerk von Schule, Familie und Bildungsarbeit. In U. Schmälzle (Hrsg.), Mit Gewalt leben (S. 203-274). Frankfurt am Main: Knecht.

Schnabel, K. U. (1997). Zur Interpretation der vollstandardisierten Lösung bei Längsschnittmodellen. In U. Engel & H. G. Strohe (Hrsg.), Grundlagen und Anwendungen komplexer Strukturgleichungsmodelle (S. 109-118). Hamburg: Kovac.

Schnack, D. & Neutzling, R. (1993). Die Prinzenrolle. Über die männliche Sexualität. Reinbek: Rowohlt.

Schnack, D. & Neutzling, R. (1997). Kleine Helden in Not : Jungen auf der Suche nach Männlichkeit. Reinbek: Rowohlt.

Schneewind, K. A. (1999). Familienpsychologie. Stuttgart: Kohlhammer.

Schneider-Sliwa, R. (1994). Kernstädte- Nährboden der Gewalt. In H. Joas & W. Knöbl (Hrsg.), Gewalt in den USA. Frankfurt am Main: Fischer.

Schubarth, W. (1995). Gewalt an Schulen im Spiegel aktueller Schulstudien. In S. Lamnek (Hrsg.), Jugend und Gewalt. Devianz und Kriminalität in Ost und West (S. 139-154). Opladen: Leske + Budrich.

Schubarth, W. (2000). Gewaltprävention in Schule und Jugendhilfe. Neuwied: Luchterhand.
Schuster, B. (1997). Soziale Ausgrenzung und Schikane in der Schule und am Arbeitsplatz. Empirische Pädagogik, 11 (3), 315-326.
Schwind, H.-D. (1995). Gewalt in der Schule – am Beispiel von Bochum. In S. Lamnek (Hrsg.), Jugend und Gewalt. Devianz und Kriminalität in Ost und West (S. 99-118). Opladen: Leske + Budrich.
Selner-O'Hagan, M. B. & Kindlon, D. J. & Buka, S. L. & Raudenbush, S. W. & Earls, F. J. (1998). Assessing Exposure to Violence in Urban Youth. Journal of Child Psychology and Psychiatry, 39 (2), 215-224.
Serbin, L. A. & Moskowitz, D. S. & Schwartzmann, A. E. & Ledingham, J. E. (1991). Aggressive, Withdrawn and Aggressive/Withdrawn Children in Adolescence: Into the Next Generation. In D. P. Pepler & K. H. Rubin (Hrsg.), The Development and Treatment of Childhood Aggression (S. 55-70). Hillsdale: Lawrence Erlbaum.
Shmurak, B. C. (1998). Voices of Hope. New York: Lang.
Siann, -. G. & Callaghan, -. M. & Lockhart, -. R. & Rawson, -. L. (1993). Bullying: Teachers' views and school effects. Educational-Studies, 19 (3), 307-321.
Simon, N. G. & McKenna, S. E. & Shi-Fang, L. & Colofer-Cliford, A. (1996). Development and Expression of Hormonal Systems Regulating Aggression. In C. F. Ferries & T. Grisso (Hrsg.) (S. 8-17). Understanding Aggressive Behavior in Children: New York Academy of Sciences.
Sitter, B. (1983). Einführung: Zum Gespräch zwischen biologischer Verhaltensforschung und Kulturwissenschaften. In B. Sitter (Hrsg.), Menschliches Verhalten (S. 7-25). Freiburg: Universitätsverlag.
Smith, P. K. (1999). Aggression und Bullying in Schulen. In M. Schäfer & D. Frey (Hrsg.), Aggression und Gewalt unter Kindern und Jugendlichen (S. 19-42). Göttingen: Hogrefe.
Smith, P. K. & Levan, S. (1995). Perceptions and Experiences of Bullying in Younger Pupils. British Journal of Educational Psychology, 65, 489-500.
Smith, P. K. & Sharp, S. (Hrsg.). (1994). School Bullying. Insights and Perspectives. London: Routledge.
Smolla, G. (1983). Zum Themenkreis „Arbeitsteilung“ aus der Sicht der Vor- und Frühgeschichtsforschung. In B. Sitter (Hrsg.), Menschliches Verhalten (S. 99-103). Freiburg: Universitätsverlag.
Sofsky, W. (1996). Traktat über Gewalt. Frankfurt am Main: S. Fischer.
Sofsky, W. (1999). Die Ordnung des Terrors: Das Konzentrationslager. Frankfurt am Main: S. Fischer.
Steinberg, L. & Lamborn, S. D. & Darling, N. & Mounts, N. S. & Dornbusch, S. M. (1994). Over-Time Changes in Adjustment and Competence among Adolescents from

Authorative, Authoritarian, Indulgent, and Neglectful Families. Child Development, 65, 754-770.

Steinberg, L. & Lamborn, S. D. & Dornbusch, S. M. & Darling, N. (1992). Impact of Parenting Practices on Adolescent Achievement: Authoritative Parenting, School Involvement, and Encouragement to Succeed. Child Development, 63, 1266-1281.

Steinert, H. (1995b). Soziale Ausschliessung – das richtige Thema zur richtigen Zeit. Kriminologisches Journal, 27 (2), 82-88.

Steinert, H. & Karazman-Morawetz, I. (1993). Gewalterfahrungen Jugendlicher. In H.-U. Otto & R. Merten (Hrsg.), Rechtsradikale Gewalt im vereinigten Deutschland. Jugend im gesellschaftlichen Umbruch (S. 147-156). Opladen: Leske + Budrich.

Stern, W. (1994 (1911)). Die differentielle Psychologie in ihren methodischen Grundlagen. Bern: Huber.

Stevens, V. & De Bourdeaudhuij, I. & Van Oost, P. (2000). Bullying in Flemish schools: An evaluation of antibullying intervention in primary and secondary schools. British Journal of Educational Psychology, 70, 195-210.

Steyer, R. & Eid, M. & Schwenkmezger, P. (1997). Modeling True Intraindividual Change: True Change as a Latent Variable. Methods of Psychological Research Online, 2 (1), 21-33.

Steyer, R. & Partchev, I. & Shanahan, M. J. (2000). Modeling True Intraindividual Change in Structural Equation Models: The Case of Poverty and Children's Psychosocial Adjustment. In T. D. Little & K. U. Schnabel (Hrsg.), Modeling Longitudinal and Multilevel Data (S. 109-126). Mahwah, New Jersey: Lawrence Erlbaum.

Tausch, R. & Tausch, A.-M. (8 1977). Erziehungspsychologie. Begegnung von Person zu Person. Göttingen.

Tedeschi, J. T. & Quigley, B. M. (1998). Frühere und zukünftige Methoden der Aggressionsforschung. In H. W. Bierhoff & U. Wagner (Hrsg.), Aggression und Gewalt: Phänomene, Ursachen und Interventionen (S. 88-107). Stuttgart: Kohlhammer.

Tergan, S.-O. (1986). Modelle der Wissensrepräsentation als Grundlage qualitativer Wissensdiagnostik. Opladen: Westdeutscher Verlag.

Thommen, B. (1985). Alltagspsychologie von Lehrern über verhaltensauffällige Schüler. Bern: Huber.

Tillmann, K.-J. (1999). Gewalt an Schulen: öffentliche Diskussion und erziehungswissenschaftliche Forschung. In H. G. Holtappels & W. Heitmeyer & W. Melzer & K.-J. Tillmann (Hrsg.), Forschung über Gewalt an Schulen (S. 11-26). Weinheim: Juventa.

Tillmann, K.-J. & Holler-Nowitzki, B. & Holtappels, H. G. & Meier, U. & Popp, U. (2000). Schülergewalt als Schulproblem. Weinheim: Juventa.

Toch, H. (1993). Good Violence and Bad Violence: Self-Presentations of Aggression Through Accounts and War Stories. In R. B. Felson & J. T. Tedeschi (Hrsg.),

Aggression and Violence. Social Interactionist Perspectives (S. 193-208). Washington: American Psychological Association.

Trachtenberg, S. & Viken, R. J. (1994). Aggressive Boys in the Classroom: Biased Attributions or Shared Perceptions? Child Development, 65, 829-835.

Tysen, P. (1986). Männliche Geschlechtsidentität und ihre Wurzeln in der frühkindlichen Entwicklung. In L. Lerner & R. M. Friedman (Hrsg.), Zur Psychoanalyse des Mannes (S. 1-20). Berlin: Springer.

Tzankoff, M. (1995). Interaktionstheorie, Geschlecht und Schule. Opladen: Leske + Budrich.

Underwood, M. K. & Hurley, J. C. & Johanson, C. A. & Mosley, J. E. (1999). An Experimental, Observational Investigation of Childrens's Responses to Peer Provocartion: Developmental and Gender Differences in Middle Childhood. Child Development, 70, 1428-1446.

Viemerö, V. (1992). Changes in Patterns of Aggressiveness among Finish Girls over a decade. In B. Kaj & P. Niemelä (Hrsg.), Of mice and women: aspects of female aggression (S. 99-106). San Diego: Acedemic Press.

Violi, E. (1997). Reflektierte Jugendpädagogik – ein neues Aufgabenfeld geschlechterbewusster Erziehung und Bildung. In G. Silvia (Hrsg.), Schule und Soziale Arbeit in gefährdeter Gesellschaft (S. 297-310). Bern: Haupt.

von Hentig, H. (1996). Bildung. München: Hanser.

von Salisch, M. & Seiffge-Krenke, I. (1996). Freundschaften im Kindes- und Jugendalter: Konzepte, Netzwerke, Elterneinflüsse. Psychologie in Erziehung und Unterricht, 43, 85-99.

Vuille, M. & Gros, D. (1999). Violence ordinaire. Genf: Service de la recherche en éducation.

Walper, S. (1995). Familienbeziehungen und Sozialentwicklung Jugendlicher in Kern–, Ein-Eltern- und Stieffamilien. Zeitschrift für Entwicklungspsychologie und Pädagogische Psychologie, 27 (2), 93-121.

Waters, E. & Hay, D. & Richters, J. (1985). Infant-Parent Attachment and the Origins of Prosocial and Antisocial Behavior. In D. Olweus & J. Block & M. Radke-Yarrow (Hrsg.), Development of Antisocial and Prosocial Behavior (S. 97-125). Orlando: Academic Press.

Weinert, F. E. (1996). Der 'gute Lehrer', die 'gute Lehrerin' im Spiegel der Wissenschaft. Beiträge zur Lehrerbildung, 14 (2), 141-151.

Weinert, F. E. (1996). Lerntheorien und Instruktionsmodelle. In P. D. F. E. Weinert (Hrsg.), Psychologie des Lernens und der Instruktion (S. 1-48). Göttingen: Hogrefe.

Weinert, F. E. & Helmke, A. (Hrsg.). (1997). Entwicklung im Grundschulalter. Weinheim: Psychologie Verlags Union.

Werner, N. E. & Bigbee, M. A. & Crick, N. R. (1999). Aggression und Viktimisierung in Schulen: „Chancengleichheit“ für aggressive Mädchen. In M. F. Schäfer, Dieter (Hrsg.), Aggression und Gewalt unter Kindern und Jugendlichen (S. 153-178). Göttingen: Hogrefe.

Wiegelmann, G. (1983). Zur Arbeitsteilung der Geschlechter in Europa. In B. Sitter (Hrsg.), Menschliches Verhalten (S. 53-60). Freiburg: Universitätsverlag.

Wild, E. & Noack, P. (1999). Stabilität und Wandel in den Einstelungen von Jugendlichen und Eltern zur Gewalt. In M. F. Schäfer, Dieter (Hrsg.), Aggression und Gewalt unter Kindern und Jugendlichen (S. 135-152). Göttingen: Hogrefe.

Wild, E. & Pikowsky, B. (1996). Schulpsychologische Beratung am Beispiel 'Gewalt in der Schule'. In M. Hofer & E. Wild & B. Pikowsky (Hrsg.), Pädagogisch-psychologische Berufsfelder (S. 115-143). Bern: Huber.

Willems, H. (1993). Gewalt und Fremdenfeindlichkeit. Anmerkungen zum gegenwärtigen Gewaltdiskurs. In H.-U. Otto & R. Merten (Hrsg.), Rechtsradikale Gewalt im vereinigten Deutschland. Jugend im gesellschaftlichen Umbruch (S. 88-108). Opladen: Leske + Budrich.

Willems, H. & Eckert, R. & Würtz, S. & Steinmetz, L. (1993). Fremdenfeindliche Gewalt. Einstellungen, Täter, Konflikteskalation. Opladen: Leske + Budrich.

Willis, S. & Kenway, J. (1986). On overcoming sexism in schooling: To marginalize or mainstream. Australian Journal of Education, 30 (2), 132-149.

Winter, R. (1994). No risk, no fun? Jungensozialisation, Gesundheitsprobleme und „präventive“ Jungenarbeit. In P. Kolip (Hrsg.), Lebenslust und Wohlbefinden (S. 193-220). Weinheim: Juventa.

Wölfl, E. (2001). Gewaltbereite Jungen – was kann Erziehung leisten? München: Ernst Reinhardt.

Zelkowitz, P. (1989). Parents and children as informants concerning children's social networks. In D. Belle (Hrsg.), Children's social networks and social supports (S. 221-237). New York: John Wiley.

Ziegler, A. & Broome, P. & Heller, K. A. (1998). Pygmalion im Mädchenkopf. Erwartungs- und Erfahrungseffekte koedukativen vs. geschlechtshomogenen Physikanfangsunterrichts. Psychologie in Erziehung und Unterricht, 45, 2-18.

Zinnecker, J. (2000). Soziale Welten von Schülern und Schülerinnen. Zeitschrift für Pädagogik, 46 (5), 667-690.